U0946725

# 经济一体化与京津冀协同

Economic Integration & Beijing-Tianjin-Hebei Cooperation

彭建交　王燕　刘邦凡　等著

中国人民大学出版社
·北京·

# 国家社科基金后期资助项目

# 出版说明

后期资助项目是国家社科基金项目主要类别之一，旨在鼓励广大人文社会科学工作者潜心治学，扎实研究，多出优秀成果，进一步发挥国家社科基金在繁荣发展哲学社会科学中的示范引导作用。后期资助项目主要资助已基本完成且尚未出版的人文社会科学基础研究的优秀学术成果，以资助学术专著为主，也资助少量学术价值较高的资料汇编和学术含量较高的工具书。为扩大后期资助项目的学术影响，促进成果转化，全国哲学社会科学规划办公室按照“统一设计、统一标识、统一版式、形成系列”的总体要求，组织出版国家社科基金后期资助项目成果。

全国哲学社会科学规划办公室
2014 年 7 月

# 摘　要

**1. 主要内容**

本书主要内容包括三大部分：

(1) 第一篇主题是“研究、政策、现状与规划”，其主要内容如下：一是区域经济发展理论和经济一体化研究综述，包括区域经济一体化研究综述、京津冀区域经济一体化研究综述、区域经济发展理论和“中心-边缘”理论概述等。二是区域经济与沿海经济开发政策综述，包括区域经济一体化发展综述、区域经济发展政策综述和我国沿海区域经济开发政策综述等。三是河北沿海地区社会经济发展现状分析，包括秦皇岛市社会经济发展分析、唐山市社会经济发展分析和沧州市社会经济发展分析。四是《河北沿海地区发展规划》解读，包括河北沿海地区发展规划背景分析、河北沿海地区发展规划总体要求与总体布局、河北沿海地区重大基础设施建设发展规划、河北沿海地区产业发展与城乡发展规划、河北沿海地区资源节约和生态环境保护规划、河北沿海地区社会事业与全面深化改革规划等。

(2) 第二篇主题是“河北沿海地区区域经济一体化”，其主要内容如下：一是河北沿海地区区域形象及其治理对策，包括区域形象相关理论概述、河北沿海地区区域形象现状分析、河北沿海地区区域形象塑造的建议等。二是河北沿海新区核心竞争力及其培育对策，包括中国新区发展及其竞争力概述、北戴河新区核心竞争力的培育等。三是河北沿海地区经济一体化发展治理思维模式思考，包括在总体规划和协同发展中要打破“一亩三分地”思维，在推进河北沿海地区区域经济一体化进程中要注重采用整体性治理思维和系统论治理思维，要特别注重目标管理方法的应用，在具体实施经济一体化和协同发展时要善于应用 PDCA 循环模式，要善于应用弹钢琴方法。四是在分别分析了秦皇岛、唐山、沧州三市的服务业发展现状基础上，提出了河北沿海地区区域经济一体化视域下的三市服务业发展对策。五是基于秦皇岛、唐山、沧州三市近 20 年引用和利用外资情况分析，对京津冀协同发展中三市如何引用和利用外资提出了建议和思路。

(3) 第三篇主题是“京津冀协同视域下河北沿海地区发展”，其主要内容如下：一是一体化和协同视域下京津冀区域经济发展，包括京津冀区域经济一体化的发展困境与路径选择、京津冀发展差距与克服对策、学习型区域构建与京津冀协同发展、推动河北沿海地区发展的区域政策协调等。

二是经济空间分异与京津冀及其河北沿海发展，包括经济空间分异与首都经济圈区域经济空间分异、河北沿海地区与京津的经济空间分异分析、经济空间分异下河北沿海地区发展困境与路径选择、经济空间分异与河北产业转型升级、经济空间分异与河北承接京津产业转移能力、京津冀港口和腹地经济发展等。

**2. 基本观点**

(1) 河北沿海地区发展具有重大前途。首先，我国“十二五”规划明确推进京津冀区域经济一体化，京津冀地区具有优越的地理区位和资源优势，京津冀三地之间具有巨大的互补性，京津冀区域经济一体化已有初步的发展，京津冀三方已经达成共识，正积极协同推进区域经济一体化。推进京津冀区域经济一体化符合世界区域经济发展的规律。因此，河北沿海地区发展是京津冀区域经济一体化的重要增长极。其次，党中央和国务院大力推进京津冀社会经济协同发展，《河北沿海地区发展规划》纳入国家发展规划，河北沿海地区在京津冀协同发展中具有重要的地理优势和基础优势。因此，河北沿海地区发展必然是京津冀协同发展中的重要一环。最后，从河北沿海地区社会经济发展状况看，河北沿海地区已经有良好的发展基础，随着京津冀协同发展的强劲推动，河北沿海三市在产业承接、社会服务和经济转型等诸多方面将发挥越来越重大的作用。

(2) 重点推进河北沿海地区发展是实现京津冀协同发展的重要方面。一方面，京津冀区域之间具有巨大的互补性：生产要素互补，交通基础设施互补，旅游资源互补，产业结构互补。重点推进河北沿海地区发展将极大地实现这些互补性。另一方面，河北沿海经济区是京津冀经济圈与环渤海经济圈的核心之一，已逐步成为带动我国区域经济发展的第三个增长极，推动这一增长极，对于推进京津冀区域发展，不仅具有重要的战略意义，而且具有重大的实践价值。

(3) 如何推进河北沿海地区社会经济发展，不论是从理论看，还是从实践看，应该抓住两大线索：区域经济一体化和京津冀协同发展。例如，河北沿海地区三市产业结构还不尽合理，第三产业（以服务业为主）的比重还需要提升并稳定，但在制定三市服务业发展规划时要以区域经济一体化和京津冀协同为指导思路。再如，在制定河北沿海地区产业发展规划时，既要考虑区域政策协调与政策的一致性，又要考虑京津冀经济空间的分异化发展。

(4) 以“中心-边缘”理论为河北沿海区域经济发展的理论基础，以河北沿海区域经济现状为基础，我们认为当前河北沿海区域经济由边缘向中心发展所存在的现实困境有：经济增长质量和效率低下，难以维持经济持续高速增长；居民消费占比偏低，高投资和出口导向模式不可持续；经济社会发展不协调，引发各种社会问题和矛盾；要素成本持续上升，资源环境约束加大；城市群集聚效应不高，区域空间结构有待优化。

**3. 研究方法**

（1）将系统动力学原理引入区域经济研究。例如，应用系统动力学，建立了京津冀区域旅游发展的数学模型及其相应的计算机仿真模型，得出京津冀未来旅游业发展的模拟结果，并通过对模拟结果的深入分析，为规划京津冀区域旅游业的发展提供了切实可行的科学依据。

（2）初步建立起了区域经济空间分异研究的方法体系。例如，采用社会网络分析方法，以城市间经济联系量矩阵为基础，利用 UCNET 软件分析京津与河北沿海地区城市群密度与中心性，从而全面探寻该区域的城市群结构。又如，采用区位熵的方法测算区域产业发展的专业化程度，得出了京津冀及河北沿海地区的区位熵，为河北沿海地区与京津 T 型发展新模式的确立，提供了科学方法。再如，应用绝对和相对差异分析方法、泰尔指数对首都经济圈经济空间分异进行了科学测算。

（3）本文运用偏离份额分析法、个案研究法、定性分析法等研究方法，对河北沿海区域经济发展的相关理论与实践进行分析，通过梳理“中心-边缘”理论在我国区域经济发展中的实践，进而分析河北沿海区域从边缘向中心发展的现实困境以及产业结构的再优化，从而在“中心-边缘”理论视域下构建完整的河北沿海区域经济发展对策体系。

**4. 学术创新和学术价值**

（1）首次对京津冀及河北沿海地区的区域经济空间分异进行了系统研究。一是采用极差、泰尔指数等方法，剖析首都经济圈的区域经济空间分异现象，进而构建多元线性回归模型，分析首都经济圈的经济空间分异因素。结果表明，京津与河北之间的绝对差异依然较大，但相对差异在逐渐缩小，各地区需要进一步调整产业结构，提升外资利用水平。二是从城市群整体网络结构以及区域经济一体化双重视角分析了河北沿海地区与京津发展的经济空间分异，梳理并总结了河北沿海地区发展面临的问题，设计了河北沿海地区与京津的 T 型发展新模式。

（2）提出了“我国新区建设的着眼点在于提升其核心竞争力”的观点。基于这一观点，结合国内新区发展实践，总结归纳出中国新区核心竞争力的主要要素构成——“政策·服务·产业·人居·创新·生态”六要素匹配耦合，政策环境、投资环境、发展环境、人居环境和生态环境等软实力要素要求日益突出的新模式。

(3) 对河北沿海地区区域形象进行了系统研究。一是立足于促进河北沿海地区发展这一国家战略层面，尊重地区历史与现实，对河北沿海地区的优势、劣势、机遇、挑战进行全面辨析，从塑造原则、形象定位、形象识别、形象维护等方面，系统提出了优化河北沿海地区区域形象的建议；二是归纳了河北沿海地区区域形象塑造要遵循“反映历史文化、突出个性优势、服务未来发展、力求统筹整体、坚持以人为本、贯彻可持续发展”的原则；三是阐释了河北沿海地区“发展、实力、开放、宜居”的区域形象定位，提出了通过“树立沿海意识”“建设海洋文化”丰富河北沿海地区现有的文化理念。

(4) 对河北沿海地区区域政策协调和政策一致性进行研究。认为，实现区域政策协调是实现秦唐沧发展及其区域一体化的基础性条件，河北沿海地区存在非一致性政策产生的潜在隐患，只有解决好河北沿海三市之间的政策协调，减少非一致性政策，才有可能最大化推进河北沿海地区发展规划的实现。

(5) 以学习型区域理论、国家创新系统理论为依据，以京津冀技术差距、经济差距为切入点，综合剖析与回归检验技术创新投入与经济发展的相关性，并用全国31个省市空间面板数据验证它们之间的因果关系，据此提出了如何更好、更快实现京津冀跨越式协同发展的对策。

(6) 从“中心-边缘”理论视域来研究河北沿海区域经济发展，通过偏离份额分析法对河北沿海区域经济产业结构分析，阐释区域内部产业结构的变动状况，从而剖析出区域各产业之间的差距，以期能预测未来发展趋势。

# 目　录

## 第一编　研究、政策、现状与规划

## 第二编 河北沿海地区区域经济一体化



## 第三编 京津冀协同视域下河北沿海地区发展

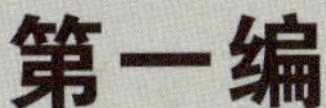

# 第一编

## 研究、政策、现状与规划

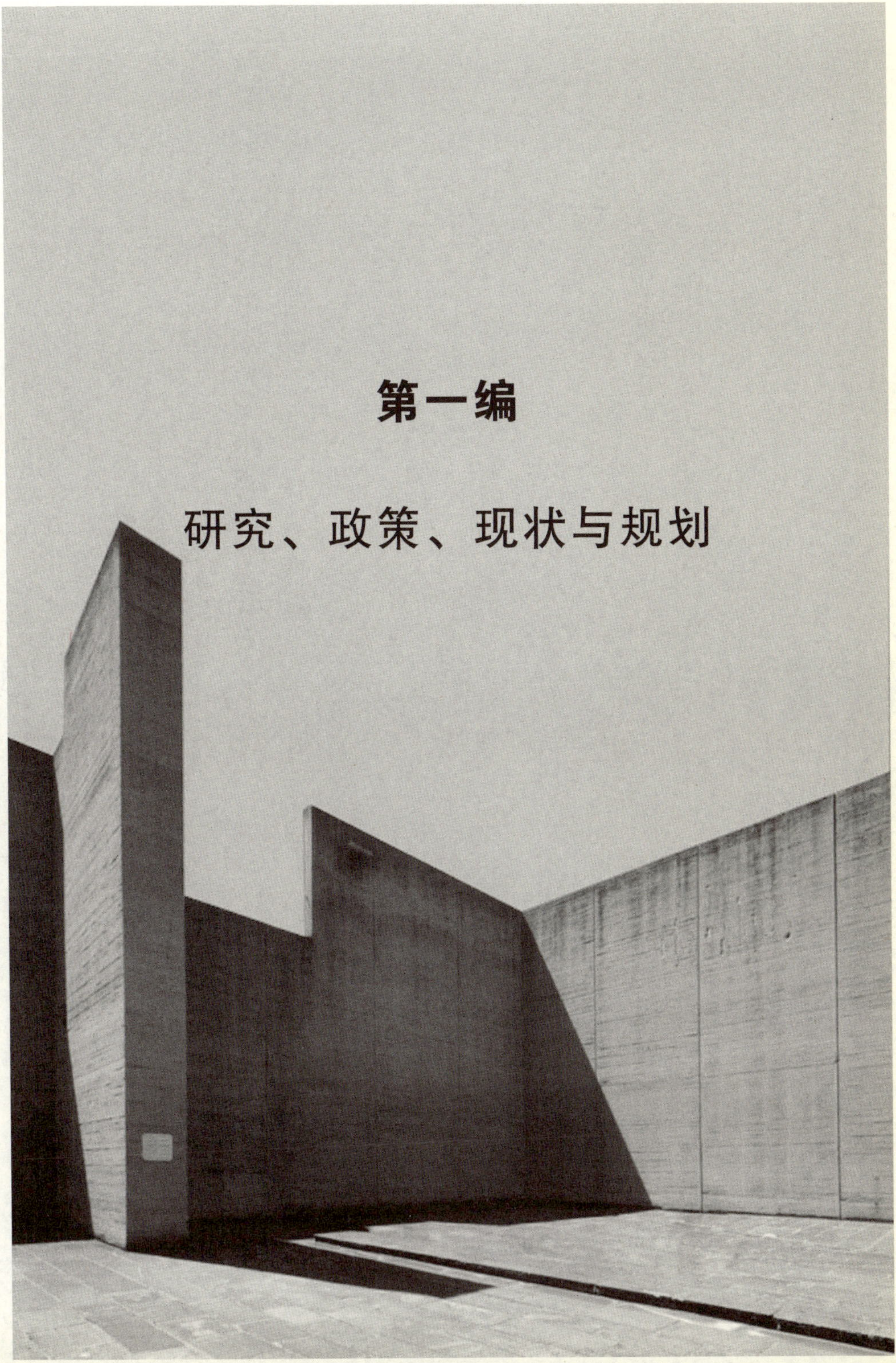

# 第一章　区域经济发展的理论研究综述

## 第一节　区域经济一体化研究综述

### 一、"区域经济一体化"的内涵

区域是一个特定的地理空间概念，它与经济活动的结合，形成了区域经济。从经济学角度出发，经济一体化是指各经济主体之间达成一致，相互合作，向互利共赢方向发展。从区域范围来说，经济一体化分为国际区域经济一体化和国内区域经济一体化。国际区域经济一体化是要打破各国之间的关税壁垒，形成一种关税同盟的关系；国内区域经济一体化不存在关税壁垒问题，却可能存在"行政壁垒"现象，其是要打破这种行政壁垒，形成一种跨行政区域的合作关系。[①] 当然，我们这里所指的区域不限于地理上临近的国家和地区，当前世界各国或各地区之间的合作已经跨越地理空间的限制，区域的含义应该随之拓宽。

我国学者对区域经济一体化下了很多定义，陈王、龙诗[②]认为区域经济一体化是指地理意义上的邻国（或邻地区）政府之间达成一种协议，要消除两国（地区）或多国（地区）间阻碍经济贸易发展的因素，为此，可以制定对内对外经济、财政与金融的统一政策，必要时可能让渡部分主权，尤其是经济主权，从而实现区域互利共赢、协调一致发展，实现区域内资源的有效及合理配置，最终形成高度统一的有机体的过程。蔡洁丽[③]则认为区域经济一体化指的是在成员体之间，不仅要统一经济政策，消除贸易壁垒，自由流动生产要素等，实现对外贸易自由，而且将进一步实现制度

---

① 参见程工：《区域经济一体化的基本模式》，载《城市问题》，2008（9）。

② 参见陈王、龙诗：《区域经济一体化对国家发展战略的影响》，载《经济导刊》，2010（9）。

③ 参见蔡洁丽：《关于区域经济一体化及相关问题的探讨》，载《中国商贸》，2012（21）。

方面的协调，最终实现统一的经济一体化形式，促进区域经济可持续发展。孟庆民[①]将区域经济一体化过程看作市场一体化的过程，这个过程是从产品市场一体化开始，进而是生产要素市场一体化，最后演化为经济政策一体化，从而达到互利共赢。手段与目的、过程与状态的统一即为区域经济一体化的本质特征。洪亦卿认为区域经济一体化是指单独关税区之间为了互利共赢，缔结条约，削减或取消关税，消除其他贸易壁垒，构筑经济合作机制，从而实现某种程度经济一体化的过程。张佑林[②]认为区域经济一体化是指在一定区域内，实现规划布局统一，基本方略统一，政策方针统一，资源有效整合，合理有效的利益调节机制以及激励约束制度得以建立健全，内部耗损减少，可持续发展得以贯彻，整个区域经济利益最大化最终得以实现。

综上所述，区域经济一体化是指两个或两个以上的国家或者地区（地理上临近或跨地理空间）为了实现区域利益最大化，使区域竞争力极大提高而达成的一种协议：要打破主权或者行政区域划分，使各国或各地区的产品、资源、生产要素、政策等在区域内可以自由流动、共同使用，形成统一的市场、统一的利益，从而促进区域经济高效、有序、可持续发展。

区域经济一体化有四个方面的内涵：一是由两个及两个以上国家或地区组成，且可以跨地理空间；二是各国或各地区相互之间达成协议，最好是各国或各地区之间的最高领导层之间达成协议，协议要明确合作的宗旨、原则和目标，确立各部分的权利和义务；三是区域经济一体化最终目的是经济的共同发展，利益的共赢，这也是推动区域经济一体化的基本动力；四是区域经济一体化即为统一、联合、整合的过程。

## 二、国外区域经济一体化研究述评

国外经济学家对区域经济问题的研究，可以追溯到以 1826 年德国农业经济和农业地理学家杜能的著作《农业和国民经济中的孤立国》（第一卷）出版为标志的区位论。但真正对现代区域经济研究产生较大影响的成果主要有：20 世纪 50 年代末 60 年代初，缪尔达尔（G. Myrdal，1957）的“循环累积因果论”、赫希曼（A. O. Hirschman，1958）的“核心与边缘区理论”、伊萨德（Isard，1960）的“国家干预政策”。到 60 年代初，西方开始普遍制定区域经济调控政策。随后 40 多年，国际上关于区域经济问题的研究基本上围绕三个领域展开。一是关于区域经济增长速度与区域内地区间

① 参见孟庆民：《区域经济一体化的概念与机制》，载《开发研究》，2001（2）。

② 参见张佑林：《长三角经济过度竞争剖析》，载《经济学消息报》，2004－03－05。

的均衡发展问题，重点研究区际关系。代表性成果有弗里德曼（Friedmann）的《区域政策》、胡佛（Hoover）的《区域经济导论》、伊萨德（Isard）的《区域科学导论》等。二是针对特定地区的经济开发问题研究地区发展战略和综合布局，尤其是区际关系，代表性成果有汉森（Hansen）的《区域开发中的增长极核》、劳埃德（Lioyd）等的《空间区位》、温·帕特纳伊克（Patnaik）的《第三世界国家区域开发与规划经济学》、理查森（Richardson）的《区域增长理论》以及涅克拉索夫（H. H. Nekrasov）的《区域经济学》等。三是关于区域经济研究中的数学模型问题，代表性成果有布朗（Brown）的《区域—国家经济模型》、尹提戈特（Intigator）的《经济模型技术与应用》。

第二次世界大战之后，美国和苏联的经济发展水平远高于其他国家，其他国家只凭自身是无法与之相抗衡的，毕竟单个国家发展水平有限、资源有限，于是各国纷纷开始寻求区域保护，对区域经济发展进行研究。一些国家开始进行探索，开始在一定区域内实现生产要素自由流动，形成一定的协调机制，产生了区域经济一体化的最初形式。1950 年前后，国际区域经济一体化的研究在学术界展开，区域经济一体化研究第一次达到高潮，但由于研究方向各异、重点不同，区域经济一体化并没有形成统一、明确的定义。经济一体化的第一个定义是丁伯根（Tinbergen）[①] 于 1954 年提出的，他认为经济一体化可以分为积极一体化和消极一体化两种。他认为，积极一体化就是强制改变现状，建立新的自由化的政策和制度；消极一体化则是消除歧视和管制制度，引入经济变量自由化。1961 年，美国经济学家巴拉萨（Balassa）[②] 在丁伯根的基础上，对一体化的定义进行了进一步的发展。在他看来，一体化为过程与状态的统一。在区域内，产品和生产要素可以自由流动而不受政府限制，即为区域经济一体化。这是区域经济一体化在定义上的发展。

区域经济一体化的理论发展研究在逐步加深，依次经历了关税同盟理论、自由贸易区理论、共同市场理论、大市场理论等过程。关税同盟理论首次被提出是在 1950 年美国经济学家雅各布·维纳（Jacob Viner）[③] 的著作《关税同盟问题》中，他在著作中提到关税同盟会产生一定的动态效应，例如贸易创造、贸易转移以及投资、竞争、规模经济等。另外，维纳采用

① See J. Tinbergen: *International Economic Integration*, Amsterdam, Elsevier, 1954: 45 - 65.

② See B. Balassa: *The Theory of Economic Integration*, Homewood Irwin, 1961: 26 - 27.

③ See J. Viner: *The Customs Union Issue*, New York: Carnegie Endowment for International Peace, 1950: 36 - 38.

定量分析的方法，证实贸易转移会减少一体化成员体的福利，贸易创造会增加一体化成员体的福利。他认为关税同盟理论就是对其他国家设置统一关税，而完全取消各参与国之间的关税。经过不断的发展，关税同盟理论逐步被学术界认可，成为区域经济一体化理论中的核心部分。但其形式由于不能满足成员体福利的最大化而被一些学者视为次优政策，一直持续到20世纪70年代中期。英国学者罗布森（Robson）① 在关税同盟理论的基础上对自由贸易区理论进行了全面研究，提出要进一步消除区域内一切贸易壁垒，不仅是关税壁垒，还包括其他的贸易阻碍因素，从而实现成员体之间贸易自由化，对区域外的国家依旧实行统一的关税和贸易政策。1956年，斯巴克②在完全竞争市场下的规模经济理论的基础上提出了共同市场理论，这一理论比关税同盟理论和自由贸易区理论都高一层次，因为前两个理论都假设生产要素不在成员体之间自由流动，其一体化实现的是产品市场一体化，而共同市场理论不仅是要实现产品市场一体化，还要实现要素市场一体化。之后共同市场理论得到了极大发展，大市场理论由经济学家德纽（J. F. Deniau）和西托夫斯基（T. Scitovsky）提出，他们认为大市场不仅可以获得规模经济，还可以使竞争激化，这两者都会促进经济利益的实现。

与本课题密切相关的国外理论研究主要集中在以下三个方面：

1. 区域经济发展理论

国外区域经济发展理论已经成熟与系统化，其主要包括以下三个核心理论：

（1）区域经济发展梯度转移理论。

这种理论以产品生命周期为基础，以梯度来表示区域间经济发展水平的差异，认为区域经济发展是不平衡的。区域间客观上形成了一种技术梯度，有梯度就必然有空间上的转移。区域经济的盛衰主要取决于区域产业结构的优势及其转移；产业结构的更新是区域经济向高梯度发展的根本动力；产业结构的更新随着时间的转移，有秩序地从高梯度区域向低梯度区域转移。在动态上，极化效应和涓滴效应的共同作用会使生产向高梯度区域进一步集中，从而造成区域发展的两极分化。

（2）增长极理论。

1955年弗朗索瓦·佩鲁（Francois Perroux）首次提出这一理论。20

---

① 参见罗布森：《国际一体化经济学》，250～256页，上海，上海译文出版社，2001。

② 参见伍贻康、周建平：《区域性国际经济一体化的比较》，19～20页，北京，经济科学出版社，1994。

世纪60年代初，罗德温（L. Rodwin）首次提出增长极的空间定义。20世纪60年代中期，布代维尔（J. B. Boundville）又重新系统分析了经济空间的概念，改进了佩鲁的增长极理论，首次基于外部经济和集聚经济分析，系统地从理论上将增长极的经济含义推广到地理含义，认为经济空间不仅包含与一定地理范围相联系的经济变量之间的结构关系，而且包含经济现象的区位关系（或称地域结构关系），着重强调了增长极的空间特征。美国经济学家赫希曼（Hirschman）提出了增长极对区域经济发展的两种影响："极化效应"（Polarized Effect）和"涓滴效应"（Trickling Effect）。

（3）平衡增长理论与不平衡增长理论。

平衡增长理论是以哈罗德-多马（Harrod - Domar）新古典经济增长模型为理论基础发展起来的。平衡增长理论主张在整个国家经济各个部门中同时进行大规模投资，以此来彻底摆脱贫困的落后状态，被称为大推进理论（Big Push Theory）。其中代表性的理论有极端的平衡增长理论、温和的平衡增长理论和完善的平衡增长理论。针对平衡增长理论的缺陷与不足，赫希曼等人提出了区域经济不平衡增长理论。赫希曼在1958年出版的《经济发展战略》一书中，不仅指出了平衡发展战略受到资本、资源不足的限制，发展中国家很难在短时间内筹集到大量资金，而且指出了发展中国家最为稀缺的是企业家资源，以及能够把储蓄转变为投资的机制和能力。赫希曼同意发展中国家必须进行大规模投资来突破贫困的恶性循环的观点，但认为把投资分散到各个部门的平衡发展战略不能解决投资决策机制问题。一个经济发展战略只有首先解决投资决策机制问题，才有可能使有限的资源得到有效的配置，从而推动经济增长和发展。

（4）区域分工理论。

地域分工是指在广泛的地域内，按商品分工实行生产的专门化，各地区专门生产某种产品，有时是某类产品的一部分。地域分工理论的主题是"比较优势原理"。经济利益是决定地域分工的动力。早在斯密和李嘉图努力为自由贸易建立一个理论框架时，他们就提出了贸易双方从贸易中可能获益的经典陈述。但这其中又有绝对优势理论和相对优势理论的区别。

2. 区域经济布局理论

（1）空间投资理论。

这一理论是由我国著名区域经济学家刘再兴提出和规范的，它主要是研究总投资的空间分配，以提高布局效益。由于经济分布不平衡规律的作用，在一国、一省、一个经济区的范围内，往往同时存在集中处于不同发展阶段的地区，如处于不发展阶段、成长阶段、成熟阶段、衰退阶段或向更高阶段发展的四类地区。处于不同发展阶段的地区，各有其质的特征，各有各的作用，也各有各的矛盾、问题。在区域总投资的分配上，就是根据各类地区的特点、条件及存在的主要问题，分别采取有针对性的投资对策，保证不同地区的不同发展要求。即在特定的规划期内，在地区总体布局中，要重点依靠处于成熟阶段的地区，这是因为这类地区在全区整个国民经济生活中占有举足轻重的地位，对全区域经济总量增长的作用率高，对这类地区投资对策的主要目标是使之充分发挥“骨干地区”的作用，并尽可能延长其繁荣期，避免走向衰退。

(2)“大都市圈”理论。

又叫城市群理论，是区域经济发展的基础理论之一。自1957年法国地理经济学家戈特曼（Jean Gottmann）教授提出这一概念以来，已在全世界被广泛运用，并被作为衡量一个国家或地区经济和社会发展水平的重要标志。所谓“大都市圈”理论，通俗的说法就是在一定地理或行政区域内，以一两个大城市或特大城市为核心，辐射并带动周边一定范围内的一批中小城市，使其成为在世界范围内有一定影响力、竞争力的区域城市群或城市带。这种城市群或城市带具有集聚效应的制造业产业链和集约化的永久性城市社区居民群体。城市群理论是随着城市的发展而逐渐兴起的。在城市化进程中，人们发现，如果某一地域内有相当数量的不同性质、类型和等级规模的城市，并且其中有一个以上超大或特大城市作为核心，依托一定的自然环境条件，借助通达的交通运输和信息网络，城市之间就会形成比较密切的经济、社会、生态等联系，共同构成一个相对完整的城市集合体，使整个区域经济呈现强劲的增长势头。于是，把城市发展和区域发展结合起来，为城市群的形成创造条件，并更好地发挥城市群的作用，不仅成为城市群理论的主要研究课题，而且成为很多城市增强核心竞争力的实践内容。

3. 区域经济一体化理论

(1) 传统的区域经济一体化理论。

1950年，瓦伊纳（Jacob Viner）在《关税同盟问题》中，开创性地提出了贸易创造和贸易转移这两个用来衡量关税同盟实际效果的新概念。维纳的关税同盟理论存在两点明显的不足：第一，指出了关税同盟对于生产成本方面的影响，而忽视了其对消费的影响，因为关税同盟的建立而带来的贸易创造和贸易转移也会从消费的影响上体现出来。第二，只研究了关税同盟建立所产生的静态效应，并没有研究其动态效应。米德（James Meade）、约翰逊（Harry Johnson）补充了瓦伊纳关于贸易效应分析的缺陷，将关税同盟贸易效应分析的侧重点从低效率成员体扩大到高效率成员体，从生产方面扩大到消费方面。米德（1955）认为关税同盟的福利效应除了针对低效率成员体的贸易创造效应之外，还应该包括高效率成员体的贸易扩张效应。约翰逊（1962）的结论是：一个低生产效率国家加入关税同盟以后，在共同关税率低于其原有关税的条件下，消费者福利增加，生产者福利减少，该国整体福利取决于消费者利益和生产者利益得失的比较。芒德尔（Robert Mundell）、科登（Max Corden）、巴拉萨等从贸易条件的变化、规模经济以及竞争加强所带来的生产效率的提高等方面对国际经济一体化理论进行了拓展分析。芒德尔（1968）的分析是在改变维纳关税同盟理论的假设条件的基础上进行的，如果建立的关税同盟影响其对世界其他国家的进口需求，那么与世界其他国家的贸易条件将出现改善的趋势。科登认为高效率成员体的低价产品大量进入一体化内部市场，使得能以较低的生产成本供给市场，这种现象被称为成本下降效应。它不同于传统理论中提到的贸易创造效应，不仅来自低价资源的流动，而且来自资源供给价格的下降。巴拉萨将经济一体化效应从内部扩展到外部，对于同盟外的非成员体而言，关税同盟的建立使其与同盟内成员体的贸易量大大减少，为了保持其贸易利益，非成员体只能通过改进生产工艺、加强生产管理以提高生产效率，所以关税同盟的建立也促进了非成员体生产效率的提高。

（2）不完全竞争条件下的区域经济一体化研究。

传统的区域经济一体化理论是在完全竞争的条件下分析，理论的核心思想是区域经济一体化为成员体提供了根据比较优势进行产业间专业化分工的机会，只要集团内的贸易转移效应小于贸易创造效应，整个集团的资源配置就会得到优化。由于比较优势理论无法对产业内贸易给予合理解释，所以运用比较优势理论来分析区域经济一体化的收益逐渐引起人们的怀疑。当前有两个基本的方向：一个是规模经济与产品差异化的相互作用；另一个是强调不完全竞争市场上企业的行为特征。对不完全竞争条件下的区域经济一体化研究，布利斯（Bliss）最具代表性，他认为区域经济一体化会带来竞争的加剧，导致市场分割降低效应，这个收益可以在现有经济结构的基础上在短期内实现，通过降低贸易壁垒效应与消除价格歧视效应带来市场分割降低方面的收益。

（3）“空间”环境下的区域经济一体化。

克鲁格曼（Paul Krugman）通过假设工业生产规模报酬递增，农业生产规模报酬不变，设计了一个模型，得出的结论是在一个区域内，工业生产活动空间演化的结果是集聚，从理论上说明工业活动倾向于空间集聚的趋势，并阐明由于贸易保护、地理分割等外在环境的限制，产业区集聚的空间格局可以是多样的。沃纳伯尔斯（Venables）以新经济地理学模型作为区际贸易新类型的基础，假定生产要素不能自由流动，规模经济和运输成本影响中间商品，会出现区际经济分化现象，使一些国家或地区趋向区域一体化集中，由于制造业比较齐全能够为中间商品提供广阔的市场，从而使下游生产具有成本优势，并强化这种优势循环往复。在工业核心区与农业边缘区的分化过程中，与区域一体化增长的驱动力相比，市场规模扩大的驱动力更胜一筹。此外，他还把运输成本纳入赫-俄模型，发现贸易方式、生产方式不仅取决于资源禀赋和要素密集度，而且依赖于运输成本。

## 三、国内区域经济一体化研究述评

国内学者对区域经济一体化的一般性研究主要集中于世界经济一体化及欧盟一体化、经济全球化与区域经济一体化的关系、区域经济一体化的模式与路径。随着三大经济圈经济一体化趋势逐渐增强，在理论研究不断发展的同时，对实践中一体化的成因、发展中的问题和对策也进行了研究。

### 1. 对世界经济一体化及欧盟一体化的研究

主要对世界及欧盟经济一体化进行研究，例如伍贻康、周建平①、张幼文②等分别对世界经济一体化的历程、内涵及影响进行了研究。也有学者对欧盟一体化的过程、性质特点以及对中国的借鉴意义等方面进行了研究。③④⑤

### 2. 经济全球化与区域经济一体化的关系研究

田素华⑥指出，经济全球化是从事生产经营活动的企业行为，区域经济一体化是通过政府出面签订有关经济条约来实现的。经济全球化是功能

① 参见伍贻康、周建平：《区域性国际经济一体化的比较》，19～20页，北京，经济科学出版社，1994。

② 参见张幼文：《世界经济一体化的历程》，156～178页，上海，学林出版社，1999。

③ 参见张晓静：《欧盟经济一体化中区域政策的效果研究——兼论对中国参与区域经济合作的启示》，载《国际贸易》，2007（7）。

④ 参见孙占芳、张环宇：《欧盟一体化对中国经济发展的影响》，载《特区经济》，2007（10）。

⑤ 参见冯学钢：《欧盟一体化及其对中国“长三角”地区旅游业联动发展的启示》，载《世界经济研究》，2004（4）。

⑥ 参见田素华：《经济全球化与区域经济一体化》，载《上海经济研究》，2000（4）。

性一体化，区域经济一体化是制度性一体化，二者的成因也有区别。孙烽①②从新制度经济学的角度出发，对区域经济一体化和经济全球化的关系作了深层次的剖析，他认为二者都是市场制度内在缺陷导致的制度变迁过程，所不同的是制度变迁的方式，前者是由区域内各国政府起主导作用的强制性变迁，后者是由各市场主体推动的诱致性变迁。华民、王疆华、周红燕等人③认为经济全球化是市场机制起主导作用的过程，而区域经济一体化是国家起主导作用的过程。郑明慧④认为二者之间存在一个漫长的历史过渡阶段，在一个时期内将以竞争为主，在另一个时期内将以互补为主。

3. 区域经济一体化的模式与路径研究

吴克烈⑤认为区域经济一体化模式主要有美国模式和欧盟模式，美国模式的目的是由区域经济一体化走向经济全球化；欧盟模式的目的是利用区域经济一体化对抗美国的经济全球化战略。汤碧⑥从动力机制、运行机制、组织机构等方面全面比较了欧盟和 APEC。东艳⑦⑧⑨认为区域经济一体化出现了一种“轮轴-辐条”双边主义新的模式。她分析了“轮轴-辐条”模式的利益分配，比较了“轮轴-辐条”模式与全球自由贸易的福利水平，指出“轮轴-辐条”模式增加了轮轴国的福利，降低了辐条国的福利和世界总福利水平。马强⑩认为区域经济一体化的模式可以按照由低级到高级的类型或层次、组成国的性质、是否具有相互之间的排斥性特点、发源的不同四个角度划分，各国参与区域经济一体化的路径呈现多样性，且在空间扩展和时间延续过程中，并不选择一种路径来构建一体化。程工⑪⑫认为区

① 参见孙烽：《再论区域经济一体化和经济全球化的关系》，载《国际经贸探索》，2001 (1)。

② 参见孙烽：《再论区域经济一体化和经济全球化的关系——一种新制度经济学角度的解释》，载《当代财经》，2000 (9)。

③ 参见华民、王疆华、周红燕：《内部化、区域经济一体化与经济全球化》，载《世界经济与政治》，2002 (12)。

④ 参见郑明慧：《区域经济一体化与经济全球化》，载《经济论坛》，2004 (15)。

⑤ 参见吴克烈：《世界经济区域一体化与我国区域经济理想模式》，载《世界经济研究》，2000 (1)。

⑥ 参见汤碧：《区域经济一体化模式比较》，载《南开经济研究》，2002 (3)。

⑦ 参见东艳：《南北一体化是否有利于发展中国家的经济发展》，载《世界贸易组织动态与研究》，2008 (7)。

⑧ 参见东艳、冯维江、邱薇：《深度一体化：中国自由贸易区战略的新趋势》，载《当代亚太》，2009 (4)。

⑨ 参见东艳：《区域经济一体化新模式——“轮轴-辐条”双边主义的理论与实证分析》，载《财经研究》，2006 (9)。

⑩ 参见马强：《世界区域经济一体化发展模式、路径及趋势》，载《宏观经济管理》，2007 (9)。

⑪ 参见程工：《长江三角洲区域经济一体化趋势分析》，载《江苏商论》，2008 (4)。

⑫ 参见程工：《区域经济一体化的基本模式》，载《城市问题》，2008 (9)。

域经济一体化，既需要形成一定的发展模式，也需要依托一定的发展载体。城市群形成的过程，是区域经济一体化的过程；而区域经济一体化的进程，需要大城市群作为重要的依托。

## 第二节　京津冀区域经济一体化研究综述

### 一、京津冀区域经济一体化的提出与发展

京津冀区域经济一体化是我国区域经济研究的热点问题之一，因此一直以来都受到不少专家学者的重视。作为我国的三大城市群之一，京津冀区域经济一体化目前已经进入全面推进的阶段。各个阶段示意如表1—1所示。

**表1—1　　京津冀区域经济一体化的理论渊源阶段示意表**

| 时间 | 阶段 | 一体化的理论研究进程 |
|---|---|---|
| 第一阶段（1978—1991年） | 务虚阶段 | 1978年改革开放之后，中国的社会主义现代化建设取得突飞猛进的发展，打破行政区划分割，推进区域合作成为区域发展的内在要求。这一时期，学者对京津冀区域经济的讨论多是理论上的探索，且文章数量较少，仍处于务虚阶段。现存资料中，对京津冀一体化的研究始于1986年。 |
| 第二阶段（1992—2005年） | 深化阶段 | 1992年中共十四大提出发展社会主义市场经济，随着中国改革开放进程的不断深入，京津冀区域合作与发展的理论研究也迎来了一个新的高潮。学术研究文献激增到五百余篇。这一阶段是以建设统一市场为核心的经济一体化阶段。 |
| 第三阶段（2006年至今） | 实操阶段 | "十一五"以来，京津冀地区迎来了一系列战略机遇，"十二五"规划纲要又将推进京津冀区域经济一体化、打造首都经济圈、推进河北沿海地区发展上升为国家战略，这标志着京津冀区域经济一体化已进入全面推进阶段，相应的理论研究也上升到战略层面和实际操作层面，学者的研究热点更加聚焦和深入。这一时期，京津冀区域经济一体化发展进入科学发展阶段。 |

虽然京津冀区域经济一体化的发展较长三角、珠三角而言发展缓慢，有较大差距，但是不同的专家学者还是对京津冀区域的发展进行了深入研究，提出了许多不同的政策主张。对京津冀区域一体化的最早构想，从政

府的层面来看，可以追溯到 20 世纪 80 年代中期。当时国家计划委员会和北京市提出了包括廊坊、唐山等城市在内的“首都圈”或京津唐地区的协作与发展规划。到了“八五”期间，北京市计划委员会邀请河北、天津的八十余位专家，开展了首都及周边地区生产力合理布局研究，他们对京津冀地区的产业发展进行了分工，提出了相应的生产力布局具体实施方案。与此同时，河北省社会科学院与省计委开展了京津冀地区经济发展研究，围绕推进京津冀一体化的相关问题，进行了深入的调查和研究，有针对性地提出了推进河北省环京津地区与京津联合的有效途径和对策。河北省正式提出“两环开放带动战略”是在 1996 年，目的是充分利用河北环抱京津、濒临渤海的这两大优势，以推动河北经济的高速发展。在此后的十多年里，学术界和政府部门都对此进行了多角度的分析研究，虽然存在一定的争议，但是都认识到了京津冀区域合作的重要性。

## 二、京津冀区域经济一体化相关研究综述

1. 京津冀区域经济一体化的概念研究

进入新世纪以来，随着区域经济发展的升温，以清华大学吴良镛教授先后发布的两份《京津冀地区城乡空间发展规划研究报告》为标志，有关京津冀区域经济发展的研究和讨论日渐增多，并引起了国家相关部门和三省市的广泛关注，一些研究成果逐步落实到政府规划层面。“十一五”规划中，京津冀区域成为重点发展区域和滨海新区发展上升为国家战略将京津冀经济一体化推向了一个新的高潮。反思这股热潮，恰恰说明了京津冀区域经济发展的不足，尤其是作为我国三大传统经济区之一，明显落后于其他两个区域。因此，在推动京津冀区域经济一体化的热潮中冷静思考、深入分析京津冀经济一体化的深层次问题是当前面临的主要任务。

对于京津冀区域的研究范围到目前为止尚没有一个公认的定义。这在某种程度上也说明了京津冀区域经济一体化发展确实处在一个比较低的阶段。在这样的情况下，确定研究对象——京津冀区域的范围——是首先要解决的问题。从主流来看，有三个大致的界定：A. 北京、天津及外围地区。主要包括北京市和天津、廊坊、唐山、保定、张家口与北京交界的部分县市。其实该地区的规划主要是以北京为中心考虑的，也可以称之为“首都地区”“大北京”等。B. 京津冀北地区。也常被称为“2+8”模式，由北京市、天津市和河北省北部的保定、廊坊、唐山、秦皇岛、张家口、承德、石家庄、沧州八市组成。这个区域已经展开了一些具体层面的操作，2004 年 2 月，在国家发改委的协调下，京津冀达成“廊坊共识”，加进了石

家庄，确立了“2+8”的合作框架。C. 京津冀地区。涵盖北京市、天津市和河北省全部的大区域。从理论研究来看，完整的京津冀区域概念正在逐步为人们所接受。以吴良镛教授的《京津冀地区城乡空间发展规划研究报告》为例，可以清晰地看到这种发展。在2002年所做的一期报告中，他提出了“大北京地区”的概念和“两带三轴”的空间布局结构，其核心规划的区域还是京津冀北地区。到了2006年所做的二期报告，他提出了着眼首都地区，树立“新畿辅观”，虽然说还是带有京津冀北核心的意味，但实质上已经把研究范围扩充到了整个河北省。综合多方面的因素，京津冀区域的范围无疑以北京市、天津市和河北省全省为宜。

2. 京津冀区域经济一体化必要性研究

刘纯彬①从历史的角度说明了京津冀本来就是一个联系密切的城市群。从元代开始，历经八百年，北京一直是全国的政治和经济中心，河北则是北京及周边城市的重地。事实上，京津冀是一个整体，共处同一环境，共用同一水电路，共争同一市场，只是行政区域的划分使之形成了现在这种三足鼎立的局面。然而各种资源浑然一体、纵横交错的客观事实，又表明这是一个相对独立又极易开发的经济区域。他建议通过建立京津冀大行政区的设想，来解决上述问题。王爱春②认为，地处渤海湾中枢地带的京津冀有许多其他经济区域无法比拟的发展条件和优势，可以以港口为对外开放的窗口，逐步向内地扩展。张可云③依据区域经济合作发展的一般规律与发达国家的经验，提出完善京津冀都市圈合作机制，关键在于完善区域管理制度基础；京津冀都市圈企业主导型合作，应该注意克服地方利益矛盾，并且用合理的政策促进地区间的企业合作。崔和瑞④从全球范围分析了区域经济的发展趋势，认为区域经济一体化运动已遍布全世界，并且明显在加快步伐，呈现出“区域重叠，区内套区”的特点。京津冀是环渤海经济圈的核心部分，逐步成为带动我国区域经济发展的第三个增长极。刘晓春、白婕⑤从地域格局的角度分析，认为京津冀要发展就必须整合，将京津冀分割成三块是造成其与长三角、珠三角差距扩大的根源，我国北方

---

① 参见刘纯彬：《一个天方夜谭还是一个切实可行的方案——关于建立京津冀大行政区的设想》，载《中国软科学》，1992（3）。

② 参见王爱春：《港口经济与京津冀的联合及发展》，载《经济论坛》，1995（4）。

③ 参见张可云：《京津冀都市圈合作思路与政府作用重点研究》，载《地理与地理信息科学》，2004（4）。

④ 参见崔和瑞：《京津冀区域经济一体化可行性分析及发展对策》，载《技术经济与管理研究》，2006（5）。

⑤ 参见刘晓春、白婕：《京津冀区域经济一体化的主要问题和对策》，载《安徽农业科学》，2009（21）。

地区急需一个经济拉动中心，而从经济实力、区位优势等方面考量，只有京津冀都市圈才能担此重任，因此，京津冀区域经济一体化是一种必然选择。

3. 京津冀区域经济一体化发展的现状

孙久文、邓慧慧、叶振宇①认为，区域经济一体化通常包含四个阶段：第一阶段是取消对商品流通的限制，实现贸易一体化；第二阶段为生产要素自由流动，实现要素一体化；第三阶段是区域内经济政策的协调一致，达到政策一体化；第四阶段所有的贸易、要素、政策全面统一，实现完全一体化。他们通过对京津冀都市圈区域合作的现实进行分析认为，京津冀都市圈已经走过了贸易一体化阶段，目前处于要素一体化的阶段，并且正在向政策一体化阶段迈进，其中包括整合目前各区域发展目标，以实现京津冀基本公共服务均等化为导向，制定京津冀生态环境的建设和补偿方案，制定重点产业发展区带动其他区域发展的方案，在区域空间一体化方面，采取“多点、结网”的发展模式。孙翠兰②从宏观、微观、中观层面，分析了京津冀区域合作进展缓慢的原因，认为京津冀区域经济合作与长江三角洲、珠江三角洲相比，仍然处于初级阶段。吴群刚、杨开忠③通过对2005年三大经济圈主要经济指标、京津冀区域内部主要经济指标和三大经济圈的贸易依存度比较得出结论，认为京津冀区域现状为区域经济整体实力不强，区域内部发展不平衡，对外开放程度低，人口发展形势严峻。未来数十年是京津冀区域经济一体化与区域人口发展的重要变化期，同时也是协调产业与人口、经济与社会、资源与环境等关系的重大机遇期。京津冀区域发展的核心问题在于制定恰当的公共政策，实现产业与人口发展的有机衔接。

4. 京津冀区域空间一体化研究

在这方面进行研究的学者以清华大学吴良镛教授为主要代表。吴良镛借鉴国外大城市地区规划理论与实践研究成果，从区域的角度提出了解决京津冀区域城市问题的可行途径。他在所做的一期报告中提出：以京津“双核”为轴，以唐保为两翼，根据需要与可能，疏解大城市功能，调整产业结构，发展中等城市，增加城市密度，构建大北京地区组合城市，寻求区域整体协调发展。在沿交通轴合适的发展地带，布置“葡萄串”式的城

① 参见孙久文、邓慧慧、叶振宇：《京津冀区域经济一体化及其合作途径探讨》，载《首都经济贸易大学学报》，2008（2）。

② 参见孙翠兰：《区域经济一体化与京津冀区域经济合作》，载《环渤海经济瞭望》，2007（3）。

③ 参见吴群刚、杨开忠：《关于京津冀区域一体化发展的思考》，载《城市问题》，2010（1）。

镇走廊。将交通轴、"葡萄串"式的城镇走廊融入区域生态环境中，在良好的生态环境基础上塑造区域人居环境的新形态。在其二期报告中，他拓展了研究的范围，将河北省南部囊括其中，提出了"新畿辅观"的设想，在整体上提出"一轴三带"的总体规划（以京津为发展轴，以沿海港口构成的滨海新兴发展带、传统的山前发展带和山区生态涵养带为三带），同时强调文化整合的重要意义，提出三地充分发掘文化优势，建立协调发展、生态良好、宜居的首善之区。

另外，戴学珍所著的《京津空间相互作用与一体化研究》（2005）一书，从一体化角度探讨了城市空间相互作用，提出了京津市场一体化存在的问题，如京津区域市场存在市场壁垒，区域市场不完善等。并相应提出了京津市场一体化措施，如取消各种隐性或显性的地方关卡、附加条件等限制条件，破除区域市场消极壁垒，组建权威性的区域协调机构等。

5. 京津冀区域经济一体化中主要存在问题的研究

目前学术界普遍认为，"产业结构趋同，低层次重复建设和恶性竞争"是京津冀地区产业发展的基本特征，并且强调这一产业发展格局是造成京津冀地区经济增长缓慢的重要原因。刘晓春[①]认为，当前京津冀区域经济一体化中存在的主要问题大概有以下四个方面：第一，京津冀在地域上没有统一的经济发展规划，很少从区域利益出发考虑统筹兼顾；第二，京津冀区域经济一体化协调机制尚未建立起来，区域内缺乏整体合作的理念和合力；第三，京津冀产业发展落差过大，过于悬殊的社会经济二元结构导致合力经济梯度的形成迟滞；第四，区域内缺乏一套跨区域的协调管理机制，这必然会导致整个区域内公共管理的失调。郭岩峰、王晓利[②]认为，京津冀区域经济一体化进程中存在的问题主要是三地在发展定位上具有较大的趋同性，以及三地发展的产业具有较大的相似性。发展定位上的趋同性不可避免的会导致出现无序竞争，造成资源的大量浪费。而发展产业的相似性，不利于优势互补，投资和建设严重缺乏规模优势，没有形成整体的竞争力。魏然、李国梁[③]认为，京津冀一体化进程中存在以下制约因素：第一，区域内经济发展不平衡，整体水平不高，其中河北的经济实力较差是其中一个主要障碍；第二，"极化"现象明显，区域差异较大，这种差异导致了人才呈现单向流动，从而进一步加剧了发展的不平衡，使落后地区的经济发展陷入了一种恶性循环之中；第三，产业结构亟待调整，彼此间

① 参见刘晓春：《京津冀区域经济一体化研究》，载《唐山师范学院学报》，2010（5）。

② 参见郭岩峰、王晓利：《京津冀区域经济一体化发展战略思考》，载《特区经济》，2011（11）。

③ 参见魏然、李国梁：《京津冀区域经济一体化可行性分析》，载《经济问题探索》，2006（12）。

缺乏合理分工，普遍存在“大而全”和“小而全”的布局倾向。南开大学钱智、季任钧、陈和平①强调，高层次合作协商机制缺乏、三方合作模式不明确、三地利益一致的合作项目未启动以及基于整个区域考虑的合作并不多，是影响京津冀合作的主要问题。

6. 京津冀区域产业一体化研究

很多学者对京津冀地区产业布局、产业结构、产业分工与合作的现状、存在问题以及地区间政府竞争状况及影响进行了深入分析，找出了京津冀地区在产业布局、产业结构安排以及政府行为之间存在的问题，并提出了引导和规范京津冀地区区域政府竞争的政策性建议。其中，以下学者的观点特别值得关注。

戴宏伟、马丽慧②提出，京津冀在要素禀赋上具有很强的互补性和产业结构梯度。生产力的发展要求各种生产要素的不断聚集与整合，但由于各地区的要素禀赋不同，其所拥有的要素种类、数量与质量与其他地区有很大区别并很难满足生产力发展的需要，这就要求几个具有不同要素禀赋的地区进行区域协作，以互通有无、调剂余缺。所以，京津冀可以充分利用产业梯度转移这一客观规律，根据自己在生产要素禀赋、市场前景、产业基础、比较优势等方面的特点，确定各自的产业发展方向和产业调整目标，根据技术和产业梯度进行产业合理转移，实现京津冀区域内经济发展和产业结构调整的“双赢”局面。

魏后凯③在剖析京津冀一体化进程中的主要问题和制约因素的基础上，提出构建新型分工格局是推动京津冀一体化的关键的观点，并围绕如何构建新型分工格局提出建议。产业分工分为三个层次：部门之间的分工、部门内产品之间的分工、同一产品产业链之间的分工。京津冀区域应不断地推动产业分工模式的转化。同时，京津冀是典型的双核结构，其一体化程度相对于珠三角、长三角而言比较低，需要包括基础设施、空间结构、政策的协调。推进京津冀一体化是国家的战略问题。

杨开忠④系统研究了京津冀区域产业布局，认为：京津冀区域制度安

---

① 参见钱智、季任钧、陈和平：《论冀京津合作中的问题、机遇、方针和措施》，载《中国软科学》，2000（8）。

② 参见戴宏伟、马丽慧：《借势与造势——京津冀产业梯度转移与河北产业结构优化》，载《经济论坛》，2002（18）。

③ 参见魏后凯：《在首都经济贸易大学主办的“2008首都圈发展高层论坛”上做的大会发言》，引自文魁、祝尔娟：《京津冀区域一体化发展报告（2012）》，北京，社会科学文献出版社，2012。

④ 参见杨开忠：《浅议京津冀区域发展》，载《前线》，2004（12）。

排不足，要建立三地政府间协调合作机制，打破目前两市一省的行政格局；在提高产业创新能力方面，提出要制定正确的产业群导向，提升产业园区的层次，还要采取“一轴两翼多中心网络模式”优化支撑产业创新和升级。

陈柳钦在《京津冀三省市产业发展比较分析》① 一文中运用区域产业梯度转移理论对京津冀三次产业结构、产业的增长速度、产业竞争力做了比较分析，指出了京津冀区域产业非均衡发展的现状以及三者之间的差距。阐述了京津两市作为首都和直辖市，在加工生产和金融、保险等方面都有天然的优势，河北第一产业的种植业有天然优势，但在金融、保险、社会服务、科技等新兴服务业方面不具有比较优势。并指出了京津冀区域内部在主导产业的选择上存在一定程度的产业趋同现象。

窦宗军等人②③通过投入产出模型对京津冀区域经济一体化进行研究，并运用模型对经济及产业发展现状进行分析，提出了促进京津冀协调发展的对策。吴敬华④认为应把京津冀一体化上升到国家发展战略高度，并从基础设施及产业布局等方面提出了相关的建议，同时强调三地要在旅游、金融等领域加强合作。

很多学者就京津冀产业结构和生产力配置、基地建设一体化展开多角度的研究，认为：为了发挥优势，扬长避短，京津冀各个城市应依靠科技进步，利用现有产业优势和区位优势，建立合理的产业结构，提高区域的竞争能力；深化京津冀区域产业结构调整和区域内产业分工协作，加强区域内产业集群建设，打造京津冀区域内产业的亮点，加强区域内交通体系构建，推动三地生产要素快速流动。

7. 京津冀区域经济一体化发展战略研究

关于京津冀区域发展差异、优势互补发展与区域协调等研究，一直是学界热点与重点。这方面的研究成果甚多，其中以下学者的论述值得特别注意。

周立群、邹卫星在《京津冀地区差距、因果积累与经济增长》⑤ 一文中依据因果累计效应理论和非均衡发展理论提出了地区差距扩大化的形成机制，认为市场机制推动了因果累计效应；京津冀地区差距扩大化原因之

---

① 参见陈柳钦：《京津冀三省市产业发展比较分析》，载《经济前沿》，2004 (10)。

② 参见窦宗军：《京津冀区域经济一体化发展模型研究》，天津，天津大学，2007。

③ 参见窦宗军、宋辉、李彦彪：《京津冀区域及环京津地带产业现状及发展》，载《中国统计》，2006 (9)。

④ 参见吴敬华：《把京津冀一体化发展作为一个重大战略》，载《城市》，2009 (12)。

⑤ 参见周立群、邹卫星：《京津冀地区差距、因果累积与经济增长》，载《天津社会科学》，2006 (6)。

一是区域发展战略和地方政府偏好；行政格局是促使地区差距扩大化的重要背景。文中还探讨了经济增长、资本形成和城市规模之间的内在联系和城市群经济增长的影响因素。最后提出了"十一五"时期京津冀地区发展的重要取向，如"促进区域经济协调发展；实现经济增长方式的根本性转变；提高本地资本的投资效率、优化政府投资"等。周立群、邹卫星对京津冀区域的研究侧重于京津冀地区的差距形成原因和影响京津冀地区经济增长的因素分析；其中对京津冀经济增长与三次产业结构关联度做了定量分析，得出了很多值得参考和借鉴的结论和观点。

张素敏[①]从区域经济差异角度，利用相对差异系数对京津冀的人均实际 GDP 进行比较，找出存在差异的地方，并将京津冀的经济差异性与其他区域进行了比较。张亚明、王帅[②]利用主成分分析法对京津冀的经济差异进行分析，并指出了形成差异的原因，提出了协调发展的相关战略措施。

曾珍香等人[③]从系统论角度出发，以京津冀为例，对区域经济协调发展的动力机制进行了研究。冯忠江等人[④]从系统论角度出发，选用六大系统指标对京津冀区域协调状况进行了评价，得出了三地发展不协调的结论，并针对此不协调提出了相关建议。李曼（2005）[⑤] 在《京津冀区域经济一体化发展研究》中通过对其人口、环境等分项进行分析找出不协调的地方，并提出了相关解决措施。

早在"八五"期间，北京市计委就邀请了河北省、天津市八十余位专家，开展了《首都及周边地区生产力合理布局研究》，广泛深入地探索农业、畜牧业、林果业、冶金、建材、化工、机械、电力、交通、通信、旅游服务和乡镇企业联合的可能性和可行性，提出了推进上述产业和行业合作的途径，并对京津冀的产业发展进行了分工，提出了生产力布局的具体实施方案。同时，河北省计划委员会与省社会科学院开展了京津冀区域经济发展研究，围绕推进京津冀经济一体化的有关问题，进行了深入的调查研究，并针对京津冀三方的比较优势、联合与合作的障碍因素，有针对性地提出了推进河北省环京津地区与京津联合的有效途径和对策。1996 年，

① 参见张素敏：《京津冀地区经济增长与地区差异分析》，大连，东北财经大学，2007。

② 参见张亚明、王帅：《京津冀区域经济差异分析及其协调发展研究》，载《中国科技论坛》，2008（2）。

③ 参见曾珍香、段丹华、张培、王欣菲：《基于复杂系统理论的区域协调发展机制研究——以京津冀区域为例》，载《改革与战略》，2008（1）。

④ 参见冯忠江、王卫、梁彦庆：《系统论视角下的京津冀区域和谐研究》，载《改革与战略》，2009（1）。

⑤ 参见李曼：《京津冀区域经济一体化发展研究》，天津，天津大学，2005。

河北省正式提出了“两环开放带动战略”，旨在充分利用河北濒临渤海、环抱京津的优势，推动河北经济快速发展。

天津滨海新区既是京津冀发展的新亮点，更是重点。因此，在对京津冀区域研究中，自然不能缺少对天津滨海新区发展的研究和探讨。例如，祝尔娟在《我国区域经济发展趋势与总体战略架构——兼论加快天津滨海新区开发开放的战略意义》一文中提出了天津滨海新区的功能定位：依托京津冀、服务环渤海、辐射“三北”、面向东北亚，努力建设成为我国北方对外开放的门户、高水平的现代制造业和研发转化基地、北方国际航运中心和国际物流中心，逐步成为经济繁荣、社会和谐、环境优美的宜居生态型新城区。天津滨海新区的功能定位给滨海新区的产业发展确定了发展方向和目标，对滨海新区乃至天津全市的经济发展都具有指导意义。

环渤海地区一直与京津冀区域经济一体化关系紧密，很多学者由此展开论述。例如：李立华①指出了环渤海地区经济发展面临的困难，提出了加快环渤海地区经济发展的对策，要突破行政区的限制，合理分工，京津协调发展，提升城市区位竞争力，促进环渤海一体化；景世民②③认为要把环渤海地区建设成为世界级制造业基地、国际物流中心和高科技知识经济主导区域，必须制定一体化的发展规划，建设一体化的市场和交通体系，建立区域城市体系和协调体系；肖金成④⑤从机遇与挑战两个方面对环渤海地区经济合作进行分析，认为需要明确环渤海的整体功能定位，强化它们之间的分工与合作；陆军⑥⑦提出城市规划与城镇布局一体化，建立以京津为核心，以河北省为腹地的高等级、高层次的城市群体或城镇网络，以缓解京津两市因过度膨胀而引发的地区规模等级压力与城市病；宋要津、吕志敏⑧提出技术开发、利用和管理体制一体化。京津冀地区具有科技体系完整、科技人才资源丰富、科研机构密集和科研开发深度强等优势，但京津冀三省市技术水平的明显差异，决定了该区域必须尽快改善区域科研管理体制，实现技术经济一体化。

① 参见李立华：《环渤海经济圈发展战略研究》，载《宏观经济研究》，2004（12）。

② 参见景世民：《环渤海区域经济发展战略思考》，载《理论探索》，2005（6）。

③ 参见景世民：《关于推进环渤海经济圈快速发展的对策探讨》，载《经济问题》，2005（11）。

④ 参见肖金成：《环渤海地区的区域经济发展与港口的分工合作》，载《开放导报》，2005（2）。

⑤ 参见肖金成、李娟、孙玉：《环渤海地区经济合作及城市群功能定位》，载《环渤海经济瞭望》，2007（12）。

⑥ 参见陆军：《京津城市经济区空间双核心的形成条件》，载《首都经济贸易大学学报》，2001（3）。

⑦ 参见陆军：《论京津冀城市经济区域的空间扩散运动》，载《经济地理》，2002（5）。

⑧ 参见宋要津、吕志敏：《河北跨越式发展的战略选择》，载《社会科学论坛》，2002（8）。

8. 京津冀区域经济一体化具有的现实基础与有利条件

李媛媛、孙文生①从基于科技竞争力的视角，通过灰色关联分析得出以下结论：京津冀地区整体科技竞争的实力较大，区域内蕴含一条极有实力的高新技术产业带，同时拥有八大产业区，并且聚集了各类科研人才，使得三地有相互借力发展的空间。魏然、李国梁②则认为，京津冀区域内的互补性包括生产要素互补、旅游资源互补、交通设施互补以及产业结构互补。韩利红、母晓萌③认为，京津冀地区本身具有良好的合作基础，例如：独特的地理区位优势，交通网络发达；共同的科技优势和人才优势；生产要素禀赋具有互补性；各具产业优势，存在较强的产业互补性；具有初步合作基础，为区域经济一体化提供了发展平台。母爱英、王叶军、单海鹏④通过对后经济危机时代京津冀都市圈的内外环境分析认为，区域性政策和规划的出台促进了京津冀都市圈的发展，国际产业转移格局的变动促进了京津冀都市圈产业结构的优化升级，周边省份的崛起为京津冀都市圈创造了良好的经济腹地。

9. 京津冀区域的空间结构演化

魏后凯、邬晓霞⑤认为，京津冀都市圈有可能从“双核”发展到“三核”。随着河北省曹妃甸的加快开发开放，唐山很可能成为河北省的经济中心，与北京和天津共同成为京津冀都市圈的核心城市。孙久文、丁鸿君⑥认为，大量数据表明，北京的城市发展状况基本符合杜能模型，北京城市空间结构演变已呈现人口核心区在空间上逐步扩大，经济核心区与人口分布同步，城市化进程加快，由单中心向多中心过渡。陈红霞等人⑦认为，京津冀区域人口和城镇体系的空间分布不均衡，一方面，以自然条件为基础，呈现东南集中特征，另一方面，中小城镇分布以京广、京九、京哈铁路等为依托，呈现以北京为中心的强向心分布；经济发展呈现空间均衡的分散化趋势；区域内部交通设施比较发达，随着经济发展的空间中心变化，区域内部各地区对外交通需求建设的空间分布也有所改变。最后，综合考

① 参见李媛媛、孙文生：《京津冀区域一体化分析》，载《统计与决策》，2006（10）。

② 参见魏然、李国梁：《京津冀区域经济一体化可行性分析》，载《经济问题探索》，2006（12）。

③ 参见韩利红、母晓萌：《京津冀区域经济协调发展问题研究》，载《求索》，2010（5）。

④ 参见母爱英、王叶军、单海鹏：《后经济危机时代京津冀都市圈发展的路径选择》，载《城市发展研究》，2010（12）。

⑤ 参见魏后凯、邬晓霞：《“十二五”时期中国区域政策的基本框架》，载《经济与管理研究》，2010（12）。

⑥ 参见孙久文、丁鸿君：《京津冀区域经济一体化进程研究》，载《经济与管理研究》，2012（7）。

⑦ 陈红霞、李国平、张丹：《京津冀区域空间格局及其优化整合分析》，载《城市发展研究》，2011（11）。

虑京津冀区域人口、经济、城镇和交通体系发展的现状和未来的地区发展定位，她认为“三轴、四区、多中心、网络化”是京津冀区域空间整合发展的可行方向。

10. 关于京津冀地区产业结构问题

北京大学李国平教授①认为，京津冀地区应当按照“优势集成、高端引领、协同共赢、点轴支撑、跨越发展”的“20字”思路，加速提升该地区整体科技实力，发挥对全国的引领和辐射作用。刘卫东②认为，京津冀区域是我国水资源最短缺的地区之一，可以通过调整空间结构，将耗水量大的工业布局推向滨海以便大规模利用海水，建设滨海节约淡水产业带是解决京津冀区域经济发展与水资源短缺之间矛盾的一个重要途径。纪良纲、晓国③认为，整合京津冀地区的存量资源，积极推动京津冀形成基础设施衔接、支柱产业配套、新兴产业共建、一般产业互补的梯度开发模式与分工协作体系，是推进京津冀区域经济一体化不可或缺的重要一环。王宪明等人④⑤指出，京津冀都市圈区域发展规划的实现途径重点是推动京津冀地区的产业结构优化与产业结构升级，充分利用京津两市金融支持基础雄厚、科技人才众多、科技创新能力较强这些特点，积极发展技术密集型产业、面向产业链条下游的先进制造业和现代服务业。张雪梅、孙武志⑥认为，京津冀物流一体化面临的主要问题是未能形成适应区域现代物流发展的市场经济体制和运行机制，未能形成符合区域现代物流业要求的跨行业、跨地区、复合型的物流产业、产业基础和基础条件。

11. 京津冀区域经济一体化其他诸层面研究

关于如何推进京津冀区域经济一体化，关于京津冀区域经济一体化各个层面的推进技术和方法以及制度安排等问题的研究，是京津冀区域经济一体化研究中论述最丰富的部分。

例如，李国平在《京津冀区域科技发展规划研究》中提出：京津冀区域科技发展应以科学发展观以及国家中长期科学和技术发展规划为指导，全面贯彻“自主创新、重点跨越、支撑发展、引领未来”的指导方针；以

① 参见李国平：《京津冀北地区协调发展的目标定位及其战略构想》，载《北京规划建设》，2009 (5)。

② 参见刘卫东：《京津冀滨海节水产业带建设探讨》，载《地理学与国土研究》，1992 (3)。

③ 参见纪良纲、晓国：《京津冀产业梯度转移与错位发展》，载《河北学刊》，2004 (6)。

④ 参见王宪明、王立平：《京津冀都市圈经济研究综述》，载《商场现代化》，2006 (26)。

⑤ 参见王宪明、回建：《关于京津冀都市圈中北厢区域发展问题的思考》，载《河北大学学报(哲学社会科学版)》，2006 (6)。

⑥ 参见张雪梅、孙武志：《加快区域现代物流发展　促进京津冀一体化》，载《商场现代化》，2005 (12)。

经济社会发展对科技的需求为基本出发点，着重解决重大共性科技问题；集成整合优势科技资源，强化高端引领作用，实施重大科技专项和建设重大产业创新基地，完善区域创新体系，形成互动共赢的区域科技发展机制和点轴支撑的区域科技发展布局，全面提升科技对经济和社会发展的支撑和引领作用；努力建设成为我国经济社会发展的创新中枢、创新型国家建设的先导区、国家知识创新核心区、产业技术创新示范区。突出“优势集成、高端引领、协同共赢、点轴支撑、跨越发展”的发展思路，提出未来五年的发展目标为：依托科技、产业与资源优势，以提升区域整体创新能力和区域协调发展能力为出发点，实现“四个显著提升”，即创新投入水平显著提升、自主创新能力显著提升、产业技术水平显著提升、科技合作发展程度显著提升；实现“两个完善”，即企业为主的创新体系完善、产业技术创新集群完善；突出“两个地位”，即全国科技引领地位和东北亚创新中心地位。强化全国科技资源集聚区地位，为率先建成创新型区域奠定坚实的基础。

再如，孙久文等人在《京津冀都市圈区域合作与北京的功能定位》①一文中提出，北京应该成为京津冀城市群区域创新中心、高素质人才培养中心、交通中心、京津冀区域旅游中心、“十一五”期间京津冀产业引进和转移中心、京津冀城市群经济管理中心、贸易中心和金融中心；提出了“十一五”期间北京在京津冀区域产业分工、交通构建、市场培育、环境保护、旅游发展等领域的具体操作办法；提出了北京在京津冀地区的城市管理、人力资源开发以及建立公共财政转移支付制度的设想；提出了北京市域空间结构调整的建议以及若干具有创新意义的、操作性强的政策建议。

另外，很多学者对京津冀区域物流、区域科技创新、区域政策协调、区域人才流动等内容展开了多角度、多层面的研究。不少学者就京津冀区域物流发展的现状，提出了京津冀区域物流一体化发展的必要性及可行性，提出了符合实际的区域物流一体化实现模式。有学者②③④认为：为了提升京津冀区域科技创新能力，各地政府要转变管理观念，建立科技创新的协调机制，加强区域内高校和科研院所的合作，提高企业技术创新能力。还

① 参见孙久文、邓慧慧、叶振宇：《京津冀都市圈区域合作与北京的功能定位》，载《北京社会科学》，2008（6）。

② 参见陈娟：《京津冀区域科技创新体系要素比较研究》，载《北方经贸》，2012（9）。

③ 参见余迎新、李子彪、闫凌州：《京津冀区域科技创新联盟研究》，载《中国市场》，2007（44）。

④ 参见张换兆、霍光峰、刘冠男：《京津冀区域科技创新比较的实证分析》，载《科技进步与对策》，2011（2）。

有学者[①][②]提出：壮大县域经济是提升区域经济发展水平，增强京津冀都市圈竞争力的关键环节。针对京津冀区域人才流动，有学者[③]提出：要统筹区域发展，增强落后地区的人才集聚能力；发挥离散效应，促进“一轴、两核、三区”集聚模式的发展；协调区域间利益，推行人才投资收益的合作机制；政府要转变职能、加大投资力度、改善政策环境、加强基础建设，从而美化人才环境，优化人才培养、服务和流动机制；要培养成熟的供求主体、完善人才市场供求机制，要营造公平的用人环境、完善人才市场竞争机制，要采取有效的激励措施、完善人才市场价格机制。刘邦凡、李玲[④]从京津冀三地“行政区经济”现象出发，指出了以电子治理为模型和范式规范、调控经济一体化，从电子治理的经济视角分析了制造业管理变革的迫切性，并对三地制造业市场环境、工业化发展和经济安全的改变及影响作了深入分析，建立了新型的制造业虚拟组织的区域协调机制。

12. 京津冀区域经济一体化中的河北沿海地区发展研究

目前，这方面的研究论文与著述还很少。主要文章包括：陈万钦的《河北沿海城市带发展构想》，庞立平的《着力实现河北沿海经济与腹地的互动发展》，孙世芳和闫永路的《坚持四个统筹　加快河北沿海经济隆起带建设》，杜鹰的《促进河北沿海地区发展意义重大》，李海楠的《环京、沿海：河北迎来“黄金发展期”》，刘慧的《河北沿海战略欲补齐发展落差》，杨世新的《河北加快推动工业向沿海转移》，吴绍冰和郑惠华的《河北沿海地区发展亟待纳入国家发展战略》，刘秀兰等人的《河北沿海经济隆起带发展对策研究》，王永华的《河北沿海经济崛起带优势整合战略研究》，胡宝菊的《建设河北沿海经济社会发展强省与环渤海地区崛起的关系》等。[⑤]

---

① 参见李冰：《京津冀都市圈县域经济功能定位研究》，天津，河北工业大学，2008。

② 参见董国利、侯彦温：《京津冀都市圈中心城市对县域经济的辐射研究》，载《中国经贸导刊》，2010（18）。

③ 参见熊凤平：《京津冀一体化过程中的人才流动分析——基于河北视角的研究》，载《特区经济》，2007（5）。

④ 参见刘邦凡、李玲：《区域经济一体化下电子治理与京津冀制造业的协同发展》，载《环渤海经济瞭望》，2007（1）。

⑤ 参见：陈万钦：《河北沿海城市带发展构想》，载《领导之友》，2011（5）。庞立平：《着力实现河北沿海经济与腹地的互动发展》，载《领导之友》，2011（5）。孙世芳、闫永路：《坚持四个统筹　加快河北沿海经济隆起带建设》，载《领导之友》，2011（1）。杜鹰：《促进河北沿海地区发展意义重大》，载《中国产业》，2010（12）。李海楠：《环京、沿海：河北迎来“黄金发展期”》，载《中国经济时报》，2010－12－08。刘慧：《河北沿海战略欲补齐发展落差》，载《中国经济时报》，2010－12－08。杨世新：《河北加快推动工业向沿海转移》，载《现代物流报》，2010－11－08。吴绍冰、郑惠华：《河北沿海地区发展亟待纳入国家发展战略》，载《河北经济日报》，2010－03－09。刘秀兰、韩红莲、张红程、王洪祺、肖桂芹：《河北沿海经济隆起带发展对策研究》，载《宏观经济研究》，2008（12）。王永华：《河北沿海经济崛起带优势整合战略研究》，载《河北经贸大学学报》，2008（5）。胡宝菊：《建设河北沿海经济社会发展强省与环渤海地区崛起的关系》，载《商场现代化》，2008（12）。

这些文章都认为，河北沿海地区的发展应该成为推进河北经济发展的关键，也是推进京津冀区域经济一体化的关键点。但以上研究还不够深入和细致。可以说，这一主题的研究还没有形成比较成熟或系统的成果。

### 三、结语

总的来看，国内对京津冀区域经济一体化的研究在文献数量上已经非常丰富，研究的角度多种多样，研究的范围也比较广，学者们采用不同的研究方法，对京津冀区域经济一体化的各个方面进行了研究，得出了大量有价值的结论。但是，目前在研究中也存在一些有待完善之处，分析如下：

第一，对京津冀区域内部关系的厘定，即如何确定京津冀经济区域的有效范围颇具争议，而争议的起源则是因为该区域现实的经济联系还处于相对松散状态，使人们很难清晰地看出未来的发展究竟可以在多大的范围内实现联合。

第二，京津冀区域一体化研究过程中，缺乏对公共政策服务平台的构建。区域经济一体化的发展离不开政策的引导、鼓励和支持作用，国家政策和区域政策是区域经济一体化形成、发展和战略实现的坚实保障，在区域一体化战略中，政策规划无处不在，战略规划本身也是政策表现的一种方式。通过公共政策的引导、鼓励作用，充分利用京津冀地区的比较优势，能够充分为京津冀地区的协调发展发挥支撑作用，壮大区域经济实力。

第三，虽然近些年政府部门、学术界对京津冀区域经济一体化进行了多角度的研究，但是仍然存在较大的争议，对于京津冀区域一体化相关理论的内在逻辑分析还不够系统化，学者们对京津冀区域一体化过程中的理论运用各执一词，没有统一的标准，使得在具体的实施运作当中“理出多门”。

第四，对于京津冀各级政府间行为的研究还不够深入。政府间行为仍然以互动约束下的利益最大化为目标，利益互动约束的过程就是一个博弈的过程。对于我国这样一个有独特国体、政体和独特国情的大国来讲，政府间的博弈行为具有普遍性。目前，对政府间博弈行为即利益的传导变化过程和相互约束效应还不够清楚。

## 第三节　区域经济发展理论与“中心-边缘”理论综述

### 一、区域经济发展理论

1. 传统区域经济发展理论

随着区域经济不断优化，势必要求用发展理论来指导下一步的再发展，因而区域经济发展理论就会不断地向前更新。而这种理论发展趋势的背后就会反衬出原有区位发展理论已经不能适应当下区域发展局面。在如此区域发展的社会经济时代下，传统区域经济发展理论应运而生并迅速发展。

（1）区域经济增长理论。

区域经济增长理论主要是运用数学计量模型来测定和核算有关联变量之间的经济关系和未来区域经济发展趋势。区域经济增长理论体系比较有代表性的理论模型主要有以下几种：

一是哈罗德-多马模型。20 世纪 40 年代，该模型由英国经济学家哈罗德和美国经济学家多马同时提出，合称为哈罗德-多马模型。此模型的概念和模型的内涵与外延都显示出，经济长效增长的根源来自资本的形成和长效累积。从传统经济学来看，要想扩大就业人口、增加就业机会，只能通过不断地增加投资规模，从而造成生产企业的不断扩张，进一步使得供给远远大于市场需求，继而创造出更多的社会资本与财富。而哈罗德-多马模型却认为，要使社会发展和区域经济获得均衡性增长，必然要求这一区域（国家）在一定时间阶段内使得区域（国家）储蓄完全转化为投资成本。

二是新古典学派的增长模型。1956 年，索罗和斯旺等人对前期增长模型作了相应补充，随即得出索罗-斯旺增长新模型。该模型主要论点在于：通过合理匹配"劳动（labor）与资本（captain）"的比例，实现该区域内某一时段的均衡性就业。但在这个过程中，劳动与资本是会发生变化的，倘若劳动的增长速度大大超过资本的增长速度，那么劳动价格与工人工资的增长就会使资本效率有所降低，这个时段就需要对先进技术进行大力投资，从而改变区域增长持续力的结构。

（2）区域平衡发展理论。

区域平衡发展理论主要是从发展经济学的学科积淀出发，进而对发展中国家的区域经济作出发展方向探讨的一种理论。从本质来看，平衡发展理论强调了全面投资，从而能平衡发展区域内各经济部门。穆勒对"萨伊定律"作了重新解释：通过对经济部门中以同一比例来投资，进而使得其获得平衡性发展，最终实现生产能力与需求增加结构性的相互适应。纽曼（J. V. Neumann）等对其作出了进一步论证，将平衡性发展理论划分为三种不同形态：一是强调"投资规模为主"的理论；二是强调"起步基点、发展路线"的理论；三是强调"投资规模完全增长"的折中理论。

2. 现代区域经济发展理论

世界经济与全球化贸易的不断推进，将规模经济（Economies of Scale）、收益递增（Increasing Returns）、不完全竞争（Imperfect Competition)、外部性（Externalities）、集聚经济（Agglomeration Economies）等区域经济发展概念引入区域经济发展理论，从而孕育和发展了新增长理论、区域创新理论等。

（1）新增长理论。

新增长理论（即内生增长理论，Endogenous Growth Theory），理论先驱诸如：保罗·罗默（Paul M. Romer）于 1986 年发表在《政治经济学杂志》（*The Journal of Political Economy*）上的论文“Increasing Returns and Long Run Growth”，基于阿罗的干中学模型所建构出的知识溢出模型（Knowledge Spillover Model）及罗伯特·E. 卢卡斯（Robert E. Lucas）在 1988 年的《论经济发展机制》中所论述的人力资本溢出模型等。新增长理论的基点在于：经济发展与增长的核心驱动力不是外部力量所能引发的，而是经济体系的内部要素（知识、技能、人力资本）所集聚的效果，使得资本收益有所增加和递增。可见这种理论主要是集中测算和建构“投资、知识、人力资本”，从而激励区域经济向前发展。

（2）区域创新理论。

区域创新体系（Regional Innovation System，RIS）是相对于国家创新体系（National Innovation System，NIS）而言的，可见这是创新体系在层次上的不同。对区域创新体系首先着手研究是在 20 世纪 80 年代末。而到了 1992 年，英国学者菲力普·库克（Philip Cooke）对 RIS 作了相应概念界定和内涵剖析。RIS 主要是创新主体（由某一区域内的研究机构，如高等院校、专属科研机构、科研服务机构以及区域内地方政府所组成）、创新环境（创新组织架构、创新思维与思想的活跃度、创新人才机制建设等）以及创新行为主体之间的系统性架构，从而保障了运行机制的流畅，推动了区域内部发展的可持续技术转动。

## 二、“中心-边缘”理论

“中心-边缘”的概念运用广泛，但作为本文研究对象的“中心-边缘”理论属于发展经济学的“准方法论”范畴。纵观世界经济发展，从发展经济学理论体系来看，主要是由现代化理论、依附理论以及世界体系理论所构成。本文所引入的“中心-边缘”理论集中体现在后两个理论体系之中，首先对发展中国家进行比较客观和具有可衡量性的理论分析及范式探讨，然后经过理论学者的外延和拓展，将其引入区域经济发展领域。

### 1.“中心-边缘”理论的主要内容

在对“中心-边缘”理论的拓展和理论脉络外延演进过程中，由于学科和学者个体的学术差异，相关研究结论呈现差异性和多样性，但其基本要点却没有发生实质性转变。种种这些都昭示了对厘清和囊括“中心-边缘”理论的理论范围和研究过程有着莫大帮助，从而使得我们能在经济思想海洋中找到一片有助于“中心-边缘”理论快速成长的绿洲。现有“中心-边缘”理论是在前期多位学者（Immanuel Wallerstein，Prebisch，Frank 等）的研究和扩展基础上所建构出的，据此可以推演出“中心-边缘”理论的理论图景和演进图。

“中心-边缘”理论共有四大主要内容：

(1) 初始“中心-边缘”理论是依托某一理论前提，即在原先国际化分工明确基点上，资本主义世界体系已经出现了边缘化发展的端倪。

沃勒斯坦（Immanuel Wallerstein）将这个时间点具体到 1640 年。对“中心-边缘”理论主要是以“两分法”来合理剖析。多位学者论述，在这个世界体系中存在与之相对立的区域（国家）（中心与边缘所在），但需要明确的是，此时的中心与边缘的划分并不单纯局限在地理空间区位上，更为重要的是指出经济发展形态和社会状态。因而从严格意义上来说，中心区域（国家）在全球化贸易过程中是掌握核心技术、生产资源以及金融资本等的核心主导角色，与之相反的是在后现代化世界贸易过程中一直处于弱势的边缘区域（国家）。

(2) 中心区域与边缘区域间的结构性剖析即此研究的主干内容，研究重点在于深刻探究中心区域与边缘区域的动态协同性和区域间依存关系。

在研究过程中，资本主义世界体系两个与之截然不同的层次分析法研究，势必造成研究的差异性，然而需要肯定的是要整合中心区域与边缘区域之间的动态协同性和整体性，根源在于资本主义世界体系内部在一个长久阶段来看，势必要保持动态协同与均质化发展。同时，中心区域（城市群体、国家等）的核心主导地位或角色并非恒久不变，随着全球化进程、区域发展以及边缘区域向中心区域发生的进程，势必造成某一中心区域（国家）的主导角色的转移，下降为边缘角色，而与之相反的是一边缘区域（国家）转变，突破固有界限。从另一层面来看，区域（国家）之间一定程度上存在诸多区域差异和个体差异，区域间势必发生异质性的分化，这就要求中心区域与边缘区域之间强调依存关系。

(3) 研究对象的重点范围是边缘化区域（国家）经济。

这里所指的边缘化区域（国家）经济是以欠发达国家为主体，研究者的个体从属性也在这部分国家中。当前理论研究的基本前提是肯定全球化贸易的成长趋势，因而使得对“中心-边缘”理论研究要有国际化和全球化视野，更多时候是站在边缘区域（国家）立场上来思考和探究世界发展趋势，以便研究者从边缘区域（欠发达区域）的视野下来寻求拓宽发展之路。

（4）走本土化之路，反对现代化理论的完全西化。

从理论渊源和理论时间论断来看，较为正式的“中心-边缘”理论的推出和完善比现代化理论要晚。发展中国家（或者称为边缘区域）的区域个性和发展差异性，势必造成现代化理论在这些国家（区域）的“水土不服”，从而影响现代化理论的应用前景。再加之这些国家（区域）内部的民族意识的不断开放与内部解体，使得一部分专家学者探究到现代化理论的局限性。从本质考究，边缘区域（国家）的欠发达经济发展形态，并不单纯是由发展进程中的阶段所引致的，而是根源于中心区域对边缘区域的过度压榨和剥削。但必须重视的一点是，以期通过整体性“西化”来走出边缘化角色定位是不可能实现的。因而要想使得边缘区域能向中心区域迈进，换句话说，要使中国边缘区域能走向中心区域，势必走中国化的区域发展模式，更好地利用本国国情来走向中心区域。

2.“中心-边缘”理论与“核心-外围”理论辨析

尽管“核心-外围”理论和“中心-边缘”理论在字面上比较相似，但是从理论内涵、学科、研究对象、研究方法来看是不相同的两个理论。

传统地理经济学主要探讨的是在某一均质空间下，随着市场竞争的完全性以及在规模报酬不变的前提下，生产商会作出的市场经济战略。而在这个过程中，却未能恰当地解释和论证产业集聚以及空间增长极发展的研究。直到20世纪90年代初，地理经济学才将空间结构因素引入经济学研究，进行原有地理经济学的交互性探讨。同时建构了以规模报酬、市场竞争度和增长运输成本为变量的数学模型，从而最终架构出“核心-外围”模型，以期能实现对产业集群的动态性研究。

从上述对新空间地理经济学派的“核心-外围”理论的论证逻辑分析可知，其与本书所论述的“中心-边缘”理论还是存在差异性和异质性：

其一，两种理论从属于不同分支学科。“中心-边缘”理论从本质来看是结构主义学派所引致的，因此可以将“中心-边缘”理论划入发展经济学的范畴。“中心-边缘”理论的理论渊源是研究和探索边缘区域（欠发达国家或区域）以工业化和后现代性发展路径来向中心区域（发达国家或区域）迈进的过程。而“核心-外围”理论从属于新经济地理学派，此学派最终归纳于区域经济学的学科体系内，可见其是空间地理学和传统经济学学科融合后的新学科体系。同时从时间阶段来看，空间地理经济学派所构建的“核心-外围”理论（20世纪90年代初）的时间比“中心-边缘”理论（成熟于20世纪40年代）晚了近50年。

其二，二者的研究视野不同。被划归为发展经济学初始的“中心-边缘”理论的理论分析研究主要是通过全局性视野（全球、全区域）来探究“中心-边缘”形态社会发展格局，在此所论述的“中心”主要是发达区域（国家或者工业区），而“边缘”指的是欠发达区域（发展中国家）。但是“中心”与“边缘”区域的角色存在相互依附性，而且“中心”与“边缘”的角色定位是会发生转变的。相比较而言，空间地理经济学范畴下的“核心-外围”理论探讨的是某一区域内不同分区间（核心区和外围区）的空间地理经济。而这里论述的“空间”并不单纯是指实质上的区位空间，强调的是抽象意义上的空间，因此本研究不会将区域利益、时间和真实空间处境考虑在内。

其三，二者的研究对象和方法不同。本书所论述的“中心-边缘”理论是从发展经济学中的发展结构主义来进行一定的价值向度性判断与界定，因而基于前期价值判断，将世界经济体系划分为中心区域和边缘区域，进而依托规范分析来探究这二者间的不均衡平等性发展格局，从而使得边缘区域能有效地向中心区域合理递进。与此同时，在对“中心-边缘”理论的应用研究过程中还会对经济现象进行社会学的论证。从另一个侧面来看，由空间结构因素所建构的“中心-边缘”理论模型通过对区域内部产业结构或者外延数据的定量性实证化探究，进而将其纳入数理推导模型，从而恰当地论证了某一区域空间内部产业集聚机理，重点探究了区域内部产业集群的系统动态性过程，同时也分析了促使产业发生集聚效应的影响因素。

从上述分析可见，发展经济学派的“中心-边缘”理论与空间地理经济学派的“核心-外围”理论之间并不存在重大直接联系，本质上也不存在相互继承关系，客观来看这二者应该是从属于相互平行学派的两个理论。

## 三、结语

区域经济发展已成为当下社会发展的有机推动力。中心区域的发展离不开边缘区域人、财、物、力的协调支持与帮助。与此同时，中心区域势必将区域集聚效应辐射整个区域。中心区域由于在经济要素、经济地位以及政府优惠政策等方面具有优势，因此其发展更为迅速；边缘区域在要素劣势等其他条件下要趋向中心化，势必通过发展路径推动区域经济平稳而又常态化发展。随着河北沿海区域之间区域化程度不断增强，中心区域与边缘区域之间会出现动态化转变与竞争。

从“中心-边缘”理论内涵可知，研究某一区域可将其划分为中心区域和边缘区域，但是在此发展过程势必发生“边缘—中心—边缘”的互动性转变（集聚—扩散—再集聚），这昭示了河北沿海地区区域发展形态下的结构性转变。本章节主要阐述了哈罗德-多马模型、区域经济增长理论、区域平衡发展理论以及现代区域经济发展理论中的新增长理论和区域创新理论的理论内涵。从“中心-边缘”理论的前提、主干研究内容、研究范围、本土化研究等方面拓宽该理论的研究宽度；在学科归属、研究视野、研究方法层面上对“中心-边缘”理论与“核心-外围”理论进行对比辨析，发现这二者之间只是相互平行的关系。这为下文河北沿海区域经济发展的现实困境和产业结构分析提供了理论分析基点和理论分析工具，继而帮助我们探讨河北沿海区域经济从边缘走向中心的发展对策体系。

# 第二章　区域经济：一体化、政策与沿海开发

## 第一节　区域经济一体化发展综述

### 一、世界区域经济一体化发展综述

1. 区域经济一体化实践发展进程

国内外对于区域经济一体化实践发展进程有着不太一致的观点。国外对于区域经济一体化模式的探讨主要有“三式说”“四式说”“五式说”“六式说”：“三式说”是以宏观经济学学者为代表的，在他们看来，区域经济一体化主要有关税同盟、自由贸易区和共同市场三种主要模式；“四式说”的代表是国际经济学学者，他们认为区域经济一体化主要有四种模式，分别是自由贸易区、关税同盟、共同市场和经济联盟；“五式说”的代表是著名经济学家贝尔·巴拉萨，他认为区域经济一体化有五种模式，即在“四式说”基础上增加了完全的经济一体化模式；“六式说”的代表包括欧盟经济学的部分学者及其他学者，欧盟经济学的部分学者在“四式说”基础上增加了单一商品的经济一体化和完全的政治一体化①，其他学者则主张在“四式说”基础上增加部门协定和优惠协定。

国内对于区域经济一体化模式探讨也未达成共识，有“四式说”“五式说”“六式说”。“四式说”认为区域经济一体化应该分为关税同盟、自由贸易区、共同市场和经济联盟；“五式说”认为区域经济一体化或在“四式说”基础上增加完全的经济一体化模式，或在“四式说”基础上增加优惠贸易安排模式；“六式说”则认为区域经济一体化模式应该在“四式说”基础上增加优惠贸易协定和货币联盟两种模式。

综合国内外学者的观点可以发现，不管怎么分，“三式说”的基础模式

① 参见梁双陆、程小军：《国际区域经济一体化理论综述》，载《经济问题探索》，2007 (1)。

是不变的，也是几乎所有学者都认同的模式，学者们都是在其基础上进行新模式的探索。在“三式说”基础上进行的探索中，本书作者比较赞同贝尔·巴拉萨和曲晨等人的“五式说”，即关税同盟、自由贸易区、共同市场、经济联盟、完全的经济一体化，可以说这五个模式是区域经济一体化发展的必然趋势。

作为区域经济一体化最初形式的区域经济合作，可以追溯到17世纪的法国，那时法国国内市场实现了一定程度的自由流通，国内关卡被撤销，省际进出口税得以降低。之后两个世纪中，奥地利陆续与周边五个国家签订合作协定，以享受一定的自由贸易权。这些可以看作区域经济一体化的萌芽。但是在国内外研究中，第二次世界大战之后才被定义为区域经济一体化的真正开端。

1949年初，最早的区域经济一体化组织即“经济互助委员会”成立，这是由苏联六国共同成立的，到如今已经解散，但它的成立确实是区域经济一体化实践发展的标志；1951年，“欧洲煤钢共同体”正式成立，其成员国有比利时、法国、荷兰、联邦德国、卢森堡、意大利；1957年，“欧洲原子能共同体”和“欧洲经济共同体”成立，之后成员国不断增加，一体化范围扩大，共同体正式启动欧元，实现经济和货币联盟，今天的欧盟就是由此逐步发展而来的，其在司法、经济、安全和外交等领域的合作程度已比较高，有向完全一体化发展的趋势；1967年，“东南亚国家联盟”成立，之后启动东盟自由贸易区，到如今成员国之间已经取消入境签证程序，实现商业活动自由化；“安第斯集团（安第斯条约组织）”于1969年成立；“亚太经济合作组织”于1989年成立，现已发展成世界上最重要的地区组织之一；“非洲经济共同体”于1991年成立；“北美自由贸易区”于1994年成立，成为南北经济一体化的典范，发展至今，三国经济均取得了一定的发展。现如今，各大经济合作组织不断发展，一体化程度不断加深，完全一体化的实现成为大势所趋。

2. 区域经济一体化发展趋势

区域经济一体化是在全球化的背景下应运而生的，发展势头不断增强，全世界各国、各地区都已经开始了对区域经济一体化的探索，并取得了一定的进展。20世纪末，区域经济一体化伴随着流通领域和生产领域的进一步国际化、贸易保护主义的不断抬头以及国际竞争的日趋激烈，呈现出新的发展趋势：

（1）区域经济一体化的形式日趋多样。

在全球范围内，各个国家之间的区域经济合作既有综合性的，如经济、政治、文化等领域都涉及的合作，也有在特定领域内的合作，如在投资、贸易、信贷、金融等领域展开的合作；既有洲际内的，如欧盟、北美自由贸易区等，这都是各国在洲际内的合作，也有跨洲的，如亚太经合组织，东盟与中国、日本、韩国的“10＋3”“10＋1”合作等；既有发达国家与发展中国家之间的合作，也有发展中国家之间的合作，还有发达国家之间的合作。照这个趋势发展下去，未来综合性的、跨洲的、发达国家与发展中国家的合作会越来越多，形式也会越来越多样化。

（2）区域经济一体化影响力、认可度日趋扩大。

20 世纪 70 年代，全球有 19 个区域经济合作组织，80 年代增加为 23 个，到 90 年代初增加到 32 个。到目前为止，全球范围内，参与这些区域经济合作组织的国家已经达到 120 个左右。区域经济合作组织的数量在进一步增加，规模也在进一步扩大，且地位日趋重要，各个区域经济合作组织的内部贸易额占到世界贸易总额的 82%。这些数据都说明全球各个国家对于区域经济一体化的认可度越来越高，受其影响也会越来越大，未来会有越来越多的国家加入区域经济合作中来。

（3）区域经济一体化的发展程度日趋加强。

由磋商式论坛机构到贸易优惠共同体，到关税同盟，再到自由贸易区，最后到共同市场，区域经济一体化的程度逐步加强。以亚太经济合作组织等为代表的是磋商式论坛机构，以南亚优惠贸易协定等为代表的是贸易优惠共同体，以西非国家关税同盟等代表的是关税同盟，以北美自由贸易区、欧洲自由贸易联盟、东盟自由贸易区、中美洲自由贸易区等为代表的是自由贸易区，以南美洲共同市场、海湾合作委员会、安第斯条约组织、南部非洲开发共同体、加勒比共同体等为代表的是共同市场。① 区域经济合作组织的发展趋势是由一开始的生产要素一体化，逐步突破经济上的合作，进而实现政治、政策、文化等各方面的合作，最终向完全一体化的方向发展。

## 二、京津冀区域经济一体化发展综述

### 1. 我国“十二五”规划首次明确推进京津冀区域经济一体化

我国《国民经济和社会发展第十二个五年规划纲要》中的“第十八章 实施区域发展总体战略”中指出：“充分发挥不同地区比较优势，促进生产要素合理流动，深化区域合作，推进区域良性互动发展，逐步缩小区域发

① 参见夏文彬：《区域经济一体化下的中国参与》，载《特区经济》，2009（5）。

展差距。”然后还提出：“推进京津冀、长江三角洲、珠江三角洲地区区域经济一体化发展，打造首都经济圈，重点推进河北沿海地区、江苏沿海地区、浙江舟山群岛新区、海峡西岸经济区、山东半岛蓝色经济区等区域发展，建设海南国际旅游岛。”并在“第十二章　构建综合交通运输体系”中明确提出：“建成京津冀、长江三角洲、珠江三角洲三大城市群城际交通网络，推进重点开发区域城市群的城际干线建设。”可见，推进京津冀地区区域经济一体化、打造首都经济圈、重点推进河北沿海地区区域发展是我国经济发展战略的重要组成部分，是历史赋予我们的光荣使命和千载难逢的机遇。

这是我国首次把推进京津冀区域经济一体化、打造首都经济圈、重点推进河北沿海地区的经济发展，列入国家和社会经济发展纲要中。这说明国家对这一地区经济发展寄予很大的希望，这是责任也是机遇。这一地区的经济发展与改革开放发展较快的长三角、珠三角经济区域得以相提并论，共同成为我国经济发展新的增长极，对全国的经济发展起着重要的引导和支撑作用，使河北沿海地区和我国其他东部沿海地区共同成为我国经济发展与国际交往、合作的前沿阵地。京津冀地区区域经济一体化和首都经济圈包括的核心城市应该是北京、天津、唐山、石家庄。这些城市由于各自的地理位置和各自经济发展的特点不同，构成了京津冀区域经济一体化、首都经济圈网络中不可缺少的一部分。这些城市的功能有很强的互补性。北京应由过去的经济功能集聚，向功能疏散和辐射转变，以前是外省市对北京提供保障和支援，现在北京要为外省市服务。据悉，到2015年，北京向河北延伸轨道交通达1 000千米，大大拉近了北京和周边城市的距离，对当地的经济发展和城际交往起到了很好的作用。京、津、唐这三个城市互补性很强，又比较靠近，联系方便，是京津冀区域经济一体化和首都经济圈的核心城市。京、津、唐城际高铁建成后将形成半小时的经济圈和人流圈，大大地缩短了城际距离。

2. 京津冀地区具有优越的地理区位和资源优势

（1）独特的区位优势。

京津冀地区紧连渤海，是东北、西北、华北联系的咽喉与要道，具有发展市场经济的良好条件。其中，北京是祖国的首都；天津是历史上著名的北方商埠和金融中心；河北环抱北京、天津，有雄厚的工业基础。京津冀经济圈的海岸类型齐全，海岸线平直，其中天津港是中国北方最大的国际贸易口岸，是中国最大的集装箱码头和散货码头。同时，除具有相当规模的秦皇岛港、京唐港和黄骅港外，还有一处将很快建成的北方深水大港——曹妃甸港，它具有渤海最好的深水泊位和锚地，可满足 20 万吨以上的大型油、矿专用船靠泊。在交通方面，以京津两地为中心的铁路、公路、航空，已形成密集、科学、合理的交通网，连接着全国以及全球各个国家和地区。

（2）济济的人才优势。

京津冀经济圈拥有数量众多的大专院校和科研单位，尤其是北京，高校和科研机构是全国之最，专业配套设施完善，人才济济，智力资源非常丰富。

（3）雄厚的产业优势。

京津冀经济圈煤炭、铁矿、原油等资源分布广，含量丰富。在雄厚的物质资源基础上，京津冀经济圈已成为继珠江三角洲、长江三角洲之后的我国第三个大规模区域制造中心。依托原有工业基础，不仅保持着诸如钢铁、原油、原盐等资源依托型产品优势，而且新兴的电子信息、生物制药、新材料等高新技术产业也发展迅猛。特别值得注意的是，根据信息产业部新近出台的一份研究报告，京津冀地区已经成为中国电子信息产业发展的中心之一。

京津冀山水相连，地理上是一体，历史上也是一体。近几十年形成的行政区划，将京津冀割成了三个“片断”。有人形象地说，河北是“没心（心脏地带——北京）没肺（主要出海口——天津）”，天津是失去了腹地，北京只好长期在内部“划圈摊大饼”。这种分割影响了这一区域的整体发展，无论从京津冀还是华北来说，都需要这一区域的整合。京津冀一体化的发展，有利于各城市在经济上取得互补效应，加速消除城乡二元经济结构，在生态上可缓解城市的热岛效应，在文化上便于多样化的充分交融。

3. 京津冀区域经济一体化已有初步发展

京津冀区域经济一体化的发展过程已经经历了两个阶段。

第一阶段：起步。“京津冀区域经济一体化”早在 20 世纪 80 年代中期就被提了出来。近 20 年来，河北省积极主动与京津两市携手，统筹协调，合力推动京津冀都市圈区域经济发展的新局面。其中唐山、石家庄、廊坊三市经济发展成就突出，张家口、秦皇岛、保定等中心城市的经济实力也有显著增强，这些经济中心为京津冀都市圈区域经济的相对均衡发展起了一定的作用，同时改变了河北省在改革开放前 20 年与京津发展水平的差距，也缩小了河北在整个东部沿海地区同其他沿海发达省市发展水平的相对差距。但必须看到，京津冀都市圈区域统筹发展的矛盾以及河北与北京、天津的经济发展水平差距依然十分突出。

第二阶段：推进。以举办奥运会为契机，步入了从理论到实践的尝试。因为举办2008年奥运会，京津冀三地在基础设施方面的加快建设及通力合作，使得京津冀区域经济一体化的发展加快了数年。目前已经建立了区域高层联系协调机制，三省市之间建立了各个层次的交流与合作平台，共同协商解决区域发展中的重大问题。签署了“廊坊共识”“北京倡议”等多项协议，举办了相关省市首脑的“联合会议”等多个会议，形成了有组织的定期磋商机制。

同时，京津冀区域经济一体化的多个方面，已经产生重要成效。

(1) 京津冀地区具备了完整的基础设施体系。

区域内具有完整的、发达的、在全国居领先水平的公路、铁路交通网络；区域内拥有秦皇岛港、京唐港、黄骅港，港口泊位49个，吞吐能力达1.36亿吨，是“西煤东运”“北煤南运”“北油南运”以及其他杂货的重要出海口，海运条件十分便利；区域内供水、防洪、灌溉等水利设施配套完善，官厅、潘家口、大黑汀、桃林口等大型水库及上游地区是京津冀三省市的重要水源地，客观上强化了三地之间的生态依赖关系；区域内发电装机能力、固定和移动通信设施服务能力等也都具有较高的发展水平。

(2) 京津冀地区开始形成适应大北京建设的基础产业体系。

农业：河北省以丰富京津农副产品市场为发展方向的无公害鲜活农产品生产基地及花卉、苗木基地初步形成，肉、蛋、菜、果分别占据京、津20%以上的市场份额。工业：河北省形成了以冶金、化工、建材、机械、食品为支柱的产业体系，与京津高新技术成果为特点的高新技术产业具有一定基础，拥有国家级和省级高新技术产业开发区20个，高新技术企业已达2 000多家，与京津在生产、科研、销售等环节的联系日益广泛。

(3) 京津冀地区初步形成了与大北京建设相适应的城镇体系。

区域内沿高速公路、铁路城镇带和环京津地区城镇群初步形成，京唐、黄骅、曹妃甸三大港口的开发建设带动了港城发展，推动了沿海地区城镇化发展。

(4) 京津冀地区初步形成了放射状旅游体系。

河北省有省级以上文物保护单位670处，国家级文物保护单位58处，绝大部分分布在环京津地区。承德避暑山庄、保定清西陵、唐山清东陵已被列入世界自然文化遗产，是世界级的旅游资源精品；万里长城之首山海关、风景优美的北戴河、华北明珠白洋淀和国家级风景区野三坡等，都在大北京建设规划范围之内，形成了大北京地区旅游环线的资源优势。

4. 京津冀三方达成共识，有利于推进区域经济一体化

我国“十二五”规划中明确提出：推进京津冀区域经济一体化发展，

打造首都经济圈，重点推进河北沿海地区的经济发展。这反映了京津冀区域经济一体化中的各方利益诉求。任何经济发展过程都包含经济利益和社会利益的分配议题。京津冀区域经济一体化作为国家层面的发展规划被提出来，是三地经济发展到一定阶段的产物，是各地经济和社会进一步向高水平发展的变革要求；既是本区域人民群众、企业和领导者的利益诉求，也是中央对全国区域经济布局和发展战略的重视和考虑。

在京津冀经济圈建设中，河北省是最积极的。在《河北省2010年政府工作报告》和《河北省国民经济和社会发展第十二个五年规划纲要》中，有20多处提到京津，态度诚恳，心情迫切，如提到："京津冀一体化进程加快，我省具有接受辐射、借力发展的独特优势"；"支持优势地区率先发展，努力打造新的经济增长极。建设环首都经济圈。在积极为京津搞好服务、全方位深化京津冀合作的同时，在承德、张家口、廊坊、保定四市选择毗邻北京、交通便利的14个县（市、区）重点突破，建设1圈、4区、6基地，聚集产业和人才，带动周围区域经济发展，逐步把环首都地区打造成为经济发达的新兴产业圈、绿色有机的现代农业圈、独具魅力的休闲度假圈、环境优美的生态保护圈、舒适怡人的宜居生活圈。打造沿海经济隆起带"；"坚持对内开放与对外开放相结合，加强与京津地区的融合，实施和京津地区错位发展的方略，积极承接京津产业、资金、项目、人才、技术、管理、消费转移"；"着力抓好京津人才、海外高端人才柔性引进"；"充分发挥毗邻京津优势，打造环首都科技谷创新平台，加强与京津高等院校、科研院所的合作"；"推进环京津休闲旅游产业带建设，深化承德、秦皇岛旅游综合改革试点"；"着力打造区域经济增长极。在服务对接京津上下工夫。力争今年3月底前编制完成环首都经济圈产业发展规划，加快与北京在规划、交通、通信、金融、市场、社保等方面的对接"。

20多年来，京津冀区域经济一体化的发展并不缺乏关注，也不缺乏规划，专家学者们对京津冀区域经济一体化投入了巨大的热情，描绘了一幅又一幅近乎完美的规划和蓝图。但经过20多年的发展，京津冀区域经济一体化仍然处于自然发展阶段，区域内部的行政区经济分散化大于一体化，分割强于依存，排斥多于合作，原有计划经济体制下的区域内部，特别是城市群体之间形成的一些不合理、不公平因素仍然在发挥作用并不断强化，在区域经济发展过程中引发了诸多矛盾和问题。

进入21世纪，京津冀地区由于其空间关系、经济地理的特殊性和一省两市经济、社会、文化、环境等方面的内在联系，客观上形成了一个人缘、地缘和业缘密切往来的经济统一体。这一地区的人口数量、市场容量、投资环境、资源结构、经济密度和生产要素的特殊组合，充分展示了京津冀地区将成为 21 世纪我国区域经济发展新的增长极的可能性。然而，由于受到历史、行政和地方经济利益等因素的深刻影响，这一地区的产业结构重叠、资源配置低效、生态环境恶化、市场建设无序、资本效率低下等问题还较为严重。虽然三方政府和企业都在积极促进一体化进程，但更多属于民间和市场行为。因此，把京津冀区域经济一体化工作落到实处成为今后发展的重中之重。

5. 京津冀三地之间具有巨大的互补性

(1) 生产要素互补。

河北省的矿产资源（尤其是煤炭、石油、铁矿石等）比较丰富，矿产种类较为齐全，探明储量大，资源潜在价值可观，部分矿产的保有储量在全国占有重要地位，且配套程度较好，能够为京津两地的工业发展提供稳定的原料供应。此外，河北还有丰富的人力资源，能够为京津的经济建设提供大量的廉价劳动力。而京津则拥有强大的经济技术力量，分布着为数众多的高等院校、科研院所和高新技术工业园区，金融业和信息业发达，有着河北经济发展所急需的资金、技术、信息和人才。

(2) 交通基础设施互补。

北京和天津的航空、公路和铁路等交通基础设施优势明显，首都机场是目前国内最大的航空港，而天津机场也是具有现代化水平的客货两用机场，联通全国和世界许多国家和地区。此外，北京已成为贯通东北、华北、西北、华东地区的全国铁路总枢纽，京津塘高速公路以及连接东北、华东、西南的高速公路和国道使京津成为全国重要的公路交通枢纽。天津、河北的港口优势突出，集中了全国第一大能源输出港、第二大杂货输出港以及京唐港、黄骅港。其中，天津港是我国环渤海乃至北方最大的综合性贸易港口，港口内靠东北、华北、西北辽阔腹地，外联五洲四海，初步形成了联结海内外以港口为中心、海陆空于一体的交通运输网络。天津港在软、硬件方面实现新突破，已具备接卸世界最先进的第五代集装箱船的能力。天津港具有起步较早并按照国际惯例建立的港口保税区，而且是北京和华北地区重要的出海门户。天津机场距北京较近，空中飞行只需 20 分钟即可到达，这对于极有可能成为我国最大客货两用机场的天津机场来说，具备了北京机场固定备降机场和分流机场的功能。

(3) 旅游资源互补。

京津冀三地拥有的旅游资源各具优势：北京是我国历朝首都之一，在世界 76 个首都和历史名城中，北京的建城史居第 4 位，建都史居第 13 位，自然和人文景观都十分丰富，拥有浓厚的文化底蕴；天津作为我国最早的通商口岸之一曾经盛极一时，九国列强在天津划分了租界，各国文化在此交融、汇合，其中建筑文化已成为天津的一份财富，形成了特有的万国文化，具有极高的旅游开发价值；河北省的承德和秦皇岛属国家级旅游风景区，自然风光独具魅力，另外，河北地区还散布着很多历史古迹和红色革命纪念地。

（4）产业结构互补。

北京的工业日趋萎缩，高新技术产业发展迅速，逐渐形成了以第三产业为主的产业结构；天津工业受资源限制而空间约束凸显，也正在由第二产业为主向第三产业为主的产业结构演变；河北经济发展的主要特征则是重化倾向，重化工业增加值占全部工业增加值的比重在80%左右，强力发展着钢铁、医药、石化、装备制造、建筑建材、食品、纺织等主导产业。

6. 河北沿海地区发展是京津冀区域经济一体化的增长极

加快增长极发展对于京津冀区域经济一体化发展具有决定性意义。增长极理论主要指的是在经济发展过程中，一定区域的某一个或几个点优先发展，通过经济资源的集中获得发展的绝对优势，当到达一定规模后，这几个优先发展的点又会通过向周边辐射带动整个区域的整体发展。从我国的实际情况来看，长三角、珠三角分别形成了以上海、杭州、南京和广州、深圳为中心的增长极，带动了区域经济一体化的发展。京津冀区域发展滞后，增长极发展不明显，因此通过对增长极理论的研究和实际情况的分析，确定京津冀经济增长极，并以增长极为带动，促进区域经济一体化的实现是京津冀区域经济一体化的合理途径。从全国范围看，我国区域经济发展向一体化迈进，已逐步进入实质操作时期。长三角、珠三角等已经形成比较成熟的“地域经济共同体”，而环渤海经济圈、京津冀经济圈、东北经济圈、大西南经济圈等尚处于发展中。河北沿海经济区是京津冀经济圈与环渤海经济圈的核心部分，虽与长三角、珠三角存在差距，但已逐步成为带动我国区域经济发展的第三个增长极。的确如此，在京津冀区域经济一体化发展中，北京和天津是两个核心，已经有相当的发展，而河北沿海地区区域经济发展却是一个增长极，推动这一增长极，对于推进京津冀区域经济一体化发展，不仅具有战略意义，而且是战术取向的必然选择。

7. 推进京津冀区域经济一体化符合世界区域经济发展的规律

从全球范围看，区域经济发展趋势最为明显。目前，世界上共有各种形式和规模的区域性经济集团（不包括单纯合作开发自然资源和论坛性质的组织）24个，参加的国家有140多个。由此可见，区域经济一体化运动已遍布全世界，并在明显加快的步伐中呈现“区域重叠、区内套区”的特点，突破了区域性经济一体化只能根据相同的经济发展程度组成的传统模式，即发展程度不同的地区完全可以组成经济一体化组织。无论是国际还是国内，都有运作较成熟和成功的一体化组织。在国际方面，欧洲醒悟最早，动作最快。一些本来将沦为二、三流的国家，牵头组成一体化的欧盟，优势互补，聚散为整，以总体实力参与国际竞争，成为敢与美国抗衡的庞然大物：欧洲诸国联合制造的“空中客车”巨型喷气式飞机已成为美国波音公司的强劲对手；欧元的出现，显示了欧洲的联合进入了货币统一这一更紧密的新阶段。欧盟与北美自由贸易区、亚太经合组织形成了三大区域集团鼎立格局。在亚太地区，除东盟外，以多元、松散、民间、层次形式不一的经济合作模式运作的区域组织就有东北亚的“增长三角”、东南亚的“共同开发区”和我国南部的“黄金三角”。日本倡导的“环日本海经济圈”、韩国的“环黄海经济圈”、朝鲜的“自由经济贸易地带”，都把经济政策取向集中在中国的沿海地区，北方则集中在环渤海地区。中、日、韩三方通过共同合作，提出形成“环黄海、环渤海经济圈”，成为东北亚国际经济合作的核心。因此，京津冀区域经济一体化发展势在必行。

作为我国起步最早的三大经济区域之一，对京津冀区域发展的研究历来受到政府和研究者的重视。不同区域的发展有先有后，进入 21 世纪以来，世界经济结构大调整，国际产业布局重新整合，这对我国产业发展和经济结构形成了外部压力。同时，我国国内不断进行的改革也要求产业布局和经济结构不断优化。具有良好的区位优势和资源优势的京津冀区域在这样的背景下逐渐具备了加速发展的现实条件。也正是基于这样的考虑，在国家整体发展战略上，重点推进河北沿海地区发展的京津冀区域经济一体化成为国家发展要求和国家发展战略。

产业集聚和区域空间结构变动的加快使我国区域经济的发展呈现加速趋势，长江三角洲、珠江三角洲、京津冀区域经济圈已经成为引领我国区域经济发展的三大引擎。与长江三角洲、珠江三角洲相比，京津冀地区的经济发展水平相对落后，区域一体化程度低，区域合作还存在诸多问题。首都经济长期保持较快增长，将为京津冀地区提供强劲的发展动力，增强辐射和带动能力。提升北京、天津在京津冀区域合作中的核心地位，扩大京津冀的区域合作，重点推进河北沿海地区经济发展，已经成为京津冀三方的基本共识。

# 第二节 区域经济发展政策综述

## 一、国外区域经济政策实践

在市场经济国家，地区政策的主要任务是纠正区域经济发展上的“市场失灵”，抑制地区差距的扩大，维持必要的区际公平。早期的区域均衡发展理论建立在新古典假说基础上，认为只要存在完全竞争的市场，资本和劳动的双向运动最终将导致区域差距缩小。①

1. 建立健全区域开发法律制度和管理机构

为了解决严重的地区困难并为西部落后地区的经济发展作出规划指导，美国政府在 20 世纪 60 年代至 80 年代先后颁布了《地区再开发法》《公共工程与经济发展法》和《阿巴拉契亚区域发展法》等多个法案。政府还成立了地区再开发署来实施这些法案，落实对困难地区的援助。法案的颁布和实施以及专门管理机构的建立，对落后地区的发展起到了较大的促进作用。在日本，为缩小地区差距而实行的各项区域经济政策，都以法律形式颁布实施。法律的严肃性、规范性和稳定性，保证了落后地区开发的顺利进行。②

2. 开发人力资本

英国政府在 1928 年成立了“工业迁移委员会”，旨在通过劳工的流动来消除当时因出口需求减少而在传统工业集中地区出现的事业“黑点”。同样，在西部开发中，美国政府通过各种优惠政策吸引大批移民迁入，并通过教育、引进、职业培训等多种方式对不发达地区的人力资源进行开发，着重提高劳动者的素质。此外，政府实施诸如失业人口的再就业培训等大量的职业培训计划，并通过发放迁移费用补贴、住房补贴以及提供培训劳动力的条件来吸引异地优秀人才。人口的合理流动以及劳动力素质的提高，不仅满足了西部、南部经济发展的人力资源需求，而且扩大了消费市场，极大地推动了这一区域的经济发展。

3. 基础设施建设为先导

日本为促进区域经济的均衡发展，先后制定了四个全国综合开发计划。其中，在取得明显效果的第二个计划中，政府把重点放在通过改善交通、

---

① 参见李文晶：《国外区域经济协调发展理论与实践》，载《国际贸易》，2011 (9)。

② 参见张秉福：《借鉴国外区域经济政策》，载《中国检验检疫》，2006 (2)。

通信等基础设施并辅之以大规模的开发项目来促进区域差距的缩小。同样，美国在协调区域发展的过程中高度重视基础设施建设，并重点投资于水电工程、全国公路网、全国信息网、环境保护和基础教育领域。这些基础设施的相继建设极大地促进了不发达地区的发展和全国统一市场的形成，推动了区域之间的协调发展。

4. 实行区域开发政策的法制化

为保证有关政策的落实，保持区域经济政策的稳定性和连续性，许多国家都把解决区域经济发展差距的区域政策上升为法律法规，通过法律法规的形式体现出来。在这方面，德国、美国等国家较为典型。如德国《联邦基本法》规定，联邦各地的发展和居民生活水平应该趋于一致；《联邦空间布局法》规定，联邦领土在空间上应该得到普遍的发展；《联邦改善区域结构共同任务法》规定，联邦和州各出一半资金对落后区域的开发给予补贴。《区域经济政策的基本原则》《联邦区域规划纲要》等都发挥了它们应有的调控作用。20 世纪 60 年代以来，美国政府也通过制定一系列法案来解决区域经济发展差距问题，促使区域经济均衡发展，如 1961 年制定了《地区再开发法》，1962 年制定了《人力发展和训练法》以及《加速公共工程法》，1964 年制定了《经济机会法》。美国的区域经济发展宏观调控政策措施，包括区域经济政策、区域资助的重点等，都是根据这些法律法规提出的。此外，法国制定了《国土整治与开发指导法》；从 1965 年起，日本先后制定了《山村振兴法》《过疏地区振兴特别措施法》等 126 种调控区域经济发展的法律法规，其促进不发达区域经济发展的措施是立法先行、计划与立法相结合；加拿大 1965 年通过的《加拿大区域发展法》也大同小异。

政府不以直接投资人的身份参与区域经济活动，而是重视发挥政策和法律的引导、规范作用去对企业和个人的行为进行调控，从而达到调控区域经济发展的目的。以上案例中，政府基本上都是通过间接的方式去实施的，特别强调通过立法来使政府对区域经济发展的调控更为规范、更加有效。所以，西方国家的政府往往会针对不同的区域、不同的区域经济发展问题，制定专门政策，颁布专门法规。这些政策和法规基本上都收到了比较好的预期效果。这是它们的一条重要的成功经验。①

---

① 参见杨伟霖、李长咏：《国外区域经济发展宏观调控的启示》，载《区域经济研究》，2003 (5)。

## 二、各国区域经济发展政策

1. 德国区域经济发展政策

德国是发达国家中地区发展最为均衡的国家，其现行的区域政策是二战后形成的。二战后，德国在区域政策上极其重视均衡发展，形成了独特的以财政平衡政策为中心的区域政策体系。德国《联邦基本法》第 72 条规定，国家必须保持各地区人民生活条件的一致性。从这一点可以看出，促进落后地区的发展，缩小地区差距，在德国的政策目标中占有相当重要的位置。

德国的区域经济政策从解决地区间经济发展不平衡的政策着眼点来说与其他发达国家类似，但就整个政策体系而言又具有明显的特色。主要表现在区域经济政策是国土整治政策的一个组成部分，而国土整治政策是包括区域经济结构、人口、土地利用、基础设施（包括能源、交通、教育等）、地区景观等在内的一个综合政策体系。从区域经济政策本身的侧重点来看，较少有为国民经济总体增长服务的色彩，而更多地重视地区劳动力市场中的就业结构及其空间分布的改善，重视区域经济的均衡发展和稳定，带有较强的区域结构政策色彩。

制定于 1969 年、成为那时以来的区域经济政策的法律依据的《关于共同任务——区域经济结构改善的法律》规定，各地区在实施“共同任务”时，必须制定“基本计划”，内容包括区域范围、计划目标、分年度资金计划、各种援助政策的前提、种类以及补贴率、各地区的行动计划等。基本计划的制定是由包括联邦政府在内和各州政府在内的经济部长构成的计划委员会负责的。这种严密的规划和实施体系提高了政策的实效性。

2. 加拿大区域经济发展政策

加拿大联邦政府财政支出中有 20%以上是拨付给省政府使用的，这对于平衡各省的财政能力、保证各地方政府都能为居民提供一定水平的公共服务起到了很大的作用。联邦政府对省政府的财政拨付是通过三种途径进行的：第一，最大的财政拨付是按人口为各省提供对保健和高中以上教育的支持，这部分支出约占拨付总额的 50%；第二部分基本上也是按人口规模，支持各省的社会服务和社会保障，支付规模约占拨付总额的 20%；第三部分是财政均衡化支出，即狭义的财政转移支付，联邦政府通过按照一定的公式计算各省的财政收入能力来确定给各省的转移支付额度，穷省多得，富省不得或少得，支付规模约占拨付总额的 30%。加拿大地区政策实施中的一个突出特点是强调联邦、省、社区、私人企业等不同主体之间的合作伙伴关系。这种合作伙伴关系主要是通过政策制定过程中的公众参与、各级政府部门之间的及时沟通、建立对各部门的政策进行协调的机构、把私人企业作为地区经济发展的主体等方面来实现的。

3. 日本区域经济发展政策

日本的地区政策体系是以地区发展的法律体系为核心的。早在 1950 年，日本就制定了《国土综合开发法》，作为地区发展的根本法。该法对有关国土和地区开发的审议会制度、全国和各地方以及特定区域的综合开发规划的制定和实施作出了明确的规定。根本法与后来陆续制定的一系列关于地区发展的法律（如《孤岛振兴法》《过疏地区振兴特别措施法》《新产业城市建设促进法》《水资源地区对策特别措施法》《北海道开发法》等）一起，构成了一个完整的地区发展法律体系。

日本知名财政学者神野直彦教授在描述日本财政体制特征时，称之为“集权分散型体制”。所谓集权，指的是中央政府在提供公共产品和服务方面具有压倒性的发言权；所谓分散，指的是在实际担负公共产品和服务的支出上地方政府占有较大的比例。集中大部分税收用于中央财政的税制结构和中央财政向地方财政的大规模的转移支付，是这种体制重要的两个实质性内容。日本的财政转移支付的根本原则，是保证全国任何一个地区的地方政府都能够向其居民提供一定水准的公共产品和服务。财政转移支付的主要项目之一——普通交付税的分配方法就明确地体现了这一原则。此外，国库补助金的拨付大部分也是按照地区政策的目标，主要用于欠发达地区的各项基础设施建设。可以说，地区政策的大部分政策手段都是通过国库补助金形式的财政转移支付来落实的。从这个意义上讲，财政转移支付是地区政策最基础和最重要的政策手段。

地区开发金融是政策性金融的重要组成部分，它在贷款的发放上以促进特定地区的产业发展为直接目的，贷款对象限定于特定地区的企业或法人。日本的地区开发金融以 1956 年北海道开发金融公库的设立为开端，1957 年，东北地区成为公库的业务范围地区；此后，其他一些地区也纷纷提出要求，要求政府设立针对该地区的类似的地区开发金融机构。政府认为不宜在各地单独设立独立的机构，因此决定在日本开发银行中设置“地方开发局”，统一承担面向这些地区的地区开发金融职能。①

① 参见郑艳：《美、日、德三国的区域经济协调发展政策》，载《放眼海外》，2004（5）。

## 第三节　我国沿海区域经济开发政策综述

### 一、我国沿海经济开发历程

我国的沿海地区地处我国东部，地势平坦，濒临大海，气候适宜，自然条件优越，拥有众多出海口岸，与国外经济联系方便，经济区位条件独特。在旧中国时，沿海地区已经建立了许多老工业基地，经济发展基础雄厚。20 世纪 80 年代，国家提出“沿海地区经济发展战略”，以创建全国改革开放实验区为主要目的的沿海倾斜政策，对沿海地区吸引外资、建立高新技术产业、创办出口基地提供了便利条件。优越的区位条件、雄厚的经济基础，加上国家宏观政策的支持，使沿海经济带迅速崛起，并成为全国经济发展与改革开放的领头羊。在此过程中，改革开放的各种政策的实施，对中国经济的飞速发展、市场经济体制的建立、社会各种制度的完善，以及与当代世界经济的融合起着至关重要的作用。

我国的沿海地区，包括辽、京、津、冀、鲁、苏、沪、浙、闽、粤、桂、琼共 12 个省、市、自治区。研究的时间段选择在 1978 年改革开放到现在。

第一，在计划经济时期，我国沿海地区虽然经济相对发达，但其政策方面和开放体制与内陆地区相比并无大的区别，沿海地区和内陆地区的政策和体制差异相对模糊。随着改革开放和市场经济的发展，我国沿海地区产生了计划经济向市场经济转轨的产物——经济特区和开发区，这些特区、开发区享有政策优惠，而国家给予的政策优惠也是实现资源调配的手段。通过政策优惠，沿海地区实现了高速发展。所以，沿海地区的开发是随着改革开放的步伐而不断发展的。

第二，从现实意义上讲，自 1978 年中国共产党十一届三中全会以来，我国把对外开放确定为基本国策和经济发展战略的重要组成部分。改革开放以来，我国对外开放取得了重大进展和成就，对外开放政策也不断充实和完善，对外开放在广度和深度上都不断发展，给我国经济发展注入了巨大活力。2005 年 9 月，时任国务院总理温家宝在广东考察时指出：东部沿海地区充分发挥优势，在全面建设小康社会的基础上，率先基本实现现代化，具有关系全局的重大战略意义。东部沿海地区率先发展视野要宽、思路要新、起点要高，落实科学发展观要走在前面，建设和谐社会要走在前面，改革开放和制度创新要走在前面。所以，本书的地域选择和时间选择具有重大的现实意义。

第三，中国参与全球经济一体化和区域经济集团化的进程始于改革开放。全球经济一体化和区域经济集团化是经济发展的趋势，其重要特征是国际直接投资迅猛增长，跨国公司日益成为世界经济发展的主角，国际化生产体系正在形成中。改革开放的政策抓住了历史发展的机遇，顺应了历史潮流，使得中国经济开始融入世界经济，全球经济一体化和区域经济集团化开始成为影响中国，特别是东部沿海地带经济发展的宏观背景和重要因素。

第四，政策的提出需要理论的支撑。我国区域经济学的发展经历了经济地理学、产业布局学、区域经济学三个阶段。在我国，区域经济学发展成为一门完备的学科是在 20 世纪 80 年代到 90 年代初。

## 二、我国沿海经济开发政策历程

我国的沿海经济开发政策是随着改革开放的步伐而不断发展和完善的，到目前为止，我国改革开放大体经历了三个阶段：第一阶段，1978—1991 年，以沿海地区开放为重点的探索开放阶段；第二阶段，1992—2000 年，对外开放加速向纵深推进和全方位开放格局基本形成阶段；第三阶段，2001 年至今，对外开放科学发展阶段。所以，我们也将分别从这三个阶段来探讨国内沿海经济开发政策。

1. 第一阶段

1978—1991 年是以沿海地区开放为重点的探索开发阶段。

1978 年底，党中央和国务院在深刻总结国内经济建设经验和分析国家经济形势的基础上，把实行对外开放确定为基本国策。其要旨是：积极发展对外经济技术合作和交流，扩大对外经济往来，引进国外资金、先进技术和管理经验，加速我国现代化的进程。我国对外开放是以东部沿海地区为战略重点，分阶段、分层次展开的，包括 5 个经济特区、14 个开放城市、14 个城市经济技术开发区、5 个经济开放区，形成了“经济特区—沿海开放城市—沿海经济开放区—内地”这样一个多层次、有重点、点面结合的对外开放格局。此时我国沿海开放地带包括三个开放层次：

（1）沿海经济开发的第一个层次——兴办经济特区。

1979 年 7 月，党中央和国务院原则同意广东、福建两省对外经济活动实行特殊政策和灵活措施；1980 年 8 月，第五届全国人大常委会第十五次会议批准在深圳、珠海、汕头、厦门设置经济特区并颁布《广东省经济特区条例》；1983 年 10 月，党中央和国务院决定对海南岛实行经济特区的某些政策，给予海南行政区较多的自主权；1988 年 4 月，全国七届人大第一次会议审议批准设立海南省，划定海南岛为海南经济特区，实行比现行经济特区更加开放的政策。

兴办经济特区，是为了发挥其“四个窗口”（技术窗口、知识窗口、管理窗口、对外政策窗口）和“两个扇面”（对内与对外辐射）的枢纽作用，通过“外引内联”，带动腹地和沿海其他地区外向型经济的发展。经济特区的发展方向是建成以工业为主、工贸结合、农牧渔和旅游各业并举的外向型经济。其主要任务是：凭借邻近港澳的地理优势，运用特殊政策，更好地吸收利用外资，引进先进技术，发展对外贸易，加速经济的发展；加强国际经济技术合作，广泛收集国际经济技术信息，锻炼培养外经贸人才；筛选、过滤、吸收外国社会化大生产的管理经验；在发展劳动密集型工业企业的同时，建立一批具有先进技术的工业企业，发展精、小、轻、新的工业结构；努力开发新产品，形成一批在国际市场上竞争力强、稳定适销的拳头产品，逐步做到外汇收支平衡并有节余；不断提高经济效益，迅速提高特区的人均国民收入。

主要政策：

1）特区的经济发展，以吸收利用外资为主。经济结构采取在坚持社会主义方向的总前提下，以外商投资企业为主的多种经济成分并存的形式。

2）特区的经济活动，在国家计划指导下，以市场调节为主，充分发挥市场的调节作用。

3）特区的产品销售，以进入国际市场为主，努力发展外向型经济。

4）外商前来投资办厂，在企业所得税等税收方面，给予优惠待遇。

5）简化出入境手续，给前来投资或洽谈业务的外商创造方便条件。

6）国家授予经济特区在对外经济活动中有较大的自主权和项目审批权。

(2) 沿海经济开发的第二个层次——兴办沿海开放城市。

1984 年 5 月，在总结经济特区经验的基础上，党中央和国务院决定进一步开放大连、秦皇岛、天津、烟台、青岛、连云港、南通、上海、宁波、温州、福州、广州、湛江、北海（包括防城港区）14 个沿海港口城市，同时在这些城市逐步兴办经济技术开发区，实行类似经济特区的政策。

开放沿海 14 个城市，是为了发挥沿海大中港口城市的优势，开创利用外资、引进先进技术的新局面。党中央和国务院关于批转《沿海部分城市座谈会纪要》的通知指出：沿海港口城市由于其地理位置、经济基础、经营管理和技术水平等条件较好，势必要在对外开放进程中先行一步。沿海港口城市在利用国外资金、技术和市场时，应当首先抓好老企业的技术改造，上一批投资少、周转快、收益好的中小型项目。沿海港口城市的情况各不相同，为了充分发挥各自的优势，开放的形式应多种多样，开发的步骤将有前有后，引进项目要各有侧重。

主要政策：

1）放宽利用外资建设项目的审批权限。

2）增加外汇使用额度和外汇贷款。

3）积极支持利用外资、引进先进技术改造老企业。

4）对中外合资、合作经营企业及外商独资企业，给予若干优惠待遇。

5）逐步兴办经济技术开发区。

6）大力发展进料加工出口。

7）加强基础设施建设。

8）加强对利用外资的计划指导等。

(3) 沿海经济开发的第三个层次——建立经济开放区。

1985年初，党中央国务院确定将长江三角洲、珠江三角洲以及环渤海地区的一些市、县和沿海开放城市所辖县列为沿海经济开放区。

建立经济开放区，是我国实施对内搞活经济、对外实行开放的又一个重要步骤。党中央和国务院关于批转《长江、珠江三角洲和闽南三角洲地区座谈会纪要》的通知指出，这三个经济开放区应逐步形成“贸-工-农”型的生产结构，按加工的需要发展农业和其他原料的生产。要围绕这一中心，合理调整产业结构，认真搞好技术引进和技术改造，使产品不断升级换代，大力发展出口，增加外汇收入，成为对外贸易的重要基地。同时，要加强同内地的经济联系，共同开发资源，联合生产名牌优质产品，交流人才和技术，带动内地经济的发展，成为拓展对外经济联系的窗口。

主要政策：

1）这些地区的城市市区和县城关区以及经省批准的重点卫星城镇举办的外商投资的生产性和科研项目，可享受类似沿海开放城市的优惠待遇。安排在开放区农村中以发展出口为目标的外商直接投资举办的农、林、牧、养殖及其加工项目也可享受上述待遇。

2）适当扩大经济开放区内所辖市和重点县人民政府对外经济活动自主权，放宽当地某些产品的出口经营权。

3）广东、福建、浙江、江苏省可选择一两个（或江心沙地）开辟为隔离区，举办实验农场。

4）对到这些地区投资办厂的外国及港澳台商人在税收上给予优惠待遇。

**表 2—1　　沿海各种类型开放区的政策差异**

| | 经济特区 | 沿海开放城市 | 经济技术开发区 | 沿海经济开放区 |
|---|---|---|---|---|
| 建设规模与项目审批权限 | 建设项目中利用的外资不纳入基本建设投资规模，内地企业用自有资金到特区举办外向型工业项目，在特区基本建设投资规模外另算。<br>各特区投资批准最高限额，重工业 5 000 万元，轻工业 3 000 万元，外资项目 3 000 万美元以下。<br>海南省投资批准最高权限 2 亿元以下。 | 利用外资项目的年度投资安排可作为指导性指标，在各市固定资产投资规模中单列。<br>各城市外资批准最高权限，天津、上海 3 000 万美元以下，大连、广州 1 000 万美元以下，其他沿海城市 500 万美元以下。 | 经济技术开发区利用外资项目的审批权限，大体比照经济特区的规定执行。 | 中外合资经营企业进行基本建设，外商的固定资产投资以及双方投入的流动资金不计规模。 |
| 税收政策 | 三资企业减按 15％的税征收企业所得税，生产型企业从开始获利年度起，第二年免征所得税，后三年减半征收所得税。<br>减免企业所得税期满后，凡当年企业出口的产品产值达到当年企业产品产值 70％以上的，减按 10％的税率缴纳企业所得税。 | 三资企业外商投资在 3 000 万美元以上，回收投资时间长的项目，减按 15％征收企业所得税。<br>对于不具备前款减征条件，但是属于机械、电子、冶金、化学、建材、轻工、纺织、包装、医疗器械、制药、农、林、牧、渔及加工业、建筑等行业，可按税法规定的企业所得税率（30％）打八折征收所得税。 | 同经济特区 | 三资企业属于生产型项目和科研项目的，其企业所得税可按先行税法规定的税率（30％）打八折征收。 |

续前表

| | 经济特区 | 沿海开放城市 | 经济技术开发区 | 沿海经济开放区 |
|---|---|---|---|---|
| 外汇留成和使用 | 外贸出口收汇，除外商投资企业的产品，机电产品和军品仍实行自负盈亏、金额留成外，其他一律实行自负盈亏、“倒二八”分成（即留成 80%，上缴中央 20%）。<br>特区从本地区以外收购的半成品、原料，在经济特区内经过加工改变了商品的性能、形态后出口的商品，增值 20%以上的，可视同经济特区生产的出口商品计算外汇留成。 | 除上海（每年 3 亿美元）、大连（每年 1 亿美元）已有规定外，对其他 11 个城市的外汇使用额度划分为两档：第一档，每个城市每年 5 000 万美元，有广州、福州、秦皇岛、青岛四个城市；第二档，每个城市每年 3 000 万美元，有烟台、连云港、南通、宁波、温州、湛江、北海七个城市。 | 同经济特区 | 利用国内外外汇贷款开发的项目，新增出口收汇或替代进口收汇，可以先还贷、后分成。 |
| 外贸政策 | 外经贸部对属于实行出口配额、许可证特许管理的商品，在给广东、福建两省下达年度出口额度时，列明特区数量，给予审核发证手续。 | 地方以进养出所需自用进口的原材料，建议对上海适当照顾，在零星急需进口范围内切出一定数量，由上海自行组织进口。<br>重点出口生产企业出口本厂产品的出口经营权，在外设立机构（港、澳除外）和举办展销会的审批权，下放给上海市人民政府。 | | 沿海省、自治区、直辖市外贸部门可以批准成立经营本地区出口业务的外贸企业，并授予其外贸经营权。<br>沿海地区企业为发展进料加工出口，进口的原材料、零部件等，包括国家限制进口的成套散件，由省辖市一级政府的外贸部门审批，海关凭批准文件和合同验收。 |

续前表

| | 经济特区 | 沿海开放城市 | 经济技术开发区 | 沿海经济开放区 |
|---|---|---|---|---|
| 信贷政策 | 根据特区发展外向型经济的需要，中国人民银行和专业银行适当将一些贷款指标，分别戴帽下达给四个经济特区；珠海、厦门、汕头三市各银行的存款准备金，直接交给当地中国人民银行，不再上缴，分别留三市使用。 | | 对经济技术开发区土地开发和基础贷款实行差别利率。其范围包括征用土地、平整场地、道路、通水、排污、通电、通信、通气等公用设施的开发性贷款，不包括用于标准厂房建设、商品房建设和项目建设等可以通过经营利润偿还本息的贷款。 | |

2. 第二阶段

1992—2000 年是对外开放加速向纵深推进和全方位开放格局基本形成阶段。

20 世纪 90 年代以来，特别是邓小平南方谈话以后，党的十四届代表大会明确提出建立社会主义市场经济体制的总体目标，我国改革开放进入了一个新的发展时期。要在 20 世纪末和 21 世纪中叶，分别完成我国经济发展的第二步和第三步战略任务，需要将发展经济放到第一位，不断提高资金、资源、劳动力等生产要素的配置效率，加快经济发展速度。前一段时期所推行的沿海地区对外开放和国家投资向优势地区倾斜的区域发展政策，在经济上取得了很好的效果，使国家总体经济水平、经济实力大大提高。但同时也使我国的区域经济空间格局发生了较大变化，东部沿海地区与中西部地区差距进一步加大。在这种背景下，国家区域发展政策的总体框架和目标取向是：1）进一步加大对外开放的力度，扩大对外开放的范围；2）加大中西部地区基础设施与基础产业的建设力度；3）加强对中西部贫困落后地区的扶持和东部发达省市与西部省区的对口支援。由于采取了一系列推动对外开放的重要措施，我国形成了“经济特区—对外开放城市—对外经济开放区—沿边地区—沿江地区—内陆省会城市”这样一个全方位、多层次的对外开放新格局。

关于沿海经济开发，1992 年，国务院先后批准北京、上海等 6 个城市和 5 个经济特区各试办一两个外商投资商业零售企业试点；同时允许外商在保险、金融、旅游等原先禁止或限制的行业进行投资。1992 年 10 月，时任中共中央总书记江泽民在中共第十四届全国代表大会的政治报告中指出：继续办好经济特区、沿海开放城市和沿海经济开放区。以上海浦东开发为龙头，进一步开放长江沿岸城市，尽快把上海建成国际经济、金融、贸易中心之一。带动长江三角洲和整个长江流域地区经济的新飞跃。加速广东、福建、海南、环渤海地区的开放和开发。彼时，上海浦东新区开发是我国沿海经济开发的重点。

浦东新区位于上海黄浦江以东、长江口以南、川杨河以北紧靠市区的三角形地区，面积 350 平方千米，1990 年人口为 110 万。1990 年 6 月 2 日，党中央和国务院正式批准上海市开发和开放浦东新区，在浦东实行经济技术开发区和某些经济特区的政策，提出了“开发浦东、振兴上海、服务全国、面向世界”的方针。这是我国进一步实行对外开放的重大部署，标志着浦东开发开放从 20 世纪 80 年代的上海地方战略构想，上升为 20 世纪 90 年代的国家重大发展战略，标志着中国改革开放进入了一个新的阶段。浦东新区是今后 10 年我国的开放重点，至此，我国沿海地区对外开放的格局基本形成。

浦东新区开发的主要政策如下：

1）浦东新区新政财税收入，在“八五”期间不上缴。

2）浦东新区内生产性的“三资”企业所得税，减按 15%的税率计征，经营期 10 年以上的，自获利年度起，二年免征，三年减半征收。

3）在浦东新区内，进口必要的建设用机器、设备、车辆、建材，免征关税和工商统一税，但必须严格限制在区内使用。区内“三资”企业进口生产用的设备、原辅材料、运输车辆、自用办公用品及外商安家用品、交通工具，免征关税和工商统一税；产品出口，除国家有规定的以外，免征出口关税和工商统一税。

4）外商投资项目应符合国家产业政策要求，以生产性项目为主，产品以出口为主。对部分替代进口产品，经国务院主管部门批准，补缴关税和工商统一税后可以内销，必要时可以收取部分外汇。

5）外商投资兴办机场、港口、铁路、公路、电站等能源交通项目，从获利年度起，对所得税实行前五年免征、后五年减半征收。

6）允许外商投资兴办第三产业，对现行规定不准或限制外商投资经营的金融和商业零售等行业，原则上可以在浦东新区试办，在逐项报经国务院批准后实施。

7）对于在浦东新区兴办中资企业的所得税待遇，实行区别对待的原则。对于一般企业，不实行优惠政策。但对获准迁到浦东的浦西地区现有企业，由上海市逐个核定，对那些国家鼓励发展的企业给予一定的所得税优惠，从迁建厂获利开始，时间一般不超过五年。至于国内其他地区在浦东新区兴办中资企业，如果确实对浦东开发和开放有重要作用，也由上海市逐个核定，酌情给予所得税优惠。以上均按现行税收管理体制，分批报请国家主管部门批准。

8）在保税区内，经国务院主管部门批准，允许外商贸易机构从事进口贸易，以及为区内外商投资企业代理本企业生产用原材料、零配件进口和产品出口业务，但不准收购保税区外商产品出口。对保税区内企业的主要经营管理人员，可按有关规定，简化审批手续，提供出入境方便。

3. 第三阶段

2001 年至今是对外开放步入科学发展轨道的新阶段。

在“十五”计划实施过程中，国家进一步深化了发展理念，提出了科学发展观。2003 年 10 月，党的十六届三中全会通过《中共中央关于完善社会主义市场经济体制若干问题的决定》，明确提出了科学发展观的概念，即“坚持以人为本，树立全面、协调、可持续的发展观，促进经济社会和人的全面发展”。根据科学发展观的要求，国家进一步明确了区域发展布局必须突出以人为本，统筹地区协调发展。为此，“十一五”规划特别强调区域发展布局要关注民生和环境保护。

“十一五”规划指出：积极推进西部大开发，有效发挥中部地区的综合优势，支持中西部地区加快改革发展，振兴东北地区等老工业基地，鼓励有条件的东部地区率先基本实现现代化，逐步形成东、中、西部经济互联互动、优势互补、协调发展的新格局。对于东部沿海地区，指出要继续发挥经济特区、上海浦东新区的作用，推进天津滨海新区开发开放，支持海峡西岸和其他台商投资相对集中地区的经济发展，带动区域经济发展。

这一时期，我国沿海地区经济开发政策主要体现在国家级新区、综合配套改革试验区这两方面。

国家级新区包括上海浦东新区、天津滨海新区、浙江舟山群岛新区和广州南沙新区，这些新区是国家重点支持开发的区域。同新区相比，国务院批准设立的改革开放试验区及相关试验区（合作区）范围比较大，包括：上海浦东新区综合配套改革试点、天津滨海新区综合配套改革试验区、深圳市综合配套改革试点、沈阳经济区国家新型工业化综合配套改革试验区、厦门市深化两岸交流合作综合配套改革试验区、义乌市国际贸易综合改革试点（区别于“配套”）和温州市金融综合改革试验区（区别于“配套”）。

区域规划的特点是文件更为细致，更具操作性，其主要内容包括规划原则、战略定位、空间布局、重点产业、基础设施、生态保护和区域合作等实实在在的内容，具有“细化”“实化”“差别化”的特点。这些规划包括《广西北部湾经济区发展规划》《江苏沿海地区发展规划》《黄河三角洲高效生态经济区发展规划》《河北沿海地区发展规划》等。

(1) 国家级新区。

国家级新区是指新区的成立乃至开发建设都上升为国家战略，总体发展目标、发展定位等由国务院统一进行规划和审批，相关特殊优惠政策和权限由国务院直接批复，在辖区内实行更加开放和优惠的特殊政策，鼓励新区进行各项制度改革与创新的探索工作。此时期，在东部沿海区建设的国家级新区包括天津滨海新区、浙江舟山群岛新区、广州南沙新区。

1) 天津滨海新区。天津滨海新区，位于天津东部沿海地区，环渤海经济圈的中心地带，总面积 2 270 平方千米，人口 248 万，被誉为“中国经济的第三增长极”。天津滨海新区在 2005 年开始被写入“十一五”规划并纳入国家发展战略，成为国家重点支持开发开放的国家级新区，将在推进京津冀和环渤海区域经济振兴、促进东中西互动和全国经济协调发展中发挥更大作用。国务院对天津滨海新区开发开放作出了全面部署，明确了功能定位：依托京津冀、服务环渤海、辐射“三北”、面向东北亚，努力建设成为我国北方对外开放的门户、高水平的现代制造业和研发转化基地、北方国际航运中心和国际物流中心，逐步成为经济繁荣、社会和谐、环境优美的宜居生态型新城区。2006 年 5 月 26 日，《国务院关于推进天津滨海新区开发开放有关问题的意见》发布，正式批准天津滨海新区成为全国综合配套改革试验区。

2) 浙江舟山群岛新区。设立浙江舟山群岛新区是国家一项海洋经济战略决策。作为中国首个群岛新区，2011 年 3 月 14 日，浙江舟山群岛新区正式被写入全国“十二五”规划，旨在瞄准新加坡、中国香港等世界一流港口城市，拉动整个长江流域经济。2011 年 6 月 30 日，国务院正式批准设立浙江舟山群岛新区，舟山群岛新区成为继上海浦东新区、天津滨海新区、重庆两江新区后我国又一个国家级新区，也是首个以海洋经济为主题的国家级新区。在功能上，浙江舟山群岛新区被定位为：浙江海洋经济发展的先导区、海洋综合开发试验区、长江三角洲地区经济发展的重要增长极。

3) 广州南沙新区。广州南沙新区立足广州、依托珠三角、连接港澳、服务内地、面向世界，建设目标是成为粤港澳优质生活圈和新型城市化典范、以生产性服务业为主导的现代产业新高地、具有世界先进水平的综合服务枢纽、社会管理服务创新试验区、粤港澳全面合作示范区。2012 年 9 月 6 日，国务院正式批复同意《广州南沙新区发展规划》，15 日《国务院关于广州南沙新区发展规划的批复》同意广州南沙新区为国家级新区，南沙新区的开发建设上升为国家战略。

（2）综合配套改革试验区。

国家综合配套改革试验区的设立是我国在经济社会发展的新阶段，在科学发展观的指导下，为促进地方经济社会发展而推出的一项新举措。它是我国改革开放后继深圳等第一批经济特区后建立的第二批经济特区，亦即中国的“新特区”。它除了具有“经济开发区”“经济特区”、农村综合改革试验区的内涵，还涉及社会经济生活的方方面面的改革，是一项以全面制度体制建设的方式推进改革的系统过程。综合配套改革试验区将成为中国下一阶段深化改革开放的前沿阵地，将担负着探索建设和谐社会、创新区域发展模式、提升区域乃至国家竞争力的宏伟使命。截至 2011 年 12 月，国务院已经批准了 10 个国家级综合配套改革试验区，其中有 5 个在东部沿海。此外，国务院还决定设立 2 个“综合改革试验区”：义乌市国际贸易综合改革试点和温州市金融综合改革实验区。从时间的角度看，国家综合配套改革试验区是在我国加入 WTO、中国经济全面融入国际竞争体系、社会经济改革进入“全面、系统”的深化改革阶段提出的，与以往的经济特区、经济开发区相比，它的特点体现为：第一，改革的驱动力从国家政策支持转向地方制度自主创新；第二，改革的深度从单纯的经济发展转向复杂的综合改革；第三，改革的广度从单一的城市发展转向整体的区域进步。

**表 2—2　“新特区”开发的主要政策（沿海城市）**

| 时间 | 区域 | 政策 |
| --- | --- | --- |
| 2005 年 6 月 | 上海浦东新区综合配套改革试点 | 制度创新方面的先行先试权。国务院指出：对浦东新区综合配套改革试点不给予优惠政策，但国家的一些重要改革试点项目可优先在浦东新区试行；进一步完善市区联动机制；在行政管理体制改革、社会事业改革、改变城乡二元结构、推进和谐社会建设等方面积极探索、先行先试。 |

续前表

| 时间 | 区域 | 政策 |
|---|---|---|
| 2006 年 5 月 | 天津滨海新区综合配套改革试验区 | (1) 鼓励天津滨海新区进行金融改革和创新，先行先试。<br>(2) 支持天津滨海新区进行土地管理改革，增强政府对土地供应的调控能力。<br>(3) 推动天津滨海新区进一步扩大开放，设立天津东疆保税港区。<br>(4) 给予天津滨海新区一定的财政税收政策扶持。 |
| 2009 年 5 月 | 深圳市综合配套改革试点 | (1) 适当调整行政区划，推进精简行政层级改革试点。<br>(2) 强化市场在资源配置中的基础性作用，探索政府产业政策与市场机制有机结合的新途径，开展地方税制综合改革试点。探索在深圳设立本外币债券市场，大力发展期货交易，整合规范发展各类产权市场。<br>(3) 立法保护生态用地和基本农田，探索建立保护补偿机制以及现代都市农业发展和农村城市化地区发展的新途径、新方法。<br>(4) 加大对深圳大学的支持力度，进一步扩大办学自主权，推进治理模式改革，加强与港澳和国外教育特别是高等教育的合作。<br>(5) 积极研究将经济特区范围延伸至深圳全市，解决“一市两法”问题。<br>(6) 鼓励支持跨国公司在深圳设立区域性总部，加快前海湾保税港区建设。<br>(7) 开展跨国并购，探索建立境外经贸合作园区，进一步扩大与东盟的合作。 |
| 2010 年 4 月 | 沈阳经济区国家新型工业化综合配套改革试验区 | (1) 实行土地增减挂钩政策，对城际连接带规划建设的新城、新市镇，由省里统一争取实行生产建设用地与农民宅基地置换挂钩政策，保障建设用地需求；创新行政管理体制，对城际连接带规划建设的新城、新市镇设立管委会，实现党政合一的体制。<br>(2) 搭建基础设施建设融资平台；给予主导产业项目贷款贴息；推进户籍管理、社会保障、沈抚铁电信、工商管理、旅游市场、房地产市场、商贸流通、金融服务、人才服务、城乡基础教育、交通、生态环保等一体化，实现八城市城乡、城市间人口自由移动，企业工商注册、个人公积金贷款同城化，推进城际交通运营公交化等。 |

续前表

| 时间 | 区域 | 政策 |
| --- | --- | --- |
| 2011 年 12 月 | 厦门市深化两岸交流合作综合配套改革试验区 | (1) 创新两岸产业合作发展的体制机制。<br>(2) 创新两岸贸易合作的体制机制。<br>(3) 建设两岸区域性金融服务中心。<br>(4) 创新两岸文化交流合作的体制机制。<br>(5) 创新便利两岸直接往来的体制机制。 |
| 2011 年 3 月 | 义乌市国际贸易综合改革试点(区别于"配套") | (1) 先行先试,探索建立新型贸易方式。研究设立"市场采购"等新型贸易方式,形成在全球组织进口、出口和转口贸易的新渠道和新方式。支持义乌市在条件成熟时按程序申请设立适合小商品贸易特点的海关特殊监管区域。<br>(2) 加快"走出去"步伐,进一步开拓国际市场。<br>(3) 其他政策:积极开展电子商务建设、设立义乌综合保税区、开放义乌航空口岸等。 |
| 2012 年 3 月 | 温州市金融综合改革试验区(区别于"配套") | (1) 规范发展民间融资,鼓励和支持民间资金参与地方金融机构改革,依法发起设立或参股村镇银行、贷款公司、农村资金互助社等新型金融组织。符合条件的小额贷款公司可改制为村镇银行。<br>(2) 研究开展个人境外投资试点,探索建立规范、便捷的直接投资渠道,培育发展地方资本市场,依法合规开展非上市公司股份转让及技术、文化等产权交易。<br>(3) 深化地方金融机构改革。鼓励国有银行和股份制银行在符合条件的前提下设立小企业信贷专营机构。支持金融租赁公司等非银行金融机构开展业务。推进农村合作金融机构股份制改造。鼓励温州辖区内各银行机构加大对小微企业的信贷支持。<br>(4) 积极发展各类债券产品。推动更多企业尤其是小微企业通过债券市场融资,建立健全小微企业再担保体系。 |

## 三、我国沿海区域经济规划

我国沿海地区在多年的发展中,正越来越重视城市间的联合,越来越重视城市圈共同发展的问题。被广泛提及的三大城市经济圈,分别是环渤海经济圈、长江三角洲经济区和珠江三角洲经济区。实际上,长三角和珠三角城市圈是客观存在的,而环渤海则更像一个自然空间概念,在渤海湾地区，事实上分布着若干个内在关联度较强的城市圈。环渤海地区的核心城市圈是以首都北京为支柱的区域城市圈。

目前在中国沿海地区，已经和正在形成一个“三主四次”的七大城市圈，它们主次相递、关联共生，由北向南分别是：辽东南城市圈（次）、首都城市圈（主）、山东半岛城市圈（次）、长三角城市圈（主）、台海城市圈（次）、珠三角城市圈（主）、北部湾城市圈（次）。这七大沿海城市圈目前大小不一、实力不一、影响力不一，但都是中国对内推动全国经济发展的重要力量和对外开放的重要前沿阵地。各大城市圈内部都在积极进行必要的区域整合，以便实现资源的合理配置、产业的合理分工，推动自身整体提升运转效率和效益，增强对外竞争力，力主打造世界级沿海黄金城市带的扩张，同时确立沿海大城市的区域管理营运中心地位。

在《国民经济和社会发展第十二个五年规划纲要》的第五篇“优化格局　促进区域协调发展和城镇化健康发展”第十八章“实施区域发展总体战略”的第四节“积极支持东部地区率先发展”中，有如下表述：“推进京津冀、长江三角洲、珠江三角洲地区区域经济一体化发展，打造首都经济圈，重点推进河北沿海地区、江苏沿海地区、浙江舟山群岛新区、海峡西岸经济区、山东半岛蓝色经济区等区域发展，建设海南国际旅游岛。”

**表 2—3　　我国东部沿海地区区域发展规划**

| 时间 | 区域发展规划 | 主要内容 |
|---|---|---|
| 2009.01.07 | 《珠江三角洲地区改革发展规划纲要》 | 从国家战略层面给予珠三角地区五大定位，即探索科学发展模式试验区、深化改革先行区、扩大开放的重要国际门户、世界先进制造业和现代服务业基地、全国重要的经济中心。 |
| 2009.05.14 | 《支持福建加快建设海峡西岸经济区的若干意见》 | 要求将该地区建成两岸人民交流合作先行先试区域、服务周边地区发展的新型对外开放综合通道、东部沿海地区先进制造业的重要基地、我国重要的自然和文化旅游中心。 |
| 2009.06.10 | 《江苏沿海地区发展规划》 | 要求把加快建设新亚欧大陆桥东方桥头堡和促进海域滩涂资源合理开发利用作为发展重点，着力建设我国重要的综合交通枢纽、沿海新型工业基地、土地后备资源开发区和生态环境优美、人民生活富足的宜居区，将江苏沿海地区建设成为我国东部地区重要的经济增长极。 |

续前表

| 时间 | 区域发展规划 | 主要内容 |
|---|---|---|
| 2009.06.24 | 《横琴总体发展规划》 | 规划提出将横琴建设成为“三基地一平台”，即粤港澳地区的区域性商务服务基地、与港澳配套的世界级旅游度假基地、珠江口西岸的区域性科教研发平台和建设融合港澳优势的国际级高新技术产业基地。规划提出将横琴纳入珠海经济特区范围，实施“分线管理”的通关创新制度，鼓励金融创新，实行更加开放的产业和信息化政策，支持进行土地管理制度和社会管理制度改革等。 |
| 2009.07.01 | 《辽宁沿海经济带发展规划》 | 该区域一是成为东北地区对外开放的重要平台，二是成为东北亚地区的重要国际航运中心，三是建成具有国际竞争力的临港产业带，四是建成生态环境优美和人民生活富足的宜居地区。 |
| 2009.12.02 | 《黄河三角洲高效生态经济区发展规划》 | 规划提出加快山东东营、滨州、潍坊、莱州四个港口建设，建设临港产业区，形成北部沿海经济带，建成全省的生态产业基地、新能源基地和全国循环经济示范基地。 |
| 2009.12.31 | 《国务院关于推进海南国际旅游岛建设发展的若干意见》 | 提出到2020年，旅游服务设施、经营管理和服务水平与国际通行的旅游服务标准全面接轨，初步建成世界一流的海岛休闲度假旅游胜地。 |
| 2010.05.24 | 《长江三角洲地区区域规划纲要》 | 明确了长江三角洲地区发展的战略定位，即亚太地区重要的国际门户、全球重要的现代服务业和先进制造业中心、具有较强国际竞争力的世界级城市群；到2015年，长三角地区率先实现全面建设小康社会的目标；到2020年，力争率先基本实现现代化。 |
| 2010.08.26 | 《前海深港现代服务业合作区总体发展规划》 | 批复要求，要充分发挥香港国际经济中心的优势和作用，利用前海粤港合作平台，推进与香港的紧密合作和融合发展，逐步把前海建设成为粤港现代服务业创新合作示范区，在全面推进香港与内地服务业合作中发挥先导作用。 |

续前表

| 时间 | 区域 | 政策 |
| --- | --- | --- |
| 2011.01.04 | 《山东半岛蓝色经济区发展规划》 | 山东半岛蓝色经济区的战略定位是：建设成为具有较强国际竞争力的现代海洋产业集聚区、具有世界先进水平的海洋科技教育核心区、国家海洋经济改革开放先行区和全国重要的海洋生态文明示范区。 |
| 2011.03 | 《浙江海洋经济发展示范区规划》 | 批复认为，建设好浙江海洋经济发展示范区关系到我国实施海洋发展战略和完善区域发展总体战略的全局。根据《规划》，浙江将充分挖掘丰富的“海洋生产力”，并把海洋经济作为经济转型升级的突破口。到2015年，浙江的海洋生产总值将突破7 200亿元。同时，浙江将打造以“一核两翼三圈九区多岛”为空间布局的海洋经济大平台。 |
| 2011.11 | 《河北沿海地区发展规划》 | 这是国家进一步贯彻落实区域发展总体战略、支持东部地区率先发展、促进全国区域协调发展的又一重大举措。河北沿海地区的战略定位是：环渤海地区新兴增长区域、京津城市功能拓展和产业转移的重要承接地、全国重要的新型工业化基地、我国开放合作的新高地、我国北方沿海生态良好的宜居区。 |
| 2012.09.06 | 《广州南沙新区发展规划》 | 广州南沙新区将成为继上海浦东新区、天津滨海新区、重庆两江新区、浙江舟山群岛新区、甘肃省兰州新区之后的第六个国家级新区，也填补了华南地区没有国家级新区的空白。 |
| 2012.11.01 | 《福建海峡蓝色经济试验区发展规划》 | 该规划指出：构建现代海洋产业体系、提升海洋科技创新能力、强化海洋资源科学利用与生态环境保护、加强沿海基础设施和海洋公共服务能力建设、深化闽台海洋开发合作、推进海洋经济对内对外开放、健全海洋科学开发的体制机制。并赋予了投资和财税、金融、园区、产业、科教、人才、用海、环境、海岛、对台、开放共11个方面的支持政策。 |
| 已上报等批 | 《京津冀都市圈区域规划》 |  |

# 第三章　河北沿海地区社会经济发展分析

## 第一节　秦皇岛市社会经济发展分析

### 一、秦皇岛历史变迁与行政区划

秦皇岛，简称秦，位于中国河北省东北部，属于华北地区，是首批全国沿海开放城市之一。因公元前215年中国的第一个皇帝秦始皇东巡至此，并派人入海求仙而得名，是中国唯一一个因皇帝尊号而得名的城市。秦皇岛南临渤海，北依燕山，东接辽宁省葫芦岛市、朝阳市，西接唐山，北接承德，近京津，位于最具发展潜力的环渤海经济圈中心地带，是东北与华北两大经济区的结合部。

*1. 地名溯源*

秦皇岛之名的起源地是指今海港区东山，这是一座由风化花岗岩组成的剥蚀性残山，海拔20余米，方圆不足1平方千米。今天与陆地连在一起的东山，在200多年前，是一座名副其实的岛屿，直到19世纪末，随着港口的建设，岛屿才与陆地相连，成为大陆的一部分。

秦皇岛相传因秦始皇东巡至此而得名。秦皇岛之名最早见于明英宗天顺五年（1461年）杨琚《秦皇岛》一诗，其中有“古殿远连云缥缈，荒台俯瞰水潺湲”之句。

明弘治十四年（1501年）《永平府志》中有关于秦皇岛的记述：“秦皇岛在抚宁县东七十里，有山在海中，世传秦始皇求仙驻跸于此。”万历年间，蒋一葵在《长安客话》中记述得更为详细：“关（山海关）南六里有孤山，屹然独立于海上，四面皆水，俗呼秦皇岛……俗传秦皇至此山见荆，愕然曰：‘此里师授吾句读时所用朴也。’下马拜，荆皆垂首向地，如顿伏状，至今犹然。石上有秦皇下马迹，因名秦皇山。”之后，地方史志和文人诗作中多有记述。到清代，又有秦王岛之说。

秦王岛之名最早见于清康熙八年（1669年）《抚宁县志》，其中有“秦王岛误秦皇岛，在县东七十里，四面皆水，惟岛居中，唐太宗征高丽驻跸于此，岛上荆条伏生。相传秦王下拜，伏。”秦王岛之名传说与李世民征高丽回师途中经此地有关。至此之后，一直到民国，地方史志和文人诗作中，则将秦皇岛与秦王岛并用。

2. 建制沿革

秦皇岛辖区最早的制府是商代孤竹古国，国都便在今卢龙城附近；商被灭后，孤竹又归属周朝；至公元前664年，齐灭孤竹，孤竹古国历经1 100多年。孤竹是东北古国，商周时期，秦皇岛现在所辖区域为孤竹国中心区域，春秋时期晋灭肥，肥子逃奔燕国，燕国让肥子在此地建肥子国。战国时期，此地属燕国辽西郡。秦汉时期，这里是东巡朝拜和兵家必经之地。秦始皇第四次出巡到碣石，刻碣石门，并派燕人卢生、韩终、侯公、石生等方士入海求仙人。

春秋战国时，这里属燕地。肥子奔燕，并被封于今卢龙城西北建住侯国，成为燕国最富庶之地。秦始皇统一中国，分天下三十六郡，此地属辽西郡。西汉时，属幽州。抚宁北部及青龙属北平郡，在抚宁城西设骊城县治，卢龙、昌黎、秦皇岛市区属辽西郡；在卢龙城北设肥如县治，在昌黎城附近设絫县治。从此之后，秦皇岛所辖地域都设置有县治或府治，名称多有变化。到了民国时期，所辖县治地名基本确定为现在的名称。

自1949年新中国成立后，秦皇岛建制历经三次大的变革：

第一次，设立秦皇岛市。

1948年，秦皇岛全境解放，11月建立秦榆市（包括秦皇岛、山海关、北戴河）、昌黎市（唐山专署驻地）。临榆县在抚宁海阳镇，抚宁县在抚宁城，卢龙县在卢龙城，相继建治，隶属河北省唐山专区。1949年3月11日，山海关划归辽西省，建山海关市；秦榆市改为秦皇岛市，为河北省辖市；6月，撤销昌黎市，并入昌黎县；7月，将青平县划归青龙县，隶属热河省。1952年11月，山海关市撤销，划归秦皇岛市。1954年7月，临榆县撤销，并入抚宁县。1956年1月，热河省建制撤销，青龙县属河北省承德专区。

第二次，改属唐山专区。

1958年4月，秦皇岛市由省辖改属唐山专区。同年11月，抚宁县并入秦皇岛市，抚宁县洋河以西地区和卢龙县并入昌黎县。同年，唐山专署由昌黎县城迁至唐山市。1961年5月，恢复秦皇岛市、抚宁县、昌黎县、卢龙县原建制，隶属河北省唐山专区。1963年，将青龙县的五个区划出，另建宽城县，青龙县仍隶属承德专区。

第三次，设立为沿海开放城市。

1983 年 5 月，唐山地区撤销，国务院批准秦皇岛实行市管县体制，抚宁县、昌黎县、卢龙县、青龙县即划归秦皇岛市管辖，并下辖山海关区、海港区、北戴河区三区。1984 年 4 月，秦皇岛市被国务院确定为中国 14 个沿海开放城市之一。1987 年 5 月，经国务院批准，正式成立青龙满族自治县。1984 年 10 月 27 日，经国务院批准，设立秦皇岛经济技术开发区，是首批国家级经济技术开发区之一。2006 年 12 月，经河北省人民政府批复，设立北戴河新区。

3. 现有行政区划

秦皇岛市下辖海港、北戴河、山海关三个城市区和抚宁、昌黎、卢龙、青龙 4 个县、75 个乡镇、21 个街道办事处、2 427 个村民委员会（居民委员会）。（见表 3—1）

**表 3—1　　秦皇岛现有行政区划**

| 区划名称 | 面积（平方千米） | 政府驻地 | 邮政编码 | 街道 | 镇 | 乡 | 居委会 | 村委会 |
|---|---|---|---|---|---|---|---|---|
| 秦皇岛市 | 7 812 | 海港区 | 066000 | 21 | 47 | 28 | 163 | 2 264 |
| 海港区 | 238 | 秦皇大街 | 066000 | 12 | 5 |  | 80 | 117 |
| 山海关区 | 195 | 路南街道 | 066200 | 5 | 3 | 1 | 26 | 120 |
| 北戴河区 | 69 | 西山街道 | 066100 | 2 | 2 |  | 11 | 25 |
| 青龙满族自治县 | 3 506 | 青龙镇 | 066500 |  | 11 | 14 | 4 | 396 |
| 昌黎县 | 1 230 | 昌黎镇 | 066600 |  | 11 | 5 | 23 | 445 |
| 抚宁县 | 1 618 | 抚宁镇 | 066300 | 2 | 9 | 2 | 17 | 613 |
| 卢龙县 | 956 | 卢龙镇 | 066400 |  | 6 | 6 | 2 | 548 |

## 二、秦皇岛自然环境与人文

1. 区位概况

秦皇岛市位华北与东北过渡地带，北纬 39°24′～40°37′，东经 118°33′～119°51′，东北接辽宁省葫芦岛市绥中、建昌两县和朝阳市的凌源市，西北临河北省承德市宽城满族自治县，西靠唐山市的滦县、迁安、迁西、滦南四县，南临渤海。东距沈阳 404 千米，西南距石家庄 483 千米，西距首都北京 280 千米，距天津 220 千米。秦皇岛又称港城。

2. 气候特征

秦皇岛市地处半湿润区，属于温带季风气候。因受海洋影响较大，气候比较温和，春季少雨干燥，夏季温热无酷暑，秋季凉爽多晴天，冬季漫长无严寒。辖区内地势多变，但对气候影响不大。2006 年，市区全年平均气温 11.2℃，最低零下4.3℃，全年降雨量 551.7 毫米。

3. 地形地貌

秦皇岛市位于燕山山脉东段丘陵地区与山前平原地带，地势北高南低，形成了北部山区—低山丘陵区—山间盆地区—冲积平原区—沿海区。北部山区位于秦皇岛市青龙满族自治县境内，海拔在 1 000 米以上的山峰有都山、祖山等 4 座。低山丘陵区主要为北部的山间丘陵区，海拔一般在 100～200 米，集中分布于卢龙县和抚宁县，该区是秦皇岛市甘薯、旱粮及工矿区。山间盆地区位于秦皇岛市西北和北部区域的抚宁、燕河营、柳江三处较大盆地。冲积平原区，主要在海拔 0～20 米区域，分布在抚宁县和昌黎县。沿海区，主要分布在城市三区和抚宁、昌黎两县，该区域是秦皇岛市重要的沿海旅游资源区，有山海关、北戴河、南戴河等独特的自然和人文景观，是我国著名的避暑胜地。

4. 自然资源

（1）水利资源。

秦皇岛市境内流域面积大于 500 平方千米的河流 6 条，大于 100 平方千米的河流 23 条，大于 30 平方千米的河流 54 条。滦河在秦皇岛市境内流域面积 3 773.7 平方千米，地下水资源量 7.45 亿立方米，水资源总量 16.40 亿立方米（其中地表水 12.54 亿立方米，地下水 7.45 亿立方米，两者重复量 3.59 亿立方米）。兴建各类水库 283 座，总库容 14.86 亿立方米。

（2）矿产资源。

秦皇岛市境内矿产资源较为丰富，种类较为齐全。截至 2013 年，已发现各类矿产 56 种，已开发利用的 26 种，已探明储量的 22 种。优势矿种有金、铁、水泥灰岩及非金属建材，其中，铁矿储量达 2.7 亿吨，水泥灰岩储量达 7.5 亿吨，玻璃用白云岩储量达 1.5 亿吨，青龙满族自治县为中国“万两黄金”县之一。

（3）海洋资源。

秦皇岛海区地处渤海西部，辽东湾两翼。海岸线东起山海关金丝河口，西止昌黎县滦河口，总长 162.7 千米。所辖海区 15 米等深线海域面积1 000 平方千米。全市现有捕捞作业渔场 1 万平方千米，有适宜发展养殖的浅海

80 万亩、滩涂 2 万亩。

(4) 动物资源。

秦皇岛地区的动物区系属温带森林-草原农田动物群，是迁徙动物途经地与停留地，尤其是候鸟迁徙的必经地，动物资源比较丰富，共有陆栖脊椎动物 4 纲 29 目 85 科 417 种，其中候鸟有 369 种，被誉为世界“四大观鸟基地”之一。列入国家一类保护的鸟类有白鹳、白鹤、金雕、丹顶鹤等 7 种，国家二类保护鸟类 54 种，省级保护鸟类 28 种；其他省级保护动物 6 种。

(5) 林业资源。

秦皇岛市山区属燕山山脉东段，山区植被完好，有广阔林区。主要树种有油松、华北落叶松、侧柏、栎树、山杨等 20 余种。

林业用地 435 951 公顷，有林地面积 267 664 公顷，森林覆盖率为 34.45%，在全省列第二位，高于全国平均水平。在有林地构成中，经济林 111 626 公顷，用材林 23 972 公顷，防护林 125 811 公顷，特用林 6 255 公顷。现有国有林场 6 个（海滨、渤海、团林、都山、老岭、山海关），总经营面积 48.82 万亩，有林地面积 20.54 万亩。全市果树种植面积达 105 万亩，其中，2004 年发展优新果树面积 66.7 万亩。

昌黎、抚宁、青龙三县被国家林业局确定为全国经济林建设先进县；昌黎、青龙两县及山海关区还被国家林业局分别授予“中国葡萄之乡”“中国苹果之乡”和“中国大樱桃之乡”的称号。

(6) 自然特产。

秦皇岛濒临渤海湾，特产以海产品为主：铁板蟹、干贝、海蝗鱼、梭鱼、墨斗鱼、带鱼、鱿鱼、海螺、毛蚶等品种繁多，集渤海湾海味产品之精华。秦皇岛工艺品包括各种珍珠饰品：门帘、项链、挂件、贝堆、贝雕、人造琥珀、砖雕等工艺品，都非常有当地特色。还有一种当地人用平螺（海底发光的一种螺）加工制成的装饰品，是当地特产与手工制作艺术的结合。秦皇岛还集中了许多地方风味的名优特产，如京东板栗、石门核桃、葵花苹果、昌黎蜜梨、玫瑰香葡萄、南大寺水蜜桃等干鲜果品。有一种当地产的小洋梨，个小无核，口感酥脆，甜而不腻，是当地野生果树中的独特品种。此外还有鼋鱼酒、秦雪啤酒、老肉、北戴河火腿肠等地方名优产品。

(7) 旅游资源。

秦皇岛市旅游资源集山、河、湖、泉、瀑、洞、沙、海、关、城、港、寺、庙、园、别墅、候鸟与珍稀动植物等为一体，旅游资源类型丰富，是开展多项目、多层次的旅游活动，满足不同旅游者旅游休闲的绝佳场所。经过多年开发建设，秦皇岛市旅游基础设施和景点建设步入发展快车道。逐步形成了以长城、滨海、生态为主要特色的旅游产品体系。秦皇岛市旅游景区开辟了长城文化、海滨休闲度假、历史寻踪、观鸟旅游、名人别墅、山地观光、海洋科普、国家地质公园、体育旅游、乡村旅游、城乡双向游、会议旅游、工业旅游等多种精品旅游线路，并每年举办具有浓郁地方文化特色的山海关长城节、孟姜女庙会、望海大会、昌黎干红葡萄酒节等节庆活动，这些旅游线路和节庆活动都备受国内外游客青睐。秦皇岛一年四季皆景，可供旅游者探险猎奇、寻幽览胜。其中自然资源以山、海闻名，人文资源以关、城最为突出，社会资源以北戴河——中央暑期办公地和许多重要的历史事件发生地而闻名遐迩，这些都成为秦皇岛市最具吸引力的旅游资源。这里山地地貌奇特多样，飞瀑流泉到处可见；森林覆盖率高，野生动物、植物资源丰富；更有长城等大量文物与古迹点缀其中。海沙细而平滑，滩缓而水清，潮平而差小，延绵近百里；海水污染程度低，水质清洁，阳光充足，是进行海水浴、日光浴、沙浴、沙滩活动与海上观光、海上游玩的绝佳场所。辖区内的长城蜿蜒起伏，枕山襟海，依势而修，关隘地处要塞。

秦皇岛旅游资源在分布上呈两条相对平行的带状分布，其中在滨海带上，有老龙头、第一关、孟姜女庙、秦皇求仙入海处、海上运动中心、新澳海底世界、野生动物园、鸽子窝、金山嘴、老虎石、北戴河名人别墅、联峰山、滑沙场以及众多的滨海浴场和各类主题公园等；在中北部山地—丘陵带上，有三道关—九门口—义院口—界岭口—桃林口—冷口—城子岭口长城和沿长城一线的各处文物古迹，以及长寿山、角山、燕塞湖、祖山、背牛顶、天马山、碣石山、十里葡萄长廊、孤竹国文化遗址等。

5. 人文

2011 年 5 月 17 日，秦皇岛市统计局发布《秦皇岛市 2010 年第六次全国人口普查主要数据公报》，全市常住人口为 2 987 605 人，全市常住人口中共有家庭 957 621 户，家庭户人口为 2 811 972 人，平均每个家庭户的人口为 2.94 人。从性别构成看，全市常住人口中，男性人口为1 516 194 人，占 50.75%；女性人口为 1 471 411 人，占 49.25%。全市有汉族、满族、回族、朝鲜族、蒙古族、壮族等 42 个民族，少数民族人口主要集中在青龙满族自治县。抚宁县西河南村是河北省唯一的朝鲜族聚居村。

秦皇岛古今名人有唐朝文学家、唐宋八大家之一的韩愈，著名京剧程派青衣、国家一级演员、中国戏剧梅花奖得主李海燕，著名歌唱家刘秉义等。

秦皇岛是中国首批 14 个沿海开放城市之一，其他城市名片还有：中国唯一一个因皇帝尊号而得名的城市，2012 年中国最佳休闲城市，中国首批优秀旅游城市，中国综合实力百强城市，中国投资环境百佳城市，中国最具爱心城市，国家园林城市，全国双拥模范城，全国绿化模范城市，全国十佳宜居城市，全国创建文明城市工作先进城市，全国未成年人思想道德建设工作先进城市，2008 年北京奥运会协办城市，2009 年中国最佳和谐发展城市；国家首批服务业综合改革试点、旅游综合改革试点、创新型城市试点、智慧城市试点、低碳城市试点、公共文化服务体系示范区；以及河北统筹城乡一体化发展试点市、全国综合交通枢纽城市等。另外，山海关被命名为“中国长城文化之乡”“中国孟姜女文化之乡”，抚宁县被命名为“中国吹歌之乡”，卢龙县被命名为“中国孤竹文化之乡”“千年古县”和“中华诗词之乡”等。

## 三、秦皇岛区域经济发展分析（2001—2013）

本书统计的 2001 年到 2013 年秦皇岛市社会发展的数据，资料来源情况是：2001 年到 2004 年数据来源于《秦皇岛市政府工作报告（2002—2005）》；2006 年至 2012 年数据主要来源于秦皇岛市统计局网站公布的《秦皇岛市统计公报（2005—2012）》，但重点项目数据和利用内资数据部分来源于《秦皇岛市政府工作报告（2006—2013）》。

### 1. 国民生产总值发展状况

2013 年完成地区生产总值 1 168.8 亿元，是 2001 年的 3.8 倍，增长 280%，其中：第一产业增长值 2013 年达到 171.46 亿元，是 2001 年的 4.2 倍，增长 320%；第二产业增长值 2013 年达到 447.57 亿元，是 2001 年的 4.1 倍，增长 310%；第三产业增长值 2013 年达到 549.72 亿元，是 2001 年的 3.5 倍，增长 250%。三次产业结构 2001 年为 13.1∶35.6∶51.3，到 2013 年变为 14.7∶38.3∶47，这说明第一、二产业的比重不降反升，也说明秦皇岛市的产业结构没有得到根本好转，与沿海发达地区差距很大。

2001 年到 2013 年，秦皇岛市累计实现地区生产总值 9 223.82 亿元，平均年增加值 709.52 亿元，平均年增长 11.09%，其中：第一产业累计增加值 1 147.49 亿元，平均年增加值 88.27 亿元，平均年增长5.73%；第二产业累计增加值 3 585.84 亿元，平均年增加值 275.83 亿元，平均年增长 12.40%；第三产业累计增加值 4 489.95 亿元，平均年增加值 345.38 亿元，平均年增长 11.14%。（见表 3—2、图 3—1～图 3—4）

表 3—2　　2001—2013 年秦皇岛经济发展状况（GDP）

单位：金额（亿元），增长率（%）

| 年度 | GDP | | 不同产业生产总值 | | | | | |
|---|---|---|---|---|---|---|---|---|
| | | | 第一产业 | | 第二产业 | | 第三产业 | |
| | 金额 | 增长率 | 金额 | 增长率 | 金额 | 增长率 | 金额 | 增长率 |
| 2001 | 307.31 | 8.1 | 40.26 | 3.0 | 109.38 | 5.9 | 157.68 | 11.0 |
| 2002 | 335.66 | 10.8 | 41.7 | 4.2 | 123.75 | 13.9 | 170.21 | 10.3 |
| 2003 | 387.03 | 12.1 | 38.9 | 3.2 | 153.51 | 15.9 | 194.63 | 11.1 |
| 2004 | 453.44 | 12.8 | 47.43 | 6.4 | 187.43 | 16.7 | 218.59 | 11.0 |
| 2005 | 496.79 | 12.0 | 51.27 | 6.9 | 195.49 | 12.3 | 249.52 | 12.8 |
| 2006 | 571.56 | 12.6 | 71.92 | 10.7 | 218.59 | 14.1 | 281.05 | 12.0 |
| 2007 | 683.58 | 13.4 | 78.07 | 6.9 | 265.70 | 13.5 | 339.80 | 14.7 |
| 2008 | 808.95 | 12.0 | 91.12 | 9.1 | 327.96 | 10.5 | 389.87 | 11.9 |
| 2009 | 877.01 | 10.0 | 100.16 | 5.8 | 323.00 | 10.3 | 453.85 | 10.6 |
| 2010 | 930.49 | 12.3 | 126.42 | 5.8 | 366.31 | 14.5 | 437.75 | 11.8 |
| 2011 | 1 064.03 | 12.0 | 141.19 | 5.1 | 419.47 | 16.2 | 503.38 | 10.4 |
| 2012 | 1 139.17 | 9.1 | 147.59 | 3.0 | 447.68 | 10.9 | 543.90 | 9.3 |
| 2013 | 1 168.8 | 7.0 | 171.46 | 4.4 | 447.57 | 6.5 | 549.72 | 7.9 |
| 累计 | 9 223.82 | 144.2 | 1 147.49 | 74.5 | 3 585.84 | 161.2 | 4 489.95 | 144.8 |
| 平均 | 709.52 | 11.09 | 88.27 | 5.73 | 275.83 | 12.40 | 345.38 | 11.14 |

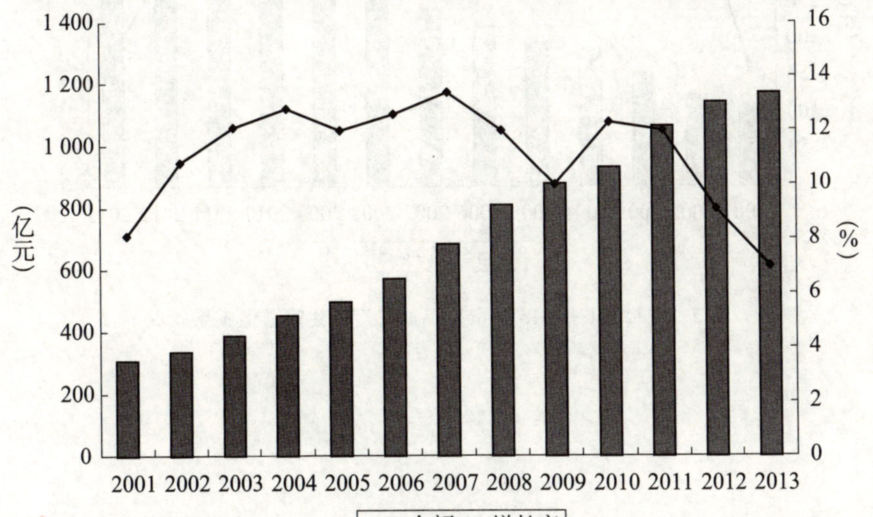


图 3—1　2001—2013 年秦皇岛 GDP 发展状况

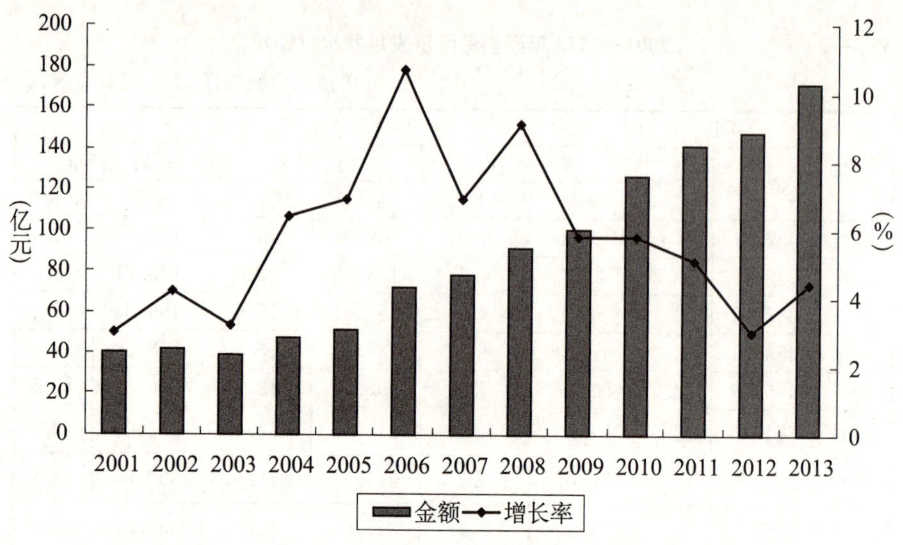


**图 3—2　2001—2013 年秦皇岛第一产业生产总值发展状况**

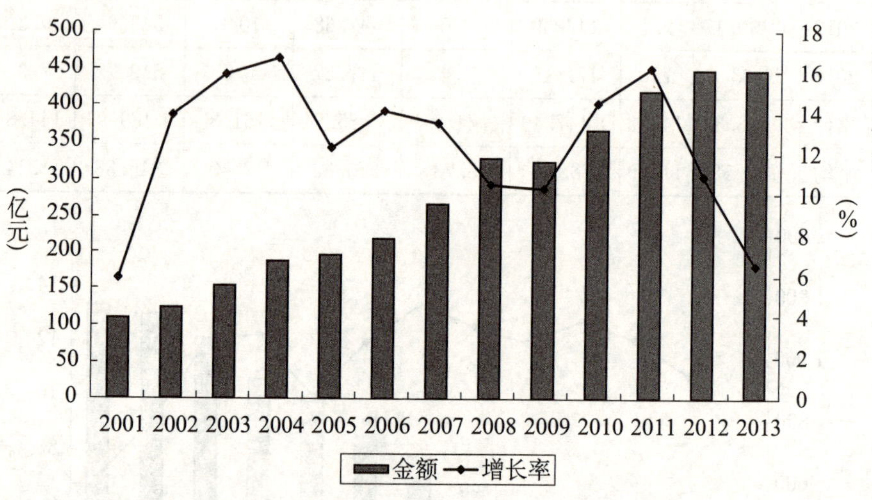


**图 3—3　2001—2013 年秦皇岛第二产业生产总值发展状况**

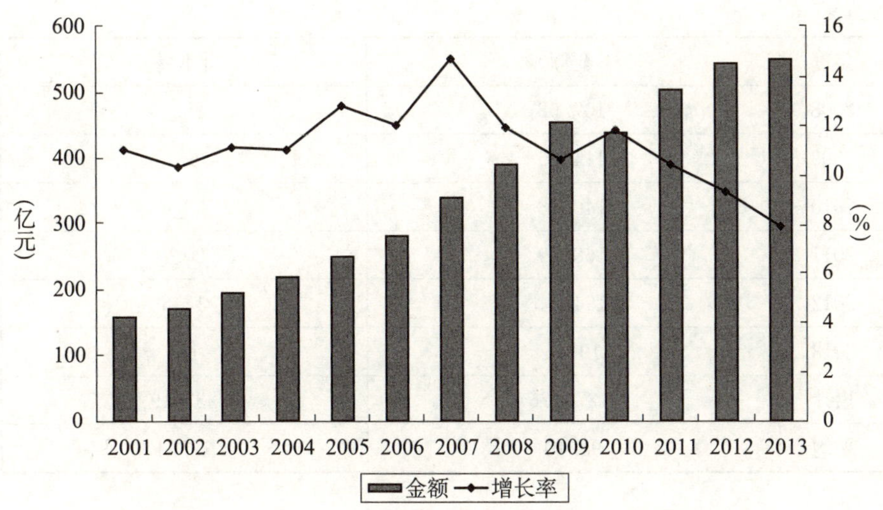


**图 3—4　2001—2013 年秦皇岛第三产业生产总值发展状况**

2. 财政收入状况

2001 年到 2013 年，秦皇岛市财政收入实现较快增长，但增长并不平稳。2013 年全市实现财政收入 197.5 亿元，是 2001 年的 8.77 倍。但从 2010 年开始增长放缓，2013 年财政收入仅仅比 2012 年增长 1.3%，财政收入增长速度严重下滑。这可能是因为受到了土地财政的严重影响。

2001 年到 2013 年，秦皇岛市财政收入累计 1 279.26 亿元，年平均增长 17.94%。这说明，本世纪以来，秦皇岛市政府的财政状况总体不错，增长迅速。（见表 3—3、图 3—5）

**表 3—3　　2001—2013 年秦皇岛经济发展状况（财政收入）**

单位：金额（亿元），增长率（%）

| 年度 | 金额 | 增长率 |
|---|---|---|
| 2001 | 22.51 | 11.9 |
| 2002 | 36.06 | 26.0 |
| 2003 | 41.43 | 14.9 |
| 2004 | 47.7 | 15.1 |
| 2005 | 55.65 | 25.79 |
| 2006 | 66.54 | 19.6 |
| 2007 | 85.52 | 28.1 |

续前表

| 年度 | 金额 | 增长率 |
|---|---|---|
| 2008 | 107.68 | 25.9 |
| 2009 | 114.66 | 6.4 |
| 2010 | 140.38 | 22.4 |
| 2011 | 168.69 | 20.2 |
| 2012 | 194.94 | 15.6 |
| 2013 | 197.5 | 1.3 |
| 累计 | 1 279.26 | 233.19 |
| 平均 | 98.40 | 17.94 |

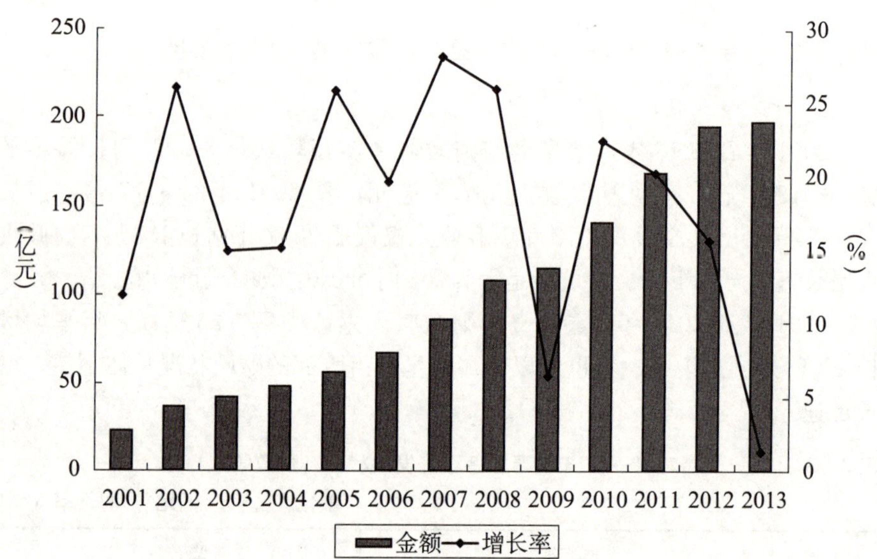


**图 3—5　2001—2013 年秦皇岛财政收入状况**

3. 城乡人均收入状况

2001 年到 2013 年，居民消费价格涨幅平稳，城乡居民收入稳步增加。2012 年全市居民消费价格总指数（CPI）比上年上涨 3.1%，涨幅较上年同期回落 3.5 个百分点，较上半年和前三季度分别回落 0.6 和 0.1 个百分点。其中，城市上涨 3.2%，农村上涨 2.0%。工业生产者出厂价格指数（PPI）持续下滑，全年总指数同比下降 4.6%，其中生产资料价格同比下降 5.1%，生活资料价格同比下降 2.8%。住宅销售价格小幅上涨，12 月份新建商品住宅销售价格同比上涨 0.9%，环比上涨 0.4%；二手住宅销售价格同比持平，环比上涨0.2%。全市城镇居民人均可支配收入 21 919 元，比上年增长 13.1%；人均消费性支出 12 695 元，增长 8.5%。全市农民人均纯收入8 315元，比上年增长 12.9%；人均生活消费支出 3 293 元，增长 5.6%。2013 年，全市城镇居民人均可支配收入 24 353 元，是 2001 年的 3.4 倍，增长 240%；全市农民人均纯收入 9 356 元，是 2001 年的 3.5 倍，增长 250%。总体看，全市城镇居民与全市农民人均纯收入增长幅度差不多，但全市城镇居民增长率波动较大，而全市农民人均纯收入增长率相对稳定。

总体看，2001 年到 2013 年，城市人均收入累计 174 680 元，年平均人均收入 13 436.92 元，年平均增长 10.50%；农村人均收入累计 64 887 元，年平均人均收入 4 991.31 元，年平均增长 10.57%。(见表 3—4、图 3—6～图 3—7)

**表 3—4　　2001—2013 年秦皇岛经济发展状况（人均收入）**

单位：金额（元），增长率（%）

| 年度 | 城市人均收入 | | 农村人均收入 | |
|---|---|---|---|---|
| | 金额 | 增长率 | 金额 | 增长率 |
| 2001 | 7 095 | 4.8 | 2 657 | 3.7 |
| 2002 | 7 334 | 3.4 | 2 742 | 3.2 |
| 2003 | 7 870 | 9.4 | 2 891 | 5.4 |
| 2004 | 8 356 | 6.2 | 3 075 | 6.4 |
| 2005 | 9 394 | 12.4 | 3 376 | 9.8 |
| 2006 | 10 356 | 10.2 | 3 832 | 13.5 |
| 2007 | 12 078 | 16.6 | 4 480 | 16.9 |
| 2008 | 13 964 | 15.6 | 5 068 | 13.1 |
| 2009 | 15 458 | 10.7 | 5 516 | 8.8 |
| 2010 | 17 118 | 10.7 | 6 214 | 12.7 |
| 2011 | 19 385 | 13.2 | 7 365 | 18.5 |
| 2012 | 21 919 | 13.1 | 8 315 | 12.9 |
| 2013 | 24 353 | 10.2 | 9 356 | 12.5 |
| 累计 | 174 680 | 136.5 | 64 887 | 137.4 |
| 平均 | 13 436.92 | 10.50 | 4 991.31 | 10.57 |

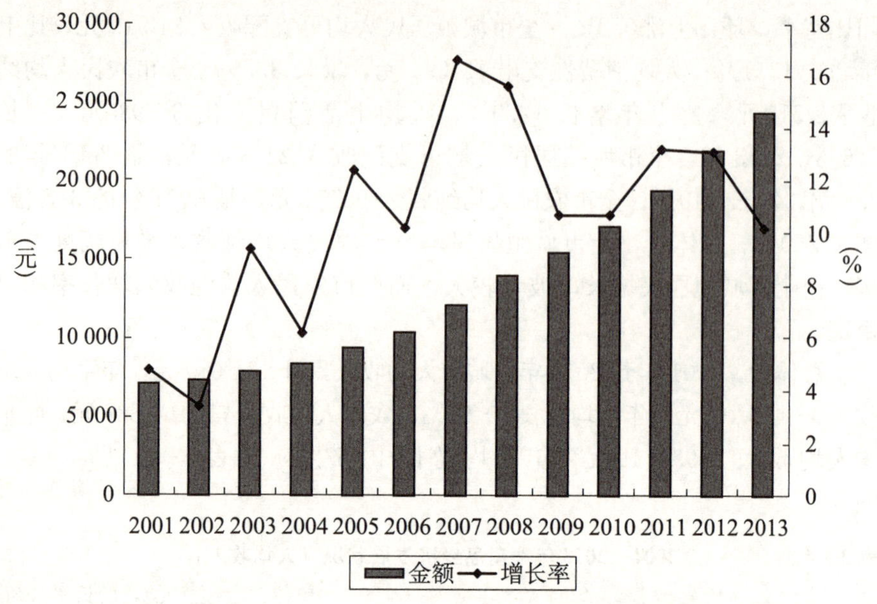


**图 3—6　2001—2013 年秦皇岛城市人均收入状况**

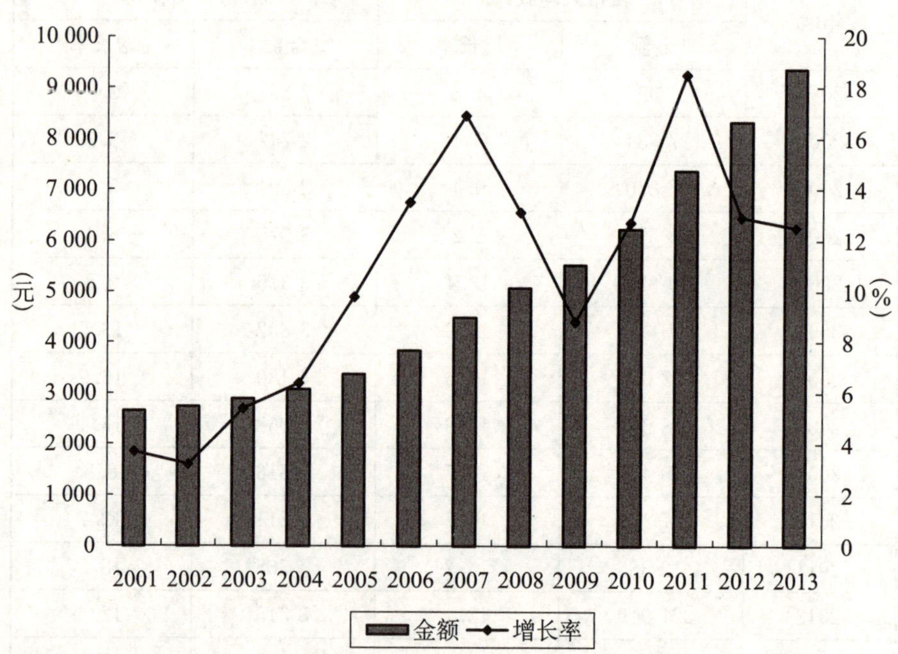


**图 3—7　2001—2013 年秦皇岛农村人均收入状况**

4. 固定资产投资状况

2001—2013年，全社会固定资产投资累计完成4 440亿元。2013年秦皇岛市全社会固定资产投资786.34亿元，是2001年的8.8倍，增长780%。这说明本世纪以来，秦皇岛的建设力度与幅度是巨大的，秦皇岛发生的巨大变化也与秦皇岛市全社会固定资产投资大幅增加有紧密关系。就2012年而言，全年全社会累计完成投资739.30亿元，比上年增长20.3%。其中：城乡建设项目投资完成510.42亿元，增长17.7%；房地产投资213.32亿元，增长29.7%；农村农户投资15.57亿元，下降6.5%。从产业类型看，第一产业投资完成32.92亿元，增长94.4%；第二产业投资214.32亿元，增长24.1%，其中工业投资210.00亿元，增长22.1%；第三产业投资476.49亿元，增长16.7%。民间投资仍是投资的主体和增长拉动力量，非国有投资完成571.66亿元，比上年增长27.9%，占固定资产投资的79.0%；国有投资完成152.07亿元，仅增长0.6%。

总体来看，2001年到2006年，秦皇岛市固定资产投资增幅稳定上升，但2007年到2011年增幅波动较大，从2011年开始下滑，2013年仅比上一年增长6.4%，是这十多年增长最慢的，这说明秦皇岛市固定资产投资后劲不足。（见表3—5、图3—8）

**表3—5　2001—2013年秦皇岛经济发展状况（全社会固定资产投资）**

单位：金额（亿元），数量（个），增长率（%）

| 年度 | 全社会固定资产投资 | | 重点项目 | |
|---|---|---|---|---|
| | 金额 | 增长率 | 数量 | 金额 |
| 2001 | 89.94 | 8.8 | 31 | 23.80 |
| 2002 | 96.93 | 7.8 | 33 | 18.49 |
| 2003 | 115.17 | 18.8 | 45 | |
| 2004 | 138.25 | 20.9 | 33 | 34.01 |
| 2005 | 164.93 | 19.3 | 310 | 110.00 |
| 2006 | 211.85 | 36.8 | 309 | 149.90 |
| 2007 | 252.40 | 19.1 | 289 | 131.51 |
| 2008 | 303.58 | 20.3 | 336 | 188.80 |
| 2009 | 420.73 | 38.6 | 336 | 289.70 |
| 2010 | 505.74 | 20.1 | | |
| 2011 | 615.10 | 25.6 | 440 | 480.20 |

续前表

| 年度 | 全社会固定资产投资 | | 重点项目 | |
|---|---|---|---|---|
| | 金额 | 增长率 | 数量 | 金额 |
| 2012 | 739.30 | 20.3 | | |
| 2013 | 786.34 | 6.4 | 909 | 527.70 |
| 合计 | 4 440.26 | 262.8 | | |
| 平均 | 341.56 | 20.22 | | |

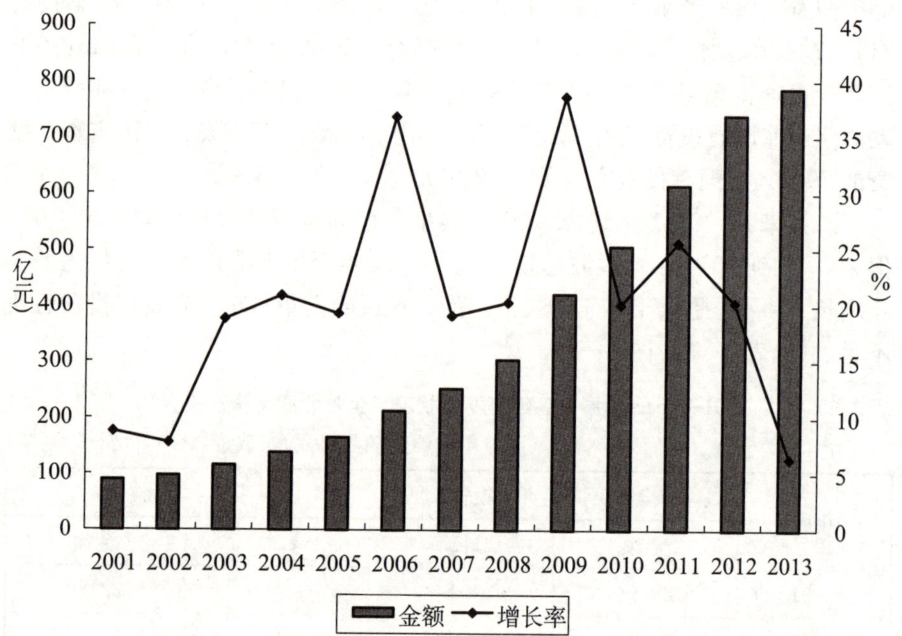


**图 3—8 2001—2013 年秦皇岛全社会固定资产投资状况**

5. 引用资本

总体来看，2001 年到 2013 年，秦皇岛市引用外资情况良好，增长也比较稳定而略有起伏。就 2012 年而言，全市实际利用外资 62 795 万美元，全部为外商直接投资，实际利用外资比上年增长 4.3%，外商直接投资比上年增长 4.8%。新批外资项目 11 个，比上年增长 10.0%；合同外资额 42 780 万美元，比上年下降 4.4%。2013 年实际利用外资 7.38 亿美元，是 2001 年的 8.4 倍，增长 740%。秦皇岛市引用国内其他地区资金情况也总体增加，从 2001 年的 9.48 亿元增长到 2011 年的 181.3 亿元，翻了 19 倍，增长了 1 812%。(见表 3—6、图 3—9)

表 3—6　2001—2013 年秦皇岛经济发展状况（引用资本）

单位：金额（外资：亿美元，内资：亿元），增长率（%）

| 年度 | 实际利用外资 | | 利用内资 | |
|---|---|---|---|---|
| | 金额 | 增长率 | 金额 | 增长率 |
| 2001 | 0.880 6 | −40.9 | 9.48 | |
| 2002 | 1.39 | 58.2 | 18.41 | 94.3 |
| 2003 | 1.54 | 10.9 | 31.24 | 67.9 |
| 2004 | 2.02 | 30.6 | 36.33 | 16.3 |
| 2005 | 2.36 | 17.9 | 41.27 | 13.6 |
| 2006 | 2.663 4 | 12.5 | 50.83 | 23.2 |
| 2007 | 3.401 4 | 27.7 | — | — |
| 2008 | 4.01 | 18.0 | 65.89 | 19.7 |
| 2009 | 4.57 | 13.9 | 79.30 | 20.4 |
| 2010 | 4.97 | 8.7 | 108.78 | 37.2 |
| 2011 | 6.02 | 21.1 | 181.3 | 66.6 |
| 2012 | 6.279 5 | 4.3 | — | — |
| 2013 | 7.38 | 17.6 | — | — |
| 累计 | 47.484 9 | 200.5 | — | — |
| 平均 | 3.65 | 15.42 | — | — |

6. 社会消费品零售状况

2013 年，秦皇岛全市实现社会消费品零售总额 508.97 亿元，是 2001 年的 5.4 倍，增长 440%。这 13 年间，全市社会消费品零售总额增长平稳，每年增长率都在 11%以上，平均增幅达到 15.27%，并且没有大的波动。这说明，秦皇岛市的国内贸易发展快而稳定。就 2012 年而言，全市实现社会消费品零售总额 448.81 亿元，比上年增长 15.4%，增幅比上年同期回落 2.4 个百分点，比上半年和前三季度分别加快 0.4 和 0.6 个百分点。从地域看，城镇快于乡村。城镇实现社会消费品零售总额 374.69 亿元，增长 16.1%；乡村市场实现社会消费品零售总额 74.12 亿元，增长 12.2%。（见表 3—7、图 3—10）

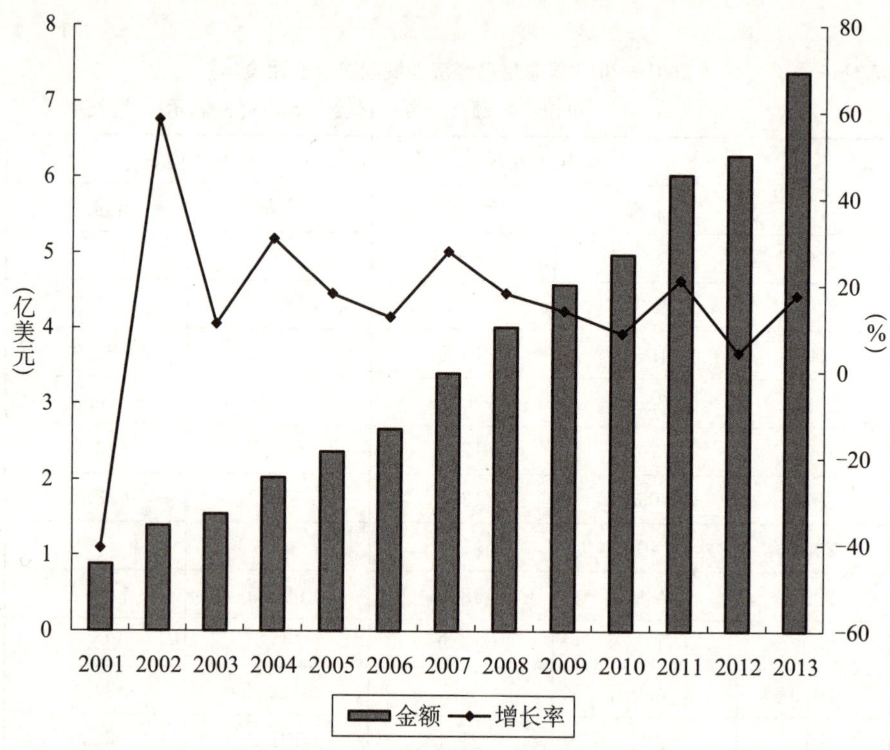


图 3—9　2001—2013 年秦皇岛实际利用外资状况

表 3—7　　2001—2013 年秦皇岛经济发展状况（社会消费品零售总额）

单位：金额（亿元），增长率（%）

| 年度 | 金额 | 增长率 |
|---|---|---|
| 2001 | 94.88 | 11.0 |
| 2002 | 105.84 | 11.6 |
| 2003 | 117.73 | 11.2 |
| 2004 | 135.08 | 14.7 |
| 2005 | 147.04 | 13.6 |
| 2006 | 167.81 | 14.2 |
| 2007 | 198.14 | 18.1 |
| 2008 | 240.15 | 21.2 |
| 2009 | 283.25 | 18.0 |
| 2010 | 334.98 | 18.3 |

续前表

| 年度 | 金额 | 增长率 |
|---|---|---|
| 2011 | 394.45 | 17.8 |
| 2012 | 448.81 | 15.4 |
| 2013 | 508.97 | 13.4 |
| 总计 | 3 177.13 | 198.5 |
| 平均 | 244.39 | 15.27 |

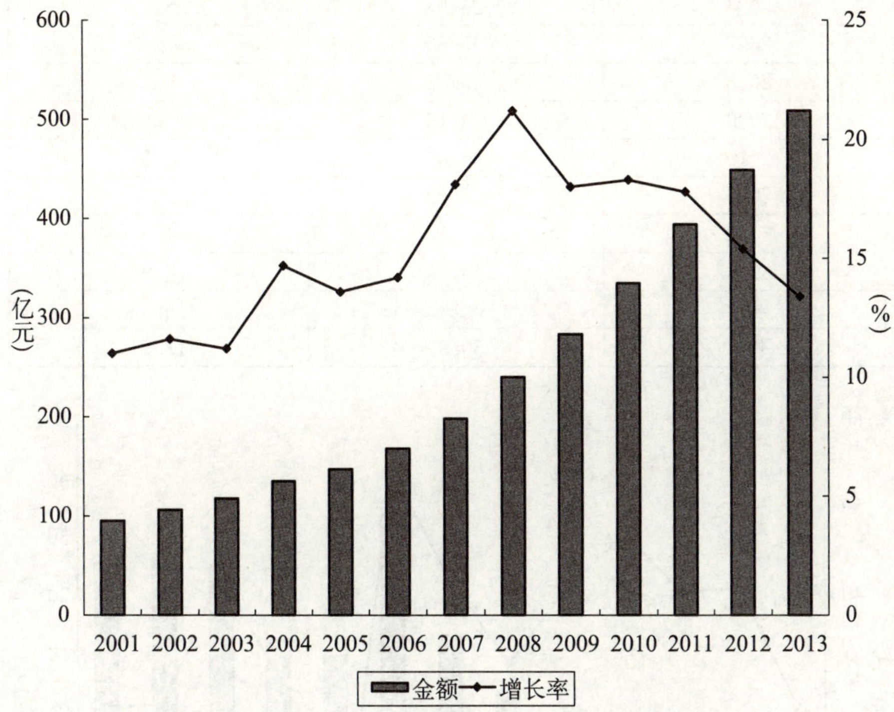


**图 3—10 2001—2013 年秦皇岛社会消费品零售总额状况**

7. 进出口贸易状况

进出口贸易总额总体上呈现增长，2013 年是 2001 年的 6.7 倍。2001 年到 2008 年，增长基本上呈现上扬趋势，2009 年受金融危机影响进出口贸易总额大幅下滑。2010 年后开始恢复性增长，但增长幅度明显放缓。

2010 年到 2013 年，秦皇岛市累计实现进出口贸易总额 393.85 亿美元，年平均 30.30 亿美元，年平均增长 12.72%。(见表 3—8、图 3—11)

**表 3—8 2001—2013 年秦皇岛经济发展状况（进出口贸易总额）**

单位：金额（亿美元），增长率（%）

| 年度 | 金额 | 增长率 |
| --- | --- | --- |
| 2001 | 6.47 | 1.2 |
| 2002 | 7.85 | 21.4 |
| 2003 | 16.86 | 20.4 |
| 2004 | 22.05 | 30.8 |
| 2005 | 26.68 | 21.0 |
| 2006 | 28.93 | 8.4 |
| 2007 | 35.40 | 22.4 |
| 2008 | 50.02 | 41.3 |
| 2009 | 33.16 | —33.7 |
| 2010 | 35.09 | 5.8 |
| 2011 | 43.49 | 23.9 |
| 2012 | 44.12 | 1.5 |
| 2013 | 43.73 | 0.9 |
| 累计 | 393.85 | 165.3 |
| 平均 | 30.30 | 12.72 |

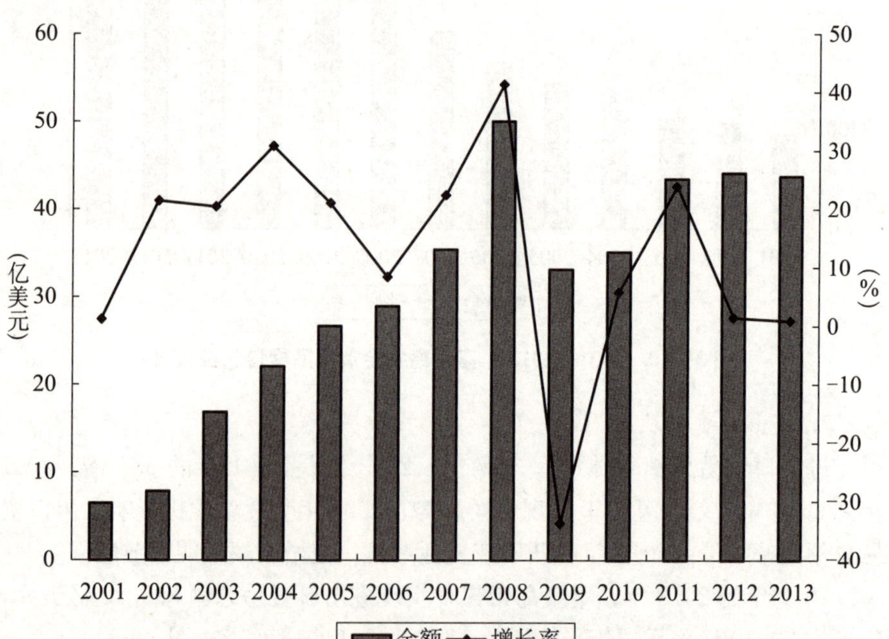


**图 3—11 2001—2013 年秦皇岛进出口贸易总额状况**

# 第二节　唐山市社会经济发展分析

## 一、唐山历史变迁与行政区划

1. 地名溯源

唐山，因市区中部的大城山（原名唐山）而得名。大城山古名唐山，清末乔屯镇称唐山镇。为区别唐山（地名）与唐山（山名），20 世纪 30 年代，唐山（山名）改称大城山。关于“唐山”地名的由来有多种传说。

一说是因为李世民驻军而得名。唐朝时李世民两次东征，均屯兵在大城山，大城山被赐唐姓，改为“唐山”。有这样的传说：贞观十九年（645 年）二月，唐太宗李世民亲率 10 多万唐军东征高丽（统治区在今辽河以东及朝鲜半岛北部）。经过半年多的苦战，虽然夺取了十几座城池，但在攻打安市城时，遇到了高丽军队的顽强抵抗，久攻不克，粮草将尽。辽东早寒，草枯水冻，唐太宗于九月下令班师。太子李治从长安千里来迎。唐太宗率 3 000 骑兵入临渝关（今山海关），在今滦县一带和太子相遇。此时，唐太宗所穿的战袍已旧敝不堪，李治为他献上了新衣。之后又途经今唐山回都。唐太宗率军途经唐地，曾在大城山上屯驻，以后此山遂名“唐山”，这是唐山得名的开始。后来的《永平府志》《大清一统志》《畿辅通志》《滦州志》《天下郡国利病书》等史志对此有过记载。也有这样的说法：“唐朝时李世民两次东征，均屯兵现在唐山市中心的大城山。645 年，唐太宗李世民率军东征朝鲜半岛，回途中经由此地，其爱妃曹妃不幸病逝，李世民念其爱妃，山赐唐姓，唐山由此而得名。”①

一说是李嗣源命名。五代十国时期，各割据政权彼此混战。923 年至 926 年，后唐明宗李嗣源，带兵在冀东一带作战，曾屯兵在今唐山市内的大城山上，并在山上修筑了周长 200 余丈的一座石头城，这座山因此得名“大城山”。李嗣源取名后唐的“唐”字，称这座山为“唐山”。从此，历史上开始有了唐山名称的记载。

2. 建制沿革

唐山建制变迁大致经过了三个时期：新中国成立前，新中国成立后到改革开放前，改革开放后。

---

① 唐山政府网站是这样的说法，参见：http：//www. tangshan. ccoo. cn/bendi/info - 73362. html。

新中国成立前，唐山的建制不稳定。清政府为了开发煤铁矿，光绪二年（1876 年），直隶总督兼北洋大臣李鸿章，派轮船招商局总办唐廷枢，偕同美国矿师马立斯到开平镇勘测，勘察结果很好。唐廷枢向李鸿章报告，认为要雇用洋匠，采用西法，开采煤铁，大有作为。1877 年，李鸿章指定唐廷枢主持开平煤矿的开采工作。因而当年建立开平矿务局，在桥头屯买地造房，购置机器。随着煤矿的发展，人口增多，商贾繁盛，1878 年桥头屯升格为镇（乔头镇），与开平镇平行。1898 年，乔头镇以镇北有“唐山”，而改名为唐山镇，此为唐山行政名称之始。20 世纪初，唐山从工业镇逐渐发展为工业城市。1928 年，唐山镇改称唐山市，仍属滦县八区管辖。

1929 年，直隶省改称河北省。1939 年 1 月 28 日，伪冀东防共自治政府鉴于唐山具有经济、政治上的特殊地位明令唐山设市，初称“唐山市政府”，后改称“唐山市公署”。日本宣布投降后，驻北平的国民党派员接收日伪政权，设置督察专员公署。1946 年 4 月，中共河北省委员会第 132 二次会议通过唐山设市，同年 5 月 5 日，唐山市政府成立。

新中国成立后到改革开放前，唐山的建制基本稳定，但管辖与名称多有变化。

1949 年 10 月 1 日，中华人民共和国成立后，唐山市仍为省辖市，辖区 12 个。

1955 年 3 月，唐山市第一届人民代表大会第二次会议将唐山市人民政府改为唐山市人民委员会。辖区未变。

1958 年 4 月 28 日，国务院批准唐山市规划唐山专区领导。同年 8 月 29 日，河北省第一届人民代表大会第七次会议决定，唐山专员公署驻地由昌黎县迁至唐山市。

1959 年 6 月 3 日，经中央决定，唐山市为全国 45 个开放城市之一。6 月 8 日，中共河北省委、省人委决定，唐山专署和唐山市人委合并改设唐山市人民委员会。

1960 年 4 月 2 日，国务院正式批准撤销唐山专区，原唐山专区管辖的秦皇岛市和迁安、昌黎、乐亭、宝坻、玉田、蓟县、遵化划归唐山市。唐山专区撤销后实际划归唐山市的还有滦县、丰润两县（原为市辖区）和柏各庄农场。同时，唐山市改为省辖市。

1961 年 5 月 23 日，经国务院批准，恢复唐山专区的建制。同年 6 月 1 日，河北省人民委员会第 14 次会议通过恢复唐山专区的决议。从此，唐山专、市分开，唐山市改为专辖市。

1968 年 1 月 6 日，唐山市革命委员会成立，隶属于唐山地区革命委员会。

改革开放后，唐山的建制稳定下来，逐渐发展成为大城市。

1978 年 3 月 11 日，唐山市改为省辖市。

1982 年 10 月，唐山市第七届人民代表大会撤销唐山市革命委员会，建立唐山市人民政府。

1983 年 3 月 3 日，国务院批准撤销唐山地区，实行市管县体制。同年 5 月 13 日，河北省人民政府通知撤销唐山地区行政公署，5 月 15 日，唐山地区行政公署停止办公。

1984 年 12 月 15 日，国务院批准唐山市为全国 13 个“较大城市”之一。

2002 年，设立唐山市丰南区，合并原唐山市新区与丰润县，成立唐山市丰润区。

2012 年，撤销唐海县，设立唐山市曹妃甸区。

3. 现有区划

唐山市现辖两个县级市（迁安、遵化）、五个县（迁西、玉田、滦县、滦南、乐亭）、七个区（曹妃甸、路南、路北、开平、古冶、丰润、丰南）、四个开发区（海港经济开发区、高新技术产业开发区、芦台经济技术开发区、汉沽管理区）。总面积 13 472 平方千米，辖区面积 5 478.9 平方千米，中心城区规划面积 210 平方千米，建成区面积 117.2 平方千米。全市共有 49 个乡、128 个镇、5 000 多个村，48 个街道办事处、586 个居委会。（见表 3—9～表 3—12）

**表 3—9 市辖区现有区划**

| 区名 | 面积（平方千米） | 人口（万人） | 政府驻地 |
|---|---|---|---|
| 路北区 | 120 | 75 | 新华东道 |
| 路南区 | 67.33 | 35 | 学院南路街道 |
| 古冶区 | 253.4 | 43 | 京华街道 |
| 开平区 | 251.3 | 33 | 开平街道 |
| 丰润区 | 1 334 | 92 | 太平路街道 |
| 丰南区 | 1 568 | 60 | 胥各庄街道 |
| 曹妃甸区 | 1 943.72 | 43 | 唐海镇 |

**表 3—10 市辖县现有区划**

| 县名 | 面积（平方千米） | 人口（万人） | 政府驻地 |
|---|---|---|---|
| 滦县 | 1 053 | 55 | 滦州镇 |
| 滦南县 | 1 270 | 56.8 | 倴城镇 |

续前表

| 县名 | 面积（平方千米） | 人口（万人） | 政府驻地 |
|---|---|---|---|
| 玉田县 | 1 165 | 64.2 | 玉田镇 |
| 乐亭县 | 1 308 | 50 | 乐亭镇 |
| 迁西县 | 1 439 | 41 | 兴城镇 |

**表 3—11　　县级市现有区划**

| 市名 | 面积（平方千米） | 人口（万人） | 政府驻地 |
|---|---|---|---|
| 遵化市 | 1 521 | 71 | 遵化镇 |
| 迁安市 | 1 208 | 72 | 迁安镇 |

**表 3—12　　开发区现有区划**

| 名称 | 面积（平方千米） | 人口（万人） | 政府驻地 |
|---|---|---|---|
| 汉沽管理区 | 301 501 | 4.9 | 汉丰镇 |
| 芦台经济技术开发区 | 133 | 4.8 | 海北镇 |
| 唐山高新技术产业开发区 | 31 | 9.3 | 高新区街道 |
| 海港经济开发区 | 32.85（规划 147.47） | — | 海港经济开发区 |

## 二、唐山自然环境与人文

1. 位置境域

唐山区位优越，地处渤海湾中心地带，位于河北省东部，东经 117°31′～11 9°19′，北纬 38°55′～40°28′，东隔滦河与秦皇岛市相望，西与天津市毗邻，南临渤海，北依燕山，隔长城与承德市相望；东西长约 130 千米，南北宽约 150 千米，总面积为 13 472 平方千米。

市区位于唐山市中部，东、北与滦县交界，南与曹妃甸区接壤，西与丰润区毗邻。东至秦皇岛 125 千米，南距渤海 40 千米，西南至天津 108 千米，至省会石家庄 366 千米，西北至北京 154 千米。

唐山市地理位置重要，地处交通要塞，是华北地区通往东北地区的咽喉地带。铁路、公路、高速公路、港口相互交织。京哈、通坨、京秦、大秦、津秦高铁铁路干线和京山、大秦、七滦、迁曹、滦港铁路纵横穿越全境。京沈、津唐、唐港、唐承沿海高速公路与环城高速公路、国道相交连接，形成网络，四通八达。2010年7月13日，唐山三女河机场正式开航。唐山港、京唐港区东望秦皇岛港，曹妃甸港区西邻天津港，位居天津港、秦皇岛港之间，为国际通航的重要港口。铁路、高速公路、公路、港口、航空交织成网，成为唐山市出行十分便利的重要条件。唐山市正建设中国第一个科学发展示范区，将成为中国环渤海经济区联系东北亚蒙古、俄罗斯、朝鲜、韩国、日本等国的重要地区。

2. 地质地貌、气候与物产

唐山境内地层层序较多，地势北高南低，呈阶梯式下降。北部多山，盆地相间分布；中部为山前平原；南部和西部为滨海低平原。就大地貌单元划分，唐山全境可概括为山地、平原两大类。大致以玉田、丰润、滦县3县县城连线，即海拔50米等高线（黄海高程，下同）为界，以北为山地、丘陵区，面积约占全市总面积的35%；以南为平原区，面积约占全市总面积的65%。陡河从北东向流入，经市区由北向南注入渤海。陡河东岸、东缸窑一带地势较高，海拔23.4～45.5米；东南、西南部较低，海拔15～20米。总体来说，唐山市境内地貌可分为燕山山地丘陵区与滦河平原区两大地貌区。

唐山市气候属暖温带半湿润季风型大陆性气候。春季风多雨少，蒸发量大，空气干燥，多旱，回暖快，一般年份3月下旬闻初雷。夏季高温高湿，雨水集中，多暴雨、冰雹、雷雨、大风等灾害性天气。秋季多晴好天气，气温变化大，降温快，风速小，空气清爽。冬季天气比较寒冷、干燥，降水稀少，盛刮西到西北风。

唐山气候温和，全年日照2 600～2 900小时，年平均气温12.5℃，极端气温最高32.9℃，最低－14.8℃。无霜期180～190天，常年降水500～700毫米，降霜日数年平均10天左右。唐山由于气候温和、地貌多样、土质肥沃，因而是多种农副产品的富集产区，被称为“京东宝地”。北部山区盛产板栗、核桃、苹果、红果等干鲜果品，“京东板栗”驰名中外；中部平原盛产玉米、小麦、水稻、花生等农副产品，素有“冀东粮仓”之美誉；南部沿海陆域海岸线长229.7千米，滩涂和浅海开发潜力很大，既是渤海湾的重要渔场，又是原盐的集中产区，南堡盐场是亚洲最大的盐场，且矿产资源品种多、储量大、质地优良、分布集中、易于采选。

3. 自然资源

（1）耕地资源。

耕地面积846.5万亩，占全市国土面积的41.9%。

(2) 林地资源。

林地面积 632.5 万亩，其中果树面积 225.88 万亩，森林覆盖率 31.75%。

(3) 矿产资源。

唐山市矿产资源品种非常齐全，已发现并探明储量的矿藏有 50 余种。唐山市矿业经济发达，煤炭、铁、石油、金和非金属矿产为优势矿产。金属矿产由铁矿、锰矿、铬矿、金矿、银矿、铜矿、铝土矿、钼矿、锡矿、汞矿等资源组成；非金属矿产由石灰岩、白云岩、玻璃用石英砂岩、耐火黏土、铁矾土、油石、石榴石、石墨、蛇纹岩、膨化土、海泡石黏土、硅藻土、硼矿、草煤、紫色页岩等资源组成。

(4) 能源资源。

唐山能源资源十分丰富，大规模煤炭开采已有 100 多年的历史。石油、天然气从 1956 年开始普查，1964 年开展石油地质勘察，已发现 5 个油气田。与煤炭伴生的煤成气储量也很大。此外，还有风能、太阳能、地热能等多种资源。

煤炭保有量 62.5 亿吨，是国内焦煤的重要产区，主要储存在 4 个含煤构造盆地石炭二叠系地层中，即开平构造盆地、荆各庄构造盆地、车轴山构造盆地、蓟玉构造盆地。其中以开平含煤构造盆地最大。

石油及天然气现已发现 5 个油气田，含油层系较多是冀东油田石油地质的特征之一。2007 年新探明储量 10 亿吨的大油田。已发现的油气资源不仅有常规油，而且有凝析油、稠油和天然气。

唐山市水能资源主要集中在北部山区和半山区的大中河流上，由于水量丰富，河床落差大，地形条件优越，水能资源丰沛。经估算，全市共有水量理论蕴藏量 70.3 万千瓦。按河系划分，滦河系 58.91 万千瓦，蓟运河系 9.17 万千瓦，陡河 0.15 万千瓦，引滦入还、引还入陡 2.07 万千瓦。

(5) 海洋资源。

沿海陆域海岸线长 229.7 千米，滩涂面积 125 万亩，沿海未利用土地 1 173平方千米，近海海域面积 3 492.5 平方千米，其中潮间道 829.1 平方千米，浅海水域 2 663.4 平方千米。

(6) 水资源。

全市共有河流 70 条，地表水资源量 14.62 亿立方米，地下水资源量 14.35 亿立方米，扣除重复计算量，水资源总量为 24.16 亿立方米。

(7) 生物资源。

唐山市生物资源比较丰富，主要由动物资源、植物资源组成。动物资源分为陆生、水生、海洋生资源。植物资源分为陆生、水生、海洋生资源。

动物资源的陆生动物资源由兽类、爬行类、两栖类、鸟类、昆虫类组成；水生动物资源主要由淡水鱼类组成；海洋生动物资源由浮游动物、底栖动物、潮间带动物、无脊椎动物、海水鱼类组成。唐山地区濒临渤海，河流众多，近水地区森林茂密，草木繁盛，不仅是多种留鸟的终年栖息地，也是多种候鸟的中转站，鸟类多达 200 种。全市淡水鱼有 16 科 46 种属，海洋动物更多。

唐山辖区内植物种类繁多，林木资源十分丰富。树木种类有 47 科 67 属 133 种，果树为 8 科 12 属 22 种。全市有天然草场 67.52 万亩，其他草地 312.2 万亩。全市野生药材种类繁多，资源蕴藏量较丰富。植物药材隶属 123 科 194 种。此外，野生食用菌、淡水藻类、海水藻类品种繁多、分布广泛。植物资源的陆生植物资源由林木、草场、野生药材、野生食用菌组成；水生植物资源由淡水藻类组成，是淡水鱼类的饵料以及副食品加工原料，共 6 门 17 目 37 属 53 种；海生植物资源以海水藻类为主，由圆筛藻、中肋骨条藻、棱曲舟藻、圆海链藻、有槽直链藻等组成，主要是硅藻类，为 28 属 76 种。浮游植物是鱼虾等海洋动物幼体的重要饵料，尤其是中国毛虾食物链种的主要来源。唐山海区河口较多，是浮游植物密集区，成为发展海水养殖业的天然资源。

(8) 土地资源。

唐山市土地总面积约 142.86 万公顷。农用地约 88.73 万公顷，其中耕地 57.05 万公顷，园地 12.78 万公顷，林地 11.41 万公顷，牧草地 7.49 万公顷。

4. 人文

截至 2012 年，唐山市年末全市户籍总人口 741.78 万人，其中市区 308.80 万人；农业人口 495.08 万人，非农业人口 246.70 万人；男性人口 376.05 万人，女性人口 365.73 万人。全市有 52 个少数民族，少数民族人口总计 30 余万人，占全市总人口的 4.07%，居全省第三位，散居在各县（市）区、农场，其中 85%的人居住在农村。少数民族人口中，满族、回族、壮族、蒙古族人口较多，占全市少数民族人口总数的 96.7%。少数民族人口超过万人的县（市）区有：遵化、玉田、丰润、丰南、迁安、滦南、路北、迁西、滦县。唐山市有 3 个民族乡和 2 个少数民族占主体的镇，分别是遵化市东陵满族乡、汤泉满族乡、西下营满族乡、马兰峪镇、石门镇。唐山全市共有 175 个民族村，分布在除路北区以外的其他 13 个县（市）区。其中，满族村 146 个、回族村 28 个、满回联合村 1 个。

唐山市有天主教、基督教、伊斯兰教、佛教、道教 5 种宗教，信教群众 12.4 万人，占全市总人口的 1.67%，其中天主教 3.5 万人，基督教 2 万人，伊斯兰教 3.1 万人，佛教 3.7 万人，道教 1 000 人左右。全市有 7 个市级爱国宗教团体，分别是天主教唐山教区、唐山市天主教爱国会、唐山市基督教协会、唐山市基督教三自爱国运动委员会、唐山市伊斯兰教协会、唐山市道教协会、唐山市佛教协会。全市有正式开放的宗教活动场所 152 处，其中天主教堂 31 处，其他固定宗教活动处所 9 处；基督教堂 7 处，其他固定宗教活动处所 43 处；伊斯兰教清真寺 22 处；佛教寺院 28 处，其他固定宗教活动处所 7 处；道教宫观 3 处，其他固定宗教活动处所 2 处。有 25 个天主教徒聚居村，8 个基督教徒聚居村，35 个伊斯兰教徒聚居村，其中有 1 个村既是天主教徒又是基督教徒聚居村，有 1 个村既是天主教徒又是伊斯兰教徒聚居村。

唐山文化底蕴丰厚，人杰地灵。“不食周粟”“老马识途”、戚继光“改斗”等典故都发生在这里。唐山是中国评剧的发源地，评剧、皮影、乐亭大鼓被誉为“冀东三枝花”，在国内外有着广泛的影响。清东陵是中国现存规模最大、建筑体系最完整的皇家陵寝，被列为世界文化遗产；还有长城关隘、景忠山、菩提岛、金银滩、李大钊纪念馆及其故居等众多人文自然景观，都已成为旅游的好去处。

唐山地方语言属于中国北方方言区华北次区方言系统中的小地域语言。在漫长的历史进程中，从地域交流角度来说，曾受到中国东北的影响，与今日东北辽宁方言是同一方言；从民族交融角度来说，曾受到契丹、女真、蒙古、满族等少数民族语言的影响。

唐山钟灵毓秀，人才辈出，享誉世界的文学巨匠、《红楼梦》作者曹雪芹祖籍是唐山丰润；中国评剧主要创始人成兆才出生在滦南县；中国共产主义运动先驱、中国共产党主要创始人之一李大钊的家乡在乐亭县；等等。

唐山被誉为近代工业摇篮、北方瓷都、全国性综合交通枢纽城市、国家自主创新城市、著名的生态城市、中国科学发展示范区，获得过联合国人居荣誉奖、联合国迪拜国际改善居住环境最佳范例奖、联合国 HBA · 中国范例卓越贡献最佳奖、中国人居环境范例奖、中国优秀旅游城市、全国双拥模范城、全国文明城市、2012 年中国特色魅力城市 200 强等荣誉。

唐山市是国务院批准的较大的市，行政级别为地级市。国务院分四批总共公布批准了 18 个较大的市。唐山市作为第一批，在 1984 年 10 月与重庆、青岛、大连等城市同时获批。

唐山形成了自己的城市精神。在长期革命和建设中，铸成了开滦矿工“特别能战斗”精神、西铺“穷棒子”精神、沙石峪“当代愚公”精神，以及在抗震救灾中凝成的伟大抗震精神，科学发展的“曹妃甸精神”和“亮甲店精神”。

## 三、唐山区域经济发展分析（2001—2013）

数据主要来源于唐山市政府网站公布的《唐山市国民经济和社会发展统计公报（2001—2012）》，部分数据来源于《唐山市政府工作报告（2005—2012）》。

1. 国民生产总值发展状况

2012 年，全市实现生产总值 5 861.63 亿元，比上年增长 10.4%。其中，第一产业增加值 531.65 亿元，增长 4.2%；第二产业增加值 3 470.96 亿元，增长 11.8%；第三产业增加值 1 859.02 亿元，增长 9.5%。按常住人口计算，全市人均生产总值 76 000 元（按年平均汇率折合 12 040 美元），比上年增长9.7%。第一产业增加值占地区生产总值的比重为 9.1%，比上年提高 0.2 个百分点；第二产业增加值比重为 59.2%，比上年下降 0.9 个百分点；第三产业增加值比重为 31.7%，比上年提高 0.7 个百分点。

2013 年，全市实现地区生产总值 6 121.2 亿元，比上年增长 8.3%，增长率有所回落。第三产业增加值增长 7.3%，完成计划的 93.3%，主要受交通运输、餐饮服务等行业回落幅度较大影响。对比于 2001 年，全市实现地区生产总值翻了 6 倍多，增长了 510%。

2001 年到 2013 年，唐山市累计实现地区生产总值 4 1435.18 亿元，平均年增加值 3 187.32 亿元，平均年增长 12.38%。其中，第一产业累计增加值 4 199.47 亿元，平均年增加值 323.04 亿元，平均年增长 4.86%；第二产业累计增加值 24 076.5 亿元，平均年增加值 1 852.04 亿元，平均年增长 14.03%；第三产业累计增加值 13 170.19 亿元，平均年增加值 1 013.09 亿元，平均年增长 12.36%。从增长幅度看，2001 年到 2013 年，增长平稳，略有起伏，但从 2010 年开始，增长明显放缓。但总体上看，本世纪以来，唐山经济发展总量快速增长。可以说，唐山是近十年经济发展最快的城市之一。（见表 3—13、图 3—12～图 3—15）

表 3—13　　2001—2013 年唐山经济发展状况（GDP）

单位：金额（亿元），增长率（%）

| 年度 | GDP | | 不同产业生产总值 | | | | | |
|---|---|---|---|---|---|---|---|---|
| | 金额 | 增长率 | 第一产业 | | 第二产业 | | 第三产业 | |
| | | | 金额 | 增长率 | 金额 | 增长率 | 金额 | 增长率 |
| 2001 | 1 006.45 | 10.1 | 179.62 | 3.4 | 514.27 | 11.8 | 312.56 | 11.3 |
| 2002 | 1 102 | 10.3 | 187 | 4.5 | 570 | 11.5 | 345 | 11.4 |
| 2003 | 1 295 | 13.2 | 194 | 5.1 | 714 | 17.4 | 387 | 10.8 |
| 2004 | 1 626.33 | 14.8 | 213.05 | 5.8 | 911.10 | 17.9 | 481.95 | 13.7 |
| 2005 | 2 027.64 | 15.1 | 236.19 | 6.3 | 1 161.73 | 17.2 | 629.72 | 15.3 |
| 2006 | 2 361.68 | 14.6 | 255.22 | 5.1 | 1 367.41 | 17.1 | 739.05 | 13.7 |
| 2007 | 2 779.14 | 15.0 | 286.08 | 2.6 | 1 595.55 | 16.5 | 897.51 | 16.2 |
| 2008 | 3 561.19 | 13.1 | 340.01 | 7.0 | 2 113.29 | 12.9 | 1 139.08 | 15.3 |
| 2009 | 3 781.44 | 11.3 | 360.18 | 5.8 | 2 111.97 | 11.2 | 1 309.29 | 13.0 |
| 2010 | 4 469.08 | 13.1 | 387.84 | 4.9 | 2 632.43 | 14.6 | 1 448.81 | 12.3 |
| 2011 | 5 442.4 | 11.7 | 486.53 | 5.0 | 3 269.89 | 13.1 | 1 686 | 10.9 |
| 2012 | 5 861.63 | 10.4 | 531.65 | 4.2 | 3 470.96 | 11.8 | 1 859.02 | 9.5 |
| 2013 | 6 121.2 | 8.3 | 542.1 | 3.5 | 3 643.9 | 9.4 | 1 935.2 | 7.3 |
| 总计 | 41 435.18 | 161.0 | 4 199.47 | 63.2 | 24 076.5 | 182.4 | 13 170.19 | 160.7 |
| 平均 | 3 187.32 | 12.38 | 323.04 | 4.86 | 1 852.04 | 14.03 | 1 013.09 | 12.36 |

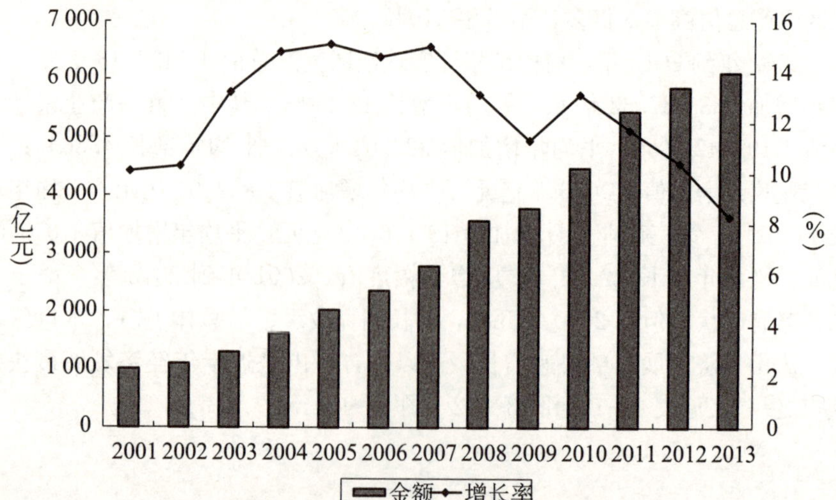


图 3—12　2001—2013 年唐山市 GDP 发展状况

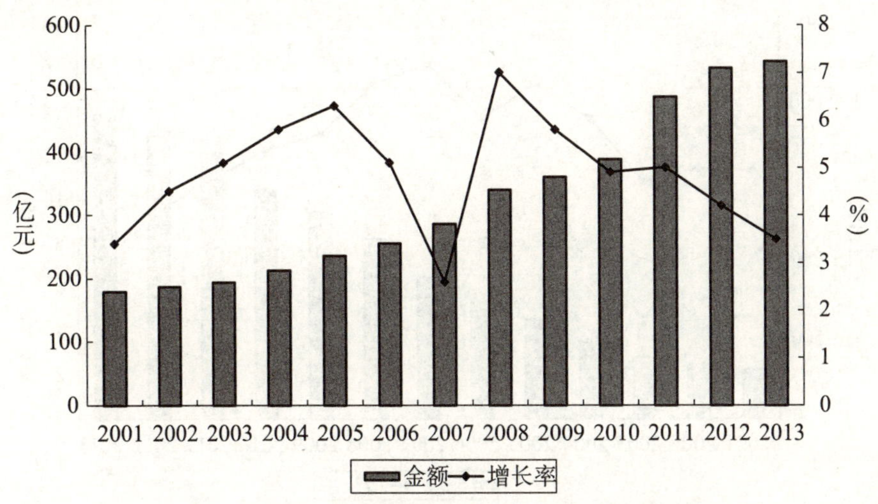


**图 3—13　2001—2013 年唐山市第一产业生产总值发展状况**

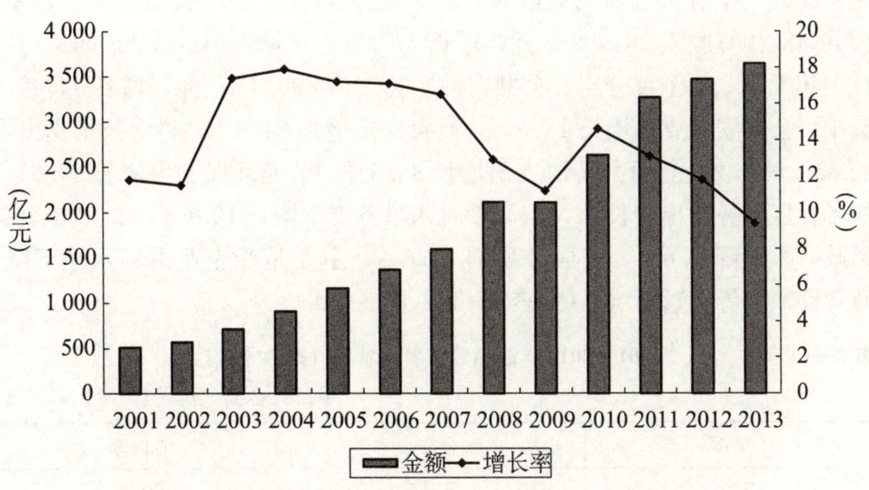


**图 3—14　2001—2013 年唐山市第二产业生产总值发展状况**

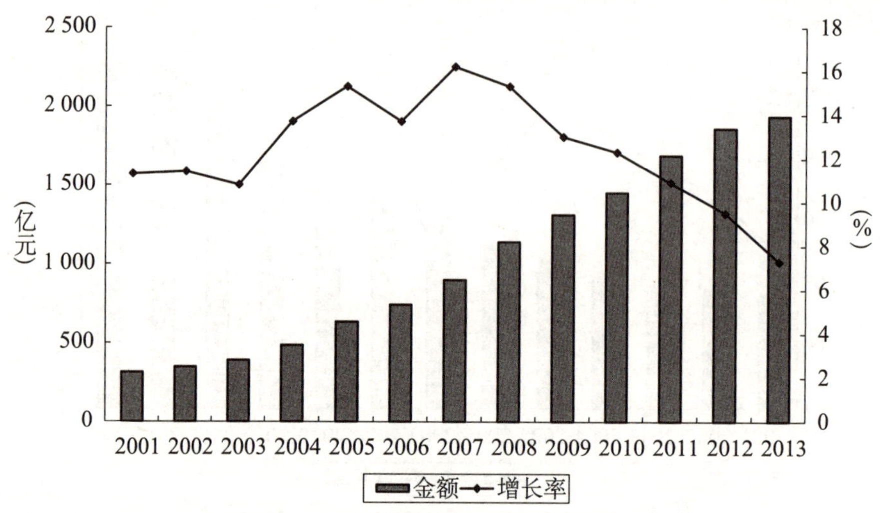


**图 3—15　2001—2013 年唐山市第三产业生产总值发展状况**

2. 财政收入状况

2012 年，全年全部财政收入 622.57 亿元，比上年增长 12.1%。其中，公共财政预算收入 301.09 亿元，增长 17.8%，占全部财政收入的 48.4%，比上年提高 2.4 个百分点。公共财政预算支出 490.54 亿元，增长 11.1%。其中，公共安全支出增长 18.5%，教育支出增长 24.6%，科学技术支出增长 62.5%，文化体育与传媒支出增长 30.6%，节能环保支出增长 29.6%，城乡社区事务支出增长 22.4%，农林水事务支出增长 12.7%。2013 年全部财政收入下降 7.6%，完成计划的 83.6%，主要是受企业盈利水平下降、政策性减税等因素影响。（见表 3—14、图 3—16）

**表 3—14　2001—2013 年唐山经济发展状况（财政收入）**

单位：金额（亿元），增长率（%）

| 年度 | 金额 | 增长率 |
|---|---|---|
| 2001 | 58.17 | 20.8 |
| 2002 | 93.18 | 13.5 |
| 2003 | 130 | 35.7 |
| 2004 | 160.17 | 45.0 |
| 2005 | 226.46 | 41.4 |
| 2006 | 264.3 | 16.7 |
| 2007 | 330.8 | 25.2 |

续前表

| 年度 | 金额 | 增长率 |
|---|---|---|
| 2008 | 405.8 | 22.7 |
| 2009 | 413.34 | 14.1 |
| 2010 | 439 | 6.2 |
| 2011 | 555.5 | 26.6 |
| 2012 | 622.57 | 12.1 |
| 2013 | 580 | −7.6 |
| 累计 | 4 279.29 | 272.4 |
| 平均 | 329.18 | 20.95 |

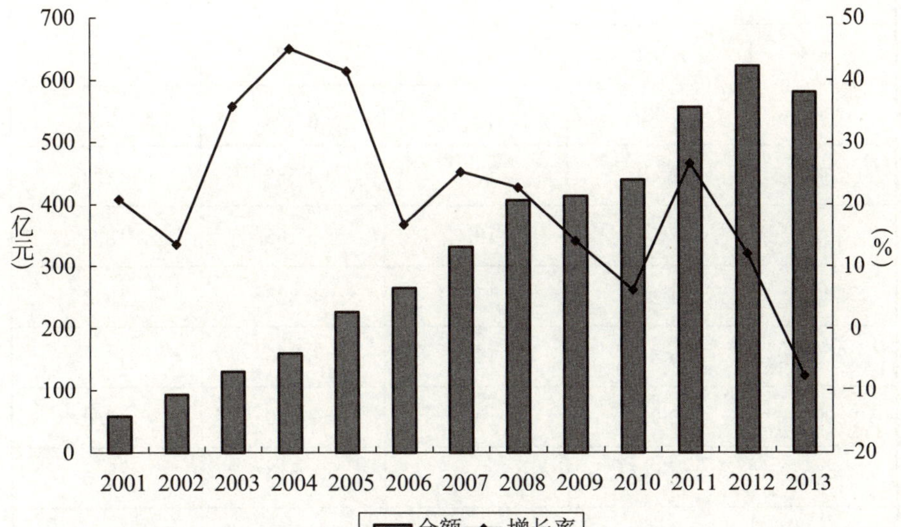


图 3—16　2001—2013 年唐山市财政收入状况

3. 城乡人均收入状况

2012 年，全年城镇居民人均可支配收入 24 358 元，比上年增长 11.8%。其中，工资性收入增长 18.2%，转移性收入下降 0.2%，经营净收入增长 33.8%，财产性收入增长 34.7%。人均生活消费支出 15 605 元，增长 7.7%。城市居民恩格尔系数 33.9%，比上年回落 0.8 个百分点。全年农村居民人均纯收入 10 698 元，比上年增长 13.1%。其中，工资性收入增长 23.4%，经营性收入下降 7.3%。人均生活消费支出 8 316 元，增长 15.5%。农村居民恩格尔系数 34.4%，比上年回落 2.1 个百分点。

2001 年到 2013 年，唐山市城镇居民人均累计可支配收入 196 033 元，年平均 15 079.46 元，年平均增长 11.56%，增长幅度呈现抛物线状态；唐山市农村居民人均累计可支配收入 85 026 元，年平均 6 540.46 元，年平均增长 10.18%，增长幅度呈现总体上扬状态。（见表 3—15、图 3—17～图 3—18）

**表 3—15　　2001—2013 年唐山经济发展状况（城乡人均收入）**

单位：金额（元），增长率（%）

| 年度 | 城市人均收入 | | 农村人均收入 | |
|---|---|---|---|---|
| | 金额 | 增长率 | 金额 | 增长率 |
| 2001 | 7 333 | 7.8 | 3 513 | 3.0 |
| 2002 | 7 850 | 7.1 | 3 628 | 3.3 |
| 2003 | 8 068 | 8.1 | 3 790 | 4.5 |
| 2004 | 8 902 | 10.3 | 4 083 | 7.7 |
| 2005 | 10 488 | 17.8 | 4 582 | 12.2 |
| 2006 | 12 376 | 18.0 | 5 155 | 12.5 |
| 2007 | 14 235 | 15.0 | 5 825 | 13.0 |
| 2008 | 16 382 | 15.1 | 6 625 | 13.7 |
| 2009 | 18 053 | 10.2 | 7 420 | 12.0 |
| 2010 | 19 556 | 8.3 | 8 310 | 12.0 |
| 2011 | 21 785 | 11.4 | 9 460 | 13.8 |
| 2012 | 24 358 | 11.8 | 10 698 | 13.1 |
| 2013 | 26 647 | 9.4 | 11 937 | 11.6 |
| 累计 | 196 033 | 150.3 | 85 026 | 132.4 |
| 平均 | 15 079.46 | 11.56 | 6 540.46 | 10.18 |

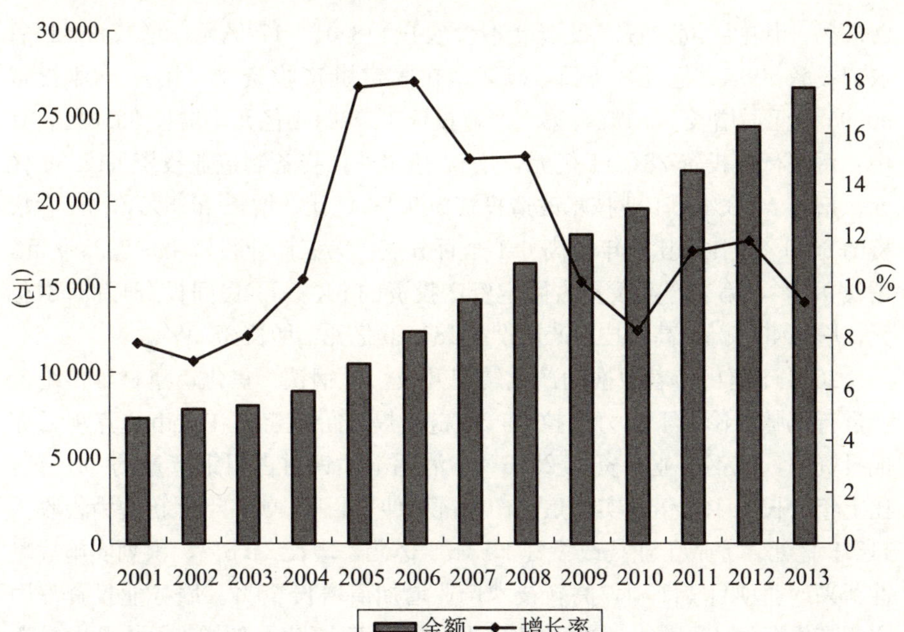


图 3—17　2001—2013 年唐山市城市人均收入状况

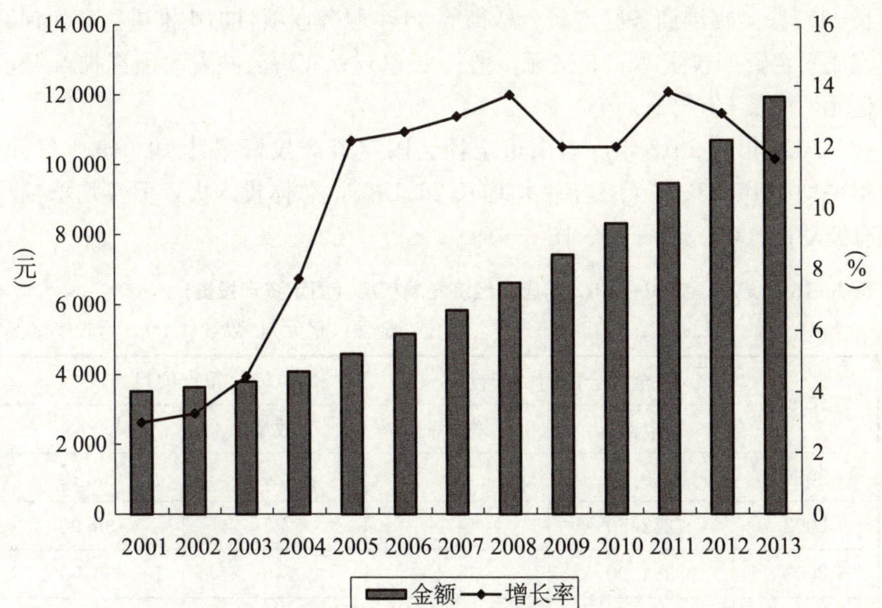


图 3—18　2001—2013 年唐山市农村人均收入状况

4. 全社会固定资产投资状况

2012 年，全年全社会固定资产投资 3 066.34 亿元，比上年增长

20.5%。其中：固定资产投资（不含农户）3 017.17 亿元，增长 21.1%；农户投资 49.17 亿元，下降 7.5%。在固定资产投资中，第一产业投资 90.95 亿元，增长 98.1%。第二产业投资 1 380.94 亿元，增长 32.8%。其中：钢铁行业投资 281.11 亿元，增长 43.6%；装备制造业投资 412.36 亿元，增长 40.3%；工业技术改造投资 909.24 亿元，增长 46.5%，占工业投资的 65.9%，比重比上年提高 6.1 个百分点。第三产业投资 1 545.28 亿元，增长 9.9%，第三产业投资占固定资产投资的 51.2%。民间投资1 960.84亿元，增长 40.7%。高新技术产业投资 186.60 亿元，增长 37.9%。

2013 年唐山市着力推动产业转型升级。对钢铁、焦化、建材等传统产业进行把脉会诊，下大力气拉长产业链、提升价值链。在全市重点项目完成投资中，耗钢产业投资占 25.6%，消耗本地钢材占粗钢产量的 14.5%，比上年增长了 1.4 倍。实施焦化产业链延伸项目 16 项，年可新增销售收入 118.8 亿元。完成工业技改投资 1 134.9 亿元，增长 24.8%。谋划实施战略性新兴产业项目 141 项，高新技术产业增加值增长 20%。服务业投资占固定资产投资的 49.8%，省级物流产业园区增至 10 家。新增市级农业龙头企业 91 家，农业产业化经营率达到 67.5%。新增各类市场主体 2.7 万户，增长 11.7%。临港商务区宝骏金融街等 30 个服务业项目加快推进。曹妃甸区完成固定资产投资 734.9 亿元，增长 19.1%；实现公共财政预算收入 48.7 亿元，增长 62.8%。

2001 年到 2013 年，唐山市全社会固定资产投资累计 19 049.1 亿元，年平均 1 465.32 亿元，年平均增长 26.18%，总体投入大，但年均增幅具有波动性。（见表 3—16、图 3—19）

**表 3—16　　2001—2013 年唐山经济发展状况（固定资产投资）**

单位：金额（亿元），数量（个），增长率（%）

| 年度 | 全社会固定资产投资 | | 重点项目 | |
|---|---|---|---|---|
| | 金额 | 增长率 | 数量 | 金额 |
| 2001 | 220.19 | 4.7 | 24 | 36.10 |
| 2002 | 232.50 | 5.6 | 35 | 36.00 |
| 2003 | 314.90 | 35.4 | 46 | 60.50 |
| 2004 | 447.56 | 42.1 | 50 | 120.53 |
| 2005 | 635.70 | 37.9 | 80 | 240.18 |
| 2006 | 765.35 | 20.4 | 90 | 281.00 |
| 2007 | 1 036.59 | 35.4 | | |

续前表

| 年度 | 全社会固定资产投资 | | 重点项目 | |
|---|---|---|---|---|
| | 金额 | 增长率 | 数量 | 金额 |
| 2008 | 1 361.30 | 31.3 | | 476.00 |
| 2009 | 2 180.90 | 60.1 | | |
| 2010 | 2 665.77 | 22.3 | 547 | |
| 2011 | 2 546.10 | 6.2 | 650 | |
| 2012 | 3 066.34 | 20.5 | 760 | 1 858.81 |
| 2013 | 3 575.90 | 18.5 | | |
| 累计 | 19 049.10 | 340.4 | | |
| 平均 | 1 465.32 | 26.18 | | |

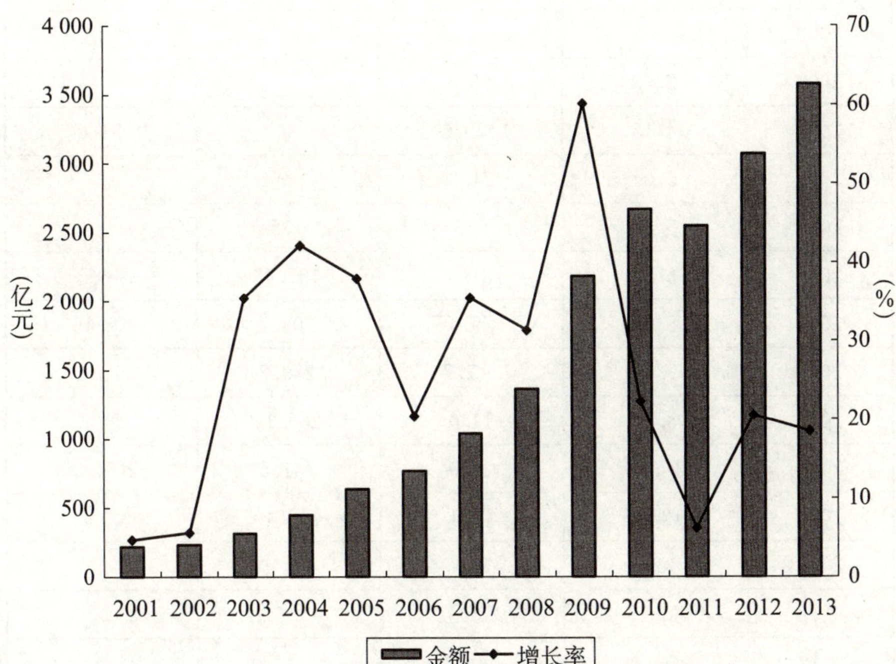


**图 3—19　2001—2013 年唐山市全社会固定资产投资状况**

5. 引用投资状况

2012 年，全年实际利用外资 12.30 亿美元，比上年增长 12.1%，其中外商直接投资 12.14 亿美元，增长 12.3%。在外商直接投资中，黑色金属冶炼及压延加工业和非金属矿物制品业分别占 30.6%和 25.5%。全年批准外商投资合同21项，合同总金额7.34亿美元，比上年下降54.8%，其中，合同外资额3.43亿美元，比上年下降50.8%。年末实有三资企业333家，已投产企业245家。全年引进省外资金766.40亿元，比上年增长15.2%。

2013年实际利用外资增长9.9%，完成计划的91.6%，主要是受要素成本上升、中日关系紧张等因素影响。2001年到2013年，实际利用外资累计88.17亿美元，年平均6.78亿美元，年平均增长18.13%，但增幅不平稳，两次出现比上一年负增长的情况。（见表3—17、图3—20）

**表3—17　　2001—2013年唐山经济发展状况（引用投资）**

单位：金额（外资：亿美元，内资：亿元），增长率（%）

| 年度 | 利用外资 | | 利用内资 | |
|---|---|---|---|---|
| | 金额（亿美元） | 增长率（%） | 金额（亿元） | 增长率（%） |
| 2001 | 1.54 | −29.5 | | |
| 2002 | 1.48 | −3.9 | | |
| 2003 | 2.02 | 36.4 | | |
| 2004 | 4.13 | 100.0 | 93 | 31.0 |
| 2005 | 5.04 | 21.9 | | |
| 2006 | 5.07 | 0.5 | 135 | |
| 2007 | 6.67 | 31.6 | 157.46 | 16.8 |
| 2008 | 8.63 | 29.4 | 208.1 | 32.16 |
| 2009 | 7.97 | −7.7 | 239.2 | 13.0 |
| 2010 | 8.85 | 11.0 | 266.14 | 11.3 |
| 2011 | 10.97 | 24.0 | 731.5 | 175.0 |
| 2012 | 12.30 | 12.1 | 766.40 | 15.2 |
| 2013 | 13.5 | 9.9 | | |
| 累计 | 88.17 | 235.7 | | |
| 平均 | 6.78 | 18.13 | | |

6. 社会消费品零售状况

2012年唐山市实现社会消费品零售总额1 518.52亿元，比上年增长15.4%。按消费形态统计，批发业零售额217.30亿元，增长20.6%；零售业零售额1 130.92亿元，增长14.1%；住宿业零售额12.61亿元，增长13.9%；餐饮业零售额157.69亿元，增长17.8%。按经营地统计，城镇消

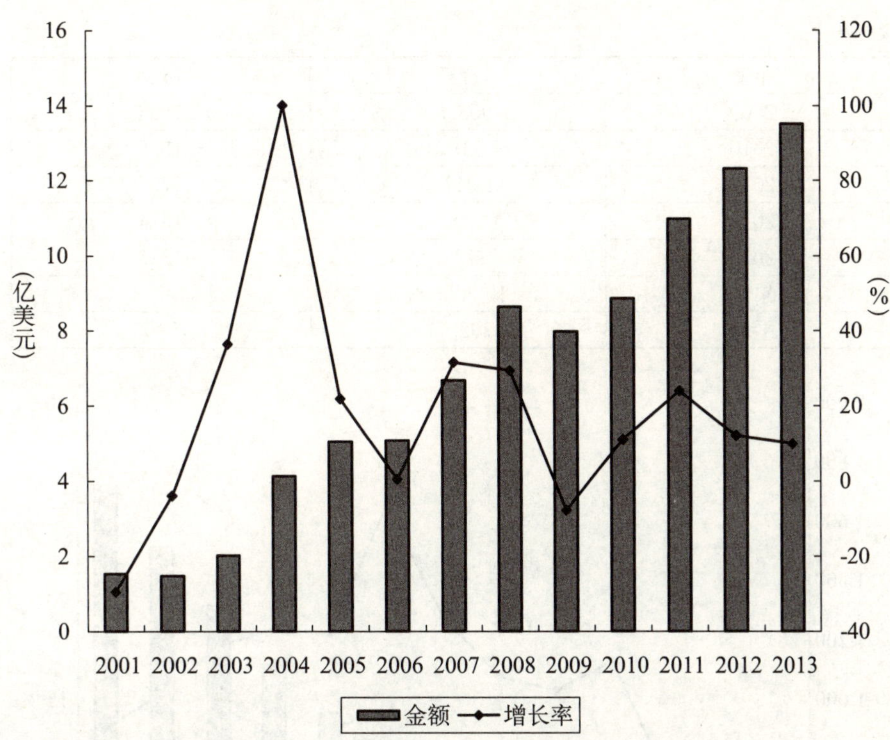


**图 3—20　2001—2013 年唐山市实际利用外资状况**

费品零售额 1 228.87 亿元，增长 15.5%；乡村消费品零售额 289.65 亿元，增长 15.0%。

2001 年到 2013 年，唐山市实现社会消费品零售总额累计 10 306.03 亿元，年平均 792.77 亿元，年平均增长 15.95%，增长态势呈现抛物线。（见表 3—18、图 3—21）

**表 3—18　　2001—2013 年唐山经济发展状况（社会消费品零售总额）**

单位：金额（亿元），增长率（%）

| 年度 | 金额 | 增长率 |
|---|---|---|
| 2001 | 251.36 | 9.8 |
| 2002 | 277.4 | 10.3 |
| 2003 | 307.38 | 10.8 |
| 2004 | 359.7 | 17.0 |
| 2005 | 468.59 | 15.5 |
| 2006 | 544.28 | 16.2 |
| 2007 | 648.83 | 19.2 |
| 2008 | 809.76 | 24.8 |

续前表

| 年度 | 金额 | 增长率 |
|---|---|---|
| 2009 | 958.56 | 18.4 |
| 2010 | 1 119.45 | 18.6 |
| 2011 | 1 317.6 | 17.7 |
| 2012 | 1 518.52 | 15.4 |
| 2013 | 1 724.6 | 13.6 |
| 累计 | 10 306.03 | 207.3 |
| 平均 | 792.77 | 15.95 |

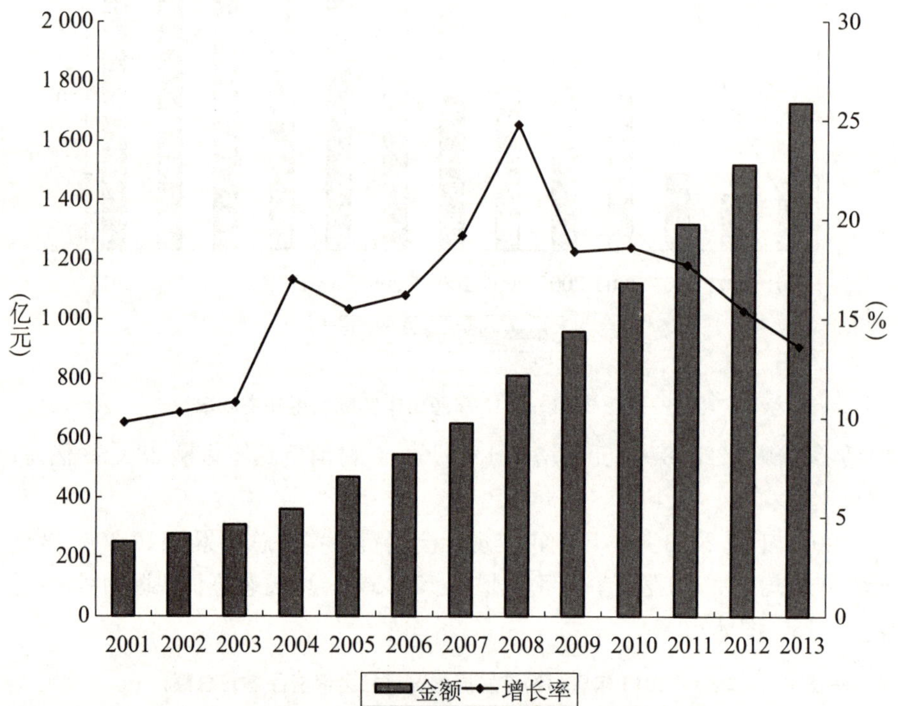


**图 3—21　2001—2013 年唐山市社会消费品零售总额状况**

7. 进出口贸易状况

2012 年，全年进出口总额 104.82 亿美元，比上年下降 3.5%。其中，进口额 61.64 亿美元，下降 11.6%；出口额 43.18 亿美元，增长 11.2%。在出口额中，钢材产品出口 21.58 亿美元，增长 15.4%；机电产品出口 5.94 亿美元，增长 18.4%；装备制造业产品出口 4.35 亿美元，增长 27.9%；陶瓷产品出口 4.24 亿美元，增长 4.0%；农产品出口 0.95 亿美元，下降 26.5%。对亚洲出口增长 19.2%，对北美洲出口增长 10.6%，对欧洲出口下降 25.3%。在进口额中，铁矿砂进口 44.09 亿美元，下降

8.7%；煤炭进口 9.56 亿美元，增长 9.5%；机电产品进口 3.35 亿美元，下降 48.1%。

2001 年到 2013 年，唐山市实现进出口贸易总额累计 741.13 亿美元，年平均 57.01 亿美元，年平均增长 32.37%，但增长态势波动较大。（见表 3—19、图 3—22）

**表 3—19　　2001—2013 年唐山经济发展状况表（进出口贸易总额）**

单位：金额（亿美元），增长率（%）

| 年度 | 金额 | 增长率 |
|---|---|---|
| 2001 | 5.29 | 8.5 |
| 2002 | 7.34 | 38.7 |
| 2003 | 10.31 | 40.4 |
| 2004 | 18.16 | 76.2 |
| 2005 | 26.48 | 45.9 |
| 2006 | 34.64 | 30.7 |
| 2007 | 51.94 | 50.0 |
| 2008 | 92 | 77.2 |
| 2009 | 60.96 | —33.7 |
| 2010 | 93.89 | 54.0 |
| 2011 | 108.6 | 15.67 |
| 2012 | 104.82 | —3.5 |
| 2013 | 126.7 | 20.8 |
| 累计 | 741.13 | 420.87 |
| 平均 | 57.01 | 32.37 |

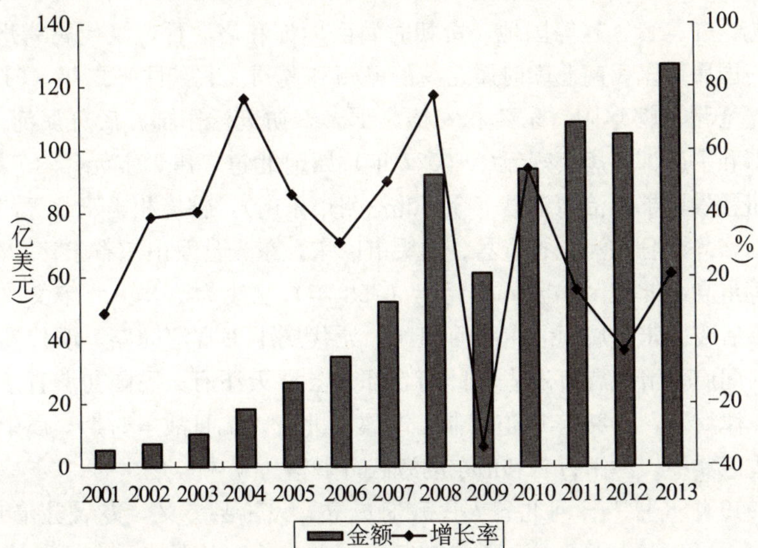


**图 3—22　2001—2013 年唐山市进出口贸易总额状况**

# 第三节　沧州市社会经济发展分析

## 一、沧州历史变迁与行政区划

1. 地名溯源与建制变迁

“沧州”因临沧海而得名。“沧州”一名始于北魏熙平二年（517 年）。北魏是中国历史上第一个入主中原的少数民族政权。延昌四年（564 年），一场“大乘”农民起义不但震动朝廷，而且直接催生了“沧州”。“大乘”农民起义兵锋所向，冀（今冀州）、瀛（今河间）二州首当其冲，直到熙平二年被镇压。随后，北魏政权派宗室大臣、黄门侍郎元洪超前往当地安抚百姓。回朝后，元洪超向朝廷进谏：“冀土宽广，界去州六七百里，负海险远，宜分置一州。”也就是在熙平二年这一年，统治者从瀛州、冀州各划出一部分另设一州，因濒临沧海，故取名“沧州”。

沧州的盐业自汉代起便驰名天下，“万灶青烟皆煮海，一川白浪独乘风”描绘的就是当地盐业生产的盛景。唐后期，沧州已发展成人口逾 10 万的重要城市。可惜的是，明朝靖难之役，使沧州古城（位于今沧县旧州）毁于战火，不得不将县城迁到长芦。如今的沧州市，就是在长芦的基础上发展起来的。

沧州部分地区在上古时期属幽州和兖州，西周时属青州，春秋战国时代为燕、齐、晋、赵等国地，秦朝时属巨鹿郡和洛北郡，汉代属冀州和幽州，三国属魏国，南北朝时属北魏的瀛州和冀州。北魏熙平二年（517 年）始设立沧州，辖浮阳、乐陵和安德三郡。隋初废浮阳郡，后分属河间郡、渤海郡和平原郡，唐贞观元年（627 年）属河北道，唐天宝元年（742 年）改沧州置景城郡，治清池县（今河北沧州市东南），辖境相当于今天津市海河以南，静海县和河北省青县、泊头市以东，东光县及山东省宁津、乐陵、无棣等市县以北地区。唐乾元元年（758 年）复改为沧州。北宋又改为景城郡，后废。宋代属河北东路河间府，元代属中书省河间路，明代属北直隶省河间府，清代属直隶省河间府，部分县属天津府，民国初属直隶省渤海道、津海道，1928 年废道府制，改属河北省。抗日战争时期，属中共晋察冀边区冀中、津南行署和山东渤海区行署辖。

1949 年 8 月 1 日河北省人民政府成立，设沧县专区，专署驻沧县镇，辖 11 个县。1958 年 6 月，天津市归属河北省后，沧县专区与天津专区合并，称天津专区，专署驻天津市，同年 9 月沧县镇改设沧州市（县级），随后撤销并入沧县。1959 年初撤天津专区并入天津市。1961 年 6 月 1 日，恢复沧州专区，并恢复沧州市（县级），专署驻沧州市。1967 年 12 月，沧州专区改称沧州地区。1983 年 12 月，沧州市改为河北省直辖市，行署和市政府同驻沧州市。1993 年 7 月，地、市合并，成立沧州市，市政府驻运河区。

2. 现有行政区划

沧州市现辖 2 个市辖区、4 个县级市、9 个县、1 个自治县，167 个乡镇（其中镇 73 个、街道办事处 20 个）。（见表 3—20）

**表 3—20　　沧州市现有行政区划**

| 名称 | 人口（万人） | 面积（平方千米） |
|---|---|---|
| 运河区 | 26.6 | 109.92 |
| 新华区 | 20.56 | 109.47 |
| 泊头市 | 58.43 | 1 006.5 |
| 任丘市 | 83 | 1 023 |
| 黄骅市 | 42.6 | 1 544.7 |
| 河间市 | 78 | 1 333 |
| 沧县 | 66 | 110.4 |
| 青县 | 39 | 968 |
| 东光县 | 34 | 730 |
| 海兴县 | 22 | 915.1 |
| 盐山县 | 40.7 | 796 |
| 肃宁县 | 33 | 525 |
| 南皮县 | 34 | 794 |
| 吴桥县 | 38 | 600 |
| 献县 | 57 | 1 191 |
| 孟村回族自治县 | 18.13 | 387 |

另外，沧州市设立以下经济管理区：渤海新区（包括原中捷农场、南大港农场）、临港经济技术开发区（国家级）、沧州经济开发区、沧州高新技术产业开发区。沧州渤海新区辖区包括黄骅市、海兴县、中捷产业园区（保留中捷友谊农场名称）、南大港产业园区（原南大港农场）、沧州临港经济技术开发区（原化工产业园区），于 2007 年 7 月成立，面积 2 375 平方千

米，海岸线130千米，总人口54.6万。

## 二、沧州自然环境与人文

1. 位置境域与交通

沧州地跨北纬37°29′～38°57′，东经115°42′～117°50′，位于河北省东南部，东临渤海，北依京津，南接山东，因东临渤海而得名，意为沧海之州。距首都北京240千米，距天津120千米，距省会石家庄221千米。沧州地处环渤海中心地带，是环渤海经济圈和京津冀都市圈的重要组成部分。随着《河北沿海地区发展规划》上升为国家战略，黄骅港和朔黄铁路的建成，黄骅港成为西煤东运新通道的出海口和冀中南、晋陕蒙部分地区最经济、最便捷的出海口，区位优势日趋明显。

沧州自古有水旱码头之称，京杭大运河纵贯全境，京沪（北京—上海）铁路、京九（北京—九龙）铁路、朔黄（朔州—黄骅港）铁路、京沪（北京—上海）高速公路、石黄（石家庄—黄骅）高速公路、保沧（保定—沧州）高速公路、津汕（天津—汕头）高速公路，以及北京—福州、北京—广州、山海关—深圳、黄骅—银川等国家级公路和正在建设的大庆—广州高速公路、廊坊—沧州高速公路、北京—上海高速铁路在沧州境内通过，构成了沧州四通八达的交通网络。

中国特大跨世纪工程——黄骅港，距日本九州港900海里，距韩国仁川港480海里，是一个多功能、现代化、综合性的国际港口，也是中国目前港口建设中一次性投资最多、工程规模最大的项目。工程全部建成运营后，将成为集煤炭、原油、成品油、杂货、化工、客运、集装箱为一体的中国北方综合性枢纽大港。

沧州通信设施完善。本地现有固定电话交换机容量776.5万门，长途业务电路8万个路端。数据通信端口24 724个，数据多媒体用户达15万户。各种网络功能和通信手段日臻完善。可提供六大类五十余种业务服务。全市移动电话交换机容量达149万门，与国内32个省、市、自治区和世界100个国家及港澳170多个运营商实现了自动联网漫游。

2. 地质地貌、气候与物产

沧州地处广袤无垠的冀中平原东部，地势低平，起伏不大，海拔最高17米，最低2米。地势自西南向东北倾斜，其西部是太行山山前冲积扇面的一部分，中部是由黄河、漳河、滹沱河、唐河等河流冲积形成的广阔平原，东部为渤海潮汐堆积形成的滨海海积湖积平原。

受纬度和地形影响，沧州表现为明显的暖温带大陆季风气候，四季分明，日照充足。春季干旱多风，夏季炎热多雨，秋季凉爽晴朗，冬季寒冷干燥。年平均气温 12.5℃，年平均降水 581 毫米。年积温 4 785℃，无霜期 181 天。降水、气温的季节分布及气温的昼夜差别较为明显。

沧州特色自然物产颇多，主要包括：渤海梭子蟹、渤海对虾、渤海驴、河北草鹅、吴桥棉花、沧州蜜枣、肃宁西红柿、南皮苜蓿、白洋淀菱角、黄骅毛蚶、黄骅冬枣、泊头鸭梨、沧州金丝小枣等。沧州特色食品多，主要包括：沧州火锅鸡、沧州涮羊肉、白洋淀熏鱼、沧州羊肠子、沧州“狮子头”、交河煎饼、南皮窝头、白棒子甜瓜、吴桥宫面、任丘茄子饼、油酥烧饼、河间驴肉火烧、连镇烧鸡、白洋淀松花蛋、青县冬菜等。沧州传统手工艺历史悠久，主要包括：献县草编、兴济白草辫、白洋淀苇席、肃宁裘皮、献县补花等。

3. 自然资源

(1) 文化旅游资源。

沧州境内有沧州铁狮子、献县汉墓群、泊头清真寺、海丰镇遗址、纪晓岚墓地、献县单桥、黄骅古贡枣园共 7 处全国重点文物保护单位，26 处省级重点文物保护单位，16 处市级重点文物保护单位；国家 4A 级景区 1 个，2A 级景区 4 个，景点 88 处。沧州铁狮子已有 1 000 多年的历史，体现了沧州古老“铸造之乡”铸造艺术的神韵。海兴小山火山遗迹、东光铁佛寺、沧州清真北大寺、泰山行宫、武帝台、鄚州庙、盘古庙等古迹独具风姿；“华北明珠”白洋淀是华北地区最大的淡水湖泊。沧州市现有湿地 19 万公顷，各种鸟类 270 余种，有 101 种受国家保护的候鸟。沧州的吴桥县是世界著名的杂技之乡。“中国吴桥国际杂技节”已被文化部确定为国际赛场，“吴桥杂技大世界”为国家 4A 级风景区，被国家旅游局列入民俗旅游景点，每年吸引大批游客前往参观游览。

(2) 农业资源。

沧州有耕地 1 241.4 万亩、草地 60 万亩，是河北省粮、棉、油集中产区之一，是京津无公害蔬菜主要供应基地和中国北方知名的优质牧草基地、畜牧生产基地。沧州是著名的“鸭梨之乡”和“金丝小枣之乡”。金丝小枣、冬枣、鸭梨等土特产以其优良的品质驰名中外，是传统的出口创汇产品，全市年产红枣 43.5 万吨、鸭梨 46.5 万吨。沧州还有待开发利用的荒碱地 200 多万亩、沿海滩涂 52.7 万亩、低产盐田 40 万亩，可全部转化为建设用地。

(3) 海洋石油资源。

沧州境内有华北、大港两大油田，已探明石油地质储量 15 亿吨，天然气储量282亿立方米，开发潜力非常可观；沧州是全国四大产盐基地之一，盐田面积达45万亩，年产量达200万吨；沧州拥有129.7千米海岸线，海洋捕捞、海水养殖已具规模，海洋生物1 000余种，盛产鱼、虾、蟹、贝类等海产品，其中，渤海对虾、梭子蟹享誉海内外。

（4）电力资源。

沧州市电力资源充裕。河北国华沧东发电有限责任公司规划容量480万千瓦发电项目，一期工程2×60万千瓦燃煤机组1＃机组于2006年底建成投产，2008年并网发电，2＃机组于2007年建成投产，二期工程4×60万千瓦燃煤发电机组也于2010年建成投产。目前正在规划建设的风力发电总装机容量可达300万千瓦，将为沧州石油化工产业的发展提供强大的电力支持。

（5）水资源。

沧州市区南部建有蓄水量1亿多立方米的大浪淀水库。随着国家南水北调工程的实施，纵贯沧州南北的大运河将作为重要的输水通道，可为沧州经济发展和人民生活提供充足的水源。

4. 人文

第六次全国人口普查数据显示，沧州市常住人口为7 134 053人，同第五次全国人口普查相比，十年共增加419 661人，增长6.25%，年平均增长率为0.61%；男性占51.12%，女性占48.88%。其中，新华区、运河区、沧州开发区常住人口共536 793人。沧州是民族大市，目前共有44个少数民族，其中回族超过22万人，占全省回族人口的三分之一以上。沧州的回族有丁、于、万、马、王等56姓，共17余万人。回族人口分别占全市总人口和少数民族总人口的2.9%和91%，分布于17个市（县、区）、2个农场和214个乡（镇、办事处）、1 468个村（街）。全市建有孟村回族自治县和杜林、大褚村、李天木、捷地、孝子墓、辛集、羊三木、羊二庄、新村、果子注、刘庄、本斋共12个回族乡。

沧州的语言文化结构具有多元性，总共有四个方言区，其中南部东部属汉语官话系统次鲁方言区，中部是本土方言区，北部属天津次方言区，西部则属华北官话系统冀中土话群，依这四个方言区也形成了形态不尽相同的文化板块。纵贯全境的京杭大运河，既是一条南北交通大动脉也是一条文化的传输带，使沧州的地缘文化较早接受了先进文化的浸染。同时，海洋文化与内陆平原文化的融合、齐鲁文化与燕赵文化的交汇；更形成了沧州人文性格中最突出的因素。

沧州历史文化悠久，特色突出，历史名人众多。沧州自古多出文官武将、豪侠志士，还涌现出众多的文人学士、科学家、发明家、艺术家等，如战国神医扁鹊、唐代地理学家贾耽、元曲四大家之一马致远、清代《四库全书》总纂纪晓岚、两广总督张之洞、宣统皇帝武师霍殿阁、武术大师霍元甲、京剧四大名旦之一荀慧生等。

沧州具有十大“沧州名片”：石油之城、管道之都、黄骅港、铁狮子、大运河（沧州段）、沧州武术、吴桥杂技、金丝小枣、诗经传承地、纪晓岚。沧州具有五大特色文化：武术文化、杂技文化、诗经文化、纪昀文化、千童文化。

沧州武林，根深叶茂；沧州武杰，名扬八方；沧州武术，遍及华夏，远涉亚、欧、美、非一些国家和地区。沧州“武术之乡”之誉，宏扬中外。沧州人民，自古以淳朴、刚直、勤劳、勇敢著称。由于地理、历史条件关系，强悍之武风，历年久远，素有“武建泱泱乎有表海雄风”之说。据史籍载，沧州民间武术，兴于明，盛于清，至乾隆时，“武术之乡”已形成，至清末，则声扬海外。沧州武林门类及独立之拳、械，除失传者外，计50余种，流传年深，支系日繁，又在不断改进或创新，故虽一门类，而各支系套路多寡不一，拳械动作招式数量不一，演练速度亦不尽相同。但同一门者，其风格特点仍保留不变。

中国的杂技，就历史悠久、群众基础雄厚和在海内外的影响而言，最著名的要数沧州吴桥杂技。沧州吴桥位于中国河北省东南端，共有449个自然村，杂技艺术在沧州吴桥有着广泛的群众基础，几乎村村都有杂技艺人。目前，世界上有近20个国家的杂技团体里有沧州吴桥籍杂技艺人。另外，沧州吴桥还创办了我国第一所专门培育杂技人才的中等艺术学校——沧州吴桥杂技学校，该校是我国唯一加入世界马戏学校联合会的成员。

沧州是中国第一部诗歌总集《诗经》文化的发源地。汉儒毛苌在河间国（现河北境内）北部设“君子馆”（今河间市君子馆村）招徕四方学者，开展学术研究，承其家传，不仅诵其诗，而且解其义，对《诗经》颇有研究，得到河间国国王刘德的宠爱，封为博士，从此，毛苌在河间的君子馆、诗经村、三十里铺三处讲学传经，传习弟子（诗经村、君子馆村由此得名）。当时，全国讲《诗经》的就有鲁、齐、韩、毛四家。前三家内容有误，故鲁诗亡于西晋，齐诗魏代亦亡，韩诗无传人，三家皆废。唯有毛诗“最得其精”，尊为“六义宗工”，流传于世，对历代的文学创作影响极大，被誉为诗歌之源。后人为了纪念这位诗祖，在毛公卒葬的三十里铺修建了毛公祠及毛公书院，1937 年被日寇破坏。

纪昀（1724—1805），字晓岚，一字春帆，晚号石云，道号观奕道人，沧州市沧县崔尔庄人，是清朝乾嘉时期一位居高官、享盛名、执学术牛耳、为士林宗仰的伟大学问家、思想家、文学家、编纂家、评论家和诗人。在世界历史文化名人中也称得上是一位真正博学多才的文化巨人。他殚精竭虑总纂成的《四库全书》，共七万九千卷，被学术界公认为“中国和世界历史上规模最为宏大的一部百科全书”。

千童镇位于盐山县城南 20 千米处，南面与山东省乐陵市隔河相望，沧（州）乐（陵）、武（强）千（童）两条省级公路分别在镇中心交汇而过，北达京、津，西至石家庄，南到济南，交通便利。近几年来，随着对“千童文化”的研究和深入开发，“千童文化”和民间活动“绑信子”在国外轰动很大，来参观考察的国内外客人络绎不绝，千童镇有“中国历史第一侨乡”的美称。千童镇系西汉所建古老千童县城，自古就是商贾重镇，拥有悠久的“千童”历史文化。千童镇在历史上州治县治长达 841 年，由于在公元前 209 年，徐福奉秦始皇之命勇率数千童男童女及百工巧匠从这里起航，求长生不老之药，漂洋过海，东渡成功，移民侨居日本，开创了中日两国友好交往之先河，故成为“中国历史第一侨乡”。在民间有源于汉代的“千童信子节”，即在农历 3 月 28 日徐福千童出海日举行隆重的祭祀活动，逢甲子年举办一次，每 60 年一个轮回。在节日期间，举办各种民间文艺表演，尤其是挑选体强胆大、眉清目秀的童男童女，衣着古装，绑在十五六米高长杆支撑的微型舞台上表演，登高望远，以示怀念和召唤东渡的亲人。“千童信子节”被专家学者称为中日友好交流的“活化石”。从 1993 年开始，在农历 3 月 28 日，由盐山县在千童镇举办“千童文化节”，每 5 年一次。

## 三、沧州区域经济发展分析（2001—2013）

1. 国民生产总值状况

2013 年全年全市生产总值（GDP）完成 2 811.9 亿元，同比增长 10.6%，分别高于全国（7.8%）和全省（9.6%）2.8 个和 1 个百分点。2001 年到 2013 年，沧州市累计实现地区生产总值 20 562.32 亿元，平均年增加值 1 581.72 亿元，平均年增长 12.55%。（见表 3—21、图 3—23～图 3—26）

表 3—21　　2001—2013 年沧州经济发展状况（GDP）

单位：金额（亿元），增长率（%）

| 年度 | GDP | | 不同产业生产总值 | | | | | |
|---|---|---|---|---|---|---|---|---|
| | 金额 | 增长率 | 第一产业 | | 第二产业 | | 第三产业 | |
| | | | 金额 | 增长率 | 金额 | 增长率 | 金额 | 增长率 |
| 2001 | 485.9 | 8.6 | — | — | 229.86 | 8.5 | 161.39 | 9.8 |
| 2002 | 531.3 | 10.3 | 86.4 | 1.5 | 261.5 | 12.1 | 183.4 | 12.0 |
| 2003 | 621.8 | 12.1 | 95.9 | 9.6 | 320.1 | 13.2 | 205.8 | 11.3 |
| 2004 | 774.1 | 15.3 | 111.3 | 17.0 | 400.9 | 16.4 | 261.9 | 13.0 |
| 2005 | 1 130.8 | 17.0 | 133.1 | 4.8 | 618.2 | 22.0 | 379.5 | 12.9 |
| 2006 | 1 281.67 | 15.2 | 142.02 | 4.8 | 699.49 | 15.9 | 440.16 | 17.6 |
| 2007 | 1 485.69 | 13.9 | 181.06 | 4.3 | 765.15 | 12.8 | 539.48 | 18.3 |
| 2008 | 1 716.16 | 13.0 | 210.41 | 11.5 | 855.94 | 10.3 | 647.81 | 17.5 |
| 2009 | 1 900 | 11.3 | 215.3 | 4.0 | 868.7 | 10.2 | 816.0 | 14.5 |
| 2010 | 2 203 | 14.5 | 252.6 | 6.0 | 1 117.1 | 14.1 | 833.3 | 17.4 |
| 2011 | 2 600 | 12.3 | 295.8 | 5.3 | 1 358.66 | 13.4 | 945.5 | 12.8 |
| 2012 | 2 811.9 | 10.6 | 318.67 | 4.2 | 1 479.05 | 12.9 | 1 014.17 | 9.2 |
| 2013 | 3 020 | 9.0 | 345.96 | 3.0 | 1 578.27 | 10.5 | 1 088.76 | 8.7 |
| 累计 | 20 562.32 | 163.1 | 2 388.52 | 76.0 | 10 552.92 | 172.3 | 7 517.17 | 175.0 |
| 平均 | 1 581.72 | 12.55 | 199.04 | 6.33 | 811.76 | 13.25 | 578.24 | 13.46 |

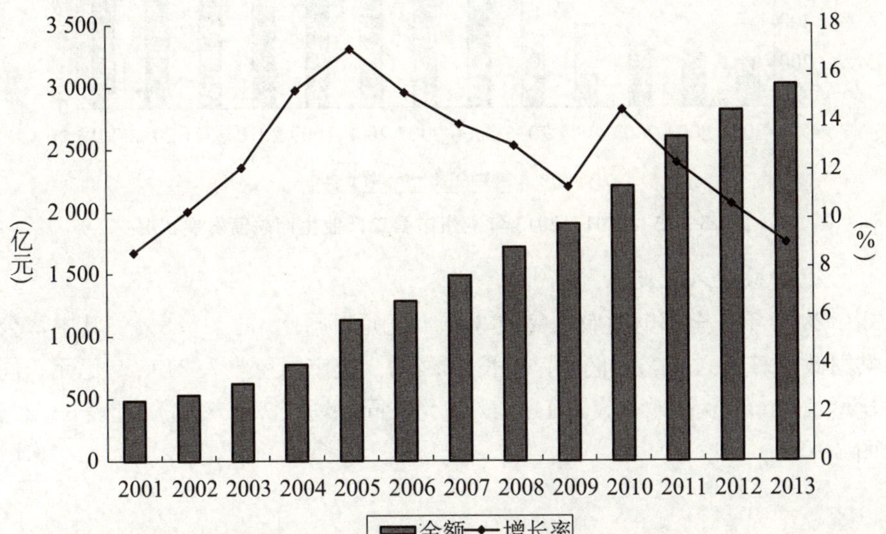


图 3—23　2001—2013 年沧州市 GDP 发展状况

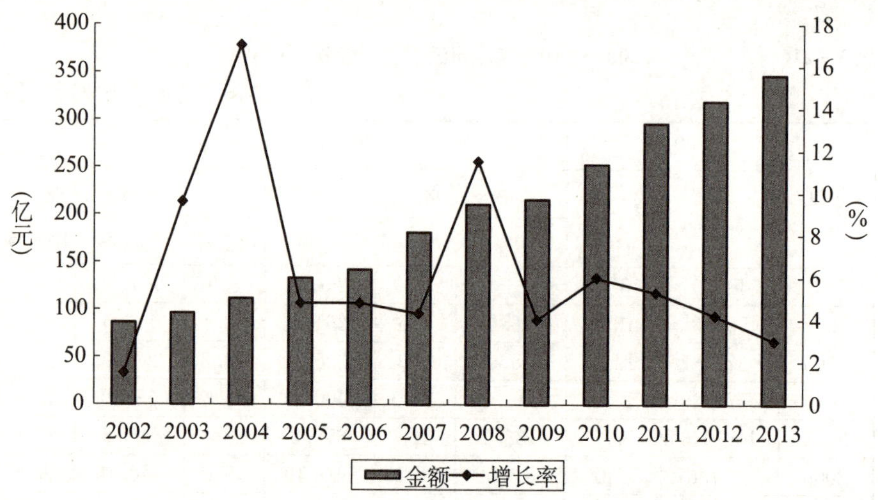


图 3—24　2002—2013 年沧州市第一产业生产总值发展状况

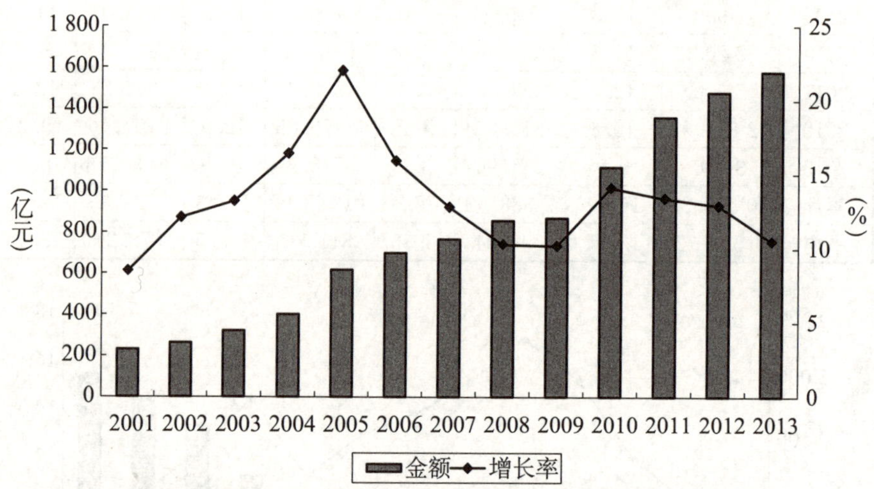


图 3—25　2001—2013 年沧州市第二产业生产总值发展状况

2. 财政收入状况

2012 年，全部财政收入完成 380.4 亿元，同比增长 15.8%。其中，公共财政预算收入 142.6 亿元，增长 22.4%。全市国税收入 249.29 亿元，同比增长 14.05%；地税收入 119.42 亿元，同比增长 18.07%。（见表 3—22、图 3—27）

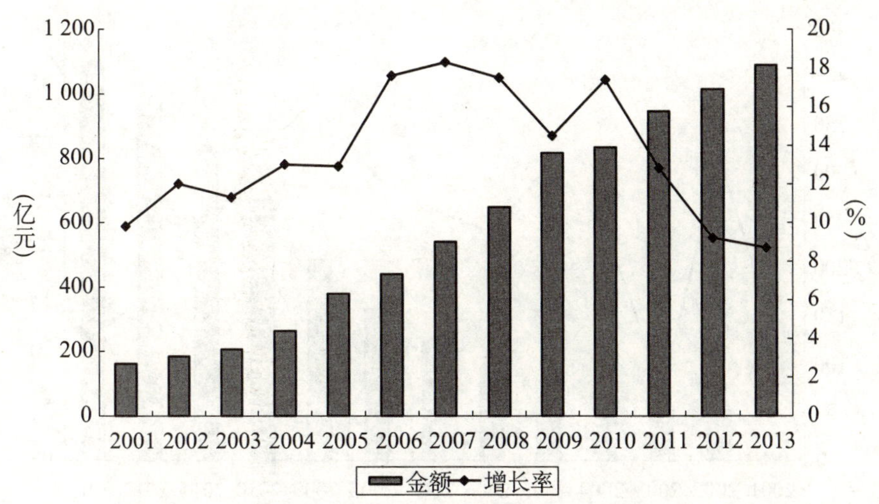


图 3—26　2001—2013 年沧州市第三产业生产总值发展状况

表 3—22　2001—2013 年沧州经济发展状况（财政收入）

单位：金额（亿元），增长率（%）

| 年度 | 金额 | 增长率 |
|---|---|---|
| 2001 | 28.2 | 11.4 |
| 2002 | 52.98 | 28.0 |
| 2003 | 56.4 | 6.4 |
| 2004 | 65.1 | 21.8 |
| 2005 | 82.92 | 27.3 |
| 2006 | 100.15 | 21.1 |
| 2007 | 123.89 | 23.3 |
| 2008 | 157.25 | 26.29 |
| 2009 | 210.3 | 33.7 |
| 2010 | 271.16 | 28.9 |
| 2011 | 328.5 | 21.1 |
| 2012 | 380.4 | 15.8 |
| 2013 | 416.5 | 11.2 |
| 累计 | 2 273.75 | 276.29 |
| 平均 | 174.90 | 21.25 |

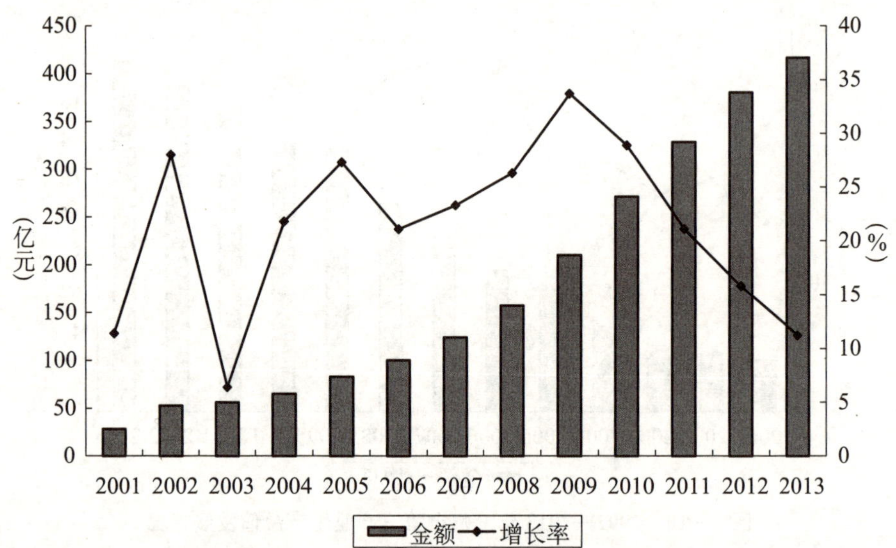


**图 3—27　2001—2013 年沧州市财政收入状况**

3. 城乡人均收入状况

2012 年，随着“惠民生”政策的落实，以及各类补贴发放到位，城乡居民收入持续增长，生活水平稳步提高。城镇居民人均可支配收入 20 805 元，比上年增加 2 430 元，同比增长 13.2%；农民人均纯收入 7 514 元，比上年增加 974 元，同比增长 14.9%。在居民收入较快增长的同时，消费保持同步增长。城镇居民人均消费支出 11 883 元，增长 6%；农村居民人均生活费支出 5 335.7 元，增长 6.8%。

2001 年到 2003 年，唐山市城镇居民人均累计可支配收入 161 876.1 元，年平均 12 452.01 元，年平均增长 11.55%，增长幅度呈现分阶段抛物线状；唐山市农村居民人均累计可支配收入 59 329 元，年平均 4 563.77 元，年平均增长 9.84%，增长幅度也呈现分阶段抛物线状。（见表 3—23、图 3—28～图 3—29）

**表 3—23　　2001—2013 年沧州经济发展状况（城乡人均收入）**

单位：金额（元），增长率（%）

| 年度 | 城市人均收入 | | 农村人均收入 | |
|---|---|---|---|---|
| | 金额 | 增长率 | 金额 | 增长率 |
| 2001 | 5 879 | 6.2 | 2 536 | 0.7 |
| 2002 | 6 150 | 4.4 | 2 549 | 0.5 |

续前表

| 年度 | 城市人均收入 | | 农村人均收入 | |
|---|---|---|---|---|
| | 金额 | 增长率 | 金额 | 增长率 |
| 2003 | 6 728 | 9.2 | 2 691 | 5.6 |
| 2004 | 7 383 | 9.7 | 3 022 | 12.3 |
| 2005 | 8 593 | 16.4 | 3 311 | 9.56 |
| 2006 | 9 885.6 | 15.0 | 3 652 | 10.3 |
| 2007 | 11 383 | 15.1 | 4 065 | 11.3 |
| 2008 | 13 175 | 15.7 | 4 506 | 10.86 |
| 2009 | 14 518.5 | 10.2 | 5 000 | 10.0 |
| 2010 | 16 116 | 11.0 | 5 528 | 11.6 |
| 2011 | 18 375 | 14.0 | 6 540 | 18.3 |
| 2012 | 20 805 | 13.2 | 7 514 | 14.9 |
| 2013 | 22 885 | 10.0 | 8 415 | 12.0 |
| 累计 | 161 876.1 | 150.1 | 59 329 | 127.92 |
| 平均 | 12 452.01 | 11.55 | 4 563.77 | 9.84 |

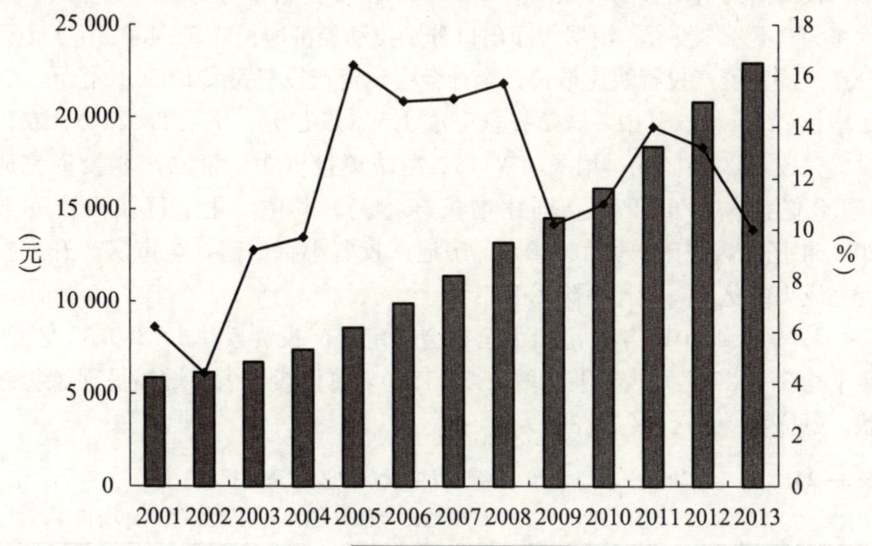


**图 3—28　2001—2013 年沧州市城市人均收入状况**

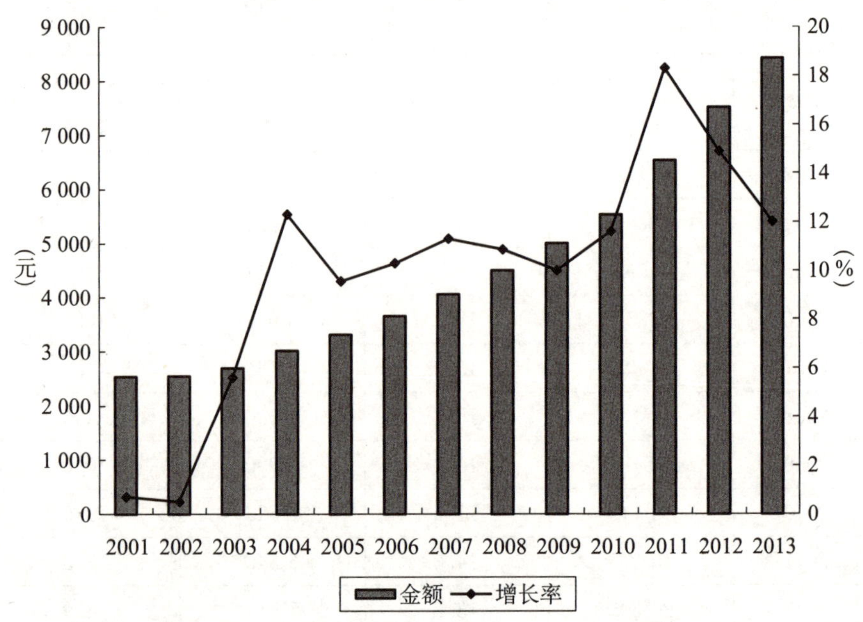


**图 3—29　2001—2013 年沧州市农村人均收入状况**

4. 全社会固定资产投资状况

2012 年，沧州从整体经济构成看，投资仍是经济增长的主要拉动力量。投资对经济增长的贡献率为 61.6%、消费贡献率为 37.6%、净出口贡献率为 0.8%；投资、消费、净出口分别拉动经济增长 6.5、4.0、0.1 个百分点。固定资产投资快速增长。全社会固定资产投资完成 1 950.1 亿元，同比增长 22.05%。其中，城镇投资完成 1 506.5 亿元，增长 26.24%；农村投资完成 443.6 亿元，增长 9.71%。在城镇投资中，第二产业投资完成 993.8 亿元，占 65.97%，同比增长 33.4%。其中，化工行业投资完成 202.64 亿元，同比增长 45.62%。房地产投资小幅回落，全市房产开发投资完成 150 亿元，同比下降 1.8 %。

2001 年到 2013 年，沧州市全社会固定资产投资累计 11 390.62 亿元，年平均 876.20 亿元，年平均增长 28.15%，总体投入大，增幅呈现抛物线状。（见表 3—24、图 3—30）

**表 3—24　　2001—2013 年沧州经济发展状况（固定资产投资）**

单位：金额（亿元），数量（个），增长率（%）

| 年度 | 全社会固定资产投资 | | 重点项目 | |
|---|---|---|---|---|
| | 金额 | 增长率 | 数量 | 金额 |
| 2001 | 141.5 | 1.6 | 65 | 54.5 |

续前表

| 年度 | 全社会固定资产投资 | | 重点项目 | |
|---|---|---|---|---|
| | 金额 | 增长率 | 数量 | 金额 |
| 2002 | 144.3 | 2.0 | 459 | 51.1 |
| 2003 | 178.5 | 23.6 | 946 | 1 255 |
| 2004 | 243.7 | 40.5 | 1 372 | 1 575.1 |
| 2005 | 354.52 | 45.5 | 1 917 | |
| 2006 | 458.2 | 49.8 | 1 440 | 877.82 |
| 2007 | 618.7 | 35.0 | | |
| 2008 | 792.4 | 28.08 | | |
| 2009 | 1 102.8 | 39.17 | | |
| 2010 | 1 448.1 | 31.31 | | |
| 2011 | 1 597.8 | 26.2 | | |
| 2012 | 1 950.1 | 22.05 | | |
| 2013 | 2 360 | 21.1 | | |
| 累计 | 11 390.62 | 365.91 | | |
| 平均 | 876.20 | 28.15 | | |

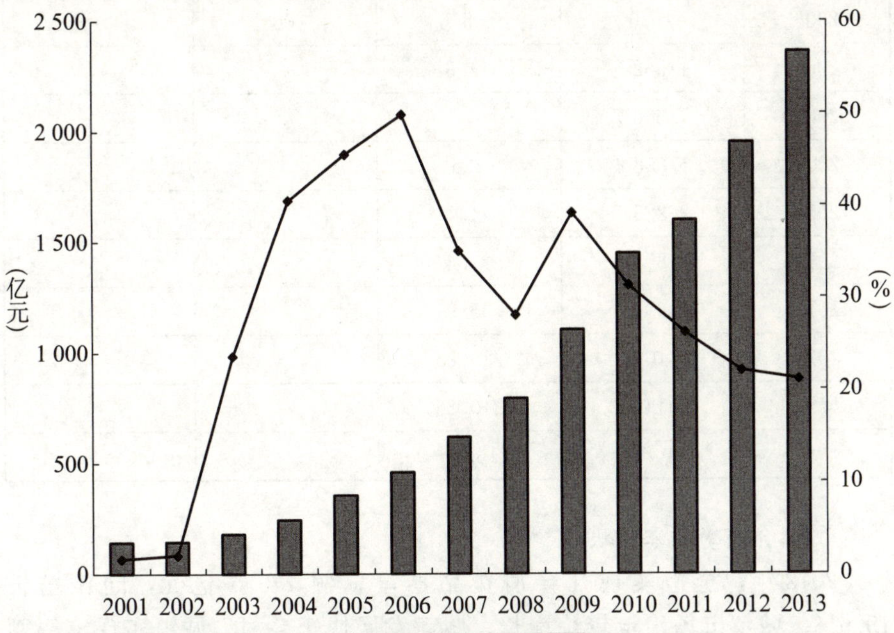


**图 3—30　2001—2013 年沧州市全社会固定资产投资状况**

5. 引用投资状况

2012 年，全市直接利用外资 39 318 万美元，同比增长 35.9%。新批“三资”企业合同总金额 134 517 万美元，同比增长 158.9%，新批“三资”企业合同外资额 49 469 万美元，同比增长 124.2%。

2001 年到 2013 年，实际利用外资累计 24 亿美元，年平均 1.85 亿美元，年平均增长 16.17%，但增幅不平稳，三次出现比上一年负增长的情形。（见表 3—25、图 3—31）

**表 3—25　　2001—2013 年沧州经济发展状况（引用投资）**

单位：金额（外资：亿美元，内资：亿元），增长率（%）

| 年度 | 利用外资 | | 利用内资 | |
|---|---|---|---|---|
| | 金额 | 增长率 | 金额 | 增长率 |
| 2001 | 0.622 2 | −28.1 | | |
| 2002 | 0.836 2 | 34.4 | | |
| 2003 | 0.840 4 | 0.5 | | |
| 2004 | 0.833 3 | −0.84 | 50.7 | |
| 2005 | 1.442 2 | 73.1 | 55 | 45.0 |
| 2006 | 1.36 | −5.6 | 60 | |
| 2007 | 1.562 6 | 14.8 | | |
| 2008 | 1.606 7 | 2.8 | | |
| 2009 | 1.648 4 | 2.6 | | |
| 2010 | 2.325 7 | 41.1 | | |
| 2011 | 2.893 4 | 24.4 | | |
| 2012 | 3.931 8 | 35.9 | | |
| 2013 | 4.102 3 | 15.2 | | |
| 累计 | 24.005 2 | 210.26 | | |
| 平均 | 1.85 | 16.17 | | |

6. 社会消费品零售状况

2012 年，全市实现社会消费品零售总额 779.5 亿元，同比增长 15.6%。城乡市场稳定较快增长，城镇发展快于乡村。城镇实现零售额 559.3 亿元，同比增长 16.3%；乡村实现零售额 220.1 亿元，同比增长 13.7%，城镇快于乡村 2.6 个百分点。基本生活类商品继续保持较快增长。

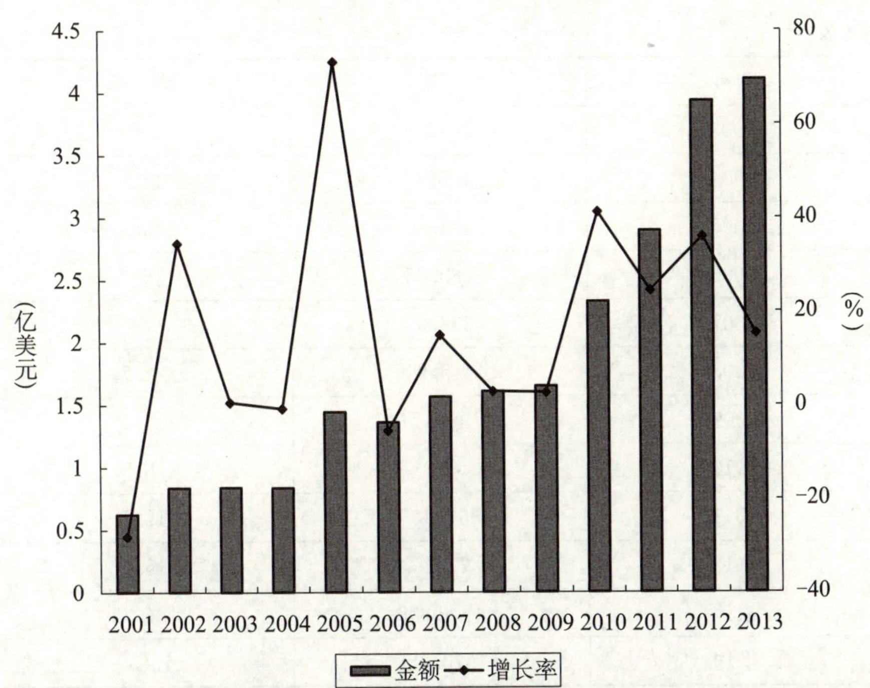


图 3—31　2001—2013 年沧州市实际利用外资状况

全市限额以上批发零售企业粮油、食品、饮料、烟酒类商品零售额同比增长 33.6%，其中，粮油食品类增长 35.4%，服装、鞋帽、针纺织品类增长 23.7%，日用品类增长 45.1%。与消费升级相关的商品保持旺销。伴随着居民收入的逐步增加，个人享受型、保健型商品销售非常活跃。金银珠宝类实现零售额 7.4 亿元，增长 41%；中草药及中成药品类实现零售额 2.1 亿元，增长 41%；书报杂志类实现零售额 2.7 亿元，增长 31.6%；化妆品类实现零售额 2.6 亿元，增长 34.9%。

2001 年到 2012 年，沧州市实现社会消费品零售总额累计 4 449.39 亿元，年平均 370.78 亿元，年平均增长 15.39%，增长态势呈现整体上扬趋势。(见表 3—26、图 3—32)

**表 3—26　2001—2012 年沧州经济发展状况（社会消费品零售总额）**

单位：金额（亿元），增长率（%）

| 年度 | 金额 | 增长率 |
|---|---|---|
| 2001 | 134.64 | 10.5 |
| 2002 | 150.6 | 10.6 |

续前表

| 年度 | 金额 | 增长率 |
|---|---|---|
| 2003 | 161.02 | 6.92 |
| 2004 | 192.15 | 16.2 |
| 2005 | 250.1 | 15.1 |
| 2006 | 288.35 | 15.3 |
| 2007 | 338.99 | 17.6 |
| 2008 | 415.94 | 22.7 |
| 2009 | 490.7 | 18.0 |
| 2010 | 573 | 18.5 |
| 2011 | 674.4 | 17.7 |
| 2012 | 779.5 | 15.6 |
| 累计 | 4 449.39 | 184.72 |
| 平均 | 370.78 | 15.39 |

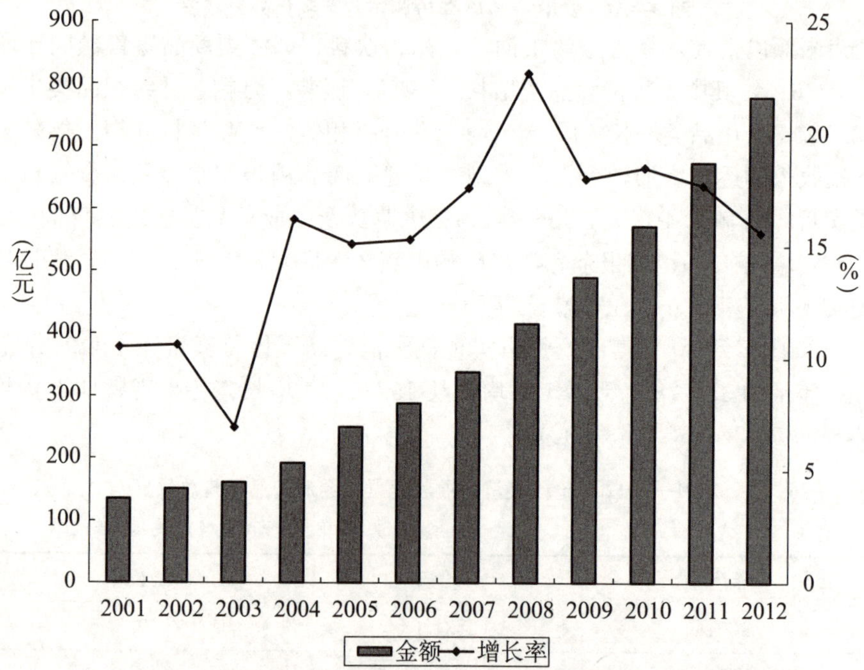


**图 3—32　2001—2012 年沧州市社会消费品零售总额状况**

7. 进出口状况

2012年，外贸进出口总值23.34亿美元，同比增长8.65%。其中，出口总值20.98亿美元，同比增长11.47%；进口总值2.36亿美元，同比下降11.33%。

2001年到2013年，沧州市实现进出口贸易总额累计166.336 5亿美元，年平均12.80亿美元，年平均增长19.20%，但增长态势波动较大。(见表3—27、图3—33)

**表3—27 2001—2013年沧州经济发展状况（进出口）**

单位：金额（亿美元），增长率（%）

| 年度 | 金额 | 增长率 |
|---|---|---|
| 2001 | 2.785 | — |
| 2002 | 3.292 3 | 15.41 |
| 2003 | 2.8 | −14.95 |
| 2004 | 6.78 | 58.7 |
| 2005 | 8.17 | 20.5 |
| 2006 | 8.867 9 | 40.9 |
| 2007 | 13.771 3 | 29.57 |
| 2008 | 19.07 | 38.5 |
| 2009 | 13.5 | −29.03 |
| 2010 | 16.78 | 24.0 |
| 2011 | 21.48 | 27.97 |
| 2012 | 23.34 | 8.65 |
| 2013 | 25.7 | 10.13 |
| 累计 | 166.336 5 | 230.35 |
| 平均 | 12.80 | 19.20 |

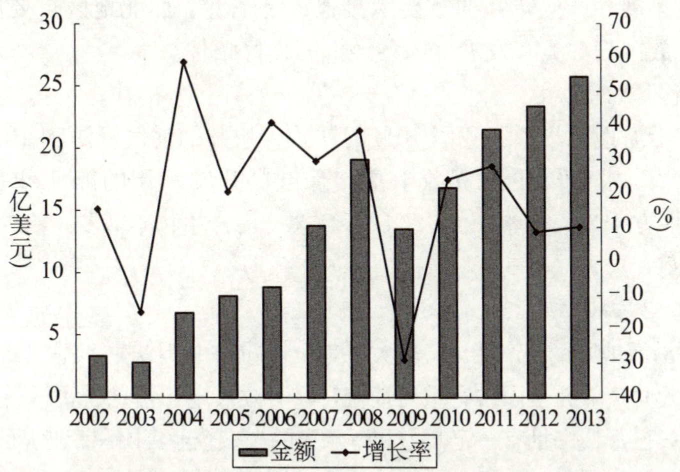


**图3—33 2002—2013年沧州市进出口贸易总额状况**

# 第四章　《河北沿海地区发展规划》解读

## 第一节　河北沿海地区发展规划背景分析

### 一、发展基础

河北沿海地区包括秦皇岛、唐山、沧州三市所辖行政区域，陆域面积3.57万平方千米，海岸线487千米，海域面积0.7万平方千米（见图4—1）。河北沿海地区在促进京津冀及全国区域协调发展中具有重要战略地位，为完善我国沿海经济布局，根据国家“十二五”规划纲要，制定本规划。

河北沿海地区具有五大优势基础：区位优势独特，资源禀赋优良，工业基础雄厚，交通体系发达，文化底蕴深厚。

1. 区位优势独特

河北沿海地区毗邻京津，东临渤海，面向东北亚，腹地广阔，是京津城市功能拓展和产业转移的重要承接地，是华北、西北地区重要的出海口和对外开放门户，具有发展外向型经济的良好条件。

2. 资源禀赋优良

河北沿海地区集中了我国10%的铁矿、10%的油气资源和10%的海盐产能，焦煤、非金属矿等资源丰富，有可供开发利用的滩涂和盐碱荒地3 000多平方千米，宜港深水岸线80.7千米，海洋生物丰富多样，战略资源组合条件良好。

3. 工业基础雄厚

河北沿海地区钢铁产能规模较大，是全国重要的钢铁生产基地。石化、装备制造、建材产业在全国占有重要地位，具有发展电子信息、新材料等产业的良好基础，已形成一批有一定实力和影响力的大型企业集团和产业集聚区。

4. 交通体系发达

河北沿海地区拥有秦皇岛、唐山、黄骅三大港口，年吞吐量达6亿吨，初步形成了连接华北、西北、东北地区的能源原材料集疏运体系，是我国北煤南运的战略通道。区域内交通网相对完善，铁路、公路网密度高于全国平均水平。（见图 4—2）

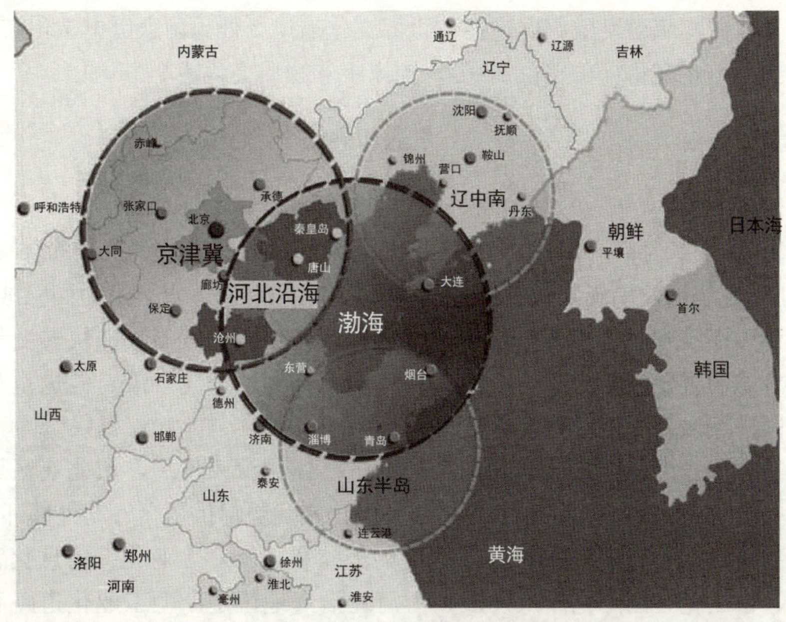


图 4—1 河北沿海地区位置图

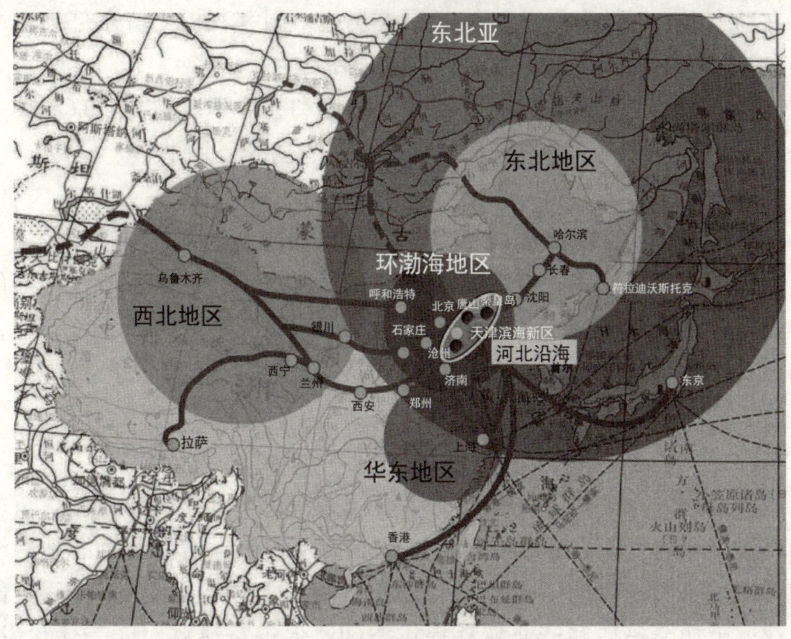


图 4—2 河北沿海地区交通网

5. 文化底蕴深厚

河北沿海地区是我国近代工业文明的重要发源地，吴桥杂技、沧州武术、唐山皮影等非物质文化遗产资源丰富，北戴河海滨、山海关古长城已成为著名国际旅游胜地。区内拥有世界文化遗产 2 处，国家历史文化名城 1 座，国家重点文物保护单位 25 处，国家级非物质文化遗产 27 项。

## 二、机遇和挑战

1. 机遇

2011 年 10 月 27 日，国务院以国函〔2011〕133 号文正式批准实施《河北沿海地区发展规划》，标志着河北沿海地区发展正式上升为国家战略。这是我国在实施“十二五”规划开局之年，推动科学发展、加快转变经济发展方式的重要战略部署，也是支持我国东部地区率先发展、促进京津冀和全国区域协调发展的重大举措。

在环境方面，经济全球化和区域经济一体化深入发展，东北亚区域合作与交流日益密切，为河北沿海地区发挥比较优势提供了良好的外部环境；

在契机上，我国发展正处于重要的战略机遇期，工业化、信息化、城镇化、市场化、国际化深入发展，为河北沿海地区走新型工业化道路和探索科学发展新模式提供了契机；

在动力上，区域发展总体战略深入实施，国家积极支持东部地区率先发展，为河北沿海地区加快发展提供了强劲动力；

在条件上，东部地区与中西部地区分工和合作不断深化，京津冀一体化进程加快，为河北沿海地区承接和转移产业创造了条件。

2. 挑战

港口功能单一，路网结构不完善，重大基础设施有待加强；外向型经济发展不充分，对外开放水平有待提升；高层次人才短缺，科技创新能力有待提高；水资源缺乏，环境承载能力较低，资源环境约束日益明显；与京津及其他沿海地区发展差距较大，区域协调发展的任务十分繁重。

## 三、战略意义

四个有利于：有利于促进与辽宁沿海经济带、天津滨海新区、黄河三角洲高效生态经济区等区域的良性互动和协调发展，增强环渤海地区综合实力，完善我国沿海地区生产力布局；有利于加强与京津的分工与合作，为京津城市功能拓展和产业转移提供空间，促进京津冀地区一体化发展；有利于推动重化工业转型升级，培育和发展战略性新兴产业，走出一条新型工业化道路；有利于促进华北、西北的对内对外开放，深化与东北亚的交流合作，建立起开放型经济体系。

## 第二节 河北沿海地区发展规划总体要求与总体布局

### 一、总体要求

1. 指导思想

五个“着力”：高举中国特色社会主义伟大旗帜，以邓小平理论和“三个代表”重要思想为指导，深入贯彻落实科学发展观，加快转变经济发展方式，着力优化空间布局结构，着力构建现代产业体系，着力加强生态环境保护和资源集约节约利用，着力保障和改善民生，着力推进体制机制创新和开放合作，努力把河北沿海地区建设成为我国新型工业化基地和科学发展的示范区，在促进全国区域协调发展中发挥更大的作用。

2. 基本原则

五个“坚持”、五个“实现”：坚持扬长避短，实现错位发展；坚持开放合作，实现联动发展；坚持统筹推进，实现协调发展；坚持保护优先，实现可持续发展；坚持科技驱动，实现创新发展。

3. 战略定位

五大战略：环渤海地区新兴增长区域；京津城市功能拓展和产业转移的重要承接地；全国重要的新型工业化基地；我国开放合作的新高地；我国北方沿海生态良好的宜居区。

4. 发展目标

[近期] 到 2015 年，综合实力显著增强，建成环渤海地区新兴增长区域。新型工业化取得重要进展，形成以循环经济为主要发展方式的工业体系；港口布局和功能进一步完善，初步建成现代化综合港口群；能源利用效率大幅度提高，主要污染物排放总量显著减少；公共服务能力明显增强，城乡居民收入大幅增加；制度创新取得突破，对外开放水平显著提升。人均地区生产总值超过 6 万元，城镇化率达到 58%。

[远期] 到 2020 年，区域发展水平进一步提高，成为全国综合实力较强的地区之一。现代产业体系进一步健全，建成具有国际影响力的先进制造业基地和国际知名的旅游目的地；对外开放水平显著提高，基本建成开放型经济体系；生态环境质量明显提高，人与自然趋于和谐；城镇体系进一步完善，基本公共服务趋于均等；城乡发展差距显著缩小，人民生活更加富裕。

## 二、总体布局

充分考虑资源环境承载能力、开发强度和开发潜力，科学划分功能分区，促进城市化地区、农业地区和生态地区协调发展。有序推进人口和产业向城市化地区集聚和布局，形成由滨海开发带与秦皇岛、唐山和沧州组团构成的“一带三组团”空间开发格局。(见图 4—3)

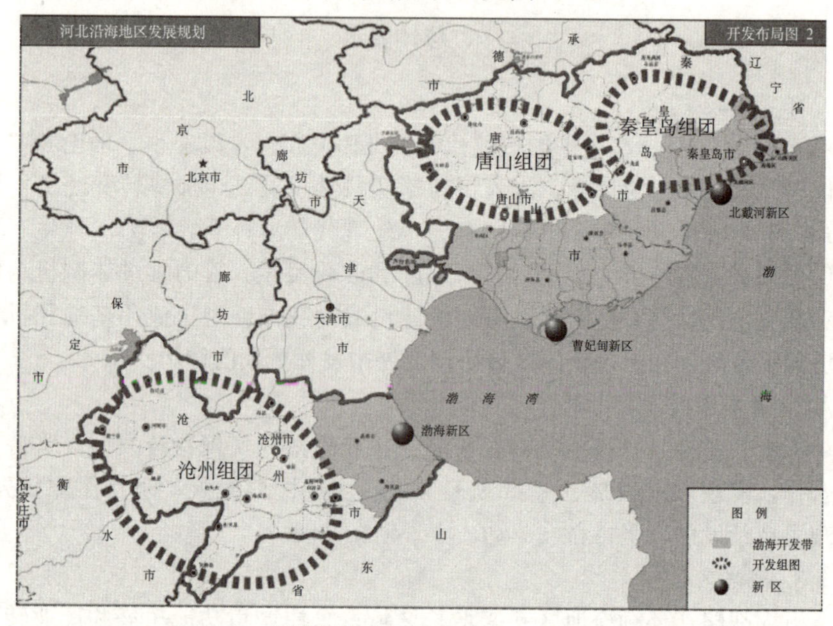


**图 4—3　河北沿海地区发展规划——开发布局图**

1. 功能分区

三类功能区：

(1) 城市化地区。

主要包括城镇建设空间和工矿空间。优化提升三个中心城市的功能，加快发展三个新城区（见图 4—4～图 4—6），培育壮大一批中小城市（镇），从而形成以中心城区和滨海新城为核心、中小城市和特色城镇为节点的沿海城镇体系。依托港口优势，重点建设优势特色产业园区、战略性新兴产业园区和现代服务业园区，形成各具特色、错位发展的重点建设区域。

(2) 农业地区。

主要包括农村居住空间和农业生产空间。优化调整农村居民点，逐步减少农村新增居住用地；切实保护耕地，保障粮食安全；科学利用土地，拓展农业发展空间。

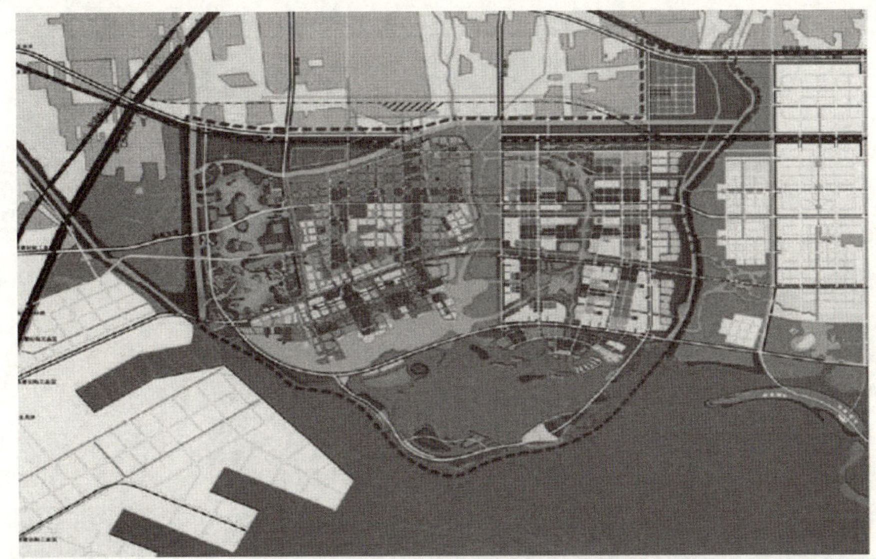

图 4—4 唐山湾国际生态新城规划图

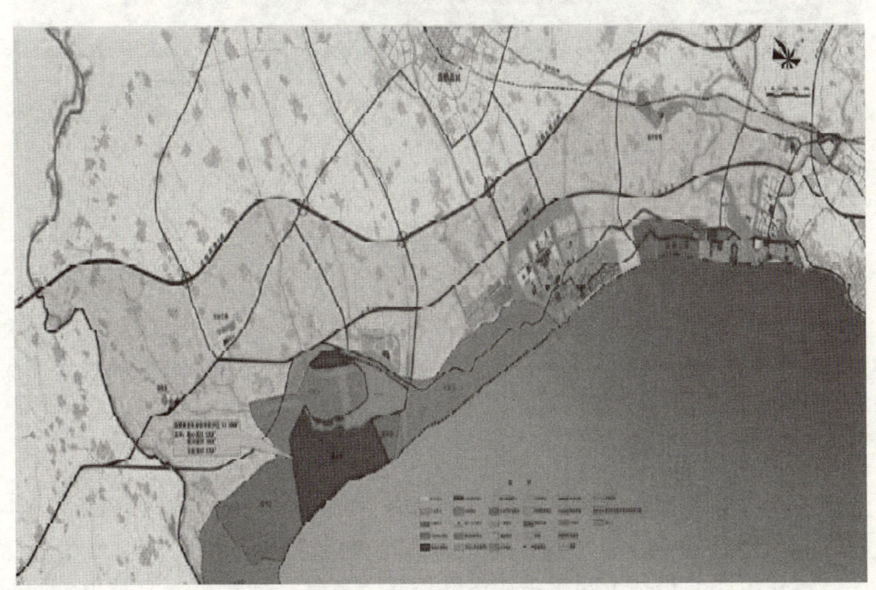

图 4—5 北戴河生态新城规划图

(3) 生态地区。

主要包括生态林地、草地、湿地等空间。强化水源涵养区、水土保持区、饮用水水源地和湿地的生态服务功能；加强沿海防护林建设，建立沿海生态屏障；严格依法保护禁止和限制开发的海岸线，完善森林、地质遗迹、海岛和湿地等自然保护区管理体系。加大生态地区保护力度，形成多层次、多类型、多功能的区域生态安全格局。

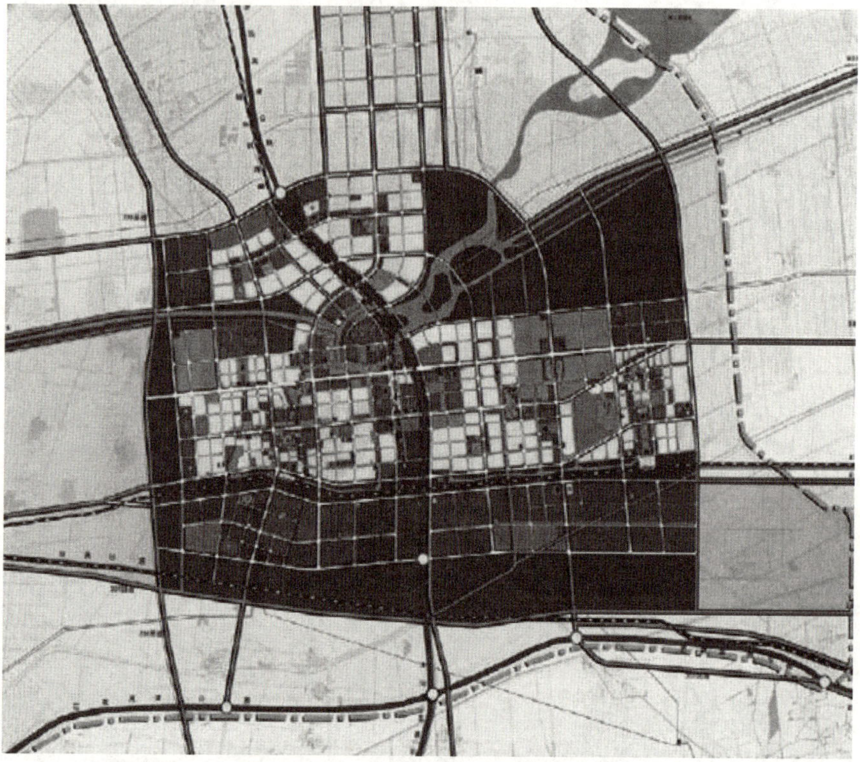

图 4—6 黄骅生态新城规划图

2. 开发格局

［滨海开发带］包括秦皇岛的山海关区、海港区、北戴河区、抚宁县和昌黎县，唐山的乐亭县、滦南县、唐海县和丰南区，沧州的黄骅市和海兴县。

［秦皇岛组团］包括秦皇岛市主城区和青龙县、卢龙县。

［唐山组团］包括唐山市主城区和迁安市、迁西县、遵化市、滦县、玉田县。

［沧州组团］包括沧州市主城区和沧县、青县、任丘市、泊头市、河间市、盐山县、孟村县、吴桥县、东光县、南皮县、献县、肃宁县。

其中，滨海开发带主要包括：10 个县市区：秦皇岛的山海关区、海港区、北戴河区、抚宁县和昌黎县，唐山的乐亭县、滦南县、唐海县和丰南区，沧州的黄骅市和海兴县。3 个新区：以沿海高速和滨海公路为纽带，合理规划建设北戴河新区、曹妃甸新区、沧州渤海新区，建成滨海产业和城镇集聚带。2 个工业区：在丰南沿海工业区、唐山冀东北工业集聚区和

沧州冀中南工业集聚区，优化发展先进制造业，培育壮大战略性新兴产业，大力发展服务业。（见图 4—7）

图 4—7 河北沿海地区开发格局图

## 第三节 河北沿海地区重大基础设施建设发展规划

### 一、完善交通基础设施

1. 港口

完善港口功能，优化港口结构，促进港口与产业、城市、腹地互动发展，加快形成布局合理、功能完备、辐射力强的现代化综合性港口群：黄骅港综合港区、曹妃甸港区、京唐港区、秦皇岛港区。

港口建设重点：1）秦皇岛港区。专业化集装箱、散杂货及国际邮轮码头。2）曹妃甸港区。扩建矿石、煤炭、原油码头，建设液化天然气（LNG)、集装箱、通用散杂货、液体化工及客滚泊位，适时启动曹妃甸西港池工程。3）京唐港区。集装箱、液体化工（矿石）码头及 20 万吨级航道建设，四号港池综合开发及东南防波堤工程。4）黄骅港综合港区。深水航道工程，煤炭、矿石、集装箱、原油及散杂货、液体化工泊位。（见图 4—8）

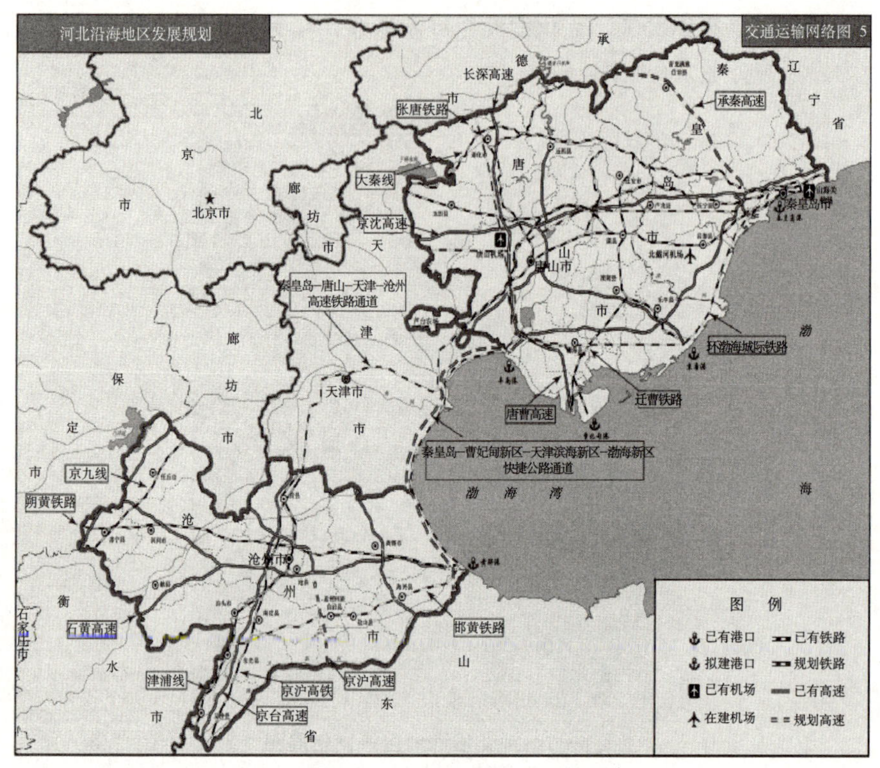


**图 4—8　河北沿海地区发展规划——交通运输网络图**

2. 铁路

加快建设津秦客运专线，形成秦皇岛—唐山—天津—沧州快速铁路通道。2012 年 12 月 1 日已经开通津秦高铁客运专线。加快修编环渤海京津冀地区城际轨道交通网规划，推动形成京津与秦唐沧一小时交通圈。强化港口后方集运通道建设，完善集疏运体系。加快建设邯黄、张唐铁路，改造大秦、朔黄铁路和秦皇岛、唐山、沧州铁路枢纽，开展相关铁路的规划论证工作。（见图 4—9）

3. 公路

推进干线公路建设，完善区域公路网络，形成秦皇岛—曹妃甸新区—天津滨海新区—沧州渤海新区快捷公路通道，强化与辽宁沿海、黄河三角洲地区的公路连接。加快疏港公路建设，进一步强化港口与腹地的交通联系。提高国省干线公路网覆盖水平，促进普通干线公路网向新城区、产业集聚区、重点景区延伸。加强城市公共交通基础设施建设，完善城市公共交通体系。加快县乡道路改造，完善农村公路网络。（见图 4—10、图 4—11）

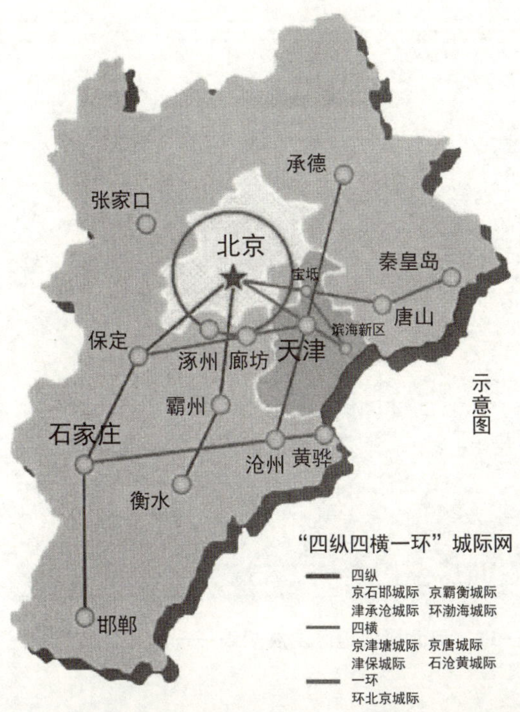


图 4—9　河北沿海地区发展规划——高速铁路规划指引图

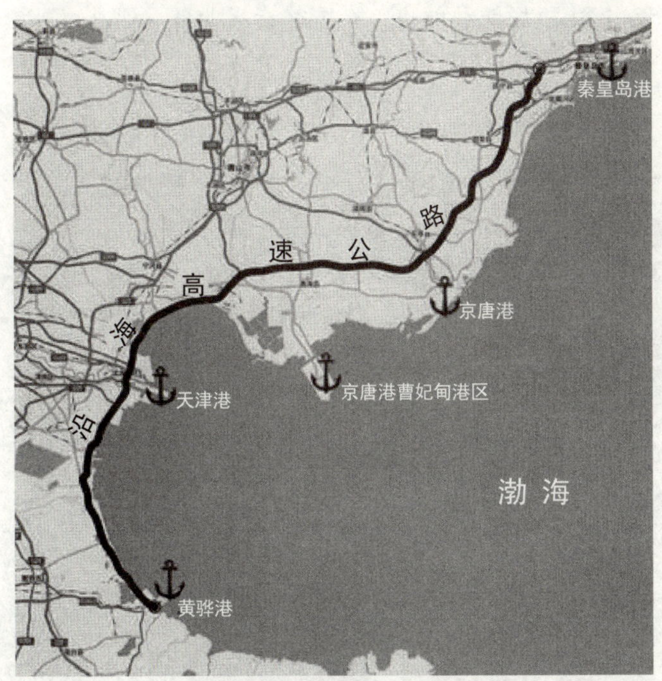


图 4—10　河北沿海地区发展规划——沿海公路规划指引图

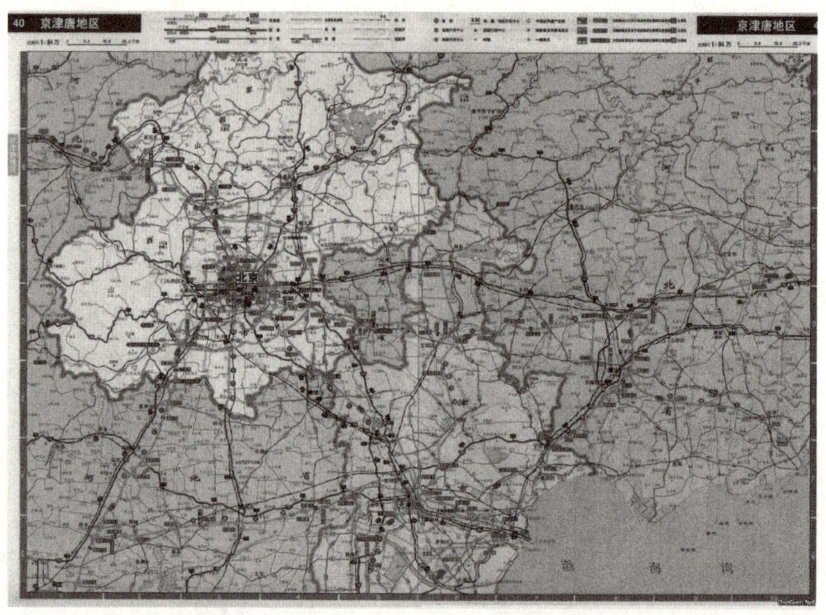


图 4—11 河北沿海地区发展规划——高速公路规划指引图

4. 机场

加快秦皇岛北戴河机场建设，研究沧州机场和曹妃甸机场建设问题。增加秦皇岛、唐山机场航线航班，拓展客货运业务，促进对外交流及旅游业发展。(见图 4—12)

图 4—12 北戴河机场航站楼鸟瞰图

## 二、推进能源基础设施建设

1. 优化能源资源开发

按照“上大压小”原则，规划建设百万千瓦级超超临界火电机组，建设热电联产项目，建设大型国产化燃气蒸汽联合循环热电机组。

加强风能、太阳能、生物质能、海洋能等新能源开发利用，加快南堡油田、渤海湾油气资源开发，加大非常规天然气资源勘查及开采力度。

2. 完善能源输送网络

建设曹妃甸大型商用原油储备库和任丘华北油田地下储气库，建成渤海西岸油气接卸及储备基地。

完善沿海地区500千伏网架和配套电网。加快城镇配电网的升级改造，逐步形成智能电网运行体系。

研究规划鄂尔多斯至唐山港、黄骅港的煤基液体燃料输送管道。

3. 能源设施建设

电力：唐山主城区、沧州渤海新区2×30万千瓦热电。

新能源：唐山、沧州海上风电。

## 三、加强水利基础设施建设

1. 加强引供水设施建设

加快南水北调配套工程和引黄工程建设，重点实施沙河干渠、石津干渠等干线工程，研究建设任丘、河间等调蓄工程。实施引青济秦与石河水库连接工程。开展引滦入唐除险加固，加快曹妃甸工业区、丰南和南堡等引水工程建设。加强扩建大浪淀和杨埕水库前期工作，建设滨州小开河引黄工程，完善引黄入淀和引黄济冀工程体系。（见图4—13）

2. 加快防洪（潮）工程建设

完善防洪减灾工程体系，实施滦河干流、子牙新河、蓟运河河道治理工程，按国家规定的防洪标准加固堤防。逐步实施蓄滞洪区建设工程。完成病险水库除险加固。加快推进青龙河、石河和南排河等重要支流治理，提高沿河城镇防洪标准。新建加固海堤，提高沿海地区和重点工业园区防洪防潮标准。加强山洪地质灾害防治，完善灾害监测预报预警体系。

## 四、加快信息基础设施建设

加快下一代信息网络建设，积极推广物联网技术应用。建设秦皇岛数据产业基地。加快电子交易、物流信息和数字化城市管理平台建设。构建

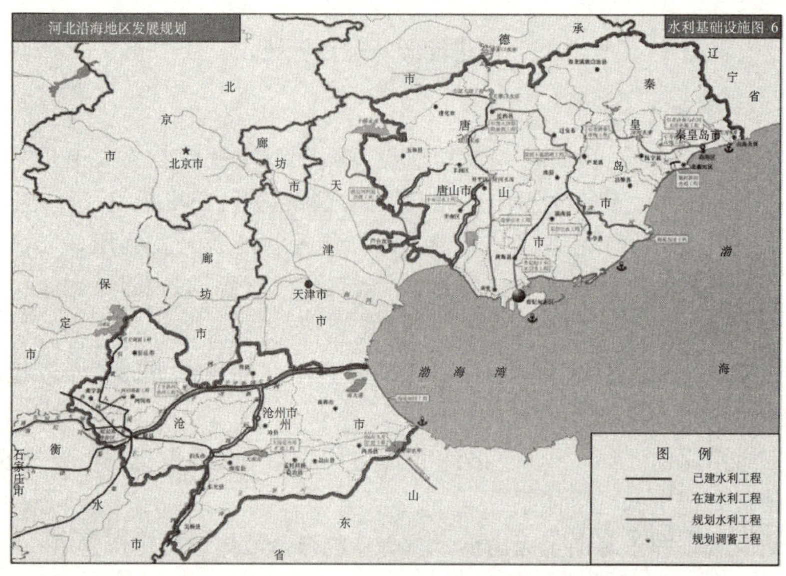


图 4—13　河北沿海地区发展规划——水利基础设施图

港口之间、港口与腹地之间互联互通的信息系统，实现全面智能化管理。建立信息与网络安全问题的有效防范机制和应急处理机制，增强信息安全保障能力。（见图 4—14）

图 4—14　秦皇岛数据产业基地规划图

# 第四节 河北沿海地区产业发展与城乡发展规划

## 一、产业发展总体规划

发挥区域比较优势，突出沿海经济特色，大力发展循环经济，提升产业综合竞争能力，推动产业结构优化升级，形成以先进制造业和现代服务业为主的产业结构。(见图 4—15)

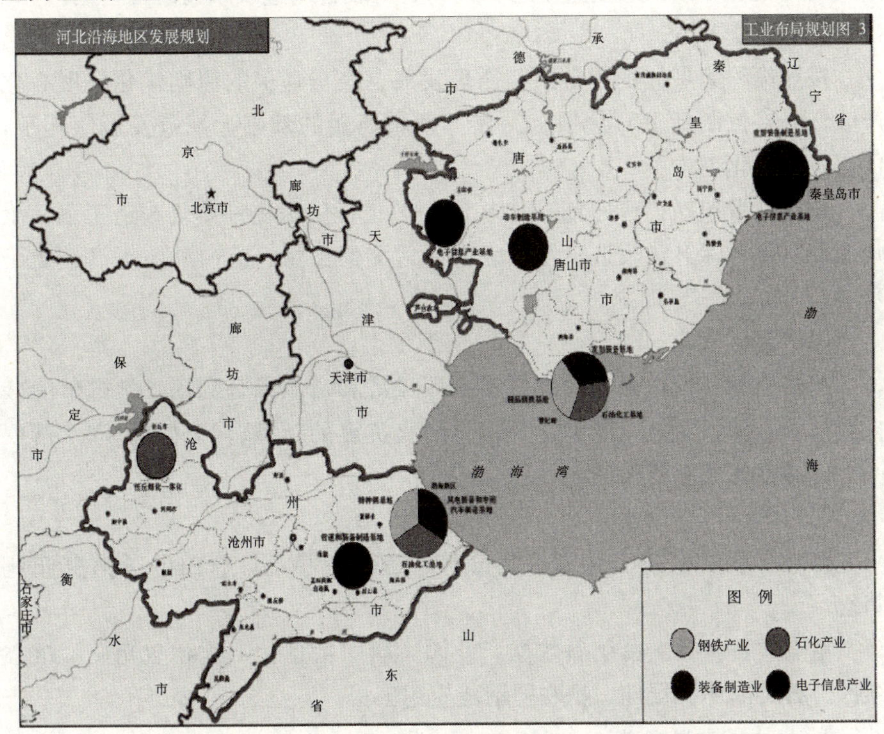


图 4—15 河北沿海地区发展规划——工业布局规划图

## 二、产业发展重点建设规划

1. 优化发展先进制造业

(1) 钢铁产业。

按照控制总量、调整结构、优化布局、产业重组原则和循环经济发展要求，重点发展造船板、桥梁板、高强度轿车用钢、硅钢板等高附加值产品，适时建设曹妃甸精品钢铁基地。

重点项目包括：首钢京唐钢铁二期，石钢搬迁改造项目，马城、大贾庄、司家营铁矿开发。

（2）装备制造业。

按照发展整机、壮大配套、培育龙头、推进集聚的原则，在秦皇岛山海关区和海港区发展修造船、电力设备、高速铁路设备等重型装备制造业。

重点项目包括：山海关修造船、秦皇岛零部件制造基地；唐山高速动车组扩能改造及中低速磁悬浮轨道交通系统产业化，曹妃甸重型装备基地；沧州渤海新区专用汽车制造基地，沧州管道装备制造及风电设备基地。

（3）石化产业。

按照集约集聚、延伸链条、循环发展、安全环保的原则优化发展石化产业，严格控制新上石化项目。在不新增产能的基础上规范发展煤化工，优化发展盐化工。

重点项目包括：曹妃甸石化基地，华北石化炼化一体化改造工程，沧州炼油质量环保升级改造，沧州渤海新区醋酸乙烯、己内酰胺等高端化工项目。

（4）建材产业。

严格控制产量扩张，围绕发展循环经济和资源综合利用，推进节能减排新技术应用，大力发展节能环保、防火抗震的新型建筑材料。淘汰落后产能，调整优化企业结构。

（5）电子信息产业。

以现有开发区或产业园区为载体，建设秦皇岛、唐山电子信息产业基地。

重点项目包括：秦皇岛数据产业园，唐山信息化工程和激光显示核心组件、石英晶体元器件、物联网示范应用工程。

2. 加快发展服务业

（1）现代物流业。

以港口为龙头，依托与纵深腹地相连的物流通道，规划建设一批以能源、原材料和集装箱为主的现代物流产业园区，打造国内外联通、京津冀一体的现代综合物流基地。

重点项目包括：曹妃甸综合物流基地，沧州渤海新区综合物流基地，开滦数字化煤炭储配基地。

（2）金融服务业。

做大做强金融服务业，形成统筹区域发展的金融服务体系。

（3）高技术服务业。

积极培育创意产业，引进国内外研发机构和设计企业，提升创意产业层次。对接京津高端服务市场，积极承接高端外包业务，建设秦皇岛服务外包基地和唐山数据与呼叫服务外包基地。积极发展信息技术、电子商务、知识产权等服务。

（4）旅游业。

充分利用优势旅游资源，建设滨海休闲旅游带、生态观光旅游带、长城风光文化旅游带和沧州运河文化旅游带。依托唐山近现代工业文明和文化遗产打造人文旅游品牌。加快旅游开发和旅游人才队伍建设，培育壮大一批旅游企业集团，建成高水平的休闲度假旅游目的地。

重点项目包括：秦皇岛开发区人工岛旅游综合开发，北戴河新区旅游综合开发；唐山湾旅游岛综合开发，唐海水都综合开发，唐山南湖生态旅游开发；沧州京杭大运河文化旅游、吴桥杂技文化旅游、任丘白洋淀休闲旅游综合开发。（见图 4—16）

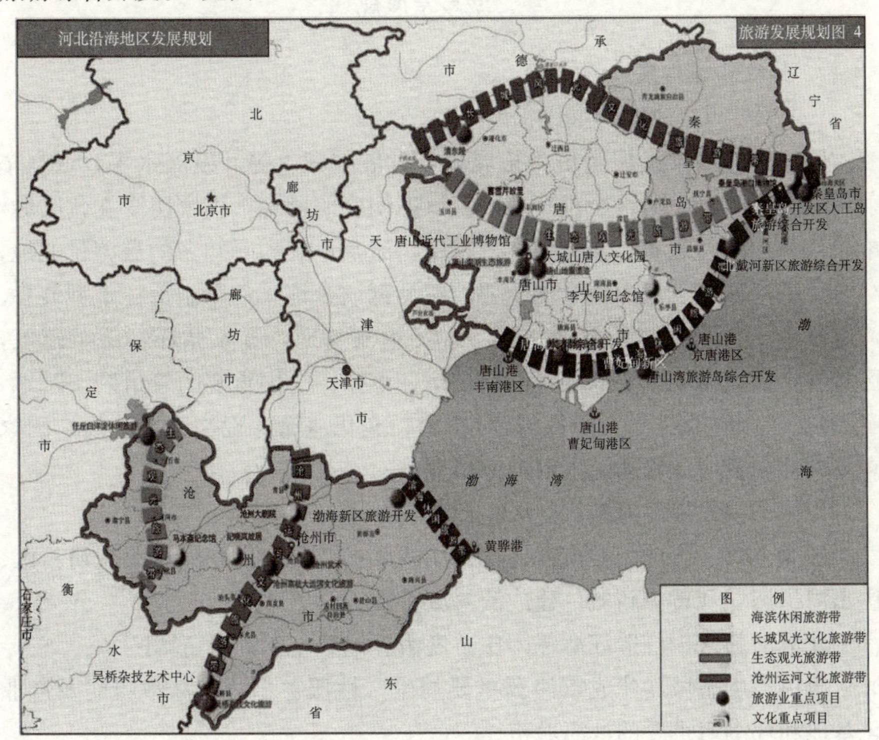


图 4—16 河北沿海地区发展规划——旅游发展规划图

3. 积极发展特色农业

（1）种植业。

稳定提高粮食综合生产能力，形成一批优质粮食生产基地。做大做强优势蔬菜品牌，建设一批高档蔬菜和出口蔬菜生产基地。改良果品品种，培育知名品牌，建设特色优势果品基地。

（2）畜牧业。

充分利用现有基础，加快良种繁育和优质饲草饲料基地建设，大力发展奶牛、生猪等优势养殖业，扩大肉鸡、肉牛、肉羊养殖规模。推进集中饲养、规模饲养、绿色饲养，建设京津优质（无公害）肉类等畜禽产品生产供应基地。

（3）渔业。

充分发挥滩涂和浅海面积大、水产养殖基础较好的优势，推广高效、生态、健康的养殖技术，大力发展对虾、螃蟹等优质水产品养殖。积极发展水产品精深加工和保鲜保活，提高水产品附加值。加强渔港基础设施建设，加快发展远洋捕捞业。

## 三、城乡发展规划

1. 加快城镇发展

（1）提升中心城市功能。

明确中心城市发展定位，拓展城市发展空间，提升发展水平，增强辐射带动作用。秦皇岛：全国著名的滨海休闲度假胜地，国家历史文化名城，电子信息、重型装备、文化创意、现代物流基地，国际知名的旅游目的地，综合性港口城市。唐山：全国重要的精品钢铁基地，动车制造、重型装备、汽车制造、新型建材、石油化工、现代物流基地，国家循环经济示范区，区域性中心城市和重要的国际港口城市。沧州：全国重要的管道装备基地，石油化工、新能源、新材料、特种钢材、文化旅游、现代物流基地，国家重要的能源资源运输通道，沿海港口城市。

（2）加快发展滨海新城。

按照港口、产业、城市一体化发展的要求，有序规划建设北戴河新区、唐山湾生态城和黄骅新城，建成滨海城市带。

北戴河新区，打造滨海休闲旅游度假胜地和生态宜居新城区。

唐山湾生态城，建成京津冀重要的生产性服务中心、高教科研及产业化基地和环渤海重要的滨海城市。

黄骅新城，建成生态型、现代化滨海城市。

（3）积极发展中小城镇。

加快昌黎、抚宁、乐亭、滦南、唐海、海兴等县城发展，成为滨海城市带的重要节点。积极发展迁安、遵化、任丘、黄骅、河间、泊头等县级

市，提高综合经济实力，带动周边地区发展。大力发展小城镇，促进人口和产业聚集。(见图 4—17)

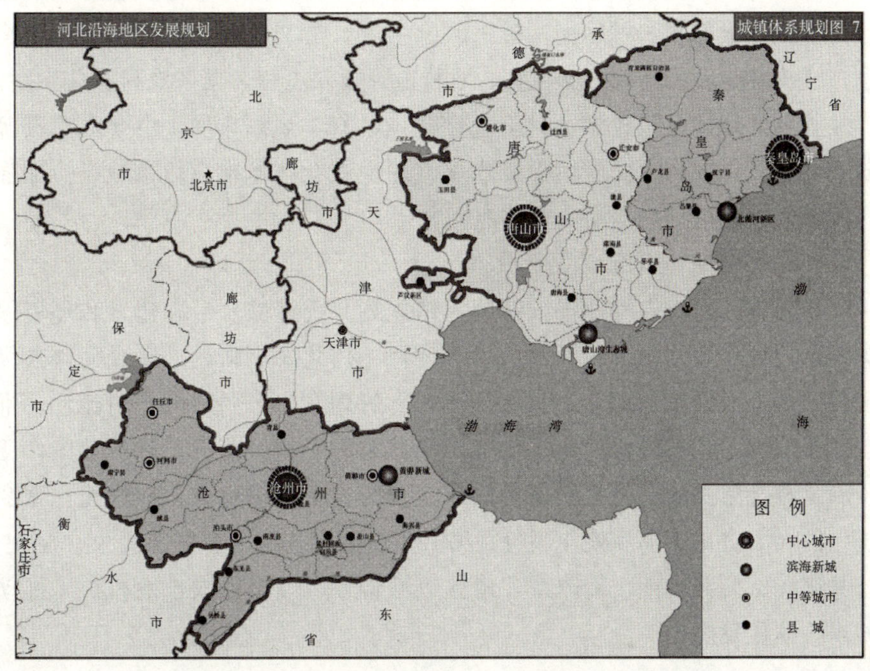


图 4—17 河北沿海地区发展规划——城镇体系规划图

2. 推进农村发展

(1) 加快发展县域经济。

充分发挥比较优势，加快发展优势特色产业，重点建设一批有规模、有特色、有发展潜力的产业聚集区，引导产业向园区集中、人口向城镇聚集。做大做强一批龙头企业，培育一批特色名牌产品。积极推进农产品产地初加工，大力发展农产品精深加工业，延长农业产业链，提高农产品附加值，增加农民收入。

(2) 加强农村基础设施建设。

统筹规划建设新民居，因地制宜改善农村居住环境。继续实施农村公路建设工程，加强农村客运站点建设。加快农村信息基础设施建设，实现有线电视和宽带上网村村通。加强小型水利设施建设，确保农村生产生活用水安全。加快农村电网改造，切实保障农村用电。实施农村清洁工程，建设村镇污水、垃圾集中处理设施，稳步推广农村沼气。加大扶贫开发力度，改善贫困地区生产生活条件。

(3) 提高农村公共服务水平

推进义务教育学校标准化建设。加强农村社区综合服务设施建设，引导基本公共服务向农村延伸。推进农家书屋、村文化室等农村文化设施建设，继续实施农民体育健身工程、农村电影放映工程，繁荣农村文化生活。加强县乡计划生育服务站、村卫生室建设，科学规划布局，引导医疗资源向农村倾斜，提高农民健康保障水平。加快农业技术推广体系建设。加强农民就业技能培训，提高就业创业能力。

3. 加快城乡一体化发展

统筹城镇和新农村建设，编制村镇规划。统筹城乡生态建设和环境保护，形成城乡衔接的基础设施、生态环保一体化发展格局。整合完善县级产业园区，引导城市资金、技术、人才、管理等生产要素向农村流动，推动城市工业向县域转移。落实放宽中小城市和小城镇落户条件的政策，逐步满足符合条件的农村人口落户需求。统筹城乡劳动就业，加快建立城乡统一的人力资源市场和就业服务网络。建立健全统筹城乡发展的公共财政、公共服务、公共管理政策体系，建立以城带乡、以工促农长效机制，推动城乡一体化发展。

## 第五节　河北沿海地区资源节约和生态环境保护规划

### 一、加强生态保护和建设

1. 加强生态屏障建设

依托岸线、水系、山脉等自然生态空间，构建以沿海防护林带、燕山山区水源涵养林草带、平原农田林网和骨干交通沿线、南运河沿线、长城沿线防护林为主的“两带一网多线”区域生态网络，建设京津重要的生态安全屏障。

2. 加强生态功能区保护

加强重要生态地区的空间管制，严格控制林地占用征收。探索建立生态补偿机制，抢救性划建国家重要湿地保护区。加强海陆过渡区生态建设，保护海洋生物多样性，完善工程建设占用渔业资源补偿机制。实施矿山土地复垦、植被恢复工程，防控水土流失。(见图 4—18)

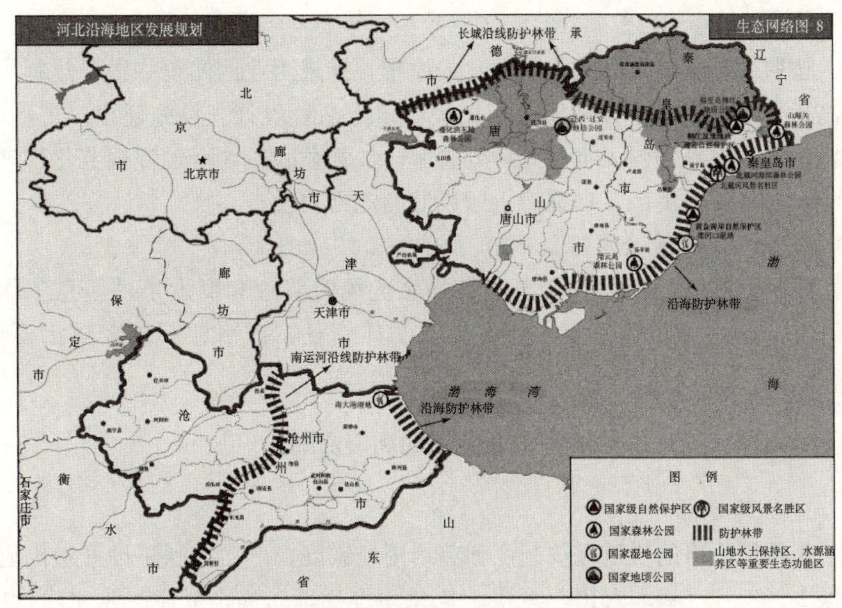


图 4—18 河北沿海地区发展规划——生态网络图

## 二、加大环境治理与保护力度

1. 水污染防治

原则上：坚持海陆统筹、河海兼顾，加强入海河流综合治理，确保渤海生态安全。

标准上：合理布局入海排污口，制定更加严格的排放标准，严格控制排放总量。

管理上：加强重点行业污水处理设施的建设和运行管理，降低污染物排放强度。

设施上：加强城镇和产业聚集区污水处理厂及配套管网建设，提高污水处理能力和再生水利用率。

条件上：严格环境准入条件，控制高污染、高耗水行业发展。

预防上：控制近海陆域农村面源污染，实施近岸海域污染防治和生态修复工程，有效防止近岸海域重大环境污染事故发生。

2. 大气污染防治

加大城市可吸入颗粒物、挥发性有机化合物（VOCs）、机动车尾气污染防治力度。鼓励使用节能与新能源汽车；积极发展城市集中供热；强化工业企业污染防治与实施高效除尘、脱硫脱氮技术改造；创新管理体制，加大节能减排投入力度；科学确定污染物排放控制总量。

3. 固体废物处理

按照减量化、再利用、资源化的原则，推进工业固体废物资源化利用，提高工业固体废物综合利用率。加快城镇生活垃圾处理设施建设。提高城镇污水处理设施污泥无害化处理处置率。加强危险废物全过程规范化管理，科学布局海洋倾倒区，加强海上倾废监测能力建设。

4. 化学品和重金属污染防治

鼓励使用替代产品和工艺。加强企业风险管理和突发事件应急工作。加大重金属污染防控力度，落实企业主体责任，严格控制重金属污染物排放。

## 三、集约节约利用资源

1. 土地资源

实行最严格的耕地保护制度和节约用地制度，严格控制建设占用耕地，确保 1 999 万亩基本农田不减少。优化建设用地布局，引导产业和建设项目向开发区（园区）、工业聚集区集中，提高单位土地投资强度和产出效益。支持港口、港城和临港产业发展用地需求，列入国家战略的重点建设项目优先安排。切实做好农村土地整治，因地制宜开展非常规用地改良。在唐山开展征地管理制度改革试点。按照节约集约和总量控制的原则，合理确定新增建设用地。支持使用未利用地，有序开发利用沿海滩涂等后备土地资源。

2. 水资源

实行最严格的水资源管理制度。大力发展节水农业，严格限制高耗水工业，推广先进节水技术。严格实行地下水开采总量控制，合理开发利用地下水，防止形成海水入侵和地面沉降等地质灾害。增加入海淡水量。扩大海水、再生水和微咸水等非常规水利用比例和范围。适时研究调整滦河水量分配方案，采取多种措施保障唐山生产生活用水需求。鼓励发展海水淡化，在曹妃甸新区、沧州渤海新区建立海水综合利用基地。

3. 海域资源

探索建立海域滩涂围填开发新机制，对符合条件的海域滩涂开发予以支持。推进项目用海审批制度改革。支持沿海地区开发建设，对长期闲置的已批准的填海造地项目，严格实行退出机制。禁止在可能造成生态严重失衡的地方进行围填海活动。

4. 矿产资源

加强矿产资源调查评价与勘查，形成一批资源后备基地。积极发展绿色矿业，建设绿色矿山，依靠科技进步，强化矿产资源节约与综合利用，限制使用未达到要求的采矿、选矿与综合利用技术。严格禁止采富弃贫、乱采滥挖等破坏和浪费矿产资源的行为，促进矿产资源的可持续利用。

### 四、国家级生态保护区建设

国家级自然保护区：黄金海岸自然保护区，柳江盆地地质遗迹国家级自然保护区。

国家级风景名胜区：秦皇岛北戴河风景名胜区。

国家地质公园：秦皇岛柳江国家地质公园，迁西-迁安国家地质公园。

国家森林公园：山海关森林公园，北戴河海滨森林公园，遵化清东陵森林公园，翔云岛国家森林公园。

国家湿地公园：沧州南大港湿地，滦河口湿地。

## 第六节 河北沿海地区社会事业与全面深化改革规划

### 一、推进社会事业发展的重要举措

1. 优先发展教育事业

学前教育。基本普及学前三年教育；率先建成覆盖城乡、布局合理的学前教育公共服务体系。

义务教育。合理配置教育资源，全面提高教育质量；加强教师队伍建设；提高教育公平程度；加强特殊教育学校建设；深化义务教育课程改革，扎实推进素质教育。

职业教育。积极开展职业教育和职业技能培训；构建现代职业教育体系；加快曹妃甸职教园区和沧州渤海新区职业教育基地建设；积极推进人才培养模式改革；加强职业教育基础能力建设；加大对产业发展急需和国家示范（骨干）高等职业学校建设。

高等教育。加强与沿海地区重点产业相关的学科专业建设，提升现有大学教学科研水平；支持燕山大学建设成国内知名的高水平大学；鼓励国内外知名大学与沿海高校在多方面开展合作。

2. 加快医疗卫生事业发展

加强公共卫生体系建设，完善突发公共卫生事件应急管理体制；加强公共卫生服务机构能力建设，完善专业公共卫生服务网络；加强地方病和职业病防控，强化食品安全监管。

优化医疗卫生资源配置。加强社区卫生公共服务平台建设，鼓励城市大医院在社区设立社区卫生服务机构，促进医疗资源合理配置。完善城市医院与社区、农村医疗卫生机构分工协作和对口帮扶机制。鼓励和支持社会资本举办各类医疗机构。推进卫生信息化建设。

深化医药卫生体制改革。按照保基本、强基层、建机制的要求，推进医药卫生体制改革。在唐山市开展公立医院改革试点，探索医改实现途径。探索建立城乡一体的基本医疗保障制度。加强医学人才特别是全科医生培养，完善鼓励全科医生服务基层的政策。

3. 推进文化事业发展

加快建设文化基础设施，加强市县图书馆、文化馆（群艺馆）、博物馆建设，实施文化信息资源共享工程和数字图书馆推广工程。

加强文化遗产保护和历史文化名村名镇保护，支持发展生态旅游、红色旅游。繁荣群众文化生活，打造知名文化品牌。充分利用爱国主义教育基地和历史文化资源，加强革命传统和历史文化教育。

加强非物质文化遗产的保护与合理利用。同时，积极发展文化产业，建设秦皇岛创意产业孵化平台、唐山南湖文化产业园、沧州特色文化产业园。

4. 完善就业和社会保障体系

（1）积极扩大就业。

实施更加积极的就业政策，拓宽就业渠道，扩大就业规模。充分发挥政府投资、重大项目建设对就业的带动作用，增加就业岗位。适应产业结构优化升级的需要，大力开发适应高校毕业生就业的岗位，促进高校毕业生就业。积极开发公益性就业岗位，解决就业困难人员和零就业家庭就业。积极发展家政服务、养老服务等家庭服务业，充分发挥家庭服务业对促进就业的作用。在充分利用现有资源的基础上，支持创业孵化基地、公共实训基地建设，开展创业型城市试点。加大农村劳动力转移培训力度，加强就业技能培训、岗位技能提升培训和创业培训，提高劳动者职业技能和综合素质。加强劳动保障监察，切实维护劳动者合法权益。

（2）完善社会保障体系。

积极推进新型农村和城镇居民社会养老保险制度试点，基本实现制度全覆盖，探索农村居民、城镇居民和城镇职工养老保险衔接办法，健全社会养老服务体系。完善基本医疗保险制度，逐步提高城镇居民医保和新农合人均筹资标准及保障水平。加强医疗服务管理，推行异地就医结算。推进农民工参加医疗保险和工伤保险。实施工伤康复中心工程，形成预防、补偿、康复相结合的工伤保险制度体系。加快社区综合服务设施建设，提升县（市）级以下就业和社会保障服务水平。完善被征地农民的社会保障政策，保障农民合法权益。完善城乡社会救助制度，扩大医疗救助制度保障范围，实现城乡最低生活保障应保尽保，逐步提高保障水平。在有条件的地方开展农民工转为城镇居民试点。

5. 社会事业发展重点

教育。北戴河新区、唐山湾生态城、黄骅新城中小学校新建，沧州武术杂技职业学院扩建。

医疗卫生。北戴河新区、唐山湾生态城、黄骅新城综合医院、中医院、妇幼保健院和疾病预防控制中心建设。

文化。北戴河新区、唐山湾生态城、黄骅新城文化馆（群艺馆）、图书馆、体育设施建设，秦皇岛港口博物馆新建，老龙头至角山长城本体修缮和长城两侧环境整治，唐山近代工业博物馆、大城山唐人文化园建设，沧州大剧院、吴桥杂技艺术中心建设和大运河（沧州段）整治。

人力资源和社会保障。县（市）、乡镇就业和社会保障公共服务平台建设，唐山、沧州博士后流动工作站建设。秦皇岛、唐山、沧州市创业孵化基地、公共实训基地、职业技能鉴定中心和劳动人事争议仲裁院建设。

## 二、全面深化改革开放

1. 体制机制创新

(1) 深化行政管理体制改革。

科学界定政府职责范围，合理匹配事权和财力，增强全面依法履行职责的能力。进一步减少和下放市级行政审批，建立区域统一互联的电子政务平台。支持北戴河新区、曹妃甸新区和沧州渤海新区在行政管理体制改革上先行先试。适应经济社会发展需要，按照程序合理调整行政区划。

(2) 推进企业体制改革。

深化国有大型企业改革；完善公司法人治理结构，提高市场选择企业经营管理者的比例；支持国有大型企业跨地区、跨所有制兼并重组，发展成为具有国际竞争力的大企业集团。放宽非公有制经济市场准入，鼓励民营资本进入金融服务、能源资源开发等领域。加大非公有制企业制度创新力度，加快建立现代企业制度。改进对非公有制企业的公共服务平台，加强执行劳动合同、社会保险等法律法规的监督检查。到2015年，国有独资企业基本完成多元化股份制改造，非公有制经济比重达到65％以上。

（3）建立统一的市场体系。

进一步完善人才、技术、资本等要素市场，推进建立信用信息共享平台，在企业信用、环境保护、人力资源等方面加强信息沟通，建立健全负面信息统一发布网络。积极发展区域旅游市场，实行旅游“一卡通”，共同打造精品旅游线路。建立主要污染物排放权交易市场。大力发展市场中介服务机构，规范发展行业协会、商会等社会组织。加快建立规范统一的统计监测体系。

（4）健全人才开发机制。

大力引进海内外高层次人才和创新科研团队，加快培养急需的高技能人才。鼓励人才以柔性流动方式从事教学科研、项目合作、技术服务和投资创业。建设秦皇岛、唐山和沧州留学人员和京津人才创新创业园。完善人才服务体系，对高端人才实行一站式服务。

（5）完善自主创新机制。

围绕产业优化升级，以企业为主体，实行产学研相结合，协作开展核心技术攻关，突破关键技术，开发高端产品。鼓励有条件的企业创建国家工程实验室、工程（技术）研究中心、产学研合作基地。加快科技企业孵化器建设，鼓励发展创业投资。创造条件吸引一批知名的研究单位设立分支机构。加大自主创新政策实施力度，完善创新和创业政策体系。

2. 扩大对内对外开放

（1）搭建对外开放平台。

在曹妃甸新区等建立与日韩合作的基地。建设产业转移的承接平台。支持符合条件的省级园区升级为国家级开发区。支持符合条件的地区申请设立海关特殊监管区域。支持在技术研发合作、人才交流培养等方面先行先试，探索建立与国际惯例和规则相适应的开放型经济体系。

（2）提高利用内外资水平。

加大产业招商力度，积极引进国内外投资。积极引进国内外协作配套厂商，做大做强沿海地区重点产业。鼓励优势企业与国际跨国公司进行战略合作。利用贸易洽谈会、展览会等形式，积极引进国内外投资。

（3）打造对外贸易新优势。

加强特色出口基地建设，培育出口自主品牌，建设出口基地。扩大先进技术装备进口，完善重要进口资源储备体系，建设国家战略资源储备基地。加大政策支持力度，支持开展跨境贸易人民币结算业务。

（4）加快实施“走出去”战略。

引导钢铁、水泥、玻璃、陶瓷、食品加工等优势企业到境外投资，建立长期稳定的原材料供应基地。支持有实力的企业在境外建立生产基地和研发中心、营销中心，积极参与国际分工，提高国际市场竞争力。

3. 加强国内区域合作

(1) 深化与京津全方位战略合作。

加强与京津在产业发展、基础设施、战略资源、信息网络、咨询服务等方面的交流与合作。积极承接京津产业转移和城市功能疏解，推动京津需要转移的产业向沿海地区集聚。支持京津大型企业参与沿海地区开发建设，共建临港产业基地。推动与京津交通、水利基础设施的互联互通和生态、环保基础设施的共建共享。建立健全与京津经济技术交流的合作机制，全方位开展与京津的合作。

(2) 加强与国内其他地区合作。

依托东西连接的出海战略通道，加强与华北、西北纵深腹地合作。强化与辽宁、山东沿海地区重大基础设施的对接和产业合作。加强与长江三角洲、珠江三角洲地区在产业、科技、人才等领域的交流合作，积极承接产业转移，开放共享科技资源，交流技术人才，促进共同发展。

4. 加强组织领导与推进实施

河北省人民政府要加强组织领导，制定工作方案，明确分工，落实责任，完善机制，推动规划实施。涉及的重大政策和建设项目按程序另行报批。要促进人才、资金、技术等要素向三市集聚，推动河北沿海地区积极参与京津冀及环渤海地区经济合作。

国务院有关部门要按照职能分工，加强对规划实施的指导，在相关规划编制、政策措施落实、重大项目安排、体制机制创新等方面给予积极支持，指导和帮助解决规划实施中遇到的重大问题。

国家发展和改革委员会要加强对规划实施情况的跟踪分析，加强督促检查，会同河北省人民政府适时组织开展规划实施情况评估，重大问题及时向国务院报告。

# 第二编

# 河北沿海地区区域经济一体化

# 第五章　河北沿海地区区域形象及其治理对策

## 第一节　区域形象相关理论与研究展望

### 一、区域形象阐释

1. 区域形象的概念和构成

要想准确理解“区域形象”，有必要先弄清楚“区域”和“形象”这两个概念，这是研究区域形象相关问题的基础。

“区域”一词既可用作实体概念，也可用作抽象的空间概念。《现代汉语词典》中将“区域”定义为“地区范围”，可见，“区域”是一个相对的概念，人们对“范围”的理解可大可小，具有极强的主观性，大到地球上的洲际、国家，小到一个区县、村镇甚至某个具有共同特征的空间单元，都可称为“区域”。在学术界，不同学科背景下的“区域”拥有不同的内涵和外延，地理学中将它视作“地球表面划分出的具有一定范围的连续而不分离的单位”，经济学把它看成“按照人类经济活动的空间分布规律划分而成的地域单元”，社会学里的“区域”一般指的是“具有诸如宗教、语言、文化等人类某种相同社会特征的聚居社区”，政治学又将其定义为“国家实施行政管理的行政单元”。可见，区域是人类聚居的场所，是人们从事经济和社会活动的空间载体，是人类为了自身发展和社会进步而进行开发、利用、改造的对象。① 本文中的“区域”以地理和经济特征为划分基础，更倾向于“区域经济学”中的定义，将其表述为“具有地域性、开放性、独立性的内部联系紧密且较为完整、经济活动相对独立、具备特定功能的地域空间”。

① 参见马志强：《区域形象：现代区域发展的品牌和魅力》，27～29页，哈尔滨，黑龙江人民出版社，2002。

“人之相貌，物之形状”是《尚书》中对“形象”的解释。现在人们从心理学的角度，将其理解为“人们通过听觉、视觉、触觉、味觉等各种感觉器官在大脑中形成的关于某种事物的整体印象”。从这个意义上讲，形象指的是人们在一定的实践活动中及条件背景下，通过视觉、听觉、触觉等感官，获取关于对象世界的信息，从而在脑海中形成或深或浅的印象、或这样或那样的评价。① 由于“形象”本身是一个美学概念，“感受性”通常是考察形象的重要标准，因此形象一定程度上反映了人们对事物的认同和喜爱程度，从侧面体现了人们的价值观与审美观。可见，形象不是事物本身的形状相貌，而是在一定条件下人们对事物的感知，它带有强烈的主观意识，并会引发人类的情感活动；人是形象的确定者和评定者，不同的人对同一事物的感知不会完全相同，因而对人或事物的定位和判断，会受到人的意识和认知过程的影响；形象既不等同于客观存在的具体事物的外部形态，又不等同于属于意识形态的主观臆想，它是沟通物质世界与精神世界的桥梁②；形象同时具有物质本源性和主观性，前者指形象是建立在客观的物质基础之上的，后者指形象是人的思维对信息组织加工的结果，它最终存在于人的意识当中。

对于区域形象的含义，国内学者在各自的专著或文章中作出了多样的界定。

禹贡、常立新认为：区域形象就是人们对该区域的一种综合认识和评价，这种综合认识和评价就是该区域的客观形象在人们心目中的感受，它具有“有形”和“无形”的特征。③ 罗治英认为：区域形象是指一个地区的内外公众对该地区的内在综合实力、外显活力和未来发展前景的综合评价与总体印象。④ 王黎明认为：区域形象是指某一区域内外公众对区域总体的、抽象的、概括的认识和评价，它是区域的历史、现实与未来的一种理性再现。⑤ 张鸿雁认为：地区形象是一种文化认知，是人们对地区的一种可以总结的感受与感觉，是可以通过概括性语言进行描述的一种解释。⑥ 王德业认为：区域形象是人们对区域的一种看法和认识，这种看法和认识

① 参见秦启文、周永康：《形象学导论》，第 9 页，北京，社会科学文献出版社，2004。

② 参见马武定：《城市美学》，第 15 页，北京，中国建筑工业出版社，2005。

③ 参见禹贡、常立新：《论区域形象识别系统》，载《武陵学刊》，1995 (5)。

④ 参见罗治英：《地区形象建设论》，第 4 页，北京，中央编译出版社，1997。

⑤ 参见王黎明：《区域形象设计——区域发展战略研究的新课题》，载《经济地理》，1997 (4)。

⑥ 参见张鸿雁：《城市形象与城市文化资本论 第二版》，第 27 页，南京，东南大学出版社，2010。

就是人们对客观事物的一种态度和心理活动，它是以人们的需求为基础的。① 秦启文、周永康认为：区域形象是由区域的内在特点所决定的外在表现，是该外在表现在区域内外公众心目中的印象和评价。②

结合上述学者的表述，本书将区域形象界定为：区域内外公众在一定条件下对区域由其内在特点所决定的外在表现的整体印象和综合评价。这种印象、情感和评价既取决于区域客观的存在，又取决于评价主体的主观感受；既包括区域的自然、资源、环境、经济等物质方面，也包括区域的社会、文化、政治、历史、教育等精神方面，还包括在区域范围内居住的人的行为表现。区域形象通常是由一个区域的知名度和美誉度来标示的，并被当作该区域社会进步与经济发展程度的标志之一。

一般来说，硬形象和软形象是区域形象的两大构成要素。前者是可以运用某些特定指标精确测量的或是具有客观形体的要素，主要包括该地区的自然地理形象、生态资源形象、人口形象、治安形象、经济形象、教育科技形象等，这些因素一般具有较为一致的价值取向和评价标准，是区域生存和发展过程中所具备的物质力量；后者指的是区域内难以精确测量、受心理因素影响较大的各种因素，主要包括传统风俗形象、历史文化形象、精神文明形象、法律法规形象、公众素质形象、政府形象等。③

2. 区域形象的特征

(1) 客观性和主观性。

区域形象既是一种客观存在的实体，又离不开人们的主观意识，是二者的统一。区域形象的树立在很大程度上依赖于客观存在的反映地区风貌的自然景观、代表性建筑群、道路和绿化、直观可见的雕塑和典型标志等直接表现形式，但更大程度上是人们对区域客观存在基础之上的整体感知，认知主体的文化背景和认知水平等因素都会影响其对区域形象的评价。④

(2) 历史性和延续性。

区域现有形象的形成无不反映该地区历史的发展痕迹和遗传特征，区域形象的发展变化无一例外地体现着区域过去的存在状况对现实状况的影响，是该地区历史的积淀与延续。同样，当前的区域形象也会继续对该地

① 参见王德业：《区域形象浪潮》，第12页，北京，新华出版社，1998。

② 参见秦启文、周永康：《论西部城市在西部大开发中的形象定位》，载《西南师范大学学报(人文社会科学版)》，2002 (2)。

③ 参见刘金源：《论区域形象建设的问题与对策——基于江苏省问卷调查的分析》，载《理论建设》，2013 (2)。

④ 参见祁晓娣：《网络媒体中的甘肃形象展现分析》，兰州，兰州大学，2012。

区的未来形象产生深远影响。

(3) 综合性和整体性。

区域形象的构成要素涉及地形地貌、自然生态、教育科技、经济文化、民风民俗、政策法规等多方面内容，几乎无所不包，这些因素相互交织，共同构成区域形象网络。尽管区域的客观存在是一个多面体，但是区域内部的各因素却是相互关联的，公众对区域的形象认知和感受也不是纷繁复杂、破碎分裂的，而是一个整体统一的印象。

(4) 独特性和相关性。

无论是在生态环境和历史传统方面，还是在经济特征和发展战略方面，各区域之间都存在一定的差异性，这些差异性因素造就了富有个性特征的区域形象，如独特的地域文化、特色资源、主导产业以及名牌产品等。同时，各区域形象要素之间以及在地缘上相近的区域形象之间都具有一定的相关性，例如某地区的产品形象会影响其旅游形象，而该地区的形象危机又会不可避免地波及其临近的区域。

(5) 稳定性与可变性。

区域形象的稳定性一方面是指其形成是一个长期积累的过程，是历史因素的积淀；另一方面是指公众一旦产生认知、形成印象，就容易产生心理定式，好坏印象都会存在一定的稳定期。区域形象的可变性指的是公众的主观评价和认知会随着区域客观事物以及公众认知水平或评价依据的变化而变化，因此，区域主体的素质和行为、公众以往的经历以及传播方式的转变都会引起原有区域形象的重塑。

3. 区域形象的价值功能

作为推动区域发展的一种新思路和新方法，区域形象的塑造和维护具有多方面的价值。

(1) 区域形象的经济价值。

1) 区域形象既是资源又是生产力。随着社会经济的飞速发展，形象的作用和地位日益凸显，形象成为生产力显然已经变成一种必然的发展趋势。一定程度上，形象直接涉及效益，决定财富的多寡，甚至决定发展前景。目前广为流传的“形象经济”概念就是这一趋势的标志之一，当工业文明形成生产过剩而导致社会竞争目标转移的时候，人们试图通过形象及其效应来获取价值和利润。形象的生产力性质更多地体现在由公众形成的市场上，表现为：信息时代的到来以及网络技术的快速发展，使得信息相对过剩，有价值的资源不再完全是信息，而更倾向于注意力。形象资源的开发可以获取区域稀缺的注意力资源，进而产生相应的注意力效应。从这个意义上来说，一个具有良好形象的区域能获得大量的注意力资源，从而吸引更多的游客、人才、投资者、企业、国家建设项目，产生巨大的辐射力，其价值最终将体现在生产力水平的提高上。

2）良好的区域形象有利于资源合理配置及区域整体繁荣。首先，良好的区域形象可以打破各地区之间存在的贸易堡垒，促使不同的生产要素自由流动，从而合理配置各类资源，提高资源利用率；其次，良好的区域形象可以发挥各成员体的比较优势，缩小彼此之间的发展差距，促进区域的整体繁荣；最后，良好的区域形象有利于推动产业的整合与协调，不仅可以发展创新传统产业，还会带动新兴产业的崛起，从而构筑统一的市场，进而形成新的经济增长点。

3）良好的区域形象有助于推动区域间的协作和交流。随着专业化分工和全球化的不断深入，区域合作不但成为一种理念与文化，还逐步变成一种世界潮流，同时区域形象的地位和作用也愈加明显。区域形象的塑造可以增进外界对区域的认识和了解，提升区域的开放力，从而便于区域对外交往，开展区域经济合作。一个形象不好的地区，很难与其他地区进行经济和政治上的往来，区域之间没有了交流与合作，就等于失去了发展的机会。而良好的区域形象不但有利于提高区域经济整体竞争力，还可以为区域的可持续发展提供强大后劲。

（2）区域形象的政治价值。

1）良好的区域形象有利于增进政府的了解和支持。任何一个区域的发展壮大都离不开政府的支持，也都无法超越政府的统一管理，政府的认可是最具有权威性和影响力的。事实表明，那些具有良好形象的区域，往往和政府具有良好的互动和对话机制，一方面能借助政府公报、门户网站等及时掌握国家重大政策及调整情况，了解政府出台的法律法规，做到恪守政策法令、自觉接受政府指导、管理细致规范，另一方面还会通过座谈、来访等形式，主动给政府部门通报信息和情况，反映问题，表达意愿，以获取政府的政策性倾斜和支持，从而促进自身发展。①

2）良好的区域形象有利于优化政府形象。树立良好的政府形象，一向是有志的国家公务员和励精图治的各级政府所追求的重要目标。政府形象的优劣是关系到能否治理好一个地区的根本条件，而加强形象塑造是政府发挥社会管理职能的有效手段，也是政府实施公关战略的重要内容。区域形象建设的全面展开，必将促使各级政府打破地方保护主义，进入一种既

① 参见陆林、刘冰清：《试论区域发展中的区域形象价值》，载《经济地理》，2005（3）。

协作又竞争的状态。区域形象的建构与传播过程，实际上是多种力量相互博弈的过程，或者说是建构传播的主体与受众相互作用的结果，在这个过程中，政府、媒介、公民、社会团体都有着各种不同程度的作用和利益诉求。① 开放的区域形象，其背后往往隐含着开放的政府形象，反映的是政府组织民主法治、公正为民、开拓进取、求真务实、团结合作的精神；而封闭的区域形象，也往往隐含着落后的政府形象。

3）良好的区域形象有利于增强政治公信力。政治公信力是现代民主政治的一个重要目标，它表明民众对政府的信任程度和信心水平，取决于权力的合法性、公共选择过程的公正性及合理性、政治诚信、政府运作的效率、政府行为的规范、政治能力等。区域形象塑造有利于提高地方政府的服务水平和工作效率，有利于提高政府治理社会的能力和工作的有效性，有利于扩大政府的影响、确立政府的威信、增加政府组织的凝聚力。同时，区域形象塑造的实践离不开公众的参与，公众参与能够加深公众与政府之间的了解，使政府及时掌握公众对区域未来发展的要求和期待，让公共政策更加符合民意和公共利益，进而增强公众对政府的信任度与认同感，使其积极主动地贯彻执行政府的决策。

（3）区域形象的文化价值。

1）塑造区域形象有助于区域文化建设。经济发展可以提升区域的实力，而文化建设能够打造区域的魅力。一方面，形象是一种文化现象，含有丰富的文化内涵，区域文化是区域形象的核心，它规定和制约着区域形象的本质和特色，离开文化内涵的形象是不存在的；另一方面，区域形象包含伦理道德、哲学理念、精神意蕴、民族文化、历史文化等多个方面，是区域文化的载体以及区域文化得以承载和有效传播的保证。例如，区域理念及区域形象定位正是将区域优势及发展战略进行科学的抽象和概括后形成的，是一个不断进行文化整合、文化挖掘、文化生产和文化创新的过程，这本身就是一种文化建设。

2）良好的区域形象可以培养公众的自豪感和奋斗精神。形象代表着一种精神，一种品质，一种风尚，一种追求。良好的区域形象符合人类求真、求善、求美的愿望，体现着区域内公众的理想和追求，并对公众的道德、感情和行为有着一定的制约作用。而个性化的区域理念，能够统一公众的价值观念，振奋区域精神，发挥导向、规范、凝聚和激励作用。区域形象建设的实践可以培养人们热爱、建设及宣传家乡的责任意识和拼搏精神，

① 参见沈国麟：《控制沟通：美国政府的媒体宣传》，第 99 页，上海，上海人民出版社，2007。

可以激发区域内公众的自信心和自豪感。形象塑造一旦转变成一种自发和自觉行为，人们便会把这种热情和智慧转化成发展的动力，将高昂的士气汇集到区域的经济建设、社会事业发展和社会进步上来。

## 二、区域形象战略与增长极理论

1. 区域形象战略

区域形象战略是指通过调动一切力量与资源塑造一个能够充分展现区域实力和魅力，提升区域知名度和美誉度，最终促进区域经济良性增长及区域可持续发展的区域形象的艺术与科学，其实施步骤一般包括区域形象定位、区域形象设计、区域形象传播、区域形象评价及管理。具体来说，区域形象战略是区域上下以高度组织化和系统化的科学方法塑造、设计和参与区域形象，通过各种活动和传播的力量对区域未来理想发展进行追求与实践，对区域的精神理念进行强化、对区域凝聚力与吸引力进行增强、对区域发展的内外环境进行改善、对区域形象价值进行提升。

2. 区域形象战略与增长极理论的联系

如果把一个区域的经济增长比作一艘航空母舰的话，那么所谓的“增长极”，就是拉动这艘航母前进的“核动力”。显然，区域形象战略就是区域经济提升的“增长极”。① 区域形象对于区域的可持续发展而言，是一种无形资产、一种资源，是区域竞争中极其重要的经济要素，实践表明，多数地区的经济发展都是以区域形象战略的确立为起点的。科学有效的区域形象战略，能够让外部及时准确地了解区域的发展规划和未来前景，能吸引更多的外部因素和资源，能够带动与形象战略相关的行业和产业的快速发展。如今不少地区尤其是沿海地区都将旅游业视作经济发展的主要推动力量，显而易见，区域形象对区域旅游业的发展能够产生“磁极”的作用，因此对这些地区来说，区域形象就是一种对旅游业起重大作用的资源和经济要素，区域形象战略就是区域发展的中心战略。

## 三、区域形象识别理论

1. 企业形象识别系统

企业形象识别系统（Corporate Identity System，CIS），也称企业形象设计，指的是企业有意识、有计划地将企业的各种特征向内外公众主动地展示与传播，使公众对该企业有一个标准化、差别化的印象和认识，以提

① 参见刘晓辉：《试论贵州的区域形象与旅游发展》，载《贵州师范大学学报》，2001（3）。

升企业在市场环境中的竞争力。它的实质是帮助企业在市场中牢固树立“仅此一家，别无分店”的鲜明形象，实施差别化发展战略。CI 系统由理念识别（MI）、行为识别（BI）和视觉识别（VI）三部分构成。20 世纪 60 年代到 80 年代，是欧美 CI 的全盛时期，日本企业在 70 年代以后、我国企业在 90 年代后期也开始创造自己的 CI，从而使之发展成为一个世界性的趋势。这是目前形象战略领域中硕果累累的方向，世界众多的企业通过导入 CI 战略而使自身形象焕然一新，获得了显著的经济效益和社会效益，众多品牌诸如 IBM、可口可乐、麦当劳、松下、海尔等，无不借助 CI 现代经营战略称雄国际。

（1）理念识别（MI）。

这是整个 CI 战略的核心，也是系统运行的原始动力和实施基础，是塑造企业形象最基本且最重要的要素。“理念”属于思想文化的意识层面，是企业的思想和灵魂，其基本内容包括企业的价值观、企业文化、经营信条、企业使命、社会责任、发展愿景等，并且通常用一种座右铭的口号体现出来，旗帜鲜明地突出企业个性，明确具体，并富有人格化和人情味。① MI 是通过传播企业管理理念、企业文化或经营理念来增进社会认同的符号系统，只有具有强有力、独特的企业理念，才能对企业的形象有一个明确而清晰的定位。如海尔集团的“敬业报国　追求卓越”精神，日本丰田公司的“车到山前必有路　有路必有丰田车”精神。

（2）行为识别（BI）。

行为识别是企业将经营理念和价值取向诉诸行动的行为方式，是企业处理和协调人、事、物的动态运作系统，一般通过经营行为、管理行为、社会公益行为体现出来。作为一种操作系统，BI 是经营理念的进一步延伸，也是 MI 的确切实施，具体包括企业内部行为和企业市场行为两个部分，前者包含员工选聘培训、员工激励机制、员工教育、员工行为规范等内容，后者包含产品和市场开发、促销活动、公共关系、广告活动等。

（3）视觉识别（VI）。

视觉识别实施的重要任务是将企业的发展实力、经营理念、文化理念、产品信誉构建成以企业标志、标准色及字体、图案及标语为核心的、完整的视觉传达体系和标志，它将抽象的语意转换为外在的、形象化的、具体的符号传达给受众，同时是理念和行为识别的具体体现，是企业形象的静态表现。因其有着强大的传播力和感染力，视觉识别最容

① 参见刘丹：《企业形象识别系统》，载《东北农业大学学报（社会科学版）》，2006（1）。

易被公众接受，尤其是在信息社会中，企业的视觉识别系统几乎就是企业的全部信息载体。

2. 区域形象识别系统

将企业形象识别理论变化应用于区域营销中，就形成了区域形象识别理论。由于一个地区与一个企业所涉及的范围和相关要素不大相同，因此之间的差别也不容忽视。

(1) 区域理念识别系统。

区域理念识别系统主要是指一个地区独特的价值精神、文化内涵、发展目标以及政治和经济理念，它是区域形象塑造的依据和核心。确定企业理念主要考虑企业的经营宗旨，并将其上升到哲学的高度，而区域理念要比企业理念宏观得多，它体现一种自豪感、一种奋斗精神和一种内在的号召力。[①] 一个区域的理念应能展现该地区的特色和个性，具有鲜明的定位和较高的辨识度，体现区域的发展目标并能科学有效地指导实践，同时还要体现决策者的目标与动力，并作为对社会公众的有力承诺，不能仅仅流于形式或是空洞的口号。

(2) 区域行为识别系统。

企业行为识别主要体现在对员工的行为规范要求上，但是一个地区只能通过法律法规和道德对公民进行行为约束。作为区域理念的具体化和动态识别系统，区域行为识别表现为围绕环境保护、经济增长、社会发展、科技进步、文化传播等所进行的一系列活动。政府行为、企业行为、公民行为、经济行为、政治行为、社会行为、文化行为等都是区域行为形象的构成因素。一般而言，对区域行为识别的构建可以从制定行为规范、出台政策法规、提升政府行为、推动经贸活动、宣传风土民俗、举办体育赛事、发展旅游项目等方面着手。

(3) 区域视觉识别系统。

区域视觉识别系统旨在塑造与区域理念相适应的地区外观，它将地区的价值理念转化成系统化的视觉传达形式，是区域形象最外露、最直观的表现。目前，作为一个省级行政区，要实现统一标志和标准色较为困难，取而代之的应是有代表性的城市建设和生态发展这个“绿色”视觉系统，绝不可以局限于企业 VI 的操作方法。区域视觉识别系统可从地区的自然景观、空间色彩及绿化、道路及公共交通、建筑布局、公园广场、天际线等方面进行构建。

---

① 参见赵驹：《西部大开发中的省级区域形象塑造》，载《广西商业高等专科学校学报》，2002 (1)。

## 四、区域形象维护理论

1. 区域形象的经济特性

(1) 外部性。

经济学家认为，外部性指的是企业或个人向市场以外的其他人所强加的成本或效益，即社会成员从事经济活动时其成本与后果不完全由该行为人承担，而是对他人和社会造成影响。外部性有正外部性和负外部性之分，前者是指某个经济行为个体的活动使他人或社会受益而受益者无须花费代价，后者是指某个经济行为个体的活动使他人或社会受损而造成外部不经济的人却没有为此承担成本。例如，建设一栋美观的建筑、栽种美丽的植物可以产生正外部性，因为不但可以美化环境，还能让这个地区的所有人欣赏到这一优美的风景；工厂排放污染物、遛狗时在草地上留下垃圾等产生的是负外部性，因为对周围的生态环境和他人健康造成了危害。

显然，区域形象具有很强的外部性特征。一般来说，良好的区域形象具有正外部性，这主要表现为区域形象能给相关者带来收益，而相关者却没有为此支付费用——很多榨菜生产企业不管产品是否真正产自中国“榨菜之乡”涪陵，都会打着“涪陵榨菜”的旗号获取利润；不良的区域形象具有负外部性，这主要表现为区域形象给相关者造成了损失，而相关者却得不到补偿的情形——2003 年 11 月，金华个别火腿生产企业采用敌敌畏浸泡火腿防苍蝇的行为在社会上引起轩然大波，并引发了“金华火腿”这个具有千年历史的原产地区域品牌多米诺骨牌式的品牌株连危机，“金华火腿”形象一落千丈，给众多生产企业造成巨大损失。

(2) 公共性。

正外部性产品的极端情况是公共物品。公共物品的概念最早是由萨缪尔森提出来的，他将无法排除他人参与共享并且将商品的效用扩展于他人的成本为零的产品归为公共物品。与私人物品不同，公共物品是具有消费或使用上的非竞争性和受益上的非排他性的产品。显然，区域形象具有公共物品的特性，区域内成员都能使用，且不会影响其他成员的使用。例如重庆火锅因其独特的吃法和风味，闻名遐迩，香飘四方，代表着重庆特色饮食文化的大大小小的“重庆火锅”店几乎在全国各地随处可见，同时，北京的“重庆火锅”店并不会影响天津的火锅店同样使用“重庆火锅”的招牌，因此从中我们可以看出，“重庆火锅”这一重庆区域形象的使用是非排他性、非竞争性的。

2. “搭便车现象”及“公地悲剧”

“搭便车”理论首先是由美国经济学家曼柯·奥尔森（Maneur Olson）

在 1965 年发表的《集体行动的逻辑：公共利益和团体理论》一书中提出的，其基本含义是不付成本而坐享他人之利。所谓“搭便车现象”就是指某种事情产生了正外部性，例如一个人在院子里点烟花给自己欣赏，在放烟花的同时，不但给他自己带来了快乐，也给周围看烟花的人带来了快乐，而周围的那些人却不需要为此付出成本，这就产生了正外部性，又叫搭便车，即周围的人搭了这个放烟花人的“便车”。

“公地悲剧”一词是 1968 年美国学者哈定（Garrit Hadin）在一篇题为“公地的悲剧”的文章中，针对公共牧场因牛羊数量的无节制增加而成为不毛之地的状况提出的。意指资源或财产有许多拥有者，他们每一个人都有权使用资源，但没有人有权阻止他人使用，由此导致资源的过度使用和枯竭，如过度砍伐的森林、过度捕捞的渔业资源及污染严重的河流和空气，都是“公地悲剧”的典型例子。公共物品因产权难以界定而被竞争性地过度使用或侵占是必然的结果。每个当事人都知道资源将由于过度使用而枯竭，但每个人对阻止事态的继续恶化都感到无能为力。

3. 区域形象维护

区域形象维护属于区域形象管理的评估、反馈和控制阶段，其主要任务是及时搜集反馈过程中的信息，掌握区域内外环境的变化，了解形象塑造过程中出现的实际问题和困难，对形象战略目标及战术设计进行必要的重新评估和修改，并运用有效的控制手段保证形象战略的正常运行。由于区域形象具有很强的外部性，因此很容易出现“辐射”效应，引起“搭便车”现象，如果区域形象缺乏必要的维护，便会导致“公地悲剧”，出现区域形象的外部不经济，反而不利于区域的可持续发展。这就需要政府在区域形象维护中发挥主导性作用，从经济、法律、行政、宣传、教育等方面着手保证区域形象战略的实施和良好区域形象的永续。

总之，区域形象是区域内外公众对区域的整体印象和综合评价，代表着一个区域自然、经济和社会发展的整体水平，既是区域经济发展的结果、社会进步的标志，也是区域可持续发展的动力和源泉。我国区域发展的具体实践表明，增强区域的软实力，扩大区域的对外影响力，设法提高区域的竞争力，提升区域形象，是区域经营和发展到一定时期的必由之路。深入了解区域形象的概念、构成、特征、功能以及相关理论，进行区域形象建设和维护，可以促进区域内各项事业的全面进步。

## 五、河北沿海地区区域形象研究价值展望

开展河北沿海地区区域形象研究具有重要的应用价值和理论创新意义。

在应用上，以河北沿海地区发展首次上升到国家战略层面这一政策环境为背景，以区域形象战略与增长极理论、区域形象识别理论、区域形象维护理论为理论依据，结合地区资源优势及发展战略要求，为河北沿海地区塑造良好的区域形象提出建议措施，以期改善当前区域形象存在的突出问题和不足之处，进而将资源优势转化为竞争优势，实现河北沿海地区跨越式及可持续发展。

在理论创新上，我们认为：

1）区域形象与区域可持续发展互相依存、相互促进，改善和塑造区域形象、全方位建设区域形象是区域经营和发展到一定时期的必由之路，同样也是河北沿海地区改善落后面貌、实现跨越式发展的动力源泉。

2）河北沿海地区区域形象塑造的实践要始终遵循反映历史文化、突出个性优势、服务未来发展、力求统筹整体、坚持以人为本、贯彻可持续发展的原则，并将上述原则作为今后区域形象塑造领域中各项具体工作的指导方针。

3）必须明确河北沿海地区应当在广大社会公众中展示一种什么样的区域形象、获得一种什么样的区域形象评价，并将“发展的河北沿海、实力的河北沿海、开放的河北沿海、宜居的河北沿海”作为区域形象的定位，以凸显区域特色。

4）借鉴区域形象识别理论，从文化理念、主体行为、视觉形象三个方面优化河北沿海地区区域形象。文化理念方面，要树立沿海意识、建设海洋文化；主体行为方面，要优化政府形象、提升公众素质、增强企业实力、优化产业结构；视觉形象方面，要注重生态环境的改善、标志形象的构建、地区景点的组织。

5）区域形象由于具有稀缺性、外部性和公共性等特征，易导致“搭便车”及“公地悲剧”等现象，政府需要发挥主导性作用进行区域形象的维护，运用经济、法律、行政、宣传等手段保证区域形象得以延续和发展。

## 第二节　河北沿海地区区域形象现状分析

### 一、被冠以“沿海无海”之名

河北沿海地区对内缺乏“沿海意识”、对外知名度低，被冠以“沿海无海”之名。“沿海意识”代表着一种现代化、国际化的发展理念，“沿海”

往往带来贸易的兴起、财富的集聚和文明的扩张。在人类近现代的发展史上，世界大国的崛起抑或是国内发达省份的繁荣几乎无一例外地与“海”紧密相连。综观全球，全世界约 3/4 的大城市、70%的工业资本都集中在距海岸线 100 千米左右的沿海地带，世界经济强国无一不是借海振兴、依海崛起；放眼全国，改革开放以来，珠三角、长三角、环渤海三大经济增长极都是以沿海开发、走海洋发展之路实现的。但是，相对东南沿海地区而言，我国东北沿海地区的开发相对落后，尤其是河北沿海地区，不但没有充分发挥“内环京津、外沿渤海”的独特区位优势，反而一直呈现出内陆发展模式。河北长达 487 千米的海岸线上，欠缺重要的沿海城市、知名的沿海港口及发达的沿海工业。提到海，人们往往首先想到的是大连、青岛、厦门、海南，即便北戴河以避暑胜地驰名国内外，山海关以“天下第一关”名扬天下，但秦皇岛市却鲜为人知，就连秦皇岛本地人也经常不由自主地把海港、北戴河、山海关三个区孤立起来；大多数人更是无法将唐山和沧州与“沿海”联系到一起，甚至很多省内的人也不知道沧州和唐山还是临近海洋的城市。而且，人们的思想文化观念落后，小富即安、知足常乐、不求进取的小农经济思想严重，虽为沿海省份，但普遍具有内陆心态，缺乏开拓精神和创新意识，保守、流动性小。①

## 二、被视为“中国最后一片沿海”

改革开放以来，我国通过建立经济特区先后开放了 14 个沿海城市，深圳、厦门、宁波、青岛、大连等沿海城市都快速发展成为当地的重要经济中心城市，并成为中国经济最活跃、吸引外资最多、经济总量最大的区域：作为改革开放以来的第一个经济特区，深圳创造了举世瞩目的“深圳速度”，成为国际重要的空海枢纽、物流基地、外贸口岸和南方重要的高科技研发和制造基地；厦门成为两岸区域性金融服务中心和新兴产业及现代服务业合作示范区；作为长三角五大区域中心之一的宁波，发展成为现代化国际港口城市、长三角南翼经济中心；有着“世界帆船之都”“中国品牌之都”美誉的青岛正成为华东地区北片的经济中心城市；大连以先进的城市经营理念和优美的旅游资源称雄全国，是东北地区对外开放的重要窗口。作为历史上的京畿重地，河北沿海地区具有“内环京津、外沿渤海”的特征，是我国沿海战略中不可或缺的部分，然而，从区域发展的现实情况看，这一独特的区位特征却未使河北沿海地区获得独特的发展机遇，长期以来

① 参见雷光宇：《河北沿海经济带外向型经济发展优劣势辨析》，载《华章》，2013（3）。

处于开放力度不高、经济外向度较低、缺乏名牌产品支撑的形象境遇。在东部沿海地区的诸多指标排名中，河北沿海地区明显处于落后状态，处于“东部地理区位、中部发展水平”的尴尬局面①，成为东部沿海地区经济发展中的一块“短板”。河北沿海经济带与同处渤海湾的天津滨海新区、辽宁沿海经济带、山东沿海蓝色经济带相比，是后来者。从 2012 年的 GDP 水平来看，河北的 GDP 总量居全国第 6 位，落后于全国第 3 位的山东，领先于辽宁和天津，但全省人均 GDP 和沿海地区人均 GDP 均落后于其他三省市，仅居全国第 19 位，甚至被中部的湖北、西部的重庆双双超过②，说明河北只是经济大省而非经济强省。毗邻京津的河北省沿海地区，不仅没有借助京津两地的带动展翅腾飞，反倒出现了“灯下黑”的尴尬局面。在京津周边，还有一条“环京津贫困带”的存在，河北与京津之间的发展水平，可谓横着一座巨大的“悬崖”。③

## 三、生活质量和发展环境差，资源流失严重

从 20 世纪 80 年代开始，依凭我国东南一侧的蜿蜒曲折的海岸线展现出巨大的“经济磁力”，成为亿万中国人的追梦地，每年春节前后分别向西向北、向南向东的“潮汐”式人流往返就彰显了这一点。显然，海洋最大限度地满足了人类向往、追逐自由和财富的天性，实现着一个个变荒凉为繁华、变贫穷为富足的梦想。沿海地区也是充满热情和理想、充满创新精神和奋斗精神的有志之士成就事业、成就人生、实现梦想的地方，是最具活力、最富潜力、最值得也最适宜投资创业的地方，是天蓝水清、生态良好、环境幽雅、社会和谐、适宜人居的地方。但是河北沿海地区的这些优势并没有得到充分体现，长期以来，城市商业服务、文化娱乐设施、教育环境、科研与技术服务等基础设施建设及公共服务体系落后，政府缺乏服务精神，对人才和企业的支持力度不大，居民工资水平低，发展机会少，导致大量的高层次人才、资金、科研成果及技术由河北沿海地区流入周围经济区及其他沿海开放城市，秦唐沧地区知名高校、科研机构、企业屈指可数。这些区域形象显然不利于河北沿海地区人才与资本的吸纳、内需的扩大，进一步加剧了经济发展的差距。

---

① 参见徐泽、李浩：《探索中国沿海转型发展之路——河北沿海地区空间发展战略》，载《规划师》，2012 (4)。

② 参见王素君、张光彩：《环渤海视角下河北沿海地区协调发展研究》，载《河北学刊》，2013 (4)。

③ 参见韩言铭：《悲情河北缘何经济发展落后》，载《今日中国论坛》，2012 (4)。

## 四、文化产业发展落后，创新型人才缺乏

文化产业是以生产和提供精神产品为主要活动，以满足人们多样化、多层次的精神文化需求作为目标，包括影视文化、电信软件、文学创作、设计服务、展演出版、咨询策划、工艺时尚等高科技含量、高附加值的新兴产业。文化产业的发展是文化大发展、大繁荣的必要条件，是区域文化创新的一个重要方面，创新文化产业被普遍认为是21世纪新的经济和文化增长点。一般认为，支柱性产业的标志，是产业创造的增加值占GDP比重达到5%以上，例如2010年青岛文化产业增加值占地区生产总值的比重达到7.7%，文化产业已成为该市新的支柱性产业。

在政府和市场的共同推动下，秦唐沧地区近几年文化产业发展取得了一定成效，如创建秦皇岛动漫基地、唐山陶瓷文化中心，举办中国吴桥国际杂技节等。但是，河北沿海地区的文化产业仍然处于产品开发和要素扩展阶段，文化产业创新发展步伐仍显缓慢，文化对经济的支持促进作用没有充分体现出来。2013年上半年，河北全省文化产业实现增加值373.8亿元，占同期GDP的比重为2.84%，从增加值总量上看，唐山为55.7亿元，排名第二，秦皇岛和沧州排名靠后；从占GDP的比重来看，衡水最高，达到了4.96%，而秦唐沧三市均未超过3%。与“环河北”地区和先进地区相比，河北沿海地区文化产业的总体水平尚处于“盆地”之中，主要存在的问题包括：文化产业的发展目标和重点还有待明确，特色还不够鲜明；文化产业创新能力不强，科技含量有待提高；分散经营比较普遍，以“基地”或“园区”面貌出现的文化产业空间集群还没有形成，文化企业的整体和个体规模偏小，核心竞争力不强；没有形成产业化的发展规模，产业结构不合理，供需结构不平衡，融资渠道窄；对本地文化产业发展建设的宣传力度不够，文化企业的知名度不高；文化产业政策有待完善和进一步落实等。[①] 文化产业属于创意产业，它高度依赖文化的创新意识，对文化创作力和创造型人才有迫切的需求。但是河北沿海地区文化产业人力资源的总量、质量、专业与分布构成都不容乐观，文化管理和经营人才缺乏，人才的创新能力总体水平较低，不少文化市场经营管理人员缺乏将文化创新产业化和市场化的眼光和能力。

---

① 参见付荣霞、许文静：《秦唐沧沿海区域文化创新路径研究》，载《中国管理信息化》，2013（3）。

## 五、旅游形象呈现“散、乱、弱、小”的局面

旅游形象是指旅游活动、旅游产品及旅游服务等在人们心目中形成的总体印象和综合评价。河北沿海地区汇集了海、湖、山、关、城、森林、湿地、温泉等丰富的旅游资源，秦皇岛的长城山海资源，唐山的历史红色资源，沧州的杂技武术等人文资源也各具特色。但是，与其他沿海地区相比，河北沿海地区却没有形成独特优势，在环渤海地区的旅游发展中，河北省无疑是最弱的一环，旅游业多年来处于不温不火的状态。河北沿海地区仍以传统观光旅游为主，文化旅游比重小且发展水平低，休闲度假产品及新型产品缺乏，国际前沿休闲度假产业缺失，在经济总量和入境旅游规模方面都不及大连、青岛、天津、烟台等其他环渤海旅游城市。2012 年，北京、天津的全年旅游总收入分别为 3 600 亿元和 2 000 亿元，而秦唐沧三市的旅游收入分别为 201 亿元、170 亿元和 53 亿元，三个城市旅游收入加起来还不足北京市的一个零头。相比于河北，辽宁和山东的旅游似乎还有一些竞争优势，两省 2012 年的旅游收入分别为 3 940 亿元和 4 500 亿元，其中大连、青岛、烟台分别达到 767 亿元、807 亿元和 475 亿元。秦唐沧三地旅游资源没有形成“优势互补、互利共生”的整体发展模式，发展相对独立，景区与城区分割，空间布局不平衡，制约了游客的出行半径和消费空间。旅游产品粗放单一、缺少产业链延伸和文化品质的提升、季节性强、管理混乱、航班少且航线短、景点分散、旅游景区间的公共交通不完善、娱乐服务业不发达等因素都制约着高端旅游业的发展和精品路线的形成，影响了由夏季游向四季游、滨海游向全境游的转变。

总之，覆盖秦皇岛、唐山、沧州三市所辖行政区域的河北沿海地区，因其独特的区位优势、优良的资源禀赋、发达的交通体系、密集的港口资源、突出的产业特色以及深厚的文化底蕴，不仅在促进京津冀及全国区域协调发展中具有重要的战略地位，而且蕴藏着巨大的发展潜力。《河北沿海地区发展规划》的颁布实施，标志着河北沿海地区发展正式上升为国家战略，在新的形势下，该区域的发展面临一系列的机遇与挑战。不能否认，河北沿海地区现有的区域形象存在诸多问题：对内缺乏“沿海意识”、对外知名度低，被冠以“沿海无海”之名；“东部地理区位、中部发展水平”，被视为“中国最后一片沿海”；生活质量和发展环境差，人才、资金、技术大量流失；文化产业发展落后、人才储备不足，缺乏文化创新；区域旅游形象呈现“散、乱、弱、小”的局面等。这些形象将严重阻碍河北沿海地区发展的进程和成效。

## 第三节　河北沿海地区区域形象塑造的建议

### 一、河北沿海地区区域形象塑造的原则

如何变资源优势为竞争优势，如何后来居上，是河北沿海地区区域形象塑造和建设面临的重要而紧迫的课题。要推进河北沿海地区区域形象塑造和建设，必须有原则，不能随意而行。所谓原则，就是人类行为的准则。明确区域形象塑造应遵循的原则，对于河北沿海地区进行形象定位、开展形象塑造的实践具有重大的指导和规范意义。

1. 反映历史文化的原则

区域形象的塑造要对本地区历史文化进行仔细地梳理，其中的文化传统、民族习俗、文明遗产等标志着区域的身份和特征，构成了区域形象的底色，是区域形象定位和塑造的基础。河北沿海地区要想拥有经得起历史检验的区域形象，就必须在其发展中注入灵魂，保持其历史、文化和创新韵味的传承与扩大，建设成有历史、有文化、有品位、有内涵、有活力的地区，唯有这样，河北沿海地区才能树立起独特鲜明的区域形象，并以此为动力源实现可持续的长远发展。

2. 突出个性优势的原则

无论是城市还是国家，都因自然环境、历史传统、文化背景、社会经济状况的差异，表现出各自不同的个性、风格和特色，正是这种个性和特色构成了世界的多样性，也成为全球化和区域一体化背景下各地区的标志和亮点。为了塑造正面积极、鲜明独特、易于辨识和认可、富有影响力和吸引力的区域形象，河北沿海地区在进行形象定位和塑造时，需要依据本地区的特色属性，发掘本地区的优势，扬长避短，增强区域形象的竞争力。

3. 服务未来发展的原则

历史、现在、未来是任何事物存在的基本维度，区域形象总是处于动态的发展过程中，科学的区域形象有赖于对历史传统、现实状态以及未来趋势的正确把握。所谓区域形象建设，理所当然是追求美好高尚形象的建设，这种追求完全有利于区域未来发展和文化传统的继承和发展。河北沿海地区区域形象塑造的实践要与区域发展战略、发展目标、区域规划、区域生产力布局相协调，在对传统文化和民族精神进行保留的同时还要注入现代观念和开放意识，体现人们对未来发展前景的自我期待。

4. 统筹整体的原则

统筹整体就是通过塑造与整合传播一系列形象要素，形成整体区域形象，并使其具有统一的内涵和载体，内在协调统一、外在特征鲜明，建设优良的软、硬环境，从而使利益相关者对区域的所闻所见所感相一致。[①]河北沿海地区区域形象的建设需要秦唐沧三市在追求差异性、互补性发展的同时，注重统筹规划，合理设计最优的整体区域方案。区域形象塑造是一个全方位、多层次、多角度的系统工程，它需要政府及其各级部门、机关、企事业单位、社会团体、组织和全体市民等的深刻领悟和广泛参与，因此河北沿海地区区域形象建设需要秦唐沧三地政府、民众通力合作。另外，若不遵循统筹整体的原则，区域投资无重点，耗费资金必然大，也不能带给人们有层次性美感的区域形象。

5. 以人为本的原则

亚里士多德说："人们为了活着，聚集于城市；为了活得更好，居留于城市。"也就是说，城市形象的塑造，不仅要让市民生活于此，更要让市民生活得更好。[②] 同样，区域形象的建设也要以追求人的长远利益，更好地满足人们的物质文化和精神文化需求为终极目标。人是区域形象塑造的主体，在区域形象建设的实践中，人们总是从自身的尺度和需要出发去认识和改造地区面貌，只有对人尊重，才能唤起人的主体意识。因此，河北沿海地区区域形象建设应该以人为中心，关注人的感受、注重人的尺度、体现对人的关怀，做到让居民和外来人员满意和赞许，提高民众的现代文明素质和生存发展环境。

6. 可持续发展的原则

在河北沿海地区区域形象建设的实践中，特别是在区域项目设计和规划上，应当按照可持续发展的要求，注重经济、社会以及环境的协调发展；区域形象要良性反映区域未来的变化，避免政绩工程、形象工程的泛滥，避免过度超前定位和规划；区域形象的塑造要注意维护景观资源，注重区域文化、历史积淀的传承和永续，不能为了追求片面的经济效益，对区域内的历史遗迹进行故意破坏，或者忽视区域文化的提高，打破地区的历史连续性。

## 二、河北沿海地区区域形象的定位

区域形象定位是区域发展模式、方向、战略的集中体现，是区域形象

① 参见孙静：《芜湖城市形象的定位与传播策略研究》，芜湖，安徽师范大学，2012。

② 参见胡小武：《城市形象战略的两大属性》，载《城市问题》，2003 (2)。

的基点和核心，也是区域形象建设的切入口，科学、准确、清晰的形象定位有利于正确有效地制定和实施区域形象战略。所谓区域形象定位，就是明确区域在经济社会中最适宜扮演的角色以及在内外社会公众心目中的形象地位，从而突显区域形象鲜明的个性特质。区域形象定位有赖于对地区区位优势、文化内涵、经济实力、资源条件的把握和深层次理解，着眼于区域未来长远稳定的发展，以塑造自身形象或强化现有形象为目的，它能优化、传播、沟通、顺应社会大众的接受心理①，有利于区域优势地位的确定，使区域形象在人们心目中获得不可取代的地位。区域形象定位不切实际或是模糊不清必然会导致决策失误，给区域发展造成重大损失。② 如何确立一个独特的，既能凸显区域特色又能引起公众关注的区域形象定位对我国很多区域来说是一个亟待解决的问题。

对于河北沿海地区区域形象定位，可以从形象战略目标和最终结果两方面加以理解，前者是河北沿海地区未来应当在其广大社会公众中展示一种什么样的区域形象的问题，后者是河北沿海地区未来要在其内外广大社会公众中获得一种什么样的区域形象评价的问题。③ 根据上述河北沿海地区具备的优势条件以及《河北沿海地区发展规划》的战略要求，可将河北沿海地区区域形象定位为：发展的河北沿海、实力的河北沿海、开放的河北沿海及宜居的河北沿海。

1. “发展的河北沿海”形象

河北沿海地区要在广大社会公众心目中塑造和建构一种蓬勃发展的形象，具体来讲就是要塑造一个“工业化、信息化、城市化快速发展的新型沿海地区”。发展始终是硬道理，随着信息时代的到来，“发展”随之被理解为不仅是实现工业化的过程，而且包括工业化之后的信息化过程，以及在工业化和信息化基础上所发生的社会转型。对于经济发展相对落后的河北沿海地区而言，有效地塑造和构建发展形象，是十分必要的。要将河北沿海地区发展成为“环渤海地区新兴增长区域”“全国重要的新型工业化基地”。

2. “实力的河北沿海”形象

“实力”主要是基于河北沿海地区临近京津的特殊地理区位以及在京津

---

① 参见黄华中、陈云龙：《湖南区域形象建设对策研究》，载《经济研究导刊》，2010（30）。

② 参见刘婵婵、孙秀茹、白玉华：《区域形象战略研究——兼论广西区域形象战略》，载《南宁师范高等专科学校学报》，2004（3）。

③ 参见周启瑞：《发展视域中的湖南区域形象战略目标定位》，载《湖南社会科学》，2008（6）。

冀一体化发展中的地位来考虑的。长期以来，河北一直扮演着京津“护城河”的角色，随着和谐社会建设步伐的加快，京津对河北的要求及合作的热情会有增无减。作为河北沿海地区而言，要充分开发利用好资源优势，提升实力，成为“京津城市功能拓展和产业转移的重要承接地”。

3.“开放的河北沿海”形象

“开放”顺应时代进步的要求，符合历史发展的潮流。河北沿海地区要重视培育公众的开拓创新精神，改变目前的“内陆”发展模式，及时出台人才交流培养、技术研发合作、跨国贸易投资等相关支持政策，创造对外开放的大环境，积极搭建对外开放的平台，体现开放窗口的角色，发挥出海通道的作用，与国际惯例和规则相接轨，构建互利共赢的开放型经济体系，建成内联华北与西北地区、面向东北亚的对外开放重要门户，建设成为“我国开放合作的新高地”。

4.“宜居的河北沿海”形象

河北沿海地区应该是天蓝水清、环境幽雅、适宜人居的地方，宜居必然能吸引人才、资金、技术的汇集，成为人们就业、生活、商务和休闲的聚居中心，从而增强区域竞争力。这就要求各地在追求经济发展速度的同时，注重人与自然的和谐发展，不断美化人居环境，完善城乡公共服务体系，提高居民生活质量，将河北沿海地区建设成为我国北方地区环境优美、生态良好、功能完善、社会和谐的滨海城镇带，打造“我国北方沿海生态良好的宜居区”。

## 三、河北沿海地区区域形象优化建议

如前所述，区域形象识别系统包括区域理念识别系统、区域行为识别系统、区域视觉识别系统三个部分，优化河北沿海地区区域形象主要从以下三个方面入手：

1. 文化理念的优化

区域形象的生命在于个性，而个性的基础在于文化。文化理念是区域形象的灵魂和精髓所在，它可以是整个区域所提炼的理论信条，或是区域发展哲学的高度概括，也可以是区域的传统所凝聚的民风和精神。提升河北沿海地区区域形象关键就在于梳理出能代表河北沿海地区地域特色和反映时代要求的精神内核。区域形象通过富有个性化的区域理念建设，可以形成动力，可以振奋精神，鼓舞公众奋力拼搏。

（1）树立沿海意识。

“沿海意识”是一种现代化、国际化的发展理念。当今，人类已经进入

"海洋时代"，全球大部分人口集中在"沿海地区"，大部分城市集中在"沿海地区"，大部分政治、经济、文化活动发生在"沿海地区"。海陆交汇之处最大限度地满足了人类追逐财富、向往自由的天性，实现着一个个荒凉变繁华、贫穷成富足的梦想，也孕育凝结出可供人类共享的精神财富——改革图强、开放求变、开疆拓土的"沿海意识"。① 随着时代变迁和社会进步，"沿海意识"的内涵不断地丰富和拓展：一是市场和进取意识，市场需求是行动指南，价值规律是行为准则，不安于现状、敢于冒险、积极进取是市场竞争的不二法则；二是兼容和合作意识，有开阔的眼界与胸怀，面向世界，兼容并包，集百家之长为我所用，崇尚交流协作，追求互利共赢；三是创新和发展意识，创新是发展进步的灵魂和不竭的动力，没有创新意识，思想的藩篱不会冲破，体制的坚冰难以融化。

在河北沿海地区树立沿海意识，相对的就必须打破由来已久的"内陆"心态，树立更加强烈的开放、协作和创新意识；破除小富即安、小进则满的自足心态和保守思想，树立更加积极进取、开拓拼搏的精神；消除"边缘"心态，树立强烈的自主发展意识，用乐观积极的姿态投身未来的发展实践。

（2）建设海洋文化。

无论是在工业、贸易还是在旅游、文体方面，每个沿海城市都各具特色和优点，但是追本溯源，海洋都是其根脉与精髓。一个地区的形成和发展，它所体现的形态和功能，甚至其居民及事业的特色都脱离不了自然环境的制约。可以说，正是海洋给予了沿海地区独特的地理环境、自然景观和气候条件，为工商农及旅游业发展奠定基础并布下格局；也正是海洋赋予了沿海地区的人们开放包容、伟岸大气以及浪漫奔放的性格。海洋是沿海地区的历史、现在和未来，是建设沿海地区文化最贴切的主题。②

在河北沿海地区建设海洋文化，首先要以海洋作为地区风貌的核心符号，通过不同形式的表达，锐化区域特征，树立品牌标志，大力打造独树一帜的海洋精品符号。以海洋为依托或象征的建筑或设施是海洋符号的个性化表达，也是海洋主题文化建设的重要品牌，包括海洋景观、海洋广场、滨海大道、海族馆、港口码头、航线航标等。由海洋的联想出发，以塑造地区整体风格为目的，更具抽象性与普遍性的符号，是建设海洋文化的最

---

① 参见樊奔：《中国城市进入"后沿海"时代——沿海城市与内陆城市新解》，载《西部广播电视》，2010（2）。

② 参见刘秉贤、李亮：《论沿海城市如何建设海洋主题的城市文化》，载《辽宁行政学院学报》，2011（6）。

高境界，包括海洋雕塑、绘画、海洋文学艺术、海滨海上旅游鉴赏、海洋生物标本展览等。① 一提起青岛，人们便会联想到栈桥、联想到形如海上吹来的一股劲风的雕塑“五月的风”；一说起大连，人们便会联想到星海广场，想到友好广场中央巨大的水晶球，其材质和颜色都带有强烈的海洋联想。

在河北沿海地区建设海洋文化，还要以海洋凝练居民群体的共同气质。这就要求各地大力繁荣文化事业，以大型活动为平台，凝聚居民力量，创办史诗规模的文化精品活动，举办服装节、赏花节、徒步大会等，打造中国吴桥国际杂技艺术节、中国沧州国际武术节、中国评剧艺术节等知名文化品牌，积极支持唐山全力筹备2016年世界园艺博览会，增加居民的参与热情和表现活力；大力发展旅游业，支持发展生态旅游、红色旅游、休闲旅游，培养居民的主人翁心态，促使他们热情好客、文明懂礼，注重自身形象。如果居民具有海洋一般的开阔胸怀、海洋一般的宏大气魄、海洋一般的浪漫情怀，就会给河北沿海地区文化建设带来热情之风、活力之风、文明之风和魅力之风。

2. 主体行为的优化

区域内的政府、企业和社会公众是区域形象的表现者和创造者，他们的行为直接体现区域的精神、文化和理念，规范区域主体行为是塑造区域形象的重要环节。

(1) 规范政府行为，优化政府形象。

政府是地区经济与社会各项事业发展的组织者、领导者和管理者，对区域发展起着至关重要的作用。政府形象是一个区域的门面，树立良好的政府形象，是区域形象行为系统建设中的第一个环节。河北是中华传统思想文化积淀较为深厚的区域，家长制、特权专制等浓厚的封建主义残余，使政府常常困于独断专横、夜郎自大、以邻为壑、地方保护主义的境地难以自拔，未能从根本上摆脱计划经济模式的束缚，政府部门机构臃肿、人浮于事、效率低下、官僚作风横行、贪污腐败现象严重。② 规范政府行为，优化政府形象，就必须破除旧观念和旧的思维方式、行为习惯的束缚，塑造政府改革者的形象、务实者的形象、有胆识的形象、服务者的形象、公正为民的形象、廉洁的形象、高效的形象。

政府树立改革者的形象，就要进一步解放思想，树立可持续发展的新发展观，更新观念，勇于开拓创新；树立务实者的形象，就要摒弃形式主

① 参见许思文：《江苏沿海海洋文化开发之思考》，载《群众》，2010 (10)。

② 参见尹晓丽：《河南形象重塑中的政府公关研究》，郑州，郑州大学，2007。

义，做到求真务实，要摸实情、讲实话、办实事、重实效；树立有胆识的形象，就要加强自身建设，讲求科学精神，具备大局意识和长远眼光，提高决策水平；树立服务者的形象，就要转变政府职能，推进行政管理体制创新，提高政府服务意识，加速政府管理观念、管理方式、管理范围的根本转变，实现“小政府、大服务”；树立公正为民的形象，就要保证公民的平等权利，公平公正执政，树立“以人民为本位”的执政观，改变过去“门难进、脸难看、事难办”的负面形象，为公民提供更多的优质管理和服务；树立廉洁的政府形象，就要公开行政权力，控制政府消费，开展各级官员财产登记制度，拓宽群众对权力运行的知情权、参与权和监督权，公平执法、严惩腐败；树立高效的形象，就要加快机构精简的步伐、缩减行政审批手续，提高办事效率，完善公务员制度，提高公务员的整体素质。

河北沿海地区政府必须花大力气加快改革攻坚步伐，有针对性地解决突出问题。首先要建立分工合理且权责一致、决策及执行科学顺畅、监督和管理规范有力的管理体制，通过建立统一互联电子政务平台加强各地区的沟通合作，在行政管理体制改革方面支持北戴河新区、曹妃甸新区和沧州渤海新区先行先试；对发展建设中的专项资金进行综合治理，对截留、挪用、挥霍专项资金等损害群众利益的突出问题进行重点查处；推进各项制度创新、创新土地资源配置方式、构建公共财政框架、发展社会中介组织，正确处理政府与社会的关系；完善人才服务体系，提高并落实对各类人才和企业的国民待遇，建设秦唐沧留学人员和京津人才创业园区，在学历学位认证、安家落户、子女入学、配偶就业等方面为引进人才和高端人才实行一站式服务；大力发展教育、就业、医疗、文化、社会保障事业，改善人民的生活质量及发展环境；废除地方保护主义，加强秦唐沧地方政府的整体观念，形成合力，实现沿海整体和三市的协调发展。

（2）培养公众形象意识，提升公众素质。

现代社会的高度文明呼唤与之相适应的高素质的人，落后的区域要想奋起直追，人是根本。区域内的公众既是区域形象的载体，又是区域形象塑造的主体，一个区域的公众总体素质、文化修养、文明程度，是展示区域形象的重要窗口，居民精神面貌、言谈举止和受教育程度影响外部公众对地区形象的判断，区域形象塑造的任何战略措施，最终都要通过区域内的公众群体来落实和实现，因此树立公众的区域形象意识，提高公民的综合素质是一个地区形象塑造的前提和基础。

河北沿海地区的形象塑造，必须注重培养区域公众的形象意识，在秦唐沧各地掀起区域形象建设热潮，引导和鼓励区域内全体居民共同关心和主动参与本地区的形象建设活动，通过宣传教育让公众充分认识个人形象对区域发展的重要作用，营造“人人都是区域形象，人人都是投资环境”的氛围。素质的提升是一个长期的过程，为此，河北沿海地区要加大教育投入，加快教育体制改革步伐，大力推进义务教育、高等教育、在职教育和各类技能培训，不断提高区域内广大公众的科学文化素质和劳动技能，提高区域公众形象的科技含量；加快建设博物馆、图书馆、文化馆等文化基础设施，开展多种文化形式繁荣群众文化生活，提高公众的欣赏水平，强化风俗、习惯、道德的正义力量；利用李大钊纪念馆、马本斋纪念馆、纪晓岚故居、曹雪芹故里等爱国主义教育基地和历史文化资源，加强革命传统和历史文化教育；加强精神文明建设，以创建城市文明社区、农村文明村镇、行业星级窗口为载体，广泛开展公德教育和实践活动①；合理运用法律的强制性，运用法律的教育、指引、评价、惩戒作用来规范公众的行为。一个地区窗口行业的形象直接制约着投资者对区域的印象和投资信心，因此要尤其重视提升餐饮住宿、娱乐休闲、文化旅游等场所服务人员的文化素质、职业道德、专业技能和工作效率。

(3) 实施企业名牌战略，增强企业实力。

企业形象包括产品形象、经营形象、领导形象、员工形象、标志形象等诸多要素，是一个地区重要的“形象名片”。河北沿海地区需要一批优秀的企业家和知名的企业作为强有力的支撑和不竭动力，保证区域形象的有力传播。一个地区如果拥有一批名牌企业就必然会增强地区的经济实力，借助名牌企业、名牌产品、优秀企业家的知名度，可以带动地区的整体发展，提升地区的知名度和美誉度。例如，以“安踏”“鸿星尔克”为代表的运动鞋品牌群成就了晋江“中国鞋都”这一区域品牌；“爱登堡”“威兰西”等服装品牌造就了石狮这个“中国休闲服装名城”。② 河北沿海地区的中小企业不少，但能在全国叫得响的名牌企业却寥寥无几，并且多数企业对形象塑造不重视，短期行为普遍，思想保守且缺乏创新，观念封闭而惧怕挑战，所以难以形成优秀的企业家群体，也难以涌现出名牌产品。

基于河北沿海地区目前的企业形象，要特别重视以下几个方面：要突出企业家的品格形象、知识形象、技能形象等，扩大企业家的知名度；通过考察考评、培训交流等方式大力提高企业家素质，培养一批具有现代市场经济观念和远见卓识的企业家；推动企业运用 CI 设计手段，体现企业的

---

① 参见李洪娟：《秦皇岛市区域形象建设问题研究》，载《河北科技师范学院学报（社会科学版）》，2006（1）。

② 参见谢弦：《区域品牌视角下的海西区域经济增长》，载《三明学院学报》，2008（1）。

经营哲学、管理理念、产品质量和服务意识、社会责任及信誉等；扶植企业推行品牌战略，尽快建立现代企业制度，推行科学化管理，引进先进技术，尤其要加强对上市公司的监督和指导，促使它们尽快成为行业的“领头羊”；支持企业创新，使企业创新成为区域创新源，形成河北沿海企业追求高品位、高质量、高技术和不断优化管理、勇于开拓市场的新形象；要充分利用区位优势，依托产业基础，完善投资环境，引进国际大集团，融入国际产业分工和营销网络。

（4）优化升级产业结构，扬长避短错位发展。

合理确定秦唐沧三市的功能定位，充分发挥区域比较优势、后发优势和竞争优势，通过政府引导、企业推动、市场化运作，加强区域内以及本区域和环渤海其他地区的分工协作，推动产业结构优化升级。将秦皇岛建设成为全国著名的滨海休闲度假胜地、历史文化名城及现代物流基地，重点发展电子信息、重型装备、文化创意产业；将唐山建设成为全国重要的精品钢铁基地和国家循环经济示范区，重点扶持动车及汽车制造、重型装备及新型建材、石油化工等产业发展；将沧州建设成为全国重要的管道装备基地和能源资源运输通道，重点推动新能源和新材料、文化旅游及现代物流的发展。

把河北沿海经济带打造成“一个网络、一个平台、一个体系”。一个网络，就是要做到信息共享，无障碍沟通，形成通畅的沟通风格，为沿海经济带建设提供保障；一个平台，就是形成资源共享和转化平台，让沿海经济带的科技创新、成果转化、人才流动等能够自由流动共享；一个体系，就是各地按照各自所具有的独特优势，通过沿海经济带这个网络和平台，在产业链中承载不同的环节，形成完整的现代产业体系。①

另外，河北沿海地区应加快发展文化产业、旅游业、海洋产业。积极培育工业研发设计、应用软件、动漫游戏、影视创作、出版发行、民俗节庆及会展等文化创意产业；充分利用现有的优势旅游资源，建设生态观光、滨海休闲、长城风光文化和运河文化旅游带，依托唐山近现代工业文明和地震遗迹、评剧、清东陵、吴桥杂技、武术等打造人文旅游品牌；积极发展种植业、畜牧业、渔业等特色农业；突出发挥沿海优势，大力发展具有明显市场优势的海洋产业，例如可以提高盐生植物及水产品的精深加工和利用，还可利用海洋丰富的生物资源研究开发新型药物和生物制品，打造“海上河北”。

---

① 参见齐晓丽、张贵、金浩：《京津冀区域一体化格局下河北省沿海经济带发展研究》，载《河北工业大学学报（社会科学版）》，2013（1）。

3. 视觉形象的优化

作为一个地区内涵的最直接体现，区域视觉形象对地区可持续发展的重要性就犹如包装、标志对于商品销售的重要性。区域内的自然环境、生态环境、人工环境都是区域形象的重要外显标志。

（1）生态环境的改善。

改善生态环境，加强生态保护和建设，要坚持可持续发展的原则，走“生产发展、生活富裕、生态良好”的文明发展道路，集约节约利用资源，加大环境治理与保护力度，建设资源节约型和环境友好型社会。要加强防护林、草地植被等生态屏障建设，加强对黄金海岸自然保护区、北戴河风景名胜区、秦皇岛柳江国家地质公园、山海关森林公园、沧州南大港湿地等生态功能区的保护；科学规划，合理开发利用土地、海域、矿产资源，保持资源的可持续供给能力；大力开展水污染及大气污染防治、固体废物处理、化学品和重金属污染防治工作。

（2）标志形象的构建。

所谓标志形象的构建，就是通过一些具体的工程建设项目来提升人工环境，从而体现区域的精神风貌、发展水平和形象定位。① 河北沿海地区要集中精力，精心设计，在总结沿海地区文化理念的前提下，建成代表沿海地区水平、具有地域特色的标志性形象工程，把区域形象视觉化，用标志、名称、标准字、标准色等反映区域形象理念，并把这些视觉元素广泛应用传播。在标志形象构建过程中，首先应遵循整体协调原则，区域标志形象建设是一个系统工程，个体建筑与地区整体空间环境、传统风格与现代潮流、古建筑保护与新建筑发展、地区整体形象与当地的经济文化都要彼此协调适应；其次要遵循立足长远原则，标志形象的构建须着眼于长久，不宜急于求成，不能搞短期行为，不能不切实际地追求雄伟壮观，尤其不能把标志形象建设变成“面子装饰工程”“政绩包袱工程”。②

（3）地区景点的组织。

地区景点是最能表现地区特色的、形象美的环境，包括自然景观和人工景观。它们是地区空间的有机组成部分，不但用于欣赏，还提供给人们文化、休闲、教育的场所，对这些景点进行有序的组织，可以塑造良好的区域空间秩序，从而方便游客、提升旅游形象、促进地区发展。③

---

① 参见赵定涛：《区域形象塑造的目标和途径》，载《安徽科技》，1998（2）。

② 参见杨刚：《城市形象的若干理论问题与重庆城市形象建设》，重庆，西南师范大学，2002。

③ 参见张智力：《重庆区域形象与经济研究》，重庆，重庆大学，2007。

河北沿海地区拥有山海长城、湿地森林、文化遗产、历史遗迹等丰富的旅游资源，海洋和内陆自然风光兼具、人文旅游资源极具特色。然而，整体上的良好状况并不能掩盖地区旅游形象中存在的“散、乱、弱、小”的问题。综观国内外，区域旅游一体化已成为现代旅游业发展的必然趋势，因此建立地区景点的统筹协调机制，使区内旅游要素规模化、集聚化发展，从“环渤海三市游”的角度打造“世界旅游海岸”是河北沿海地区景点组织的思路。具体可从以下几个方面着手：走扬长避短、突出地域特色的发展之路，重点突破季节限制、地域局限；在景点开发中，要有大旅游的观念，把相关的景点连成一个整体，充分构建生态观光、滨海休闲、长城风光文化和运河文化等旅游带，实行旅游“一卡通”，打造精品旅游线路；发展区域性旅游集散中心，引入“一站接入、全程服务”的商业模式，方便游客的短时、短程、休闲自助游；可与北京、天津、辽宁、山东等邻近的地区共同采取票务、市场营销、线路查询、酒店预订、基础设施的“连线”经营，将各具竞争优势和市场吸引力的景点组合成若干“几日游”主体产品，形成“京津冀鲁辽环渤海旅游圈”；注重“大交通、大旅游”的理念，注重高速公路、铁路、民航、海运等旅游交通枢纽的建设，促进沿海地区旅游景点、旅游项目的合理衔接；培育壮大一批旅游企业集团，建立合理的旅游人才培训体系，包括旅游规划、精品设计、项目管理、介绍宣传、导游及“吃、住、行、购、娱、乐”等旅游相关行业的技能培养，建成高水平的休闲度假旅游目的地。

## 四、河北沿海地区区域形象的维护

进行区域形象塑造是期望获得一个被内外部公众认可和赞同的区域形象，显然这是一个复杂且长期的过程，需要耗费大量的人力和物资。然而，对区域形象的破坏却相当的容易，不管是人为还是突发的因素都可能对现有的区域形象造成致命打击，因此，进行区域形象维护尤为必要。区域形象维护属于区域形象管理的评估、反馈和控制阶段，其主要任务是及时收集反馈过程中的信息，掌握区域内外环境的变化，了解形象塑造过程中出现的实际问题和困难，对形象战略目标及战术设计进行必要的重新评估和修改，并运用有效的控制手段保证形象战略的正常运行。进行区域形象的维护，要注重正式制度和非正式制度的协调，不但要制定法律法规进行鼓励或者惩戒，以规范区域经济主体行为，还要发挥道德、舆论等力量，宣传正确的价值观，提高公众的自觉和主动意识，避免破坏区域形象行为的发生。[①] 因为区域形象具有稀缺性、外部性与公共性等经济特性，这就要求政府在区域形象维护中发挥主导性作用，整合经济、法律、行政、宣传等措施，使良好的区域形象得以延续。[②]

1. 经济方面

如前所述，区域形象具有较强的外部性和公共性且容易引发“搭便车”和“公地悲剧”现象。为了让企业在追求经济效益的同时充分考虑实际的社会成本和收益，增强企业维护区域形象的自觉性和主动性，政府可将罚款、征税、补贴等经济手段用于规范企业的经营行为和生产活动。如政府可以借鉴“庇古税”的思想，对给区域形象造成损失的企业，根据危害程度课征相应的税收或罚款，使外部成本变成企业的内部成本，实现企业行为外部效应内部化，减少甚至避免企业对区域形象不负责任行为的发生，形成一种促使企业自觉维护区域形象的良性机制；对给区域形象带来正外部性的企业行为，可通过财政补贴的方式给予适当奖励，以延续并扩散这种行为，从而形成良性循环。

2. 法律方面

法律手段主要是指对区域形象标志和特色产品的原产地域进行保护的措施。对具有价值的特色区域形象，政府可以申请注册来寻求知识产权保护，同时还要制定诸如使用者资格审核及权利义务、申请流程、违规惩罚细则等方面的商标使用规定，防止区域形象被滥用。例如，2003 年大连在国家工商总局注册了“浪漫之都”商标，对“浪漫之都　中国·大连”的区域形象进行了法律保护；2005 年沈阳也对“活力之都”进行了注册，不允许其他区域模仿，有效实现了与其他区域形象的差异化定位。另外，我国于 1999 年 7 月出台了《原产地域产品保护规定》，对原产地域产品专用标志的使用、质量和特色进行规范。为了避免出现“一块臭肉坏了一锅汤”的尴尬局面，地方政府还可利用此法规对区域内的特色产品申请原产地域保护，例如山西省就对“山西陈醋”“平遥牛肉”这两个特色产品申请了原产地域保护这一“保护伞”。

3. 行政方面

在区域形象维护中，政府要重视行业协会、公益基金会、学术团体、慈善组织、志愿者协会等非营利性中介组织的建设[③]，让行业协会在政府和行业、企业之间起到桥梁和纽带作用，同时遵循民主办会的原则，充分

① 参见许沂书：《区域经济发展中的区域形象问题研究》，武汉，武汉大学，2005。

② 参见赵彤：《论区域形象的经济特性及其维护》，载《商场现代化》，2008 (35)。

③ 参见邵政达、刘金源：《江苏区域形象的提升战略》，载《学海》，2012 (3)。

发挥会员的积极性，加强协会对企业的监管，联合纪检、工商、卫生和防疫等职能部门打击败坏区域形象的生产活动和投机行为，促进市场规范、健康、协调、有序发展。河北沿海地区可在秦唐沧各级地方政府设立专门的区域形象建设对口机构，专门负责三市在基础设施建设、绿化、生态保护等方面的协调沟通，以形成合力。

4. 宣传方面

所谓“成也媒体，败也媒体”，大众传播媒体作为现代社会主要的形象传播方式，对区域形象的毁誉具有举足轻重的作用。政府要充分利用电视、广播、互联网、报纸、杂志等大众传播媒介在现代生活中所起的文化传递、社会协调、引导监督等方面的积极作用，促进区域形象的传播维护，同时善于处理媒体中对区域形象造成负面影响的危机事件。首先，政府要重视富有代表性、象征性的形象产品的开发宣传，重视维护形象产品的形象，就是维护区域的形象；其次，要利用媒体评选、宣传当地的劳动模范、感动人物、先进典型，提升区域形象的精神内涵；再次，要客观公正、全面立体、积极主动地呈现区域形象，与区域内外媒体建立合作关系，利用重大媒介事件“借势发力”，利用突发事件“转危为机”；最后，要通过媒体广泛开展公民的道德教育和环境教育，开展“讲奉献、讲信用、讲爱心”等人生观、价值观教育，增强公众的责任感和使命感。

2013 年 5 月 27 日，以“推动沿海地区加速崛起”为主题的“第十一届全国重点网络媒体河北沿海开放行”活动正式启动，此次活动邀请全国 40 余家重点网络媒体先后赴沧州、唐山、秦皇岛进行集中参观、考察和采访，通过记者的镜头、笔触、微博向网友传达和展现近几年沿海地区在生态环境保护、民生事业建设、重点产业项目等方面的新举措和新成效，为推动河北省沿海地区加速崛起营造了浓厚的网上舆论氛围。对于河北沿海地区而言，还可充分利用当前具有强大影响力的传播渠道作为区域形象的展示平台。例如，CCTV 的《走遍中国》《中国魅力城市评选》《城市之间》《欢乐中国行》等类似的栏目、新浪网的“新浪城市联盟”网站等都比较成功地将区域景观、人文、民俗、饮食等元素搬上了电视屏幕和互联网。同时，也可考虑发行地方性强、针对性突出、市场渗透力强的区域报纸，或者在现有报纸上设立专刊、特刊，从政治、经济、文化等角度介绍区域的方方面面，助力推广区域形象，展示区域魅力。

总之，河北沿海地区要想将丰富的资源优势转变为竞争优势，在发展进程中实现后来居上，就要优化目前区域形象塑造的实践。首先，构建区域形象要遵循反映历史文化、突出个性优势、服务未来发展、力求统筹整体、坚持以人为本、贯彻可持续发展的原则；其次，科学、准确、清晰地定位区域形象，明确区域在经济社会中扮演的角色，在社会公众心目中具有的形象地位，结合河北沿海地区的资源环境、优势条件及发展战略，将其定位为发展的河北沿海、实力的河北沿海、开放的河北沿海、宜居的河北沿海；再次，要从文化理念、主体行为、视觉形象三个方面对区域形象进行优化；最后，为了保证区域形象战略的顺利实施，保证地区的良好形象得以延续和发展，政府需从经济、法律、行政、宣传等方面着手进行区域形象的维护。

# 第六章　河北沿海新区核心竞争力及其培育对策

## 第一节　中国新区发展及其竞争力概述

### 一、中国新区发展概况

改革开放以来，中国城市化、工业化加速发展。在国家和地方政策的推动下，特区、经济技术开发区、高新技术开发区等广义上、先导性的“新区”蓬勃发展。各界逐步形成共识，认为新区发展是中国城市在当今时代发展综合效益最大化的必然选择，是扩张城市规模、优化调整城市功能、提升城市竞争力的重要举措，中国新区的发展壮大，有可能使中国城市最终完成对 2 000 多年来城市小农意识、封建意识和城郭意识的战胜。① 1990 年 4 月 18 日，党中央、国务院作出了关于开发上海浦东的决定，从 20 世纪 90 年代以来，国家先后设立了浦东新区、滨海新区、两江新区和西咸新区等副省级新区。

中国的新区从无到有，从多点开花的开发区、高新区，到综合配套改革、引领区域、示范带动的浦东新区、滨海新区，以及异军突起的大连生态科技创新城，中国新区实际上已经呈现四种形态：1）开发区和高新区是中国新区的雏形。2）上海浦东新区是中国第一个国家级新区。3）天津滨海新区是中国第二个国家级新区，也是第二代新区的代表，2010 年 6 月成立的的重庆两江新区、2011 年 6 月成立的浙江舟山群岛新区、2012 年 8 月成立的甘肃兰州新区和 2012 年 9 月成立的广州南沙新区，均属于第二代新区，只是定位上有所不同。中央赋予重庆两江新区五大功能定位：统筹城

① 参见黄珍：《城市新区发展的效益机制研究——兼评广州城市发展战略的经济学动因》，武汉，武汉理工大学，2003。

乡综合配套改革试验的先行区、内陆重要的先进制造业和现代服务业基地、长江上游地区的金融中心和创新中心、内陆地区对外开放的重要门户、科学发展的示范窗口。浙江舟山群岛新区是首个以海洋经济为主题的国家级新区，其定位及目标是：浙江海洋经济发展的先导区、海洋综合开发试验区、长江三角洲地区经济发展的重要增长极。发展目标是：舟山群岛新区将建设成为中国大宗商品储运中转加工交易中心、东部地区重要的海上开放门户、中国海洋海岛科学保护开发示范区、中国重要的现代海洋产业基地、中国陆海统筹发展先行区。甘肃兰州新区定位及目标是：西北地区重要的经济增长极、国家重要的产业基地、向西开放的重要战略平台和承接产业转移示范区，带动甘肃及周边地区发展、深入推进西部大开发、促进我国向西开放。广州南沙新区的开发建设上升到国家战略，其定位及目标是：立足广州、依托珠三角、连接港澳、服务内地、面向世界，建设成为粤港澳优质生活圈和新型城市化典范、以生产性服务业为主导的现代产业新高地、具有世界先进水平的综合服务枢纽、社会管理服务创新试验区，打造粤港澳全面合作示范区。4）精致型新区——大连生态科技创新城。

新区始终站在改革开放的前沿、理念的前沿，政策、环境、机制各个方面持续创新和优化。中国新区的这四种形态，尽管规模不同，但是都是“特殊功能区”，特别是这四种形态有连续性，体现了中国新区发展逐步深化、升级的轨迹，竞争力要素不断叠加、能级和功能日益增强、核心竞争力持续提升的轨迹，以及中国新区改革、开放、创新并不断向更高层级演进的进程。中国新区一路抢了先机，占据了制高点，构筑了先声夺人（名牌效应——投资和市场上的马太效应）、势如破竹、跨越发展的大态势，创造了世界经济发展史和城市发展史上的奇迹，形成了吸引力强大的创业磁场，并打下了功能、产业、经济实力乃至区域品牌上的雄厚基础。新区核心竞争力的内涵也随着实践的突破而不断丰富和深化、升华，形成了新的更高层次上的综合软实力（政策、机制、开放），形成了能级更为强大的竞争力（区域龙头——增长极、产业高地、创业高地，强大的持续发展实力——要素环境和市场、产业配套环境），特别是由开发区、高新区“政策·服务·产业”模式，跃升到“政策·服务·产业（集聚）·人居（城市功能）·创新（文化）·生态”六要素匹配耦合的中国新区的核心竞争力。

近年来，各省先后设立了一批省级新区，逐渐形成了迅猛发展的“新区热”现象。河北省也先后设立了渤海新区、曹妃甸新区、北戴河新区、乐亭新区四大新区。在《河北沿海地区发展规划》中，渤海新区、曹妃甸新区、北戴河新区被列为优先发展功能区、经济发展引导区。《河北沿海地区发展规划》的目标能否如期实现，从一定程度上说，取决于这三大功能区是否能实现良好的发展。发展这三个新区的关键就是迅速提高其核心竞争力。

北戴河新区于2006年12月经河北省政府批准设立。2007年6月，秦皇岛市委市政府成立了开发建设领导小组。2008年4月，组建了新区工委、管委，实施对新区的领导和管理。2009年8月7日，省委省政府召开了北戴河新区开发建设办公会议，提出北戴河新区要作为秦皇岛市旅游立市的突破口和龙头。2010年10月26日，省政府加快推进沿海经济发展工作会议决定，以11县（市、区）、8区、1路、1带为重点，为第一梯队、突击队，给予特殊的政策、特殊的权力、特殊的支持，北戴河新区位列8个功能区之中。2011年4月，按照市委市政府《理顺北戴河新区管理体制接收工作实施方案》和省编委（冀机编〔2011〕4号）文件精神，落实和扩大新区工委、管委的机构职能范围，完成内设机构组建和人员聘（任）用，逐步理顺管理体制。北戴河新区真正开始了实质性的启动，基础设施建设、招商引资和项目建设全面并大规模展开。中国大规模建立和开发新区，提出了研究新区核心竞争力这一课题的迫切性；大量老“新区”经过改革开放30多年的实践探索，积累了大量经验和教训，也需要进行理论上的总结和升华。北戴河新区底子薄、起步晚，尤其需要理论指导，需要汲取其他新区的经验教训，尽快找到主攻方向和战略着力点。

## 二、新区发展与区域经济发展

地区兴衰史给我们宝贵启示：大国兴衰，关键在于关键区域的兴衰；大国崛起，必先有地区崛起；地区崛起，必先有新区崛起。而新区崛起，关键取决于其核心竞争力。

早期的城市新区，是全球发达国家“大城市”的产物。西方国家的城市新区，大多以卫星城、多中心城区形式出现，其主要目标是疏解大城市的功能，或者缓解城市过大造成的“城市病”。本书研究的“新区”，主要是中国特色产物，是指在老城区以外、参照特区或开发区等特殊区域政策、具有所管辖区域内经济社会发展乃至行政管理权限的新城市区域。中国式新区，跳出了大城市扩张、城市老区更新的“围城”，是在新的空间创建新城，既是市区意义上的空间扩张，也是城市层级甚至整个区域功能的优化、完善与能级提升，特别是实现了城市和区域格局优化、区域重心和产业引擎的转移；既是对新中国成立以来“生产型城市”的调整和优化，也包含区域竞争、行政驱动的力量。

进入 21 世纪的头 10 年，全国掀起了竞相加快发展的新一轮热潮，其突出特征是“新区热”。放眼沿海，除浦东新区、滨海新区外，还有辽宁沿海开发六大新区，山东三大新区，江苏、浙江沿海一批新区（城）。其他沿海和内陆城市也纷纷规划建设了各式各样的新区。这些新区往往有“纳入国家战略”的地位，各省也赋予其特殊优惠政策，硬件和政策条件十分优越。但从新区成长的历程看，曾普遍遭遇配套差、融资难、不协调、拆迁难等瓶颈制约。选择何种开发模式来突破瓶颈，直接体现了一个新区的竞争力。新区林立，要脱颖而出，特别是要健康可持续成长起来，真正比拼和依靠的，将是有特色的核心竞争力。

从新区与所在大区域发展的关系看，新区对区域发展全局意义重大：提升北戴河新区的核心竞争力，是秦皇岛沿海开发的关键；提升河北省新区的核心竞争力，是河北沿海开发的关键；提升中国新区的核心竞争力，是中国科学发展、实现新跨越的关键。但是，从发展的实际看，加快北戴河新区建设和发展，经验和理论准备明显不足，迫切需要提出符合城市发展规律、切合我市实际需要的建设性对策措施。新区热火朝天的开发建设实践，迫切需要新区核心竞争力的研究来指导。

沿海“新区热”的实质是新一轮竞相跨越发展热。第一，在第一轮沿海开发热中，河北省错失机遇，以“内陆思维”导致“非东非西”，如何把握新机遇？第二，沿海新区开发白热化，有极大的竞争性，河北省如何异军突起？回答这两个问题，关键看如何提升河北省新区的竞争力。面对周边多个省内外新区，北戴河新区建立晚、理顺体制时间短，面临着更多的问题需要回答，面临着更严峻的挑战和竞争。河北沿海开发虽已纳入国家战略层面，但真正有力的政策措施，还要靠自身深化改革、强化创新。特别是在“举全省之力培育两大增长极”（指渤海新区和曹妃甸新区，北戴河新区未列其中）的背景下，切实培育北戴河新区的核心竞争力，迫在眉睫。

从河北自身看。近年来，河北省创建了曹妃甸新区、渤海新区、北戴河新区、乐亭新区四大省级新区、多个城市新区、71 个产业聚集区和 7 个国家级开发区、100 多个省级园区，中心城市和县城、中心镇也在迅速扩容，为河北崛起注入了强劲的新活力，构成了河北跨越发展的关键支撑。新区在其中发挥着试验、示范、领头羊的特殊作用，可谓“重中之重”，举足轻重而又潜力巨大。北戴河新区作为国家现代服务业综合改革和国家旅游综合改革的“双试点”，是河北省转变发展方式、调整产业结构的重要“突破点”，也是秦皇岛未来发展的重要“增长点”，在全省、全市发展大局中发挥着独特作用。也正因为如此，培育北戴河新区的核心竞争力，意义重大而深远。

结合河北和秦皇岛的实际，提出有针对性的对策建议，力求为各级党委政府决策找到着力点，对抓好新区建设具有较高的参考价值：力争有利于指导河北省四大省级新区和各个城市新区、产业园区在“十二五”期间有效提高竞争力，进一步调整思路和政策措施，实现在新水平上的新跨越。

研究国内外城市和新区发展的实践，验证了一个重要规律：区域崛起关键在中心城市，中心城市崛起关键在新区。新区是提升中心城市竞争力的突破口，竞争力是新区的“生命线”。例如，在2005—2010年城市竞争力排行中，河北省7个城市竞争力下滑态势严峻，而新区所在的唐山、沧州则排位分别上升16位、38位。① 新区开发提升了中心城市竞争力、支撑了沿海经济隆起带，为河北崛起注入了强劲的新活力，这一生动实践证明，省委省政府加快城镇化进程的科学决策，抓住了河北科学发展的“牛鼻子”。在以“新区热”为特征的新一轮发展热潮中，发挥河北沿海优势、打造沿海经济隆起带，北戴河新区等河北省新区的发展举足轻重而又潜力巨大。特别是选择何种新区开发建设模式，是培育新区核心竞争力的关键，意义重大而深远。②

## 三、新区发展的核心竞争力

所谓新区发展的“核心竞争力”，主要是指：由体制机制、政策、服务、创新、生态和区位等要素耦合，共同支撑新区在林立的中心城市和各类功能区域中脱颖而出、持续崛起的关键能力。换个角度说，中心城市是核心发展领域，而新区是边缘发展领域。处于边缘的新区，要获得突飞猛进的发展，必须依赖其无以复加的核心竞争力，只有这样才能获得更多的契机，实现率先发展、优先发展和全面发展。

改革开放以来，由“开发区热”，到近年来的“新区热”，各类“新区”在探索中既积累了丰富的经验，创新了城市发展思路，也累积了不少矛盾，还有不少瓶颈和问题有待破解。“新区核心竞争力”是绕不过去的关键词，核心竞争力的培育是新区发展的一条主线。特别是在“新区热”中创建北戴河新区，迫切需要理论指导。

改革开放30多年来，中国各类新区一直站在改革开放的前沿，在政策、环境、机制各个方面努力探索创新，引领发展前沿理念。新区就是新希望，竞争力是新区的“生命线”，新区开发的着力点，首先在于增强竞争

①② 参见倪鹏飞等：《中国城市竞争力报告（NO.1）》，第1～27页，北京，社会科学文献出版社，2003。

力。新区是对“未来之城”的探索，不能简单克隆传统城市和园区模式，更不能停留在从头“摸着石头过河”的初级阶段。要“站在巨人肩膀上”，汲取大连等国内外新区的经验教训。新区更应该立足于高起点、抢占到发展的制高点，特别是要在理念、机制、综合配套等“软实力”上作出大文章。①

开发区、高新区依靠“政策·服务·产业”模式，形成了政策洼地和吸引力强大的创业磁场，打造了强大的核心竞争力，实现了超常规发展，创造了世界经济发展史和城市发展史上的奇迹。比较而言，其相对的缺项是生态、人居、文化创新。人居、文化创新功能由浦东新区、滨海新区填补了空白，生态功能则正由大连生态科技创新城进行着前沿探索。从开发区、高新区，到综合配套改革的浦东新区、滨海新区，是中国新区不断向更高层级演进的进程。其核心竞争力的内涵也在不断丰富和深化、升华，形成更高层次上的综合软实力，成长为区域龙头（增长极、产业高地）、创业高地，积蓄了强大的持续发展实力（要素环境和市场、产业配套环境）。“政策·服务·产业·人居·创新·生态”六要素匹配耦合，形成了较完备的中国新区的核心竞争力。以改革、开放、创新政策等软实力为前提，形成了政策、机制、环境乃至区域地位方面要素匹配整合的优势，从而形成了项目、人才、资金、技术方面的集聚力和吸引力，转化为经济社会乃至新区发展的魅力和实力。这证明了一个根本道理：“硬实力”来自“软实力”。打造并用好“软实力”，是中国新区成功崛起的关键因素。形象地说，最具核心竞争力的新区，是软硬件结合、螺旋式上升、多方面优化，科学发展、和谐发展、核心竞争力加速提升，产业功能区、人居家园、生态平衡区、科技创新区、政策先行区、服务聚集区六区一体、协调匹配的美丽新区。

1. 开发区（含高新区）核心竞争力

1984年春天，在建立经济特区取得成功经验的基础上，党中央、国务院作出了进一步开放14个沿海港口城市和兴办经济技术开发区的重大决策，先后批准建设大连、秦皇岛、宁波、青岛、烟台、湛江、广州、天津、南通、连云港、福州等14个经济技术开发区（首批国家级开发区）。经济技术开发区实行经济特区的某些较为特殊的优惠政策和措施，早期在沿海开放城市设立，后来在全国范围内许多城市也批准设立。以特区为参照，开发区属于对外开放的第二个层次。国家对经济技术开发区发展的定位是“三为主、一致力”，即“以工业项目为主、吸收外资为主、出口创汇为主，

①②③ 参见倪鹏飞等：《中国城市竞争力报告（NO.1）》，第1～27页，北京，社会科学文献出版社，2003。

致力于发展高新技术”。截至2011年底，国家级开发区数量增至131家。1988年，政府开始批准建立国家级高新技术产业开发区（高新技术产业开发区是指我国在一些知识密集、技术密集的大中城市和沿海地区建立的发展高新技术的产业开发区），目的是“依靠我国自己的科技力量，促进高技术成果的商品化、产业化，调整产业结构，推动传统产业的改造，提高劳动生产率，增强国际竞争能力”①，“促进我国高新技术产业健康发展”。30多年来，经济技术开发区和高新技术产业开发区成为我国发展最快、最具活力和潜力的新经济增长点，以及我国高技术产业的重要集聚地。

开发区、高新区的企业按市场化原则进行投资决策，吸引企业投资于此或彼开发区，完全取决于企业“用脚投票”。开发区能够持续快速发展，形成具有竞争力的发展环境，不仅在于得到了开放的先机，而且在于它们始终把优化投资和产业、企业的发展环境作为头等要务。

“政策特区”＋产业功能区，“政策·服务·产业”三位一体的模式，形成了经济技术开发区、高新技术产业开发区的鲜明特征。开发区以政策先行先试，开发开放特殊政策，小政府“一站式、一条龙”投资服务环境，体制机制优势，降低交易成本，产业培育和企业发展环境，要素集聚、空间集聚、市场集聚，降低生产成本，构筑了区域高地、引领区、先导区，备受关注。

（1）构筑政策洼地。

国家级经济技术开发区作为我国对外开放的窗口，在全国对外开放大格局中处于前沿地位，是吸引外商直接投资的先行区域。为吸引外资，开发区向投资者提供了一系列激励措施，在土地、税收等很多方面，对外资提供了一系列“超国民待遇”，形成了吸引外资进入的投资“洼地”。对昆山543家大中型外资企业的调研表明，激励因素是位于地理位置、政府服务、产业聚集因素之后的第四位影响外资区位选择的因素。② 在潜在投资区位各个地区之间的政策和非政策类似的条件下，特别是对成本导向型和流动性投资项目而言，激励性措施将起到突出的作用。

（2）优化投资服务环境。

在早期，开发区的劳动密集型项目注重要素成本。之后，资本与技术密集项目相对关注产业配套条件和投资软环境。各个开发区积极开展亲商服务，坚持不懈地优化投资环境，在各类开发主体中始终抢占有利地位。

---

① 参见国务院：《关于批准国家高新技术产业开发区和有关政策规定的通知》，国发〔1991〕12号。

② 参见田贵明：《国家级经济技术开发区未来发展》，载《天津日报》，2009-12-21。

在小范围内率先建立起了既体现我国国情又符合国际惯例的“仿真国际投资环境”，形成了管理体制创新和制度优势。在硬件上，建设适合国际投资者要求的基础设施。绝大多数采取了管理委员会制，工委管委采用“一站式、一条龙”方式减少审批环节、提高管理效率，高度授权、特事特办，集中精力抓好开发开放工作，其他方面则主要依托于母城，为开发区注入了强劲的动力。

(3) 优化产业集聚环境。

开发区一直保持着超常规的快速发展，很大程度上得益于开发区创建以来就一直注重优化产业发展环境。从最初的“三通一平”（指基本建设项目开工的前提条件，具体指通水、通电、通路和场地平整），到“五通一平”（通水、通电、通路、通信、排水、土地平整）、“七通一平”（通水、通电、通路、通信、排水、热力、燃气、土地平整），直到目前生产生活生态协调、软硬件配套完善的“十二通”，形成了企业聚集、产业集中、功能配套的适宜产业发展和企业成长的“孵化器”。到目前为止，开发区已成为我国吸引国际投资和高新产业聚集的基地，有些开发区已成为世界加工制造基地、服务外包基地、采购中心和研发中心，乃至世界500强的聚集地，产业聚集效应特别突出，对提升中国产业的国际竞争力发挥了重要作用。

(4) 开发区（高新区）核心竞争力提高的突出瓶颈。

改革开放30多年来，一些开发区发展模式以产业为主导，忽略了产业与社会、与综合经济的关系，问题日益凸显。突出的瓶颈有：

其一，管理体制上“再行政化”的瓶颈。国家级开发区在建区初期，大多数是功能单纯的外向型工业园区。它们没有党委、政府、人大、政协并立的庞大管理机构，而是实行以管委会模式为代表的精简高效的管理体制。但是随着开发区大面积扩区，部分乡镇被纳入开发区范围。而国家级开发区的功能也日益复杂，常住人口大量增加，大量社会问题日益凸显。如今，开发区“麻雀虽小”，但“五脏俱全”，不少影响社会和谐的各种矛盾和问题同样存在。特别是一些地方，单纯地用货币化安置方式“一补了之”，常导致被征地群众安居乐业难、后续纠纷多、征地拆迁难，制约发展，影响开发区长治久安。在经济开发功能之外，社会管理职能需要完善。如何既高效服务，同时避免机构叠椽架屋之弊，开发区管理体制面临挑战。

其二，政策优势弱化的瓶颈。各类园区的土地、资金等要素供给倾斜政策，以及税收、收费政策日益趋同。同时，各类新区如同雨后春笋，竞相出台优惠政策措施，相互竞争激烈。

其三，城市配套支撑功能不足的瓶颈。先通过产业拉动人气，再去建城市、商业，在不断的改造中提升，功能单一、生活配套缺乏、生活与工作地域截然分离，城市建设未能与产业发展同步进行，不断遭遇交通及生活配套与产业发展“跟不上”的瓶颈，城市功能要素形成“短板”。各类开发区多以产业为主导，问题日益凸显：不断遭遇城市功能要素配套“跟不上”产业发展的瓶颈，形成住宅房地产“卧城”、产业区“空城”（夜晚）乃至因缺乏实体产业和后续投资而成为“孤城”。制约了新区结构优化和功能提升，越来越难以吸引、留住高层次人才和高端产业。传统园区以产业为主导，忽略了产业与社会、与综合经济的关系。缺乏医疗、教育、娱乐等高端生活配套设施，难以进一步吸引高层次人才流入和留下。“摊大饼”式低端城市化方式制约新区结构优化和功能提升，耗掉了人们的幸福感，难以吸引和留住高层次人才和高端产业。先产业后环境、在改造中求发展的模式已经失去先进性。

其四，产业结构同质、创新不足的瓶颈。在产业集聚过程中缺乏统一规划和准入门槛，遗留了大量低端产业形态。一些开发区和高新区仅仅作为跨国公司的全球或区域性生产和制造中心，缺少明确的、个性化的发展定位，大多数是加工区类型，其间的差异化程度很低，同构现象严重。① 几乎没有以自主创新为主体功能的科学园区，大多是在改良或引进利用国外技术从事产品化生产，区内产业结构不合理，服务业发展水平滞后，严重制约了开发区产业竞争力的可持续提升。

其五，成本优势弱化的瓶颈。日本筑波科学城在最初的住宅开发中就建设或预留了部分带有一定政策引导性的非营利性住宅，以吸引国内、国际高水平科学技术管理人才入驻。② 但是我国的开发区、高新区却往往将高新区功能与城市功能割裂，区内的城市开发以面向社会公众的商品住宅为主，甚至凭借自然条件等作为房地产开发中的卖点，大范围、大规模开发高档住宅社区，营造一种与高新区内涵并不很相称的生活和文化氛围。因为对以高新区为基础发展起来的城市而言，有高素质的人才居留是必要条件，这使很多开发区的“成本优势”风光不再。

其六，规划建设的瓶颈。很多是边设计边施工，规划建设缺乏科学性和前瞻性，一些“成片开发”也往往出现规划走样问题，导致开发区进一步的壮大和优化发展成为问题。

---

① 参见陆利华、张克俊：《我国与国外高新科技园区比较研究》，载《中国科技论坛》，2007（3）。

② 参见白雪洁、庞瑞芝、王迎军：《论日本筑波科学城的再创发展对我国高新区的启示》，载《中国科技论坛》，2008（9）。

其七，生态环境的瓶颈。不少新区尚未把生态摆到应有高度，缺乏本源性的生态建设理念和规划，单纯的高速增长甚至引发一系列生态问题。

对这些瓶颈制约，国家级开发区和高新区均提出“二次创业”“三次创业”的战略举措，在功能定位和发展路径方面进行战略性的转型调整。一部分基础条件较好的开发区通过大规模城市建设，逐步走上从开发区到新城的转型发展道路，形成了一种迥异于国外新城建设的独特现象。[①] 也产生了一批外资高度密集、现代工业主导、具有新城特征的外向型工业新城。开发区、高新区从工业区向外向型工业新城、综合新城转型，体现了一种园区城市化的新趋势。[②] 国家级开发区和高新区功能定位和发展特点不断丰富，逐步从传统的招商引资促进产业发展的平台，发展到城市与区域经济重要增长点和城市新空间，国家级各类创新改革的实验基地和绿色生态园区，显示了主动培育核心竞争力的新趋向。

总之，开发区、高新区“政策·服务·产业”多因素融合竞争力模式创造了世界经济发展史和城市发展史上的奇迹。但它们是单纯的功能区、产业区，主要缺陷在于生态、人居、文化创新，城市配套和影响能级上不去，要靠“二次创业”“三次创业”转型升级来实现，特别是要靠浦东新区等比国家经济开发区更高级的新区和大连生态科技创新城等“后来者”来填补空白、带动引领。

*2. 浦东新区核心竞争力*

为在更大范围、更深层次推进改革开放大业，1990 年 4 月 18 日，党中央、国务院同意上海市加快浦东地区的开发，在浦东实行经济技术开发区和某些经济特区的政策。1992 年 10 月 11 日，国务院（国函〔1992〕145 号）批复设立上海市浦东新区。2005 年 6 月，国务院办公会议批准浦东新区为中国第一个综合改革示范区。2009 年 4 月 24 日，国务院（国函〔2009〕52 号）批复同意撤销南汇区，将南汇区行政区域整体并入浦东新区。为这一国家战略拓展空间、增强动力，更好地发挥浦东在上海加快推进“四个率先”中的示范带动作用、在加快建设“四个中心”中的核心功能作用。以此为起点，浦东开发开放进入了二次创业的新阶段。

上海浦东新区是比国家级经济技术开发区规格更高的开发区，是副省级市辖区，全区面积 1 210.41 平方千米，人口 268.6 万。近年来，浦东发生了翻天覆地的变化，从过去的阡陌农田到如今的高楼林立、繁荣市区，

---

① 参见杨东峰、殷成志、史永亮：《从沿海开发区到外向型工业新城——1990 年代以来我国沿海大城市开发区到新城转型发展现象探讨》，载《城市发展研究》，2006（6）。

② 参见浦东新区人民政府：《浦东新区国民经济和社会发展第十二个五年规划纲要》，2011。

成为世人瞩目的“上海现代化建设的缩影”，以及“中国改革开放的象征”。区域一体化成为主流力量，开发区跳出一城一地发展的思维，而是作为整个区域的枢纽、创新引领高地。在更广阔地域内整合资源和市场，有了更加广阔的发展空间，“改革”的色彩更鲜明。“十二五”期间，进一步增强肩负国家战略、当好排头兵的使命感和责任感，以“率先加快转变经济发展方式，进一步提升国际竞争力”为主线，深入实施综合配套改革，充分发挥世博后续效应，全面推进社会主义经济建设、政治建设、文化建设、社会建设和生态文明建设，努力实现新浦东新跨越。

（1）高端战略定位。

中央最初的考虑是把浦东作为上海中心城区第二产业的扩散地。后来从全局着眼，进一步将浦东定位提升到上海建设“四个中心”核心功能区的高度上来。上海市委市政府按照中央的战略部署，制定了“开发浦东、振兴上海、服务全国、面向世界”的开发方针。2005 年，国务院正式批准浦东进行国家综合配套改革试点，上海市委市政府明确了浦东“一个作用、三个区”的功能定位（在树立和落实科学发展观、构建社会主义和谐社会、实施建设“四个中心”国家战略中发挥示范带动作用，努力成为改革开放先行先试区、自主创新示范引领区、现代服务业核心集聚区），标志着浦东改革开放进入了新阶段。浦东开发始终作为国家战略，在改革开放的前沿发挥着“风向标”的作用。

（2）政策优势。

浦东新区承担着“综合配套改革实验”的政策重任。1990 年，国家同意在浦东实行经济技术开发区和某些经济特区的政策。2005 年，国务院批准浦东新区为中国第一个综合改革示范区。浦东新区坚持“需求导向、问题导向和项目导向”，不断推进综合配套改革，努力突破发展瓶颈，积极探索开放条件下发展跨越的新路径。改革开放不断深化，综合配套改革试点深入推进，围绕“三个着力”要求，积极探索大区域行政管理体制，顺利完成了南汇划入浦东后的政府机构改革，推动实施了四轮行政审批制度改革，针对服务经济、创新经济、开放经济发展制度瓶颈，在跨国公司外汇九条等许多方面开展创新试点，推进教育、卫生管理体制二元并轨，统筹建立农保养老金增长机制，开展农村综合改革试点。利用外资水平不断提高，“十一五”期间合同外资和实际到位资金累计分别达到 258 亿美元和 175 亿美元，跨国公司地区总部占全市一半以上，营运、采购、结算中心功能进一步拓展。

（3）功能优势。

浦东新区地处中国沿海开放地带的中点和长江入海口的交汇处，紧靠基础雄厚的上海市区、北倚物丰人杰的长江三角洲、濒临广阔的太平洋，是长江流域的龙头。目前更转化为东北亚的枢纽，区位优势转化为物流枢纽和资源配置枢纽优势。“十二五”期间，浦东新区坚持功能开发，加快推进“四个中心”核心功能区建设，不断提升城市核心枢纽功能和综合服务功能。① 整体功能不断得到显著的提升，特别是上海建设国际金融中心、国际航运中心的核心要素都聚集于此，在 100 多千米的江海岸线上布局了洋山深水港、浦东国际机场和外高桥港区等重大功能性枢纽，先进的国际物流港口，航空运输、铁路轨道运输、城际高速路共同建构水、陆、空三位一体的交通体系，使浦东新区距世界仅“一步之遥”。集聚了陆家嘴金融贸易区、张江高科技园区、外高桥保税区、金桥出口加工区、洋山保税港区 5 个国家级开发区以及国家级的临港装备产业基地。其品牌形象、服务功能和国际化程度，以及金融、航运、贸易服务功能和资源配置能力加快提升，抢占了科技创新和战略性新兴产业的制高点，提升了在全球产业价值链中的地位。浦东是世博会主场馆的所在地，世博会在上海成功举办，改善了浦东新区综合发展环境和生活环境，提高了浦东新区的城市文明程度，使浦东新区的开发开放又一次站到世界的平台上。

（4）雄厚依托。

上海市是我国直辖市之一，是全国重要的经济中心。上海原本就是老工业基地，集聚了先进制造业、临港工业、高新技术产业、生产型服务业等现代产业要素。② 近年来，重点发展以金融保险业为代表的服务业和以信息产业为代表的高新技术产业，不断增强城市功能，已经建设成为经济繁荣、社会文明、环境优美的国际大都市，国际经济、金融、贸易、航运中心之一 。从经济、产业、人才，到城市功能，都是浦东新区开发的强大依托。

（5）开放优势。

围绕建设成为上海国际金融中心和国际航运中心核心功能区的战略定位，强化国际金融中心、国际航运中心的环境优势、创新优势和枢纽功能、服务功能，浦东新区努力成为联系国内外经济的重要枢纽，并迈向全球资源配置新高地。③ 在以往的基础上，浦东打通国际和国内两个市场，积极参与国际竞争，打造全球资源配置新节点。着重建立国际化市场体系、国

---

① 参见国务院：《关于上海市城市总体规划（1999 年至 2020 年）的批复》，国函〔2001〕48 号。

② 参见刘建林、孙小静：《浦东迈向全球资源配置新高地》，载《人民日报》，2011－12－07。

③ 参见国务院：《关于天津市城市总体规划的批复》，国函〔2006〕62 号。

际化总部经济，开展国际化贸易往来，打造国际化创新高地，加快打造符合国际惯例的经济运行环境。“三港三区”实现联动发展，其金融、航运和贸易核心功能显著提升。

相对于开发区和高新区，浦东新区更具竞争力的原因主要有：能够有更广阔范围的资源集聚力，更多功能区整合力，更多综合配套的政策先行先试的先机。但是同时，也还存在制约发展的瓶颈：一是产业结构优化升级任务依然艰巨；二是社会建设相对滞后于经济建设，城市和生活功能相对滞后于产业和生产功能，城乡等多重“二元结构”矛盾交织；三是生态环境和土地资源承载能力的刚性约束日益明显，商务成本相对较高，转型发展更加迫切；四是人才结构与现代服务业和战略性新兴产业加快发展的需求不相适应；五是政府职能转变仍需深化，符合国际惯例的经济运行机制尚不健全，创新创业活力不足，环境有待进一步优化。

3. 滨海新区核心竞争力

随着原来特区和开发区等实施的一些优惠政策逐步淡出，随着经济全球化进程的不断推进，我国在更大程度上融入国际经济，吸引外资的竞争空前加剧。在新形势下，坚持高起点和国际视野，把握国际国内形势的变化特点，用新的思路和发展模式推进滨海新区的开发开放，有利于贯彻落实党中央提出的科学发展观，有利于探索出一条区域创新发展的新路。2005 年，滨海新区上升为国家发展战略；2006 年，国务院批准滨海新区为全国综合配套改革试验区，赋予先行先试的政策和任务；2009 年，滨海新区被国务院批准设立真正意义上的行政区，新区开发开放进入了一个全新的阶段。滨海新区行政区划面积共 2 270 平方千米，连同填海造陆和产业规划区面积共 2 700 平方千米，下辖 3 个城区、27 个街镇和 9 个产业功能区。

滨海新区区位条件良好，交通设施健全，土地资源相对充足，近海油气等资源也比较丰富，具有独特的发展优势，天津作为环渤海地区的特大城市发展潜力巨大。加快滨海新区开发开放，可以进一步发挥天津特有的区位优势、资源优势和产业优势。特别强调“区域经济一体化”，提出了要将滨海新区建设成为“区域经济一体化的窗口”，由滨海新区带动整个区域的经济向一体化方向发展，最终实现整个环渤海经济带融入世界经济。天津滨海新区不仅担负着“拉动天津经济发展的火车头”重担，而且被定格为深圳经济特区、上海浦东新区之后带动中国区域经济增长的“第三极”。

(1) 战略高地优势。

天津滨海新区地处华北平原北部，位于山东半岛与辽东半岛交汇点、海河流域下游、天津市中心区的东面。紧紧依托北京、天津两大直辖市，拥有中国最大的人工港、最具潜力的消费市场和最完善的城市配套设施。以新区为中心，方圆500千米范围内分布着11座百万人口以上的大城市。对外，滨海新区雄踞环渤海经济圈的核心位置，与日本和朝鲜半岛隔海相望，直接面向东北亚和迅速崛起的亚太经济圈，启东开西（东北亚地区到亚欧大陆桥距离最近）、承外接内（从太平洋彼岸到欧亚内陆的主要陆路通道，华北、西北、中亚最便捷的海上通道，辐射华北、西北、东北亚、中亚），在区位上可谓得天独厚。

天津市是我国直辖市之一，环渤海地区的经济中心。国家给天津市的定位是："以滨海新区的发展为重点，不断增强城市功能，充分发挥中心城市作用，将天津市逐步建设成为经济繁荣、社会文明、科教发达、设施完善、环境优美的国际港口城市，北方经济中心和生态城市。"确立了天津"北方经济中心"的龙头地位。2006年5月，《国务院关于推进天津滨海新区开发开放有关问题的意见》（国发〔2006〕20号）要求，整合包括天津港、天津经济技术开发区、天津港保税区、塘沽、汉沽、大港在内的现有各类资源，不断提高综合实力、创新能力、服务能力和国际竞争力，将滨海新区建设成为我国北方"对外开放的门户、高水平的现代制造业和研发转化基地、北方国际航运中心和国际物流中心，以及宜居生态型新城区"。滨海新区确立了周围"北方经济中心"龙头之龙头的重要地位。

滨海新区"十二五"经济社会发展的总体目标是："中国北方对外开放的门户功能显著增强，现代制造业和研发转化基地基本建立，北方国际航运中心和国际物流中心地位基本确立，经济繁荣、社会和谐、环境优美的宜居生态型新城区框架基本形成，努力建设成为高端产业聚集区、科技创新领航区、生态文明示范区、改革开放先行区、和谐社会首善区，在加快经济发展方式转变、推进产业结构调整、深化改革开放、提高自主创新能力、推进文化大发展大繁荣、生态宜居建设和构建和谐社会等七个方面成为贯彻落实科学发展观的排头兵。"① 滨海新区肩负着"成为深入贯彻落实科学发展观的排头兵"的重任，确立了国家层面上改革开放的战略高地的新优势。

（2）体制优势。

天津滨海新区初步建立了适应经济发展的政府管理体制和与国际经济接轨的市场经济运行机制，是全国唯一整合聚集了国家级开发区、高新区、保税区、出口加工区、港口、区港联动运作区和大型工业基地等功能经济

① 参见天津市滨海新区人民政府：《天津市滨海新区国民经济和社会发展第十二个五年规划纲要》，2011。

区，以及塘沽区、汉沽区、大港区行政区的地区。按照 2008 年 3 月国务院批复的《天津滨海新区综合配套改革试验总体方案》，撤销滨海新区工委、管委会，撤销塘沽、汉沽、大港区现行建制，建立滨海新区行政区统一的行政架构，辖区包括塘沽区、汉沽区、大港区全境；建立滨海新区区委、区人大、区政府、区政协；组建两类区委、区政府的派出机构，一类是城区管理机构，成立塘沽、汉沽、大港 3 个工委和管委会，主要行使社会管理职能，保留经济管理职能，另一类是功能区党组和管委会，共 9 个，主要行使经济发展职能；形成“新区的事在新区办”的运行机制。

（3）政策优势。

2006 年 4 月 12 日，国务院常务会议批准天津滨海新区为综合配套改革试点。时任总理温家宝称，“这是含金量最高的政策”。国务院正式批准天津滨海新区进行综合配套改革试点，公布了《国务院关于推进天津滨海新区开发开放有关问题的意见》（国发〔2006〕20 号），滨海新区进入了一个以制度创新为主要动力进行全面配套改革的新阶段。要求滨海新区不仅能够通过自身经济发展带动周边地区的经济发展，而且能总结出改革的成功经验，作出“示范效应”，为其他地区经济腾飞提供样板。① “综合配套改革试验区”的政策，只给了浦东新区和滨海新区，而 20 号文所给予滨海新区的许多政策还“只此一家，别无分号”。天津滨海新区可以先行试验一些重大的改革开放措施，与浦东新区呈南北呼应态势，分别有针对性地解决不同发展区域改革和发展中的一些难题。对滨海新区配套改革，要求坚持重点突破与整体创新相结合、经济体制改革与其他方面改革相结合、解决当地实际问题与攻克面上共性难题相结合，不断拓展改革的领域，通过综合配套改革推进天津滨海新区的开发开放。“十一五”期间，综合配套改革深入推进，组成了部门精简的统一行政区，金融创新不断深入，涉外经济、科技体制、城乡统筹等改革迈出较大步伐。

在全国改革进入攻坚克难阶段，滨海新区作为国家综合配套改革试验区，有利于先行先试，成为贯彻落实科学发展观的排头兵。滨海新区“国家综合配套改革试验”是一项根源于中国经济发展内在要求、适应中国新经济发展特点的制度创新，既不同于以往经济开发区、经济特区，也不同于农村综合改革试验区。以往的改革试验区多是依赖政策优惠牵引的势能差和开放的时间差发展起来的“外来型”发展模式，其成功大都依赖资源和要素短期内向其高度集聚，是一种相对剥夺其他区域发展机会的成长模

① 参见黄武俊、陈漓高：《滨海新区在京津冀经济圈中的示范和带动作用》，载《河北经贸大学学报》，2010（5）。

式。滨海新区综合配套改革的发展则强调“内源式”的现代化模式，不能再依赖于长期的特殊优惠政策，其运行的内在逻辑是在国家赋予先行先试的政策制定权下，通过摸索自主创新的动力寻求社会经济的全面发展。强调“内源式”综合配套改革，更凸显了滨海新区的政策优势。

（4）开放优势。

“我国北方对外开放的门户、北方国际航运中心和国际物流中心”凸显了滨海新区开放的功能定位。

其一，对内对外开放合作空间。从国际经济合作角度看，滨海新区地处当今世界经济发展最活跃的东北亚地区的中心位置，与日本、朝鲜半岛隔海相望，与韩国首都首尔直线距离仅 900 千米。从国内区域经济发展的角度看，依托北京、天津两大直辖市，直径 500 千米范围内有 10 多座百万人口及以上的大城市，拥有东北、华北、西北辽阔的“三北”辐射空间。海、陆、空交通网络发达，天津港连接 180 多个国家和地区的 400 多个港口，是名副其实的“北方商埠”。综合物流园区成为天津辐射东北和华北地区的重要物流节点，天津港货物吞吐量中 70%以上来自北京、河北、内蒙古等周边省市区，“北方门户”的作用进一步增强。①

其二，创建了竞争力强大的开放开发载体。天津开发区连续 14 年竞争力全国第一。“十一五”对外开放进一步拓展，形成了保税区、综合保税区、保税物流园区和保税港区等多种形态的特殊开放区域。企业海外投资取得突破，埃及-苏伊士经贸合作区建设成效显著。五年累计批准三资企业 1 853 家。

其三，区位优势明显。位于京津城市带和环渤海城市带的交汇点，东临渤海，与日本、韩国隔海相望，西靠华北、西北，内陆腹地广阔，南和北沟通华东沿海发达地区和东北工业基地，区位优势十分明显。

（5）产业、资源和城市功能优势。

滨海新区具有良好的发展基础，品牌效应已经显现，统一行政区设立后，有利于统筹规划布局，统筹基础设施建设，统筹产业集群和城乡一体化发展。

其一，主城区依托。滨海新区背靠北京和天津中心城区，智力资源密集。天津是一个传统的工业城市，具备雄厚的教育科研和产业实力。滨海新区开发开放纳入国家战略后，天津市明确提出“产业东移”目标，工业向滨海新区转移，主城区集中发展服务业。

---

① 参见赵晓清等：《抢占产业高地——河北沿海地区加速发展的思考》，载《河北日报》，2011－04－13。

其二，工业基础。目前，滨海新区已经形成航空航天、新能源新材料、生物医药等八大优势支柱产业。2010 年，天津滨海新区 GDP 突破 5 000 亿元，第一次超越上海浦东新区，迅速变身天津经济的“发动机”。滨海新区电子信息、海洋化工、石油套管产量名列前茅。已初步建成以外向型为主的经济新区。建立起多层次科技创新体系和科技人才创业基地，一大批国际知名的企业落户新区，一栋栋的高楼和工厂不断建成，基础设施和公共设施正在迅速完善。重大项目取得突破性进展，百万吨乙烯、千万吨炼油、空客 A320 总装线、中航直升机总装基地、天河一号超算中心、维斯塔斯风电设备等项目建成投产，新一代运载火箭、300 万吨造修船、和谐型大功率机车、长城汽车、中粮佳悦等一批项目开工建设。

其三，城市载体功能逐步完善。建成了 25 万吨级深水航道、30 万吨级原油码头、天津机场一期工程和保税区海空港等一批物流基地。综合通关效率显著提高，国际航运中心和国际物流中心功能明显增强。2010 年，港口货物吞吐量达到 4.1 亿吨，集装箱吞吐量 1 008.6 万标准箱；机场旅客吞吐量 727.7 万人次。

其四，丰富的自然资源。海岸线长达 153 千米，陆域面积 2 270 平方千米，海域面积 3 000 平方千米。大量开发成本低廉的荒地和滩涂，具有丰富的石油、天然气、原盐、地势、海洋资源等。联系密切的“三北”腹地自然资源极其丰富。渤海石油资源总量已探明 100 多亿吨，天然气储量 1 900 多亿立方米。现年产原油 3 300 多万吨、天然气 17 亿立方米、原盐 200 多万吨，地热、风能和潮汐能资源也极具开发潜力。

当然，滨海新区也存在一些问题，主要是：产业结构不尽合理，布局比较分散，产业链条不够完整，服务业比重偏低；自主创新能力不强，高端领军人才和高级技能人才不足；区域发展不协调，南北两翼发展相对较慢，城区与功能区之间发展水平存在差距，农村城市化和统筹城乡发展亟须加快；社会事业发展相对滞后，教育、卫生、文化等资源总量不足、水平不高，城乡、行业、地区及群体之间收入差距较大，完善社会保障体系和建设宜居生态城区任务艰巨；基础设施与发展需要还不相适应，连接周边地区的交通不够发达，内部交通不畅，水、电、气、热等市政设施布局尚需优化，局部供应不足；国际化程度不高，参与全球资源配置的能力不强，与国际接轨的商务、生活环境和交流平台尚未形成；管理体制、运行机制需要进一步理顺。

与上海浦东新区比，也有一定优势：一是开放和改革政策力度更大。天津滨海新区综合配套改革的发展更强调“内源式”的现代化模式。二是自然资源更丰富。三是区域产业融合、互动性更强（但产业层次上各有千秋）。总体上比较看，滨海新区的资源优势要强于浦东新区（资源大省遍布周边），区域产业融合互动性更强，开放政策“先行”力度更大，特别是更强调综合配套改革，走“内源式”发展路径。

4. 大连生态科技创新城核心竞争力

大连生态科技创新城摒弃克隆传统园区模式的思路，集生态、生活、生产、生长、生命“五生合一”，“生态、科技、创新”完美融合，汲取了全球前五大科技名城的经验教训，提供了国际一流的综合生态开发样板，被誉为中国生态版硅谷、硅谷升级版，在全国具有引领的样本意义。① 它高点起跑、高速起飞，用体现软实力的四大创新有效突破了其他新区经常遭遇的配套差、融资难、不协调、拆迁难这四大瓶颈。大连生态科技创新城创新思路，冲出了破解新区发展瓶颈的好路子，具有“集大成”的样本意义，应该成为新区开发的新标杆。

（1）开发路径创新：先“城”后“区”。

改革开放以来，各类新区遍地开花，发展模式以产业为主导，往往缺乏统筹整体规划，问题日益凸显：生活与工作地域截然分离，城市建设未能与产业发展同步，不断遭遇城市功能要素配套“跟不上”产业发展的瓶颈，形成住宅房地产“卧城”、产业区“空城”（夜晚）乃至因缺乏实体产业和后续投资而成为孤城的现象；先招商后配套，缺乏统一规划和准入门槛，遗留了大量低端业态；零散开发导致“摊大饼”式城市化，制约了新区结构优化和功能提升，越来越难以吸引、留住高层次人才和高端产业。

大连生态科技创新城则先行打造优美成熟的城区，建设现代化生态宜居宜业新城市，再吸引项目。

其一，“城市”级规划理念。走先环境后产业的路径。不走传统城市和园区“摊大饼”“滚雪球”路径，不满足于产业主导的“七通一平”，而以硅谷等著名科技城为标杆，按照“城市”理念，一开始就将生活、生态、产业作为一个有机系统统筹规划、整体开发、同步配套，使三者有机疏散、相得益彰，提供高品质、全方位的综合配套服务。由单一产业园区向综合生态开发功能完备型“科技新城”演进。

其二，“和谐宜居”尺度。“五生合一”，合理布局产业和配套体系，功能布局错落有致、尺度适宜，使功能空间与环境完美融合。引入“商务花园”理念，打造高端人才无需任何奔波而在最合理的范围内实现宜居、宜

① 参见李万才：《探索产业升级之路——大连生态科技创新城案例解析》，载《改革》，2011（7）。

业、宜商、宜学、宜游“一生之城”的一体化生活。15 分钟就能够实现步行上班、回家；只需要 10 多分钟就能够享受餐饮、商业配套；随处是“大公园”般的休闲环境。

其三，配套先行。首先营造更好的软硬件环境，不断优化城市要素支撑体系，规划布局公共科技馆、图书馆、科技信息中心等基础服务设施，引入双语学校、国际医院，在核心区实行全区域打造先进国际型社区。

其四，超前到位。基础设施按照“二十年不落伍”要求，采用国际最先进理念规划、最高端科技手段、最环保材料建设管理。“地下、地面、地上”立体联通，一次性建好综合网线公共沟。

其五，智慧可控。交通、建筑、政务、商务、安全、物流均实现智能化（例如，通信以无线取代有线，消灭“穿孔”和“布线”）。规划、决策到具体建设、落实到地块和指标，系统可控。

（2）开发体制机制创新：“官助民办”、市场化运作。

“官办”、滚雪球式起步的新区，往往由政府投资主导，而且经常遭遇融资难、招商难、起步慢等诸多困扰，有的还出现了“再行政化”的管理机制僵化、从业人员老化、各个方面竞争力弱化的现象。规划走样、低水平建设的问题也频频出现。

大连生态科技创新城坚持市场化，采取“官助民办”体制，充分吸纳社会资源。核心区 15.26 平方千米，由著名软件园区和科技地产运营商亿达集团作为项目一级土地开发运营主体，全权负责规划、设计、开发建设、配套以及招商运营、产业服务和园区综合管理服务。

一方面是“官助”。由政府给牌子、给政策，从城市发展的大视角筹划顶层设计，在土地规划控制、产业规划、品牌塑造、产业政策、部门协调等方面引导规范、营造环境，促进政策集聚和资源集聚。政府严把规划关，项目规划通盘考虑，严格产业项目配比，杜绝单纯住宅地产在新区喧宾夺主的现象。以核心起步区为例：要求产业区面积 60 万平方米，教育配套 3.5 万平方米，商业配套 8 万平方米，住宅配套 59 万平方米，并保证一定比例的公租房，绿化率近 70%。

一方面是“民办”。具体项目由企业作为开发主体，按照规划定位和市场经济规则，操作一级土地开发、商务配套、专业服务、招商引资及园区综合管理。

这种体制机制安排，产权明晰、政企责任明确，实现了政府调控与市场经济的有机结合和联动共振，最大限度地整合了两方面优势，调动了两方面的积极性，实现了优势互补、政企双赢。既体现了政府宏观前瞻的产业政策导向，确保规划刚性，不走样、不变形，也避免了在不擅长的微观操作环节的投资风险和低效率。中标企业设立整体开发投融资平台，成为新区的投资和运营、风险自负盈亏的承担主体，一家企业引来多个战略投资者，撬动几何级数的后续投资，使民间资本成为投资“主角”，为新区注入了市场机制和创新活力，提供了强大的长远驱动力量，也解决了政府头疼的融资等瓶颈问题。

实践证明，“官助民办”是政企联手办大事业的有效模式。开创“官助民办”先河，成就了大连“科技新城区”的绿色发展之路。早在1998年，靠政府指导、扶持与市场化运作相结合的“官助民办”体制，亿达集团投入200多亿元，在毫无软件产业基础的大连建成全国软件出口额最大的大连软件园，使大连在GDI全球交付指标中跃居中国第一、世界第五。

大连生态城刚起步便实现了高强度的资本投入、高水平的整体开发、高品质的超前配套，开辟了先声夺人的宏大局面，关键是“官助民办”激活了民营资本的巨大潜能，有效解决了新区起步资金不足、运营经验不足等难题。

(3) 生态建设模式创新：“生态优先”、环境吸引。

生态环境是新区可持续提升竞争力的依托，也是其开发持续“热”下去的关键，更是制高点，可谓新区竞争力的“生命线”。但不少新区尚未把生态摆到应有位置，缺乏本源性的生态建设理念和规划，单纯的高速增长甚至引发一系列生态问题。而大连拿六个生态标准建设中心城区，在全球是首例。他们把倾力打造世界一流的生态环境，作为立身之本和核心优势。将生态城市与产业发展高度融合，使环境建设与未来高端城市形态相匹配，打造“森林中的新型CBD”。

其一，“生态优先”、系统建设理念。一开始就以生态为立足点、生态建设为生命线。建筑设计、公共设施及生活配套均强调生态理念，处处体现绿色、低碳、节能、环保、循环的生态系统健康理念。力求最大化保留生态资源、投入巨资再造新生态，使森林覆盖率达到60%以上（核心起步区整体绿化率70%），任一个场所只要5分钟即可进入森林。绿色交通体系构筑“车流在地下流通、地面上为慢行道和大面积的绿地、广场、公园”的崭新格局。

其二，“生态优先”刚性规划。开创性地出台《可持续发展规划》和《设计导则》(6部生态系统建设导则)，从区域、地块、单体建筑三个层面进行技术性界定、控制与引导。大到城区碳排放标准，小到一块玻璃幕墙颜色是否与环境协调，所有项目（即使是公租房）必须达到生态门槛、遵从“生态法律”。

其三，规划落实指数化。制定了动态、可操作、可检验的“牧城驿指数”，为中远期开发提供从概念到实施的具体标准。分地块落实、由生态执法队伍实施，使核心生态、科技生态、行为生态有机结合。实施牧城驿低碳规划，将减少碳排放127万吨，相当于增加60平方千米森林。

(4) 原住居民安置模式创新：村企合作开发和谐新区。

在一些新区的征地和拆迁过程中，单纯实行货币化安置，来个“一补了之”“一拆了之”，这些行为常常导致被征地群众安居乐业难，产生后续纠纷多、征地拆迁难等不良影响，甚至经过多年仍然饱尝被“上访”之苦，直接制约发展、影响新区长治久安。

大连生态科技创新城需动迁6万多居民，它摈弃了简单的“一补了之”方式，采取可持续发展方式安置，避免村民在城市化进程中“被边缘”。

其一，先安居后取地。回迁住宅被纳入新区建设整体框架，由村民代表全程监理，打造欧洲小镇风格的“全国回迁房第一品牌”。

其二，建立后续发展保障机制。土地资源转化为园区资产，形成了一份长久经营的事业资产，保障村民长期收益随新区水涨船高：大东沟新居工程中建设2万平方米商业、1.2万平方米可租售公寓作为村集体物业，村民以股份方式获得长期收益；亿达集团以股份制方式与村民集体合作开发产业园。

其三，优先就业。开发建设及维护优先雇佣本域村民。这些措施使村民也成为新区的开发建设主体，自身和新区发展的大局形成“利益相约、一荣俱荣”格局，获得了群众的高度认可，激发了多方面的主动性和积极性，减少了阻力和矛盾，许多“后遗症”化于无形，实现了农民、开发商、新区的共赢，从而有效破解了新区开发中普遍“头痛”的征地难、拆迁难、被征地农民可持续发展难的问题。此举还为新区集聚了大笔资金，开发标准厂房、公寓等设施；减少了征地、补偿等占用资金，大大减轻了新区开发负担。

与上海浦东新区、天津滨海新区比，大连生态科技创新城是个“缩微版”，其“生态”的色彩、人本和谐的色彩更鲜明，开发机制上也有独到之处。大连生态科技创新城创新思路、突破瓶颈，以软实力提升竞争力，为新区提供了新的好范本。大连生态科技创新城具有新区开发“集大成”的样本意义，开发经验值得各地借鉴。

# 第二节　河北沿海新区核心竞争力的培育——以北戴河新区为例

## 一、北戴河新区的发展分析

在这里，我们要用 SWOT 方法对北戴河新区发展进行分析。

1. 北戴河新区发展具备的优势（S）

北戴河新区地处河北省东北部，隶属首批沿海开放城市——秦皇岛，与避暑胜地北戴河一水之隔。东起戴河口，西至滦河口，北起抚宁县境内的京哈铁路、昌黎县境内的沿海高速公路，南至沿海海域，面积 478.38 平方千米，海岸线 82 千米。辖 8 个乡、镇、管理处（办事处），119 个行政村，12.3 万人。内有 2 个旅游度假区、12 个旅游景点、1 个省级开发区和 1 个自然保护区。目前，直管区面积 230 平方千米，4.7 万人；管控区面积 200 平方千米，尚处于过渡期。2006 年 12 月，河北省政府批准设立黄金海岸保护建设管理区。2008 年 4 月，秦皇岛市委市政府组建黄金海岸保护建设管理区工委、管委。为扩大新区影响，提高知名度，按照省有关领导指示精神，于 2009 年 7 月将新区由原来的黄金海岸保护建设管理区更名为北戴河新区。2011 年 1 月，实体组建秦皇岛北戴河新区，升格为副厅级机构。

实践证明，创建新区加快和引领城市化进程，找准了破解瓶颈的突破口，把握了跨越发展的金钥匙，是符合秦皇岛市情和区域大势的科学决策。新区工管委组建以来，各项工作取得了显著的成效：新区建设思路日益明晰，方向和目标日益明确，各项规划体现了高站位、国际化，基础设施配套建设全面展开，高端休闲旅游项目建设前景喜人，运转机制、发展平台有序建立，初具加快发展的基础。总起来看，北戴河新区发展形势喜人，有先声夺人之势。总体看来，可以概括为以下优势：

其一，生态优美。

在得天独厚的区位中形成了独特资源组合。北戴河新区内有海岸、沙滩、沙丘、泻湖、滩涂、湿地、温泉、沿海防护林和海岸原始风貌，以及优良的空气环境质量。拥有连绵 82 千米的美丽海滩（中国、世界罕有的资源），中国北方最优质浴场。黄金海岸风景区在《中国国家地理》杂志评选的中国最美的八大海岸中名列第五位，在国内外享有很高声誉。加上四季宜人的气候和资源优势，在周边区域已经形成重化工挑大梁的格局中，北戴河新区被誉为“重工业城市圈中的一朵奇葩”。它还是环渤海唯一环境优美的“一张白纸”，周边生态良好、旅游资源丰富，是整体建设高端休闲旅游目的地的理想之地。丰富的山、水、海等生态资源为新区发展提供了资源优势。

其二，品牌响亮。

一是秦皇岛历史品牌。北戴河具备世界级的知名度。秦皇岛历史悠久，文化积淀深厚。二是人文品牌。在秦皇岛这片土地上，发生了很多壮烈的事件，中华民族几千年的历史，秦皇岛是见证地。“山海关”与“北戴河”有机呼应和融合，构成“秦皇岛”大品牌，可谓久负盛名、游客向往。

其三，创新体制优势。

汲取开发区经验，创新市场运作体制。成立了北戴河新区工作委员会和管理委员会，书记、主任“一肩挑”；下设精简高效的工作机构。推行“管委会+公司”模式，依托发展公司平台，全面推进开发建设市场化运作。于2009年7月6日完成北戴河新区发展有限责任公司的注册登记工作，作为新区投融资平台，盘活土地一级市场，以土地增值增强发展活力。创新项目运作机制。推行BT、BOT等多种形式的融资方式，广泛吸纳社会资本，共同参与北戴河新区基础设施和公共服务设施的建设与经营。已经开工的昌黄、抚南连接线两条道路建设工程BT方分别是中交、中核等“中”字号集团。

其四，良好的发展环境。

河北省、秦皇岛市确立北戴河新区为发展重点，为新区提供了宽松的外部环境。从河北省看，“十二五”期间将努力打造沿海经济隆起带，逐步把沿海地区建设成实力雄厚的临港产业带、风光秀美的滨海旅游带、海蓝地绿的海洋生态带、休闲宜居的海滨城市带。从秦皇岛市看，确立并深入实施旅游立市战略，将北戴河新区定位为中国北方乃至世界级一流的旅游休闲度假目的地、国家级旅游度假区和生态文明示范区。这些都为北戴河新区的开发建设提供了宽松的外部环境。特别是把北戴河新区列为“明确重点发展区域”，要以超常举措在全省沿海地区开发建设中率先突破，“加大力度建设北戴河新区”。对北戴河新区的极端重要性和特殊性，已达成共识，形成开发建设北戴河新区的浓厚社会氛围。在北戴河新区谋划启动和规划建设过程中，省委、省政府领导和省直有关部门都给予了高度重视和大力支持与指导，省委书记、省长多次作出重要指示或亲临北戴河新区调研，为其发展指明了方向。2009年3月省委、省政府明确杨崇勇副省长分管北戴河新区开发建设，2009年8月7日省委、省政府召开了北戴河新区开发建设办公会议，提出秦皇岛要坚定不移地把旅游业作为立市的战略产业来抓，北戴河新区要作为秦皇岛市旅游立市的突破口和龙头。

其五，环渤海、近京津的区位交通优势。

北戴河新区位于东北与华北两大经济区的结合部和最具发展潜力的环渤海经济圈以及京津冀都市圈的中心地带。交通便捷，京秦、京哈、大秦铁路干线和秦沈高速公路、京秦高速公路、沿海高速公路、津秦客运专线，102 国道、205 国道、261 省道及正在筹建的京津秦城际铁路均可直接服务新区。随着京津冀一体化进程的不断加快，立体现代交通体系加速构建，形成了更为便利的交通网络。

2. 北戴河新区发展所处的劣势（W）

放到全国大局上看，可谓新区林立。从沿海看，就有辽宁等省市沿海一大批“纳入国家战略”区域的新区，而北戴河新区还只是名义上上升到国家战略层面。从深层次看，从北戴河新区所应承担的全市乃至全省的新增长极、制高点、改革试验区和示范区的重要职能看，还存在不少瓶颈和劣势因素，制约着北戴河新区核心竞争力。

其一，处于“后发”位置。

与国内各个新区和省内渤海新区、曹妃甸新区比，北戴河新区起步较晚。2011 年才初步理顺体制，正在逐步摸索开发机制。

其二，从实力上看是“薄发”。

底子薄，启动资金短缺。北戴河新区正处于开发建设的前期阶段，能源、交通、供水等方面基础设施配套建设需要大量投入，但目前新区范围内经济实体较少，财政收入规模较小。新区 2011 年全部税收仅 4 000 万元，目前新区财政在“保工资、保运转、保民生”方面尚有超过 6 000 万元的缺口资金。在完成海洋、水产、交通等二次接收后，资金缺口还会加大；所引进的投资项目，也因享受增值税抵扣政策和所得税税收优惠，基本上没有进入正常纳税期。土地指标紧缺，项目落地困难。接收任务繁重，发展稳定压力巨大。2011 年产业税收下滑态势明显，2012 年成交量持续低迷，房地产开发企业资金链趋紧，从这一趋势看，房地产税很难挑起新区财政的大梁。

其三，从总体上看是“单发”。

从区位看，难以依托、借助主城区。“城市”支撑方面，整体配套、城市与产业协调方面较薄弱。区位上远离市中心，距主城区几十千米。发展方位上，北戴河新区处于秦皇岛向西区域的边缘，偏离历史上形成的“沿海”城市组团发展的主轴线。公共基础设施上，城市功能尚为“短板”，与人才期望的“一生之城”“国际化社区”的差距不小。

其四，生态环境相对脆弱。

新区生态条件得天独厚，但尚达不到大连生态城开发前的环境质量（森林覆盖率达40%，周边被森林公园包围，多个水系贯通）。尚未真正把生态放到“先行”地位，整体建设力度还不够大。此前海滨开发多年，修复生态、建设新生态的任务较重。而且因为滨海，生态相对脆弱。新区的海洋、沙滩、森林等生态资源遭到不同程度的破坏，尤其是华北最大的泻湖——七里海，水域面积已从8.8平方千米缩减至3.2平方千米。仅凭新区财力，难以恢复和改善。

综合体现在项目上，产业项目相对基础设施滞后。房地产项目有“过度供给”之嫌；影响力大、爆发力强，具有核心竞争力、战略支撑和示范带动作用的重大项目较少，宜居宜业宜创新环境和朝阳产业项目有“过度短缺”之虞。新区锁定的生态环保和服务经济处于“朝阳”时期，“发力”不易、突破乏力，步入快车道较慢。

3. 北戴河新区发展面临的机遇（O）

其一，加快转变经济发展方式为新区带来新契机。“十二五”时期，加快转变经济发展方式是重要战略任务，经济增长由主要依靠投资、出口拉动向消费、投资、出口协调拉动转变，由主要依靠第二产业带动向三次产业协同带动转变，是第三产业快速发展的黄金时期。北戴河新区构建以旅游业为主体的现代产业体系，顺应了发展大趋势。

其二，实施统筹区域协调发展政策带来发展新机遇。“十二五”期间，促进区域协调发展，成为深入贯彻落实科学发展观和全面建设小康社会的重要战略任务，经济结构调整的重要环节，对京津冀长期存在的发展不平衡带来了重大发展机遇。为新区提供了新平台、新载体和新生长点，有利于北戴河新区充分利用两个市场、两种资源。

其三，河北沿海地区开发纳入国家战略带来的新机遇。河北建设以沿海经济强省为目标，实施河北秦唐沧沿海发展规划，将秦唐沧沿海487千米的海岸线作为重点区域。省政府加快推进沿海经济发展工作会议决定，以11县（市、区）、8区、1路、1带为重点，为第一梯队、突击队，给予特殊的政策、特殊的权力、特殊的支持，北戴河新区也位列8个功能区之中，将极大提高北戴河新区对资金、项目、技术和人才的吸纳力和承载力，促进北戴河新区开发建设。

其四，“4＋1”试点机遇。2010年以来，秦皇岛市先后被列为国家服务业综合改革试点和国家旅游业综合改革试点，明确南戴河和北戴河新区为先行区和核心区，以北戴河新区的建设为突破口；以及国家级创新型城市试点和公共文化服务体系建设试点、省级城乡统筹建设试点。多种政策形成“交集”，整合力量。

4. 北戴河新区发展面临的挑战（T）

其一，周边新区林立。

资金、人才、项目等要素争夺剧烈，发展项目选择余地不大。优惠政策竞争激烈，很难体现“洼地效应”。

其二，同类新区近在咫尺（大连、日照）。

在定位上，有同质竞争之虞。周边的天津、曹妃甸、盘锦新区都有生态城项目。2012 年仅河北省内就有多个生态城项目。

其三，体制未完全理顺、机构不健全。

渤海新区实行区、市合一的管理模式，将黄骅市政府的职能全部划归新区，实行“一套班子（渤海新区领导班子）三块牌子（渤海新区、黄骅市、临港经济技术开发区）”，设一名副厅级的书记，兼任渤海新区主任、黄骅市委书记（目前由沧州市副市长兼任）。曹妃甸新区主任由唐山市委副书记兼任。按照省政府《关于同意秦皇岛市设立黄金海岸保护建设管理区的批复》（冀政〔2006〕179 号）和秦皇岛市委、市政府《关于调整完善黄金海岸保护建设管理区管理机构的通知》（秦字〔2008〕12 号）精神，设置中共秦皇岛市委北戴河新区工作委员会（以下简称北戴河新区工委）、秦皇岛市北戴河新区管理委员会（以下简称北戴河新区管委），分别为市委、市政府的派出机构，实施对北戴河新区的领导和管理。北戴河新区主任明确为副厅级待遇，在领导力量上明显薄弱。按照省编委〔2011〕4 号文件精神，新区首期对 41 个村和团林、渤海两个林场进行接收管理，其中昌黎县 28 个村、抚宁县 13 个村，共 4.7 万人。维护稳定、新民居、组织关系、社会保障等档案资料接收和社会管理工作任务繁重。

其四，人才队伍建设薄弱。

新区正式挂牌成立时间不长，管理开发机构处于成立初期，人员大多来自县区、部门“体制内”，亟待磨合、优化、提升。人才严重不足，在国内多数园区已开展“二次创业”乃至“三次创业”的大背景下，无论内在素质还是外在竞争要求，新区队伍亟待“新区化”。

其五，投融资受制约。

采取了政府主导开发模式，政府招商项目渠道相对狭窄。外向度低，民营资本、中小企业较少。在全国若干地方面临地方债务危机、近年来全球经济不够景气的大氛围下，政府主导开发体制可能使新区融资更为困难。房地产市场在中短期内很难快速发展，依赖“以地生财”、依靠“滚雪球”的预期更为脆弱，“起步”资金将受到制约。

总体看来，北戴河新区的“生态优美”是最大的比较优势，是核心、基础和底线；“北戴河”品牌和大都市圈区位是重要支撑性优势，北戴河新区具备三个“世界级”关键优势要素——世界级海岸和气候环境资源、世界级名牌、世界级大都市圈区位（京津沈）；人才和体制机制尚为短板，后来居上、产业选择、纳入试点和省市重点开发区域是机遇。因此，其核心竞争力培育的根基和着力点是“环境优美”，支撑要素是人才和体制机制等软实力，特别是要在促进试点突破的进程中补齐软实力的“短板”，实现真正的后发崛起。

## 二、北戴河新区核心竞争力的培育对策

实践证明，核心竞争力是新区的“生命线”。一个美好的愿景能否变为现实，主要取决于这个新区能否打造出独特而强劲的核心竞争力。与其他政府投资主导的新区一样，刚刚起步的北戴河新区，也在不同程度上遭遇了融资难（特别是近年来全球经济不景气时期）、招商难和起步慢等多重困扰，受到了机制不健全、队伍不够强、竞争力较弱的影响。要克服这些难关和瓶颈，在近年来比较复杂的形势下，不应该低水平拼资源、拼优惠，更不能简单克隆传统城市和园区模式。贯彻落实十八大精神，以科学发展观为指导，北戴河新区要进一步优化战略、定位、规划、政策和体制机制，真正“站在巨人肩膀上”，汲取大连等国内外新区经验教训，高起点起步，集中精力着力抢占制高点，牢牢把握在理念、机制、综合配套等“软实力”上作出大文章。扬长避短，从软实力入手，牢牢抓住培育新区核心竞争力这个“牛鼻子”。以体制机制改革创新为抓手，整合、聚集生态、项目、人才、资金等要素和资源，在发展中打造出越来越强的北戴河新区核心竞争力。北戴河新区作为中国“钻石级”开发宝地、河北省沿海发展的三个主战场之一、秦皇岛市产业转型升级的新引擎，要以“三个率先”即率先改革、率先突破、率先发展为基点，把新区培育为支撑秦皇岛乃至河北强劲崛起、有强大竞争力的新制高点、新载体和新引擎。要与曹妃甸新区、渤海新区错位发展，勇当河北全省调结构、转方式的排头兵。优化新区与周边区域空间，按照全区域5A级景区标准，发展高端旅游、现代服务及相关产业，在生态环境优美的人间福地基础上着力锻造全国一流、全球前沿的高端旅游综合服务能力，打造国际高端休闲旅游目的地和现代服务业示范区，打造“生态夏都”“美丽中国”的新区样本。

1. 围绕“生态优美”的战略资源优势，突出打造生态竞争力

从硅谷的经验看，创新要素聚集对生态的要求比资源、设备、优惠政

策等成本导向型因素更高。从资源禀赋看，“生态优美”是北戴河新区的核心战略资源；从区域比较看，“生态优美”在整个环渤海乃至中国北方、东北亚地区都具有比较优势；从可持续发展的角度看，北戴河新区的“生态优美”具有拉动区域、全市乃至国际相关产业发展的潜力空间。因此，生态是未来新区竞争力的制高点和“生命线”，“绿色”本身就是竞争力。把生态打造为核心竞争力，是北戴河新区发展的根基和主线，不能动摇。而且，北戴河新区具备三个“世界级”优势——环境资源、世界级的名牌（“北戴河”）、世界级的大都市圈区位（京津沈），有条件在生态上做大文章。生态是高端，也是北戴河新区的优势。北戴河新区有条件把生态打造为核心竞争力，要敢于后发崛起、一步到位，抢制高点，创大名牌，争当河北科学发展、展示形象的窗口和排头兵，瞄准“打造全国乃至世界的旅游胜地”，创建海水美、城市美、环境美等多美融为一体的“大美北戴河（新区）”。

要改变“末端治理”思路，明确“生态优先”战略，把新区打造为生态文明建设良好的科学发展示范区。必须首先打好生态牌，切实增强生态竞争力，打造生态高地、生态亮点和生态家园。

（1）高度重视生态文明建设。

要把建设生态文明、保护生态环境放在北戴河新区开发建设的首要位置。依据正在开展的全省沿海地区总体规划，将新区总体规划与生态新区规划融合，委托中国城市规划设计研究院，编制生态新区总体规划（2011—2030），进一步明晰新区发展方向。制定完善新区三大组团控制性详细规划、新区绿地系统和景观风貌规划，以及新区基础设施规划，形成北戴河新区完善的规划体系。超前、高标准地统筹规划建设生态环境。高品位、高标准地制定发展战略和规划设计体系，严格掌控新区每片土地、每米岸线，确保规划执行刚性。按照生态城市、绿色经济圈、低碳产业的发展理念，全域按照生态友好型产业和人居规划设计。已建园区要进行生态化改造和建设。重大产业项目要科学布局，严格项目管理办法和程序。树立“规划即法”意识，强化规划的刚性和权威性，严厉打击各类私搭乱建、违法占地等行为。

（2）打造生态高地。

先导区、起步区要首先打造为生态样板和“绿肺”。北戴河新区最有条件打造“城在林中，林在城中，人在景中”的世界闻名的生态区。要因地制宜，把环境优势转化为品牌优势。中心区和南戴河、七里海组团板块应突出生态城市特色，绿化主要指标达到国家园林城市标准。加强治理力度，强化河流两岸及道路两侧生态廊道的绿化。根据河道的等级，两侧控制20～50米的绿化带；绿色道路廊道是净化空气、减少交通噪音的有效途径，主要干道以上等级的道路两侧原则上控制不小于20米的绿化带。更重要的是生态廊道是连接不同生态板块的通道，有较高的生态学意义。重点保护海滨浴场沙滩。采取有效措施，控制海岸侵蚀，保护海岸沙滩；限制在河道、海岸挖沙，对浴场岸段采取工程措施予以保护。合理布局养殖区，养殖区与浴场间隔距离不小于3 000米，防止浴场沙质泥化。

（3）科学设定生态门槛。

推动新区全域产业绿色化、办公绿色化，构筑生态景观。力争宁留空白、不留遗憾。严守“三条底线”，即严守生态底线：生态是最大的优势，北戴河新区拥有海洋、沙滩、森林等不可再生的宝贵资源，必须科学保护好、利用好，否则，将会成为历史罪人。严守规划底线：借鉴新加坡“先规划、后建设，穷建设、富规划，先地下、后地上”的理念，宁可建设慢一些，必须死守规划底线，确保新区建设不留遗憾。严守产业定位底线：北戴河新区是全市及河北省转变发展方式、调优产业结构的“王牌”，必须发展以旅游业、现代服务业为主的高端产业，改革创新，创造经验，在全省乃至全国发挥引领示范作用。严把入区项目准入关。北戴河新区规划秉承“生态优先”的原则，以环境容量和资源承载力为依托，致力于打造一个国际知名的旅游度假胜地，本着这一发展目标，入区企业必须选用具有国际、国内先进水平并对环境污染程度低的清洁生产工艺。规划2个主导产业（旅游业、高新技术产业）、2个先导产业（会展业、文化创意产业），以及密切关联产业（旅游制造业、康体疗养业、总部经济、现代生态农业）。严格产业规划挑商选资，把产业定位作为唯一的招商选商标准。响亮提出拒绝重化工，限制一般工业和一般房地产，发展以高端旅游、现代服务和高新技术为主的新兴产业，打造全省新兴产业示范区。

（4）加强生态保护与提升。

树立全区域打造“生态示范区”的理念。首先要注重培育、保护和扩大生态资源，增加绿化量，提升整体环境的承载力。① 同时，控制旅游活动方式、限制项目布局，切实减少人类活动对生态环境的不利影响。注重从建筑物、交通、环境氛围、生态廊道控制等诸多方面体现“环境至上、生态优先”和低碳消费等先进理念，使生态环境建设与新区主导的国际化休闲消费方式相适应。还要控制海水入侵，严格限量开采沿海地下水资源，

① 参见秦皇岛市人民政府：《秦皇岛市国民经济和社会发展第十二个五年规划纲要》，2011。

积极治理水体污染，努力修复水生生态环境。[①]

2. 创建高效开发模式，打造体制机制竞争力

顶层设计至关重要。在科学的战略定位下，开发体制机制是北戴河新区发展的关键推动力，也是各地新区“较劲”的重要领域。体制不顺，尚为目前北戴河新区的软肋之一。北戴河新区是国家旅游综合改革示范区、现代服务业综合改革示范区和公共文化体系建设示范区的核心区域，是全国首批绿色节能建筑示范区，打造体制机制竞争力也是内在要求。

（1）创新开发组织体制机制。

目前，体制不够顺主要体现在新区与市直部门关系、新区与昌黎、抚宁两县关系上。与市直部门，权力下放与交接关系尚待理顺；与昌黎、抚宁县，在发展的空间、项目、社会管理上还存在相互推诿、扯皮的情况，极其不利于长远发展和短期的优化运作。在创新开发组织体制机制上还有很多工作要做。

其一，加强组织领导。

建议成立加快北戴河新区开发建设领导小组，由联系北戴河新区的常务副省长任组长，省有关部门、秦皇岛市政府和北戴河新区管委会等单位主要负责同志为成员，领导小组办公室设在省发改委，新区设联络员。领导小组实行例会制度，每季度召开一次会议，及时协调解决有关重大问题，研究支持政策。

其二，理顺新区管理职能。

逐步实现全区域一体化管理，使北戴河新区管委会成为扁平化的、独立的综合管理主体。按照“应放尽放”原则，按照市政府下发的《关于北戴河新区行使市级行政审批权限的通知》，对涉及 24 个部门 120 项审批权限进行集中放权，实现属地办公。科学设置机构，贯彻“大部制”管理理念，根据实际需要设置部门、配备人员，推动组织结构向扁平化方向发展。落实和扩大新区工管委职能范围，从规划、项目管控、基础设施建设等职能，扩展到社会、经济事务管理。根据当前的开发建设需要，设置规划建设、招商引资等直属机构，并增设市直派驻机构，加强对新区的社会事务管理。建立工作协调机制，加强新区与各县区、各市直部门以及新区内部各职能部门的协调。

其三，新区区域一体化管理。

参照天津滨海新区和曹妃甸新区、渤海新区的做法，管理体制分两步

---

① 参见秦皇岛市人民政府：《秦皇岛市国民经济和社会发展第十二个五年规划纲要》，2011。

走。近期将南戴河一个小区、黄金海岸北区、翡翠岛旅游区和南戴河国际旅游中心及直管区域外的200平方千米管控区全部移交北戴河新区，作为独立行政区域，组建中共北戴河新区委员会和北戴河新区人民政府，完全行使地方一级党委和政府职能。远期撤销昌黎县行政区建制，改为行政性功能区，新区与昌黎县合并，建立“新区—功能区—乡镇、街道”体系，实行区县一体管理。将来可有两种选择：一是独立设“区”，行政区与开发区多区一体；二是实行专业单纯的开发区体制，将社会管理职能“甩”到所属县区。

其四，打造优质、高效的政务环境。

建立健全经济服务机构，建设高效科学的新区行政中心。要建立“一站式”服务中心，开展“一条龙”“全程代办”企业服务。在简化审批程序、减少办事环节和手续、提高工作效率方面走在全市乃至全省前列。①

（2）建立新区队伍建设的“新区化”机制。

事业兴衰，成败在人。人才是竞争力，特别是“新区”的核心竞争力和最大的软实力。北戴河新区后发崛起，首要的措施就是着力提高新区队伍整体素质，促进队伍系统的“新区化”。要借鉴沈北新区、广州科学城、苏州工业园区等地人才队伍建设的经验，打造一支在环渤海地区有竞争优势，素质、效率特别高，活力、创造力和战斗力都特别强的“特区”式队伍。可在全国范围招选、培训，在较短时间内打造出善于运用市场机制运作资源、引导新区和谐发展的精干人才队伍。

其一，创新用人机制。

新区管委会实行全员聘用（任）制，选聘一批专业技术人才和工作人员，推行新区管委会目标职能管理，实行绩效工资，设置目标管理，实行“全员聘任，绩效考评”的选人用人机制。

其二，实施人才引入战略。

坚持产业聚才、项目引才，实施“新区百人”引入计划，吸引一批具有规划、建设、招商、旅游、城市管理、农村工作实际经验的人员充实到新区开发建设队伍中。

其三，创新人才培养机制。

大力实施优势产业重点人才培养计划和紧缺人才培养计划，建立以能力建设为核心的人才资源开发体系，依托企业自主创新项目实施高技能人才培养计划，重点在现代管理、现代农业等领域。

---

①② 参见秦皇岛市人民政府：《秦皇岛市国民经济和社会发展第十二个五年规划纲要》，2011。

（3）优化新区科学决策机制。

要加强保障性制度体系建设，着眼于建立长效机制。用覆盖各个领域、全流程的制度化标准，从宏观到微观细节确保一流水平，建立完善长远可持续提升新区决策竞争力的制度框架安排。优选相关领域专家和职能部门人才，成立新区科学发展评审委员会，健全对发展规划、入区项目、人才引进等重大方面决策的评审机制，确保新区发展方向和竞争优势。同时，建立健全决策跟踪和追究奖惩机制。实行动态的日常工作考核和重点项目考核，采取过程考核和结果考核相融合的方式，严格执行考核结果。

3. 创新开发路径，同步配套打造创业环境竞争力

优良的环境既是“人居”的要求，也是高端产业栖息的要求，是世界著名新区（如美国硅谷）成功的关键因素。只有创造优良的创业环境，才能在此基础上步入新区螺旋式上升的良性循环轨道。①

（1）明确“城＋区”同步匹配完整打造的思路。

要环境先行，按照“先城后区”路径，高起点统筹新区规划建设和开发管理。要改变“边走边干、边想边干”的传统路径，一开始就整体规划、高品质建设“一生之城”，集中资源抢攻新区竞争力的制高点。要因地制宜、错落有致，“城＋区”统筹规划、配套打造新区环境。要按照“十分珍惜和合理利用每一寸土地，促进经济社会与土地利用相协调”的要求，处处精品，不留遗憾。

其一，要优先完善新区“未来城”的功能。

汲取先区后城的教训，将新区未来可持续发展根植于生态、科技、人文等元素的有机融合，高起点、高标准打造有利于优质实体经济发展的软硬件配套环境，使城市要素超前发展、产业与城市要素同步集聚、统筹开发。科学摆放与主城区的关系，聚焦新区，力争未来最优越的生态环境在新区、最高端的生活社区在新区、最先进的城市基础在新区，从而吸引最优秀的人才在新区、最高端的产业在新区。② 打造集高品位人居福地和高质量产业高地于一体，宜居、宜业、宜商、宜学、宜游的“居业一体化”生态宝地。

其二，要重视发挥规划的顶层设计作用。

聘请国际一流规划设计单位，按照未来城市发展要求，一步到位、超前设计，量身定制具有国际先进水准的概念规划、总体规划、产业规划，

①② 参见秦皇岛市人民政府：《秦皇岛市国民经济和社会发展第十二个五年规划纲要》，2011。

特别是具体落实到地块的可持续发展规划、生态导则和指数化控制体系。①

其三，要把握起步区（尤其是滨海地带）核心战略资源的样板示范开发。

北戴河新区具备世界级自然条件，生态良好、环境优美。应参照“世界十大美丽海滩”的规格，因地制宜、因时制宜，高品位开发世界级滨海休闲旅游度假带，全域打造为超级大景区，建设世界级旅游胜地。

其四，着眼未来进行科学布局。

根据世界滨海旅游城市发展案例，把新区的区域空间明确划分为适建区、已建区、限建区和禁建区。适建区是指具有滨海旅游资源优势和基础设施条件的区域空间，是除禁建区和限建区以外的城镇开发建设首选区域，是新区建设的重点区域。已建区是指现状，作为新区所辖范围内的既成事实，要依据科学发展、实事求是的原则，对不符合规划要求的要严格进行控制，对红线控制内的违规建筑原则上要予以拆除，逐步适度调整，对环境和自然资源不能形成新的破坏。限建区是指自然保护区的实验区、绿化隔离带、沙滩、海岸等，其理论区域空间距离为距海岸线 1 千米之内。限建区内的海洋、沙滩、湿地、林带和其他旅游资源属于社会公共旅游资源，由政府依法经营和管理，主要以碧海蓝天、阳光沙滩打造旅游休闲度假区，营造适合游客休闲度假的旅游氛围。禁建区包括自然保护区的核心区与缓冲区、河流水域、防护林等，要打造世界级的自然保护区，严格控制管理。在此基础上，综合分析滨海地带的发展条件，因地制宜，突出各自资源、建设和功能特色，锦上添花，形成魅力。

(2) 实施“官助民办”机制。

融资和项目投资是新区发展的大动脉，融资和招商能力直接体现新区运作的竞争力。对北戴河新区来说，起步期和加速跃升期都需要巨额资金。单纯依靠政府投入既困难又有很大风险；靠新区自身滚动开发，激烈的竞争不容许，也难免重蹈园区低水平开发的覆辙。大连软件园和生态科技创新城整体建设“一生之城”，底气就在于采取了“官助民办”机制，其经验已在数个城市成功推广，值得北戴河新区借鉴采用。要汲取“官助民办”经验，着力招商引园，完整打造大项目，促进新区核心区尽快实现新突破。

其一，要创建充分激发资本活力的投融资平台。

按照“管委会+公司”管理模式，把北戴河新区发展有限责任公司作为投融资的执行机构，负责融资、投资及还款等工作。在核心区、重点产

① 参见秦皇岛市人民政府：《秦皇岛市国民经济和社会发展第十二个五年规划纲要》，2011。

业区，要大力借鉴“官助民办”机制，引进有经验、有声誉、有实力的战略投资者，引发几个乃至数十家企业联合投资、持续投资，以 10 平方千米、20 平方千米乃至 50 平方千米的“城市级”规模，以全球领先、中国一流的标准进行综合配套、统筹开发。充分利用 BOT、BT 等多种方式，采用融资租赁等方式融资，高起点、加速度助推北戴河新区的开发进程。

其二，要先行创建招商引资的新模式、新平台。

引入高端园区，同高手合作，少走弯路、降低风险，高点起步、快速崛起，变起步晚的劣势为高端崛起的后发优势。借助先进园区的广泛联系精准招商，成群体或产业链整体引进，以一当十、以十当百。形成“鲇鱼效应”，有效提升新区整体竞争力水平。瞄准在全国寻找战略布局点的北京中关村、苏州工业园区、武汉东湖高新区及韩国、日本等国的高水平园区，把工夫下准、下到位、下足量。

其三，要健全开发项目准入机制。

切实提高优质实体经济项目投资所占的比重。重点引进有声誉、有实力的高端产业和科技地产商。按照科技地产、高端商业地产、旅游地产的优先顺序严格筛选，限制一般房地产，严防以产业地产名义圈地搞住宅地产。

其四，发挥好政府投入的引导作用。

向社会公开招标选定项目业主，鼓励各行各业、全社会参与新区开发，实现投资渠道多元化。以政府的先期财政性投入，带动大量后续社会资本投入参与经营性的公益事业和基础设施项目建设。

（3）推行和谐发展机制。

新区既要跨越式发展，又要长治久安，这始终是事关新区开发成败的两件大事。要学习借鉴大连的安置经验，确保被征地群众实现可持续发展。在社会建设和社会管理领域创新机制安排，尽可能促成新区发展的强大合力。积极开辟村民参与新区开发的渠道，使村民利益与新区发展同步实现“水涨船高”。在合理给予经济补偿的同时，鼓励被征地区域村民创业、就业，完善社会保障体系。使新区的发展不留后遗症，不为那些“拆迁难、上访多”因素所困扰，打造构建和谐新区的好抓手。①

4. 把握新一轮“试点”机遇，集成打造政策环境竞争力

进一步加大河北省、秦皇岛市的支持力度，争取国家级层面的各项优惠政策，着力理顺关系、整合条件，促进政策叠加、资源聚焦、产业突破。

---

① 参见秦皇岛市人民政府：《秦皇岛市国民经济和社会发展第十二个五年规划纲要》，2011。

努力实现新区开发的政策优惠力度国内领先、河北最优，精心打造有竞争力的政策洼地。

(1) 聚焦“试点”优势。

通过开展旅游试点、综合服务试点、文化试点、生态建设试点和统筹城乡一体化建设试点工作，结合秦皇岛市在服务业发展方面的比较优势，加快培育壮大具有自主品牌的服务业体系，积极推进现代服务业发展，集成创新，努力打造国际高端休闲旅游目的地和现代服务业示范区。从而在河北乃至全国现代服务业发展中发挥示范带动作用，在推进“河北制造”向现代的“河北服务”的转变方面发挥示范带动作用，创建“生态低碳”为主题的国家级“中国服务”示范区。主要载体是创建全国生态文明先行区、打造东北亚高端旅游休闲集聚区、全省城乡一体化示范区、总部会展特色滨海新地标和中国最高标准绿色节能建筑示范区。

(2) 提供充分的政策保障。

其一，加强协调沟通机制。

新区与市直部门联络员机制。在各个市直部门设置“北戴河新区工作联络员”，确保有关新区的政策谋划、项目推进、工作落实和交流沟通“有人管”“接得上”，以此为平台加快推进新区建设进程。

其二，对标开发区打造“人才特区”。

在省编委批准现有 8 个内设机构的基础上，增设必要机构。派驻机构实行市直部门和北戴河新区“双重领导”，以北戴河新区管理为主；派驻单位和接收单位新转入人员不占用北戴河新区编制。招聘与选调相结合，专业技术人员以招聘为主，专业性强的重要岗位，从市、县（区）有关部门选调有工作经验的优秀人才胜任，坚持编随人走，保留原身份。落实省编委文件精神，参照开发区的做法，赋予新区科级（含科级）以下干部管理权限。推行绩效工资制度。

其三，财政体制与资金。

北戴河新区正处于起步阶段，区域内大型税源项目尚未建成，新区急需大量资金进行基础设施建设，营造良好的投资环境。因此，应实行“只予不取”政策，增强新区“造血”功能。一是建立一级财政，实行独立的财政体制。从 2011 年起，在相当一段时间里，市级不分享新区的收入，并且在专项资金投入上向新区倾斜。二是创新投融资体制，允许北戴河新区发展有限公司，尝试更多更加灵活的融资方式。三是起步阶段，在省财政体制、政策、资金支持的基础上，市财政连续五年每年支持新区资金 6 000 万元。市级财政出借新区财政启动资金 1 亿元，用于基础设施建设。同时，将城市的土地、基础设施、公共服务设施等资本、资源推向市场，多渠道筹集城市建设资金，实现城市基础设施和公共设施的市场运作，并积极争取省市资金支持，以及各类建设基金和专项资金。

其四，土地、规划管理。

由秦皇岛市与省市相关部门协调，帮助新区建立完善的土地管理体制和规划管理体制。土地管理体制方面，参照市开发区机构设置和土地管理模式，组建市国土资源局北戴河新区分局，由新区行使市级土地（海洋）管理审批权限，以利于新区强化服务功能，提高办事效率。规划管理体制方面，在总规、控规批准后，托管区域内由市城乡规划局委托或授权新区行使市级审批权，核发建设项目选址意见书、建设用地规划许可证、建设工程规划许可证》，报市城乡规划局备案。建设方面，准予新区核发建设施工许可证。在房产方面，准予新区核发预售许可证。环保方面，可对建设项目环境影响进行评价审批；准予核发排污许可证，对建设项目进行竣工环保验收。优先安排新区发展需要的土地利用计划，优先保障重大项目建设用地和城区发展用地。

其五，重大基础设施建设一体化。

将自来水、排水、电力等相关基础设施建设工作纳入全市战略推进之中。进一步加快自来水厂工程建设进度；污水处理厂尽快确定选址；加快推进海滨大道、机场连接线建设；加快热电联产、智能电网建设；进一步加快洋河、东沙河、大蒲河三条河流的污染防治、防洪及景观建设。

其六，完善优惠政策。

进一步制定和完善招商引资优惠政策和奖励政策，特别是要在土地、融资、税费、证照办理、软硬环境配套等方面出台具体的、可操作性强的优惠政策。同时，继续强化“项目第一，企业老大”的招商服务理念，以“推进效能建设，提高服务水平，创优发展环境”为主题，打造“成本最低、效率最高、信誉最好、回报最快”的品牌，全面提升行政效能、办事效能、服务效能，营造良好的招商软环境。

其七，委托执法。

新区工委、管委作为市委、市政府派出机构，需要有法律、法规的授权，对辖区行使管理、监督、协调、服务职能。市委、市政府应协调有关部门对新区实行委托执法，授予新区独立行使行政执法职能。

(3) 争取省里加大支持力度。

目前，北戴河新区正处在发展建设的关键时期，迫切需要尽可能多的支持和帮助。省、市都应该深入研究，进一步重视支持北戴河新区的发展。

其一，提升地位。

提升北戴河新区在全省沿海发展大格局中的战略地位，将北戴河新区列为全省沿海发展的新增长极，摆在与曹妃甸新区、渤海新区同等重要的位置。尽早召开现场办公会，由省委、省政府对新区开发建设给予指导和支持，集中解决一批重大问题。

其二，理论体制。

比照曹妃甸新区、渤海新区的政策支持北戴河新区，并在管理体制、区划调整、用地指标、项目融资、基础设施建设等方面给予更特殊的倾斜。设立新区生态环保和新兴产业发展专项资金，以最短的周期批复《北戴河新区总体发展规划》等各类规划。

其三，争取政策。

支持将北戴河新区列为国家级开发区，积极向国家争取有关支持性政策和措施。争取叠加多重开发开放政策。

其四，支持加快推进“4＋1”改革试点。

成立由主管省长任组长，省直有关部门和秦皇岛市为成员单位的试点工作领导小组，帮助解决试点建设中遇到的重大问题。参照国家发改委的做法，在省重点产业发展资金及省级各类服务业发展专项资金中，明确专项资金扶持秦皇岛市和北戴河新区的服务业企业和项目。

其五，区划上优化调整。

新区与北戴河区合并，由市委常委兼任新区工管委书记，新区、北戴河区统筹规划但北戴河新区相对独立运作，社会管理由行政区北戴河区统一行使。远期并入周边县、区（抚宁县、海港区部分地区）乃至秦皇岛经济技术开发区，形成行政区、开发区、新区多区一体，多重“试点”融合一体的新格局。在此基础上，争取升格为国家级新区。这种安排，在行政区划体制上易于操作，也符合国家优化国土规划的大方向，既系统解决了当前存在的人员和机构不足、任务缠身、规划建设冲突等突出矛盾，也将极其有利于打造北戴河新区在全省、全国乃至东北亚的突出竞争优势。

总体看，处于创业初期、后来居上的北戴河新区，针对自身所处的劣势、挑战、优势和机遇，其核心竞争力培育的主要方向应该是突出软实力。培育北戴河新区核心竞争力，首先要围绕“生态优美”的战略资源优势，高端定位“大美北戴河（新区）”来突出打造生态竞争力。同时，以创建高效开发模式打造体制机制竞争力、创新开发路径同步配套打造“产业功能区・宜居城市区”创业环境竞争力、把握新一轮“试点”机遇集成打造政策环境竞争力等软实力做支撑，共同打造独特而强劲的北戴河新区核心竞争力。

# 第七章　河北沿海地区经济一体化发展治理思维模式

## 第一节　打破“一亩三分地”思维

### 一、“一亩三分地”与河北沿海经济发展

自从1644年清王朝建立后，皇帝为了能够及时了解农时、熟悉节令，在深宫大院划了一块地，每到惊蛰时分，皇帝和皇后便乘龙车从正阳门到先农坛耕地，以此显示其对农业生产的重视。而这种做法被世代沿袭下来了。当时皇帝“亲耕”的这块地恰好为“一亩三分地”，于是，人们推而广之，将个人利益或个人势力范围称为“一亩三分地”。

习近平总书记力推京津冀协同发展，10个月内分赴三地考察。2013年5月14日、15日，习近平总书记在天津调研，提出要谱写新时期社会主义现代化的京津“双城记”。2013年8月，习近平总书记在北戴河主持研究河北发展问题时，又提出要推动京津冀协同发展。2014年2月25日，习近平总书记在北京调研指出：要本地治污和区域协调相互促进，多地联动；要把解决交通拥堵问题放在城市发展的重要位置，加快形成高效绿色的综合交通体系。2月26日，习近平总书记主持召开座谈会，专题听取京津冀协同发展工作汇报，强调实现京津冀协同发展，提出了推进京津冀协同发的七点要求。这七点要求的核心思想是：加强顶层设计，加大对协同发展的推动、自觉打破自家“一亩三分地”的思维定式，加快推进产业对接协作、理顺三地产业发展链条，调整优化城市布局和空间结构，扩大环境容量生态空间，构建现代化交通网络系统，加快推进市场一体化进程。这七点要求不仅深刻揭示了目前困扰京津冀区域一体化发展的关键要素和主要原因，而且非常准确地指出了推进京津冀协同发展的思想与方法，这些思想与方法可归结为一点：思想上打破“一亩三分地”思维，行动上讲合作、讲协

同、讲发展。

2014 年 2 月 26 日，习近平专题听取京津冀协同发展工作汇报，强调实现京津冀协同发展，自觉打破自家“一亩三分地”的思维定式。其实，京津冀合作发展、京津冀区域经济一体化、京津冀协调发展等概念并不是最近才提出的，早在 20 世纪 90 年代就有学者专题论述，尽管早有人意识到“一亩三分地”思维的滞胀性，但是却鲜有实践。例如河北省，无论在政治上还是地域上，都有着得天独厚的经济发展优势，但现实情况却是，北京、天津四处高楼鳞次栉比，建筑美轮美奂，群众生活衣食无忧，而与北京、天津仅仅一沟之隔的河北省却仍然存在许多国家级的贫困村、县，低矮土房，垃圾遍布。面对如此现状，如若不能将北京、天津二维经济区域优势向四周扩散辐射全河北，建立京津冀经济协同发展体制，又如何能够改变河北省的现貌呢?

河北沿海区域的三个城市虽然临海，在经济发展中有着得天独厚的地域优势，又与北京、天津紧邻，但从表 7—1 中可以看出，与北京、天津相比，河北沿海地区经济发展相差甚远。不仅如此，河北沿海地区的经济发展水平落后于我国沿海地区的平均水平，整个河北沿海产业层次较低且布局不合理、经济的外向性程度不高、沿海港口的辐射性不足、沿海人才结构不合理、创新能力不足。①

**表 7—1 京津冀与河北沿海区域 GDP 数据**

| 地区 | 2011 年（万亿元） | 2012 年（万亿元） |
|---|---|---|
| 北京 | 1.60 | 1.78 |
| 天津 | 1.12 | 1.29 |
| 唐山 | 0.54 | 0.59 |
| 秦皇岛 | 0.11 | 0.14 |
| 沧州 | 0.26 | 0.28 |
| 河北省 | 2.42 | 2.46 |

## 二、打破“一亩三分地”，推进河北沿海经济发展的对策

### 1. 打破“一亩三分地”，就要下好“京津冀三地一盘棋”甚至“全国一盘棋”

习近平总书记强调，治理中国这样一个人口众多、国情复杂的大国要

① 参见刘邦凡、詹国辉：《河北沿海区域经济发展的一致性政策选择》，载《中国商贸》，2013（35）。

有“如履薄冰，如临深渊”的自觉，更要有“治大国如烹小鲜”的态度。习近平总书记寥寥数语让处于“山重水复疑无路”困境之中的京津冀协同发展幡然醒悟，有一种豁然开朗的感觉，可谓“柳暗花明又一村”。只有打破惯性思维才能有所创新。换言之，推进河北经济发展，带动环渤海经济带，就要借助唐山、沧州、秦皇岛得天独厚的地理优势，发展优势产业，推进地缘相接、人缘相亲、地域一体、文化一脉、历史渊源深厚、交往半径相宜的区域协同发展，打破“一亩三分地”的思维定式，下好“京津冀一盘棋”。

2. 打破“一亩三分地”，需要充分利用整体性治理工具

整体性治理既包括中央行政部门不同政策领域之间日益增加的横向协作、部委与其代理机构之间的内部纵向协作以及地方政府在提供公共服务时进行的协作，还包括政府及其部门之间的决策与执行、横向与纵向的协作。京津冀区域发展必然是政府主导型的，因此政府责任重大。制约京津冀区域发展的政府因素主要是府际协调问题，解决这一问题可以应用整体性治理工具，不仅需要在中央顶层设计中加以应用，而且在中央各部门之间、京津冀三地政府及其部门之间，甚至三地市区政府之间，充分应用整体性治理工具。

3. 打破“一亩三分地”，关键在行动

行动上，首先要把握两个抓手：一是大力解决北京“大城市病”，让北京放下沉重包袱。北京城市发展畸形，功能覆盖太宽，导致人口膨胀，交通拥挤，社会治安隐患增加。适度让北京减肥，保留其政治功能，弱化其经济功能，淡化其文化功能，延伸其交通功能，是解决北京问题的关键。未来北京可以做的是，低端产业向河北转移，如批发市场转移到北京周边地区，减少北京人口流量，也改善社会治安；生产业总部向天津和河北转移，提高两地产业集聚能力；高等教育与文化事业向河北转移，提高河北的人才涵养能力；北京、天津的城市交通、城际交通、高速路、高铁尽快打通与河北的连接，消灭断头路、拓宽致富路；等等。二是协调京津冀三方利益，实现竞争、合作、共赢的格局。“一亩三分地”不仅是利己思维、个体思维，而且是不合作思维、小农思维、保守思维、小富即安思维。在京津冀三地经济社会快速发展变化的今天，北京要抛弃，天津要抛弃，河北也要抛弃、更要反思。像习近平总书记所指出的那样，三地政府首先要着力加强顶层设计，抓紧编制首都经济圈一体化发展的相关规划，明确三地功能定位、产业分工、城市布局、设施配套、综合交通体系等重大问题，并从财政政策、投资政策、项目安排等方面形成具体措施。在此原则上，

实现产业调整转移和经济社会治理，多谈合作，多促共赢。短期内，只有北京有所牺牲，河北才能够增加更多收益，天津才可以获得更多项目；河北要学会争取，放下架子、放下包袱，多做宣传、多打“广告”、多做努力，让北京、天津知道合作的优势、发展的机会、进步的平台。只要这样才能真正实现三地既竞争又合作的多赢格局。

4. 打破“一亩三分地”，还要制度上安排、经济上有保障

京津冀三地政府的工作报告，要把京津冀协同发展作为重要内容，不仅加以论述、写进规划、指导出台相应政策，而且要建立协同发展资金，安排进年度经费预决算；三地人大等立法机构要联合起来、联手行动，起草出台推进三地合作共赢的法律、条例、标准，规范与引导三地协同发展；三地党委、政府、人大、政协等高层班子及其成员要建立协同对话机制和平台，并推进这些机制和平台的顶层化、常规化和经常化。

5. 打破“一亩三分地”，也要三地政府互担责任

北京不要把北京看成自己独有，北京也是河北的、天津的，更是全国的，北京要对天津、河北的发展负责；天津、河北也是如此，河北要为北京、天津的发展承担责任。只有相互承担对方的发展责任，把对方发展看成自己的发展，才能正确思考问题、落实行动、推进举措。同时，有了发展、有了成绩，也相互分享，实现互惠互利、共赢多赢。

6. 打破“一亩三分地”，更要切实做好京津冀一体化发展的顶层设计

目前，国家层面还没有出台京津冀一体化发展的顶层设计，河北省各地政府蜂拥到北京、天津洽谈合作，不但没有目标、没有对象，而且容易形成不良竞争，甚至有可能造成行政资源、管理资源浪费。希望中央尽快出台京津冀一体化发展的顶层设计，这有利于京津冀三地政府确定自己的战略目标、发展定位，有利于三地的市、区（县）政府找到自己的位置，找到自己的承接对象和发展目标。京津冀三地政府也需要做好顶层设计。各个行业、领域也需要顶层设计。就北京高等教育资源转移而言，也需要顶层设计。燕山大学要承接北京、天津高校教育资源转移，也希望在国家、三地政府的顶层设计指导下，更好地与北京、天津高校洽谈合作，更容易、更好地取得实质性进展。如果有可能，建议中央成立推进京津冀一体化发展的领导机构，三地政府也应该成立推进京津冀一体化发展的议事机构或者管理机构，这有利于顶层设计的实施与执行。

7. 打破“一亩三分地”，加快河北沿海地区开发开放

河北沿海地区港口功能单一，路网结构不完善，重大基础设施有待加强；外向型经济发展不充分，对外开放水平有待提升；高层次人才短缺，

科技创新能力有待提高；水资源短缺，环境承载能力较低，资源环境约束日益明显；与京津及其他沿海地区发展差距较大，区域协调发展的任务十分繁重。打破其各自的“一亩三分地”，实现区域协调发展，有利于促进与辽宁沿海经济带、天津滨海新区、黄河三角洲高效生态经济区等区域的良性互动和协调发展，增强环渤海地区综合实力，完善我国沿海地区生产力布局；有利于加强与京津的分工与合作，为京津城市功能拓展和产业转移提供空间，促进京津冀地区一体化发展；有利于推动重化工业转型升级，培育和发展战略性新兴产业，走出一条新型工业化道路；有利于促进华北、西北的对内对外开放，深化与东北亚的交流合作，建立起开放型经济体系。①

8. 打破“一亩三分地”，必须坚持科学发展观

以科学发展观统揽全局、统揽一切，是中国特色社会主义的必然要求，也是实现区域协同发展、跨越发展的不二选择。故步自封、搞“一亩三分地”，视兄弟区域为对手、敌人，是一种短期行为、短视作为，其本身就不利于实现区域与区域之间的科学发展、协调发展、可持续发展。为此，必须始终坚持科学发展观，按照优势互补、互利共赢、区域一体原则，强化顶层设计，全面深化体制机制改革，加大区域优势资源的互补配置，提高城市群一体化水平，提高其综合承载能力和内涵发展水平，推动各种要素按照市场规律在区域内自由流动和优化配置，从而实现科学持续发展。

总体来讲，思维一旦形成定式，往往具有顽固性。打破“一亩三分地”的思维定式，实现区域协同发展，绝非易事，需要唐山、秦皇岛、沧州甚至整个河北省紧密团结，摒弃一切私心杂念，以大局为重、以国家利益为重、以民族振兴为重，并切实增强通过全面深化改革形成新的体制机制的勇气，共同谱写区域协同发展新篇章。

## 第二节　整体性治理思维

### 一、有关概念与理论

所谓整体性治理（Holistic Governance），就是着眼于政府内部机构和

① 参见董城、陈建强、耿建扩：《京津冀：走出自家“一亩三分地”》，载《光明日报》，2014-03-04。

部门的整体性运作或行动，主张管理从分散走向集中，从部分走向整体，从破碎走向整合。① 整体性治理主要是针对现实公共管理实践行动操作性缺乏而提出的。② 整体主义理论与整体性公共治理理论，与个体主义和管理主义相对立。③

"整体性治理"的概念最初由英国学者希克斯于 20 世纪 90 年代提出，他主张用协调、整合的方式来治理政府治理的碎片化现象、孤岛现象、协调低效率以及职责同构现象。④

整体性治理的治理主体是政府，即政府在公共管理过程中运用协调、整合的思想化解内部矛盾，最大限度上避免信息不对称现象，实现政府结构、功能与公私部门的整合，从而逐渐消除在公共管理中政府组织内部管理的"零和博弈"，达到"正和博弈"的管理目标。

基于整体性治理视角研究秦皇岛、唐山、沧州三地产业结构联动机制，则是从整体性治理的核心理念——"协调和整合产业发展与发展手段"的角度探讨河北沿海地区的产业联动机制，希望通过构建这一机制，完善河北沿海地区的产业结构、产业层次的协调和整合，从而促进河北经济的发展，努力打造与"长三角""珠三角"并驾齐驱的我国经济增长的第三极，而这种产业结构、层次的协调与整合也是整体性治理理论的具体应用和现实意义。

## 二、整体性治理视角下河北沿海区域产业发展存在的问题

河北沿海地区区位优势较为明显，发展已经具有较厚实的基础，但在长期的发展过程中却与同为区域经济联合体的"长三角""珠三角"发展速度和发展水平差距较大，其内在原因不容忽视。

### 1. 缺乏整体性协调整合产生的产业同构化

河北沿海地区作为河北省的核心城市，承载了京津地区产业转移、承接的任务。一方面，京津城市的产业转移要求将重工业移至河北省境内；另一方面，在长期的发展过程中，秦唐沧三地的产业结构一直存在不合理现象，即以第二产业为主。

---

① 参见竺乾威：《从新公共管理到整体性治理》，载《中国行政管理》，2008 (10)。

② 参见 Tom Christensen、Per Lgreid、张丽娜、袁何俊：《后新公共管理改革——作为一种新趋势的整体政府》，载《中国行政管理》，2006 (9)。

③ 参见曾维和：《当代西方"整体政府"改革：组织创新及方法》，载《上海交通大学学报（哲学社会科学版）》，2008 (5)。

④ 参见曾凡军：《整体性治理分析框架下的公私合作伙伴关系重构》，载《湖北行政学院学报》，2013 (1)。

表 7—2 为 2010—2013 年秦皇岛经济发展状况表。

**表 7—2　　2010—2013 年秦皇岛经济发展状况（GDP）**

单位：金额（亿元），增长率（%）

<table>
<tr><th rowspan="3">年度</th><th colspan="2">GDP</th><th colspan="6">不同产业生产总值</th></tr>
<tr><th rowspan="2">金额</th><th rowspan="2">增长率</th><th colspan="2">第一产业</th><th colspan="2">第二产业</th><th colspan="2">第三产业</th></tr>
<tr><th>金额</th><th>增长率</th><th>金额</th><th>增长率</th><th>金额</th><th>增长率</th></tr>
<tr><td>2010</td><td>930.49</td><td>12.3</td><td>126.42</td><td>5.8</td><td>366.31</td><td>14.5</td><td>437.75</td><td>11.8</td></tr>
<tr><td>2011</td><td>1 064.03</td><td>12.0</td><td>141.19</td><td>5.1</td><td>419.47</td><td>16.2</td><td>503.38</td><td>10.4</td></tr>
<tr><td>2012</td><td>1 139.17</td><td>9.1</td><td>147.59</td><td>3.0</td><td>447.68</td><td>10.9</td><td>543.90</td><td>9.3</td></tr>
<tr><td>2013</td><td>1 168.8</td><td>7.0</td><td>171.46</td><td>4.4</td><td>447.57</td><td>6.5</td><td>549.72</td><td>7.9</td></tr>
<tr><td>累计</td><td>4 302.49</td><td>40.4</td><td>586.66</td><td>18.3</td><td>1 681.03</td><td>48.1</td><td>2 034.75</td><td>39.4</td></tr>
<tr><td>平均</td><td>1 075.62</td><td>10.1</td><td>146.67</td><td>4.58</td><td>420.26</td><td>12.03</td><td>508.69</td><td>9.85</td></tr>
</table>

表 7—3 为 2010—2013 年唐山经济发展状况表。唐山地处渤海之滨，气候宜人，风景秀丽，其第三产业所占比重理应远远大于第二产业，但由表 7—3 不难看出，其第三产业、第二产业增长率差距较小。

**表 7—3　　2010—2013 年唐山经济发展状况（GDP）**

单位：金额（亿元），增长率（%）

<table>
<tr><th rowspan="3">年度</th><th colspan="2">GDP</th><th colspan="6">不同产业生产总值</th></tr>
<tr><th rowspan="2">金额</th><th rowspan="2">增长率</th><th colspan="2">第一产业</th><th colspan="2">第二产业</th><th colspan="2">第三产业</th></tr>
<tr><th>金额</th><th>增长率</th><th>金额</th><th>增长率</th><th>金额</th><th>增长率</th></tr>
<tr><td>2010</td><td>4 469.08</td><td>13.1</td><td>387.84</td><td>4.9</td><td>2 632.43</td><td>14.6</td><td>1 448.81</td><td>12.3</td></tr>
<tr><td>2011</td><td>5 442.4</td><td>11.7</td><td>486.53</td><td>5.0</td><td>3 269.89</td><td>13.1</td><td>1 686</td><td>10.9</td></tr>
<tr><td>2012</td><td>5 861.63</td><td>10.4</td><td>531.65</td><td>4.2</td><td>3 470.96</td><td>11.8</td><td>1 859.02</td><td>9.5</td></tr>
<tr><td>2013</td><td>6 121.2</td><td>8.3</td><td>542.1</td><td>3.5</td><td>3 643.9</td><td>9.4</td><td>1 935.2</td><td>7.3</td></tr>
<tr><td>总计</td><td>21 894.31</td><td>43.5</td><td>1 948.12</td><td>17.6</td><td>13 017.18</td><td>48.9</td><td>6 929.03</td><td>40.0</td></tr>
<tr><td>平均</td><td>5 473.58</td><td>10.88</td><td>487.03</td><td>4.4</td><td>3 254.30</td><td>12.23</td><td>1 732.26</td><td>10.0</td></tr>
</table>

由上表可知，唐山市第二产业相对第三产业发展程度较高，第一产业发展水平较低。

2010—2013 年沧州市产业发展情况见表 7—4。

表 7—4　2010—2013 年沧州经济发展状况（GDP）

单位：金额（亿元），增长率（%）

| 年度 | GDP | | 不同产业生产总值 | | | | | |
|---|---|---|---|---|---|---|---|---|
| | 金额 | 增长率 | 第一产业 | | 第二产业 | | 第三产业 | |
| | | | 金额 | 增长率 | 金额 | 增长率 | 金额 | 增长率 |
| 2010 | 2 203 | 14.5 | 252.6 | 6.0 | 1 117.1 | 14.1 | 833.3 | 17.4 |
| 2011 | 2 600 | 12.3 | 295.8 | 5.3 | 1 358.66 | 13.4 | 945.5 | 12.8 |
| 2012 | 2 811.9 | 10.6 | 318.67 | 4.2 | 1 479.05 | 12.9 | 1 014.17 | 9.2 |
| 2013 | 3 020 | 9.0 | 345.96 | 3.0 | 1 578.27 | 10.5 | 1 088.76 | 8.7 |
| 累计 | 10 634.9 | 46.4 | 1 213.03 | 18.5 | 5 533.08 | 50.9 | 3 881.73 | 48.1 |
| 平均 | 2 658.73 | 11.6 | 303.26 | 4.63 | 1 383.27 | 12.73 | 970.43 | 12.0 |

从表 7—2、表 7—3 和表 7—4 可以看出：河北沿海地区即秦皇岛、唐山和沧州由于缺乏地区产业的协调和整合，产业结构趋同，并没有形成发展合力。三市都有自身的港口、钢铁产业、制造业，且三市目前都致力于发展高新技术产业和第三产业，导致三地内部竞争较为严重，不是相互协调、分工合作，而是相互竞争，从而导致了产业结构不合理、产业层次较低，生产效率低下，经济水平不发达，缺乏整体性整合和协调产生的产业同构化严重限制了区域的发展。

2. 信息不对称导致产业层次低

河北沿海地区由于各自为政，内部存在互相竞争、缺少相互间交流与合作，因此存在严重的信息不对称，不仅使得其产业结构不合理，且产业层次较低，资源利用效率低、环境污染严重，这其实都是由于信息不对称产生的协调低效率。秦皇岛农业基础较为薄弱，由于缺乏高新技术产业，其第二产业大多为低级制造业，产业发展前景差、效益低；唐山形成了以煤炭、钢铁为主导的资源依赖型发展模式，第三产业和高新技术产业发展缓慢，导致其资源利用率较低、环境污染严重、效益下滑；沧州的产业结构也不够合理，产业层次不够鲜明，缺乏主导产业，产业竞争能力差。另外，秦唐沧三市均存在产业特色不明显的问题，企业创新性不强，导致该区域在市场竞争中处于劣势。①

① 参见司林波、孟卫东、丁小凤：《河北沿海区域一体化战略分析与对策研究》，载《当代经济管理》，2012 (6)。

3. 缺乏有效信息网络和交通网络使产业联动困难

整体性治理理论的理论框架也强调信息技术的整合，网络简化和一站式服务，从而打造一个高效率、便捷的政府。从这一角度来分析河北沿海地区产业联动机制存在的问题不难看出，河北沿海地区缺乏有效的信息网络，交通设施、水利、电力等基础设施尚不能做到区域共享，即区域共享的基础设施网络不完善，重点表现在信息网络和交通网络在区域内不能实现一体化、共享化，使得其信息沟通不畅。与此同时，秦唐沧三市各自为政，不能实现各个城市功能的协调和互补；产业同构现象使得三市各地港口规模分散化，不能形成集群效应，且功能单一、交通运输不能实现协同化；缺乏分工合作、相互交流的平台，使得河北沿海地区产业联动困难。

## 三、整体性视角下河北沿海地区经济发展的产业联动机制

转变发展方式，优化产业结构，推进产业联动，是指在一个区域的产业发展中，不同地区通过产业结构的战略调整，形成合理的产业分工体系，实现区域内产业的优势互补、协同发展，从而达到优化区域产业结构、提升产业能级、增强区域产业竞争力的目的。① 推进河北沿海地区产业联动，就要调整优化区域产业结构。② 按照《河北沿海地区发展规划》，河北沿海地区应重点发展化工产业、装备制造业、钢铁工业、现代物流业、电子信息业、金融服务业、高技术服务业、旅游业等产业。在产业发展中应注意以下问题：

1. 协调整合产业结构，打造具有竞争优势的新型重工业基地

协调整合产业结构，首先在于转变发展方式，打造新型重工业基地。唐山的发展模式以钢铁、煤炭等重工业为主，其第二产业在区域内发展占主导地位，因此，应整合秦皇岛、沧州的第二产业，通过跨区域的并购、投资，进行产业结构的吸纳和整合，形成以唐山为主导的跨区域的第二产业集团，打造具有竞争优势的新型重工业基地。与此同时，要以高新技术为支撑，采用循环经济发展模式，打造绿色环保、资源节约的新型重工业基地，使得重工业能够形成完整的产业链条，并逐步完善每个链条、每个环节的联动发展。此外，综合利用区位优势，承接京津城市的产业转移，尤其是重工业的产业转移，发挥其联动作用，成为京津冀区域一体化的增

① 参见刘邦凡、华继坤、詹国辉：《京津冀区域经济一体化与河北沿海地区发展》，载《中国商贸》，2013（34）。

② 参见李文荣：《推进“五联动”，加快河北沿海地区发展》，载《港口经济》，2012（11）。

长极。

2. 协调三市产业发展，避免产业同构和重复建设

为了解决河北沿海区域秦唐沧三市存在的产业同构、重复建设、内部恶性竞争的问题，三市应当树立产业分工合作的产业理念。秦皇岛市旅游资源丰富，气候宜人，其第三产业即旅游产业具有代表性，唐山重工业突出，沧州化工产业相对有特色。三市应当立足于自身的特色产业，优化、整合、提升本地区特色产业，实现相互协调、共同发展。对于三市都发展的产业，也要本着分工合作的发展原则进行重新定位，针对三地港口同构竞争的现象，必须考虑三大港口合理分工，例如，秦皇岛港主要负责煤炭运输，唐山港主要负责能源、原材料等大宗物资专业化运输，而黄骅港主要负责化工物资运输等。只有分工合作才能提高整体竞争力，才能获得长足发展。

3. 大力发展信息产业，实现河北沿海区域治理网络化

大力发展信息产业，实现河北沿海区域治理网络化、合作网络化，加强园区组织机构的扁平化建设，构建多元主体合作的伙伴关系。河北沿海区域治理网络化的实现途径有两个：第一，信息产业的特点和发展需要客观上决定了大河北沿海地区整体性组织机构扁平化的网络组织，因此应在不同职能、地位和影响力的多元主体间构建伙伴关系，强化组织机构扁平化建设；第二，在区域中单独个体间构建信息网络，加强交流、沟通与合作，建立区域间交流的整体性信息平台，实现河北沿海区域的网络化治理。

4. 大力发展整体性海洋产业，破除资源制约

加快发展海水淡化产业，突破淡水资源瓶颈；近期可加快发展海上风电产业，远期可谋划开发利用波浪能、潮汐能等海洋新能源，突破能源资源瓶颈，从而推动海陆产业联动发展。

综上所述，在河北沿海区域一体化战略实施中，我们在呼吁区域内产业结构转型升级、产业联动机制的同时，也必须强调政府的主导作用，由政府出台一系列的政策和法规保障区域一体化战略的实施，由政府提供一系列的公共服务推进一体化战略的进程。再者，产业结构的转型升级，协调性、整体性整合以避免内部竞争，网络化和信息化的治理目标，以及发展协同性、整体性的海洋产业，都是实现河北沿海产业联动机制的重要途径。

# 第三节　系统论治理思维

## 一、河北沿海地区系统发展优势

自 2011 年 10 月国务院正式批复并实施《河北沿海地区发展规划》之后，河北沿海地区发展就成为重要的国家发展战略之一。秦唐沧城市群作为一个系统而言，协调可持续的发展能够实现三个城市的共赢；而秦唐沧作为京津冀系统的子系统，其发展又将成为京津冀区域发展的重要一环；同时，秦唐沧城市的发展又和国家整个外部环境密切相关。①

河北沿海城市系统具有五大优势基础：独特的地理位置，优良的资源能源，雄厚的工业基础，完善的交通体系以及深厚的文化底蕴。

1. 独特的地理位置

河北沿海地区地处京津冀经济圈，是北京和天津两个地区产业转移和城市功能拓展的十分重要的承接地；具有广阔的腹地，是华北和西北地区重要的出海口以及重要的对外交流窗口；临近渤海，面向东北亚，具有丰富的港口资源，有利于其大力发展外向型经济。

2. 优良的资源能源

河北沿海城市系统具有良好的战略资源组合条件。铁矿资源、油气资源和海盐的产量都占我国总量的 10%左右；该地区具有丰富的焦煤和非金属矿产资源，可供开发和利用的盐碱荒地和滩涂有 3 000 多平方千米，宜港深水岸线有 80.7 千米，具有丰富多样的海洋生物和资源。

3. 雄厚的工业基础

河北沿海地区是我国重要的钢铁生产基地之一，具有较大规模的钢铁产业能源。石油化工、建材产业以及装备制造业都在我国占据重要地位；对于发展新能源、新材料和电子信息等创新型产业具有良好的基础，并且已经形成了一批具有较大影响力和较强实力的产业聚集区和企业集团。

4. 完善的交通体系

河北沿海城市系统拥有秦皇岛港、唐山港和黄骅港三大港口，年吞吐量达到 6 亿吨；连接东北、华北、西北地区的能源和材料的运输系统，成为我国“北煤南运”战略通道的重要一环；系统区域已经形成了较为完善

---

① 参见刘邦凡、詹国辉：《河北沿海区域经济发展的一致性政策选择》，载《中国商贸》，2013 (35)。

的内部交通网络，公路和铁路网的密度都高于全国平均水平。

5. 深厚的文化底蕴

河北沿海地区拥有 2 处世界级文化遗产，1 座国家历史文化名城，25 处国家级重点文物保护单位，27 项国家级非物质文化遗产。山海关古长城、北戴河海滨都已经成为著名的国际旅游胜地；唐山是我国近代工业文明的重要发源地之一；吴桥杂技、沧州武术闻名全国乃至全世界。

## 二、河北沿海地区系统发展中存在的问题

1. 系统内部发展不协调

（1）秦唐沧各自为政，未能形成系统的发展合力。

长期以来，三市只注重自身的发展，未能考虑到三个城市的互相合作。注重自身的经济发展，市场分散，形成竞争关系，没有考虑到相互连接、协同发展。① 以沿海产业为例，三个城市都有各自的大型港口，分别是秦皇岛港、唐山港和黄骅港，由于三个城市的沿海产业趋同，三个港口为了自身利益的最大化，未能形成良好的合作关系，甚至在同类产业之间形成了恶性竞争的关系。这就造成了系统的内耗，导致了不必要的损失，不利于系统自身的持续发展。

（2）秦唐沧经济基础薄弱，存在严重的资源流失现象。

秦唐沧虽然有着独特的区位优势，但是这对当地经济的发展并没有起到明显的促进作用。三市的经济发展明显落后，成为我国沿海城市经济发展中的一块“短板”。城市的经济增长缓慢，港口虽然发展较快，但是功能却非常单一；路网存在结构不完善等问题；城市重大基础设施还需要进一步的加强和完善；城市居民收入低，发展机会少，存在严重的人才资源流失问题；高新技术人员十分短缺，供不应求；资源短缺加之环境承载能力弱造成环境资源对于系统发展的约束；地区经济差异较大，包括系统内部和系统外部，区域协调任务仍是重中之重；外向型经济发展不充分，对外开放水平有待提升。

2. 与其他系统之间存在矛盾

（1）周边地区的地方保护，使得区域合作难度加大。

河北沿海城市虽然临近京津地区，也是京津冀都市圈的重要组成部分，但是由于京津地区一定程度的地方保护，不但没有拉动河北沿海城市的发展，反而使得其发展进程严重落后于其他沿海城市。同时，由于地方保护

① 参见司林波、孟卫东、丁小凤：《河北沿海区域一体化战略分析与对策研究》，载《当代经济管理》，2012（6）。

主义观念，京津地区不愿将其优质人力资源、物质资源、资金资源以及高新科技产业与河北地区共享，即使彼此之间合作也会有所保留，这就对河北沿海城市的发展无法起到带动作用，甚至产生了一定的抑制作用。①

（2）"极化效应"的存在，使得河北沿海地区资源外流。

河北沿海地区处于京津冀都市圈的边缘地带，京津地区的强势发展造成河北大量的人才、资金和技术流向京津地区，使得河北沿海地区虽然具有较为独特的区位优势，但是这些优势更多地服务于京津的发展，使得"极化效应"更加严重②，反而对河北沿海地区的发展造成严重的制约，未能实现良好的"扩散效应"。除此之外，其他处于国家战略高度的地区，例如辽宁沿海经济带、山东半岛蓝色经济区，都使得河北沿海地区的资源集聚面临很大的阻力。

（3）缺乏与内陆腹地的互动，未能实现共同发展。

可以说，通过河北沿海地区的发展进而拉动河北内陆地区的发展，是大力发展河北沿海地区的目标之一。沿海城市与河北内陆地区应该是一种共生互补的关系。但事实上，秦唐沧未能够充分发挥其优势，未能实现与内陆地区的有效的分工协作，未能通过其便利的交通运输网络带动内陆的发展。③

## 三、河北沿海地区系统发展的对策措施

### 1. 实现秦唐沧的快速发展，加强系统内部的相互协作

（1）建立更加完善的交通设施。

首先，港口方面。要优化各个港口的组织结构，完善其各项功能，注重使港口的发展与城市以及腹地的发展形成互动关系，努力建成功能完善、布局清晰合理、辐射带动能力强的具有现代化特点的综合大港。

其次，铁路方面。铁路运输是港口后方集散运输的重要通道，也是其重要支撑，要加快环渤海地区城际轨道交通运输网的战略规划，大力建设京津地区与河北沿海地区"一小时交通圈"。

再次，公路方面。推进干线公路建设，完善区域公路交通网络。要强化与京津地区、辽宁沿海地区和黄河三角洲地区的公路网络建设，提升国、

① 参见段婕、刘勇：《科技成果转化对我国区域经济增长的有效性评价——基于2003—2008年面板数据的实证分析》，载《科技进步与对策》，2011（12）。

② 参见刘邦凡、詹国辉：《河北沿海区域经济发展的一致性政策选择》，载《中国商贸》，2013（35）。

③ 参见陈万钦：《河北沿海城市带发展构想》，载《领导之友》，2011（5）。

省干线公路网络的覆盖水平，推进普通干线的延伸，促进沿海地区与腹地的交通联系，加强城市公交设施建设以及农村道路建设。

最后，机场方面。要增加山海关机场和唐山机场的航线航班，带动促进旅游业和运输业的发展。同时，要加快建成秦皇岛北戴河机场，促进其投入运营，与此同时研究规划曹妃甸机场的建设。

（2）推进重要能源的设施建设。

首先，要加强太阳能、风能、海洋能源、生物能源等新能源的开发，加强非常规性天然气的开采力度。

其次，要建设热点联产项目，建立百万千瓦级超临界火电机组以及国产大型燃气与蒸汽联合循环的热电机组。

最后，建设完善的能源输送网。加强基础设施建设，在河北沿海地区建设完善500千伏的配套电网和网架，促进城镇配电网络进一步的升级改造，促进智能电网体系的建成。同时，加强液体燃料的输送管道建设，研究从鄂尔多斯到唐山港及黄骅港的输送线路。

（3）促进产业结构的优化重组。

首先，促进服务业的发展。通过港口与铁路及公路的联通，形成河北沿海地区与内陆腹地完善的物流通道；充分运用旅游资源优势，在河北沿海地区建设秦皇岛海滨旅游带、唐山人文品牌旅游带以及沧州运河文化带；培育创新型产业，积极引进国内及国外的创意设计企业级研发机构，带动创意产业的发展。

其次，优化发展先进制造业。要在集约集聚、循环发展、安全环保、规模适度的原则下，发展秦唐沧的制造业。要重点发展具有高附加值的钢材产品，优先运用节能环保、抗震防火的建筑材料。

最后，积极发展特色农业。稳定提高粮食综合生产能力，培育知名的农产品品牌。促进畜牧业的发展，推进绿色饲养、集中饲养、规模饲养，加快优质饲料基地和良种繁育基地建设。发挥水产品丰富这一优势，发展水产品养殖和深加工，提高水产品附加值。

2. 加强与其他系统的协同合作，改善秦唐沧经济发展的外部环境

（1）促进区域之间的合作。

作为京津冀都市圈发展的重要一环，河北沿海地区的发展不仅是秦唐沧三个城市的事，也不仅是河北省的事，而是与我国经济发展紧密相关的。要加强不同区域之间的沟通与合作，通过互惠互利实现科学发展和共同发展。这就需要京津地区不只是吸收河北资源促进其自身发展，也要发挥其辐射作用，拉动河北地区经济的发展，实现京津冀的协同发展。同时，

河北沿海地区要加强与周边内陆地区的分工合作，加强秦唐与承德、内蒙古以及北京地区的合作，在加快自身产业发展的同时，拉动承德、内蒙古地区经济发展。加强沧州与省会石家庄的联系，利用其港口优势弥补省会发展中的不足，进而促进冀中地区和冀中南地区的开发。此外，还要加强与辽宁经济区、山东蓝色经济区和东北亚经济圈的竞争与合作，进而实现系统之间的协调发展。

(2) 加强政府的扶持力度。

首先，政府要明确系统发展的重要性，制定相应法律政策明确秦唐沧三市的协同合作而不是恶性竞争，加强三市的优势互补和资源共享，实现秦唐沧系统内部的最大合力。

其次，建立专门机构，在打破三市各自的地方保护主义的同时对河北沿海地区的发展进行统一规划与监督，实现秦唐沧三市规划的同步性和协调性。

最后，要加强政策的支持。尽管河北沿海地区有着独特的区位优势和资源优势，但是由于经济发展水平不够高等原因，自身优势并不能充分发挥出来。要通过政策的扶持，加大财政资金的投入，进而引进和留住人才、资金和技术等资源推动河北沿海地区的发展。

河北沿海地区的发展要从系统论的角度进行分析研究，把秦唐沧三市作为一个系统，通过与其他系统以及外界环境的相互作用，实现动态协调的发展。河北沿海地区的发展需要通过系统内部城市综合实力的提升，也需要与京津、辽宁经济区、山东蓝色经济区、东北亚经济区以及内陆腹地的沟通与合作，更需要国家及政府予以政策上的支持。河北沿海地区的发展，将会成为促进我国经济发展的强大动力。

## 第四节　目标管理思维

### 一、目标管理法与河北沿海区域经济发展

1. 目标管理法

所谓“目标管理”是指组织与成员之间通过自下而上和自上而下的方式，使其目标得以制定、分解、实施与控制、评定与考核、反馈与完善的管理程序。目标管理理论具有实时性、系统性、阶段性、动态性及有效性等特性，能够将组织整体目标转换成组织成员个体目标，从而通过组织成员的自我控制和管理提高组织管理效率。目标管理理论的关键是重视人的

因素，通过授权使得组织成员树立自己的目标，从而实现自我控制①；强调目标体系的一贯性，目标网络由组织目标和成员分目标交叉形成，上下目标之间必须保持一致性和导向性，层层落实才能使得目标得以控制以及评定；以结果为考核标准，目标管理理论强调结果的重要性，把结果看成考核以及反馈的依据，在充分调动员工积极性的基础上将其目标完成情况与奖励相联系，以便更好地对组织成员进行管理。

目标管理法是一种现代管理方法，它以目标为导向，以人为中心，以成果为标准，围绕目标的制定、考核、评价，促使组织和个人取得最佳业绩的方法。② 有人将目标管理称为“成果管理”，也就是俗称的责任制。在这个层面上，目标管理法是指在员工积极参与的前提下，通过自上而下的方式设定工作目标，在达成目标的过程中进行严格的“自我控制”，从而自下而上地保证制定的目标能够实现的一种管理办法。

目标管理是现代企业管理模式中比较流行、比较实用的管理方式之一。要做好目标管理工作并不容易，方向明确是目标管理法最大的特征，它能够把整个团队的思想、行动统一起来，为了同一个目标、同一个理想共同努力。③ 要注意以下几点：目标制定要科学合理，督促检查要贯穿始终④，成本控制要严肃认真，考核评估要执行到位⑤。目标管理的实施流程包括：目标制定，目标分解，目标实施与控制，目标评定与考核，信息反馈与处理。⑥

2. 目标管理理论对河北沿海区域经济发展的启示

河北沿海地区经济发展速度较快，在河北省经济增长中地位突出，已成为河北省经济发展的主要动力，如表 7—5 所示。根据国家“十二五”规划纲要，河北沿海地区制定了近期发展目标和远期发展目标，分别是：到 2015 年实现综合实力增长，成为环渤海区域的新兴发展力量；到 2020 年实现区域综合实力增长，成为全国综合实力较强的地区之一。

---

① 参见许一：《目标管理理论述评》，载《外国经济与管理》，2006 (9)。

② 参见李沫萱：《应用过程性评价思想优化企业的绩效管理体系研究》，北京，北京交通大学，2010。

③ 参见黄婷婷：《浅谈高校二级学院办公室的目标管理机制建设》，载《时代教育（教育教学版）》，2010 (3)。

④ 参见万顺福、祁晓玲：《现代管理论》，第 124 页，成都，电子科技大学出版社，1996。

⑤ 参见王敏晰、李新：《目标管理方法的应用》，载《天津市职工现代企业管理学院学报》，2004 (2)。

⑥ 参见王冬、王磊：《企业目标管理的实践与思考》，载《现代管理科学》，2003 (10)。

**表 7—5　2013 年秦皇岛、唐山、沧州经济发展状况（GDP）**

单位：金额（亿元），增长率（%）

| 城市 | GDP | | 不同产业生产总值 | | | | | |
|---|---|---|---|---|---|---|---|---|
| | 金额 | 增长率 | 第一产业 | | 第二产业 | | 第三产业 | |
| | | | 金额 | 增长率 | 金额 | 增长率 | 金额 | 增长率 |
| 秦皇岛 | 1 168.8 | 7.0 | 171.46 | 4.4 | 447.57 | 6.5 | 549.72 | 7.9 |
| 唐山 | 6 121.2 | 8.3 | 542.1 | 3.5 | 3 643.9 | 9.4 | 1 935.2 | 7.3 |
| 沧州 | 3 020 | 9.0 | 345.96 | 3.0 | 1 578.27 | 10.5 | 1 088.76 | 8.7 |

从目标管理理论的视角出发，河北省沿海区域经济发展的目标管理需要经历制定、分解、实施与控制、评定与考核、反馈与处理的管理程序。其中，目标的制定需要在充分调查分析河北省沿海区域发展现状以及各市经济发展的基础上，根据国家经济发展规划，各市一起参与讨论和论证，协商作出统一的目标规划；目标的分解是在考虑到各市的经济发展潜力和承受能力的基础上对各市进行自上而下的目标层层分解和落实，其实质也是授权的一个过程；目标的实施与控制是各市明确各自目标任务，通过自我管理和控制实现目标体系的落实；目标的评定与考核是对其目标完成情况进行监督和奖惩，使总目标与分目标更好统一有效地实现；信息的反馈与完善是一个由自下而上和自上而下方式相结合的不断调整和实现目标链的过程体系。

## 二、目标管理法在河北沿海区域经济发展中的应用研究

目标管理法已在政府、企业和非营利性组织中得到了广泛的应用，而本书所探讨的是，将目标管理法应用于促进河北沿海区域经济发展，以一种新的视角，思考如何提升河北沿海区域的经济发展能力，如何提高河北沿海区域在我国沿海区域发展中的竞争力，如何加强政府在促进河北沿海区域经济发展过程中的执行力。①

1. 目标制定

河北在我国沿海区域经济空间的发展格局中占有重要地位，一是京津冀都市圈乃至环渤海地区经济核心区的重要组成部分和重要增长极；二是国际水平的现代重化工业聚集带和现代制造业聚集区；三是沟通东北、西北、华北、华东的重要交通枢纽，国家重要的能源、原材料物流中心；四

① 参见秦芬：《环渤海地区经济发展战略分析》，载《商业文化》，2010（4）。

是我国北方地区重要的出海口和对外开放窗口，环渤海重要的国际航运中心；五是河北开放创新的先导区、投资兴业的首选区、循环经济的示范区、统筹城乡发展的领先区。

如前所述，要促进河北沿海区域经济发展，首先应制定合理的发展目标。一是近期目标，到 2015 年，综合实力显著增强，建成环渤海地区新兴增长区域。二是远期目标，到 2020 年，区域发展水平进一步提高，成为全国综合实力较强的地区之一。

2. 目标分解

在制定总体目标的前提下，充分考虑资源环境承载能力、开发强度和开发潜力，科学划分功能分区，促进城市化地区、农业地区和生态地区协调发展。有序推进人口和产业向城市化地区集聚和布局，形成由滨海开发带和秦皇岛、唐山和沧州组团构成的“一带三组团”空间开发格局。将总体目标分解，合理有序推进河北沿海区域经济发展。

(1) 产业发展总体规划。

发挥区域比较优势，突出沿海经济特色，大力发展循环经济，提升产业综合竞争能力，推动产业结构优化升级，形成以先进制造业和现代服务业为主的产业结构。

(2) 城乡发展规划。

城镇体系进一步完善，加强新农村建设，加快城乡一体化发展，城乡居民收入大幅增加，城乡发展差距显著缩小，人民生活更加富裕。

(3) 生态建设规划。

加强生态保护和建设，集约节约利用资源，使得生态环境质量明显提高，人与自然趋于和谐。

(4) 社会事业规划。

教育、医疗卫生、文化、人力资源与社会保障要齐头并进，提升到新的水平。

(5) 全面深化改革开放规划。

全面深化改革开放，扩大对内对外开放水平，加强区域间的合作，全面增强河北沿海区域经济发展的后劲。

3. 目标实施与控制

制定目标是保证河北沿海区域经济发展的前提，而目标的实施则是将抽象的目标具体化，采取措施，将目标落实到行动中去。为保证上述目标得以顺利实现，必须在实施过程中对此加以控制。具体来说，要做到以下几点：

一要推动河北沿海区域的产业发展，应优先发展先进制造业，如钢铁产业、装备制造业、石化产业、建材产业、电子信息产业等；加快发展服务业，尤其是现代物流业、金融服务业、高技术服务业和旅游业；积极发展特色农业，如种植业、畜牧业和渔业。

二要推动河北沿海区域的城乡发展，应首先加快城镇发展，其次推进农村发展，最后加快城乡一体化发展。

三要推动河北沿海区域的生态建设发展，应加强生态保护和建设，加强生态屏障建设，加强生态功能区保护；加大环境治理和保护力度，重点做好水污染的防治、大气污染防治、固体废物处理、化学品和重金属污染防治；集约节约利用土地、水、海域、矿产资源等。

四要推动河北沿海区域的社会事业发展，应优先发展教育事业，加快医疗卫生事业发展，推进文化事业发展，完善就业和社会保障体系。

五要推动河北沿海区域的改革开放，应进行体制机制创新，如深化行政管理体制改革、推进企业体制改革等；搭建对外开放平台，提高利用内外资水平，加快实施“走出去”战略；深化与京津全方位战略合作，加强与国内其他地区的合作。

4. 目标评定与考核

2011 年，河北沿海地区发展正式上升到了国家战略的层次，要打造河北新的经济增长级，充满了挑战和机遇。抓住机遇，应对挑战，巧妙运用目标管理的方法，可以实现河北沿海区域更好的发展。制定目标只是实施目标管理法的开始，目标的评定与考核也是不可或缺的一部分。目标管理法注重结果，提出的目标，实施程度如何，完成程度如何，都是评定与考核的标准。对河北沿海区域经济发展中制定的目标要进行严格的评定与考核，以期为下一个目标的制定提供依据。

5. 信息反馈与处理

河北沿海区域经济发展的过程中，充满着不可测因素，会影响目标的达成，因此在目标实施与控制过程中，应及时进行信息收集与更新，做好信息反馈工作，防患于未然，及时处理出现的问题，保证在促进河北沿海区域经济发展的进程中，能够趋利避害。

## 三、目标管理视域下的河北沿海区域经济发展困境

1. 目标设定存在困境，经济增长缺乏包容性

在目标管理理论中，目标的设定至关重要，因为这涉及目标的清晰度、

可衡量性、难易度以及目标个体的自我效能感等影响因素。① 其中，目标的清晰度和可衡量性要求目标的设置考虑到具体数字性指标的应用；目标的难易度对目标的设置要求很高，因为这不仅涉及难易程度，也涉及具体个人的承受范围和工作能力；目标个体的自我效能感是目标管理中的一个灰色区域，因为个体的自我效能感无法直接得知，存在很多隐性因素。在河北沿海区域的经济发展规划中已制定了近期和远期的发展目标，其中涉及2015年和2020年两个时间点，数字指标只有两个规定，就是在2015年使城镇化率上升为58%，使地区人均生产总值达到6万元以上。同时，目标规划中多处涉及“进一步完善”“大幅度提高”“显著减少”“显著提升”这类词语，并没有具体的数字指标，造成目标管理缺少具体性、可衡量性和清晰度，从而导致目标管理和激励的作用大大减弱。河北省沿海区域各地发展情况不一，具体的发展潜力和情况都存在很大的不确定性，在对各市的发展指标进行规定时缺乏对难易度的把握和衡量。此外，河北沿海区域各市的经济发展规划与其本身城市定位也存在很多差异，这些都造成了河北沿海区域的经济增长缺乏包容性。②

2. 目标管理缺乏协同性，限制区域经济发展

目标管理中两个重要的过程是授权和自我管理，授权是一种自上而下的管理模式，在目标管理中授权指的是信任型授权，即组织对其成员给予一定程度的信任，在明确所要达到的目标、可用的资源以及成员的权力范围内进行权力的适当下放的管理过程。自我管理强调的是组织成员通过自我控制、自我调整和自我监督逐步达到组织所要求的目标的过程。③ 授权和自我管理两者之间的协调性制约着目标管理的实际作用。在目标管理理论的授权方面，河北省沿海区域的经济发展目前存在三个制约力量：国家（京津冀区域）对河北省沿海区域的制约、河北省对河北沿海区域的制约，河北沿海区域对三市的制约。这三种力量的矛盾共性主要是府际协调问题，府际协调的低效和运行的低绩主要源于结构的失调、制度的失范和人际关系的失和。在目标管理理论的自我管理方面，河北省沿海区域整体及三市都可看成组织成员个体，都存在被动性以及缺少反馈信息的及时性的漏洞。此外，正是由于河北沿海区域的经济发展在目标管理理论的授权和自我管

① 参见李尧：《高校学生干部激励问题探究——基于目标设置理论与目标管理理论》，载《当代经济》，2012（10）。

② 参见刘邦凡、詹国辉：《河北沿海区域经济发展的一致性政策选择》，载《中国商贸》，2013（35）。

③ 参见陈延军：《基于目标管理的盖尔瑞孚艾斯曼公司生产运营系统优化设计》，长春，吉林大学，2012。

理中存在很多不足，导致目标管理缺乏协同性，直接限制了区域经济发展。

3. 目标管理评估体系不完善，导致经济非正常增长

目标管理的关键环节是做好目标评估，及时将目标完成的结果与奖惩挂钩，一方面可以防止在目标管理程序中出现较大偏差，另一方面可以在出现偏差后及时纠正，防止其进一步扩大和严重化。目前，河北沿海区域经济发展出现非正常增长现象，首先，是各市把省下达的指标看成其评估的唯一标准，过分追求 GDP 指标的片面增长，同时各市之间基于“囚徒困境”思想，忽视经济和环境的一体化进程。其次，河北省制定的考核指标缺乏可测量性以及可操作性，导致评估指标不足以评估其具体绩效水平。同时，河北省和三市之间是通过自上而下的形式下达具体的目标，河北省只是从战略层面出发，未能从战术角度把具体的目标转化为可操作性的任务。此外，三市之间盲目的竞争和攀比，未能打破“一亩三分地”的思想，造成目标管理评估体系的失衡，从而导致经济非正常增长。

## 四、目标管理理论下的河北沿海区域经济发展对策

1. 坚持目标设定的 SMART 原则，促进区域经济包容性增长

目标设定有很多影响因素，SMART 原则是将目标设定的具体因素进行考量而设置的目标管理的重要原则。① 其中，S（specific）指的是目标的具体化；M（measurable）指的是目标的可衡量性；A（attainable）指的是目标的难易度适当，可达到；R（relevant）指的是目标的可操作性；T（time-based）指的是目标的时限。就河北沿海区域经济发展的目标规划而言，应坚持目标管理的 SMART 原则，具体做法如下：首先，将目标规划中涉及的“进一步完善”“大幅度提高”“显著减少”“显著提升”这类词语转化为具体数字化指标，如将“显著提升”改为“从过去的 5%提升到 8%”等一系列量化指标；其次，河北省沿海区域规定了近期和远期发展目标，在具体运作中要避免出现顾此失彼的问题，要平衡两个阶段性目标的权重，使其得以高效实现；再次，河北省沿海区域应在深入调查三市的经济发展潜力和可承受能力的基础上，研究各市经济发展的新增长点，制定三市经济发展的具体规划。因此，应坚持目标设定的 SMART 原则，使目标成为各市发展的强劲动力，从而促进区域整体经济的包容性增长。

2. 协调目标管理体系，提高区域经济的协同发展

针对目标管理体系中授权和自我管理的矛盾，河北沿海区域应从以下

① 参见田合超：《基于目标管理的高校特色班级建设研究》，成都，西南石油大学，2012。

两个方面入手：首先是授权中的三种制约力量。河北沿海区域应加强府际关系协调，加强国家（京津冀区域）、河北省、河北沿海区域以及三市四者之间的协调，调整结构以实现资源的共享和分配。同时在纵向关系上，上级对下级应适当加大授权，给予下级信任和足够的发展空间，使其能够更好地完成相应指标和任务。其次是三市自我管理方面。从整体上看，三市应加强临港工业区的建设，完善港口布局和功能建设，形成现代化的港口集群产业区。① 此外，三市之间应加强交流与合作，培育新型经济增长创新点，形成"一带三组团"的空间开发格局（滨海开发带，秦皇岛、唐山和沧州组团）；从局部上看，三市应明确各自城市功能定位，在发展经济的同时兼顾城市功能和形象。同时秦皇岛、唐山和沧州应明确其城市化地区、农业地区和生态地区，完善各自的基础设施建设、产业和城乡发展、资源节约和生态环境保护以及社会事业发展，提高区域经济的协同发展。

3. 完善目标管理评估体系，加快区域经济的动态性增长

目标管理评估体系的完善需要借助关键绩效指标（KPI），即组织通过对战略目标的可控部分进行分解，转化成具体可操作性指标，从而形成组织上下认同的绩效监测的标准体系。② 从这个角度来看，河北沿海区域应将省级战略性目标转化为具体的可操作性战术指标，同时做好组织目标的上下认同，使绩效监控变得切实可行。此外，秦皇岛、唐山和沧州应打破"一亩三分地"思想，使各自经济发展能够取长补短，共同做好经济建设和环境保护。河北沿海区域在制定定量指标的同时也应配合使用定性指标。定量和定性指标的具体额度应根据三市经济发展的水平适时调整，保持动态变化，使三市经济水平在协同发展的同时实现动态性增长。

总之，河北沿海区域经济发展作为国家战略层面的发展规划，其经济发展水平直接影响河北省乃至全国的发展水平，这也就使河北沿海区域经济发展目标至关重要。在目标管理的视角下分析河北沿海区域经济发展，一方面能够形成经济发展目标网络和目标链，从目标的制定到评估完善阶段起到自我管理的效益；另一方面能够调动沿海区域三市的积极性和能动性，变被动为主动控制，使其经济能够在协同动态发展的同时实现双赢，最终实现远期目标，成为全国综合实力较强的地区之一。

---

① 参见田红岩：《河北省临港产业与腹地产业协同发展问题研究》，石家庄，河北师范大学，2012。

② 参见倪星、余琴：《地方政府绩效指标体系构建研究——基于 BSC、KPI 与绩效棱柱模型的综合运用》，载《武汉大学学报（哲学社会科学版）》，2009（5）。

## 第五节 PDCA 循环模式思维

### 一、PDCA 循环模型之于河北沿海区域经济

PDCA 循环模型是由现代质量管理的奠基者沃特·阿曼德·休哈特（Walter A. Shewhart）的构想 PDS（Plan、Do、See）演化而来的，由美国质量管理专家戴明（Deming W. Edwards）将其普及并应用于全面质量管理之中，使之成为全面质量管理应遵循的科学程序。PDCA 循环模型是由 Plan（计划）、Do（执行）、Check（检查）、Action（行动）四个阶段构成，按照 P、D、C、A 的顺序周而复始却又呈螺旋式上升的循环，每一个 PDCA 循环都是上一个 PDCA 循环的结果与反馈，同时是下一个 PDCA 循环的前提与基础。“戴明博士的 PDCA 理论是一种科学严谨的工作方法和工作程序，是一种经过各行业验证的科学管理工具，它不仅可以帮助我们建立对于整个项目的管理流程系统，而且对于每个局部环节甚至于突发事件的处理都有不可替代的作用。”① 通过将 PDCA 模型的流程与评价机制应用于河北沿海区域经济发展中，可以为其提供新的视角与方法来促进其经济良性、动态发展。

多年来，中国经济发展取得了举世瞩目的成果，但其粗犷与具有破坏性的特点也广为诟病。自中共十七大科学发展观被写入党章，标志着我国的经济乃至整个社会的发展将朝着以人为本、全面、协调、可持续的方向健康发展。对于区域经济发展则应该采用系统论的思想，将区域的发展纳入全国发展的“大规划”中来，统筹执行、检验效果并反思不足。

河北沿海经济区域因其毗邻京津、东临渤海、资源禀赋优良、工业基础雄厚并且交通发达，在促进京津冀及全国区域协调发展中具有重要战略地位，因此河北沿海经济区域的良性循环发展至关重要。虽然一直以来 PDCA 循环被广泛应用于质量管理，但河北沿海经济区域的发展同样有赖于完善的规划、有力的执行并对发展中的不足进行反思与改进，基本符合 PDCA 循环。由于 PDCA 具有普适性、持续性与动态性特征，近年来也被成功地嵌入公司绩效管理、政府廉政风险防控等领域并取得了良好的效果。这为我们提供了新的视角，同时使我们可以尝试借鉴其原理并应用于河北沿海区域经济发展的研究。

① 高丽敏：《资源型城市循环经济发展的可持续性研究》，兰州，兰州大学，2007。

## 二、河北沿海区域经济发展 PDCA 阶段分析

1. P（计划）阶段：发挥区位优势，注重顶层设计

在 PDCA 循环模型中，P 即计划是整个循环的开始，也是整个循环最为重要的阶段之一，计划阶段的得失直接影响和制约后续循环的效果与结果。因此，在这个阶段，可以对河北沿海地区的区位、现状进行战略管理 SWOT 分析，根据其目前的优势、劣势、机遇与挑战，制定有针对性的计划。①

河北沿海区域临渤海、近京津，具有腹地广阔与华北和西北对外开放窗口的优势，也承受着来自京津地区的“极化”效应；具有良好的矿产、油气等战略资源潜质，但水资源的匮乏与环境承载力的降低却极大制约了其发展；2011 年国务院批复《河北沿海地区发展规划》，标志着河北沿海地区发展正式上升为国家战略，这为其发展提供了重大契机与机遇，但京津地区的“一亩三分地”思维与地方保护主义使双方合作难度系数增大。

由此可见，河北沿海区域发展相对缓慢除去其自身在资源、环境上的局限，很大程度上也是受到了京津地区“极化”效应的影响。因此在规划上，应该着重注意政策的一致性与连贯性，强调顶层设计的宏观规划，采用目标管理的 SMART 标准，统筹区域经济资源并发挥特色与优势产业的带动作用。从系统论的视角，在服务业上应该继续大力开发旅游资源与相关配套服务设施建设，在现有旅游电子商务的基础上大力发展“智慧旅游”，打造有特色、有品牌的旅游产业使其良性发展；在物流方面大力发展港口工业，完善交通路网的建设；在工业方面则利用区位优势积极吸引京津地区、日韩国家等发达地区产业转移，同时限制高污染、高耗能行业，大力发展循环经济；在引进人才方面积极吸引京津地区高校的入驻，以教育产业转移，大力发展文化与创意、高新技术产业，带动人才流动，缓解人才流失。

2. D（执行）阶段：全面与贯彻并重的执行

关于河北沿海区域经济发展，孟卫东等人曾通过对政策动态一致性的博弈分析模型对其经济政策有效性进行分析，认为增强河北沿海经济政策的有效性应该从以下几个方面入手：增强政策制定的程序性与灵活性；提高政府公信力；协调省级政府与地方政府的政策目标；行政管理协调化与

① 参见司林波、孟卫东、丁小凤：《河北沿海区域一体化战略分析与对策研究》，载《当代经济管理》，2012（6）。

政策一体化。[①] 刘邦凡等人则通过对河北沿海区域政策非一致性的潜在危害进行分析，总结出政府应该在政策一致性的基础上改善治理理念与方法，并更加注重政策客体的反应。[②]

整个 PDCA 循环在本质上是动态的、持续的，因此指导河北沿海经济区域发展的政策也应该是连续的、动态发展的。在计划阶段，制定的政策具有宏观性、包容性的特点，因此在实际的执行过程中，应当加大政策的针对性。以优化发展先进制造业规划中的钢铁产业为例，在具体实行产业政策计划中，按照控制总量、调整结构、优化布局、产业重组原则和循环经济发展要求，重点发展造船板、桥梁板、高强度轿车用钢、硅钢板等高附加值产品，适时建设曹妃甸精品钢铁基地。政府方面更应该保持产业政策的连贯性与一致性，落实相关优惠政策，提高公信力，并完善相关基础设施建设，如物流与公路、海洋港口交通网的建设，以保证其产品原材料与成品的运输需求得到及时满足。同时，在吸引京津等发达地区产业转移中应当考虑本地区的环境承载力，在发展工业的同时不为沿海地区旅游业发展制造障碍，不以损害人居环境为代价。

3. C（检查）阶段：查找漏洞，及时反思

毛泽东同志曾经说过："盲目地表面上完全无异议地执行上级的指示，这是反对上级指示或者对上级怠工的最妙方法。"如果仅对既定规划不加思考的执行，同样是一种对政策的曲解。河北沿海区域经济发展的规划与实施同样需要政策实施过程中的检查与反思。发展的最终目的是让人民共享发展成果，因此检查工作的根本标准就是政策是否促进了该地的经济发展，是否是有质量、有效益的发展，以及人民群众是否满意。

规划制定与执行的检查工作应该以年度或项目管理为周期，采用短期检查与长期检查相结合，运用上级检查、组织自查、重点抽查等方式对规划执行中存在的问题与障碍进行解决与反思。仍以沿海区域优化发展先进制造业规划中的钢铁产业为例，目前钢铁产业的重点项目有首钢京唐钢铁二期，石钢搬迁改造项目，马城、大贾庄、司家营铁矿开发。这些项目的落实势必给当地产业技术革新与淘汰落后产能带来发展契机，但是铁矿石的供应情况、交通网络的完善程度、相关物流的服务是否能够满足日益提升的产能需要呢？此外，钢铁产业属于耗能与污染较大的产业，大规模钢

---

① 参见孟卫东、佟林杰、张彦波：《河北沿海区域经济发展政策的有效性分析》，载《保定学院学报》，2013（6）。

② 参见刘邦凡、詹国辉：《河北沿海区域经济发展的一致性政策选择》，载《中国商贸》，2013（35）。

铁产业的集聚是否会给当地的自然、生态环境与人居环境造成影响？与此同时，产业的集聚是否会带来同质化经营竞争而产生内耗？这些都是应该检查与反思的问题。因此，应从整个产业链的源头如铁矿石的开采、运输、冶炼等一系列生产环节进行梳理，强化安全生产意识与责任意识，将安全生产与环境保护纳入政府对企业监管项目并重点监管，形成制度性规范，优化流程管理，提高钢铁产业的经济效益与社会效益。

4. A（行动）阶段：动态、持续的质量改进

“A 阶段为两步：一是标准化，把成功经验总结出来，加以标准化；二是把未解决或新出现的问题转入下一个 PDCA 循环中。”① 在河北沿海区域经济发展政策的制定与实施过程中，为解决决策者偏好多样性与相机决策的问题，需要一定的政策程序性与灵活性，但无论是程序性还是灵活性，最终的目的都是总结出成功的经验，并把全程循环中存在的问题、遇到的障碍纳入下一个循环中。PDCA 循环并不是单一的、孤立的封闭循环，实质上是一个循序渐进而又逐步上升的螺旋路径。区域经济的发展同样不是一蹴而就或短期见效，在发展中遇到的问题并不一定是发展中不可解决的障碍，很可能成为下一阶段的主要任务或发展契机。以河北沿海地区钢铁产业与构建绿色产业体系为例，二者既是两个相对独立的 PDCA 循环圈，又相互嵌套在河北沿海区域经济的大 PDCA 循环圈中，正是由于钢铁产业在 PDCA 循环中存在的问题，使得构建绿色产业体系的 PDCA 循环存在必要性。

河北沿海区域经济发展的 PDCA 循环不仅关涉河北沿海地区与其腹地，更是京津冀经济圈中的重要一环。其重在应该建立起发展规划的长效机制，并有相关配套基础设施与政策法规来保障实施。从国务院批复《河北沿海地区发展规划》并将其纳入国家战略、中央颁布《国家新型城镇化规划（2014—2020 年）》中“环渤海”概念匿迹到三次提到“京津冀”，都明确传递出国家战略的调整与京津冀地区经济地位的升级，更是在为京津冀地区尤其是河北沿海地区勾勒出长远可行的规划与制度保障，进而推动更高层次的 PDCA 循环。

## 三、结论与对策

河北沿海地区经济的发展除了依靠其天然的区位优势，也不同程度地依靠其腹地的经济支持，因此必须强调政府在规划与监管方面的主导作用，使其沿海地区与腹地协同发展，从而满足沿海区域经济发展一体化的诉求。

---

① 高丽敏：《资源型城市循环经济发展的可持续性研究》，兰州，兰州大学，2007。

与此同时，京津地区的地方保护主义虽然在国家扶持京津冀经济圈的顶层设计下有所收敛，但长久以来形成的“极化”效应却并未消失，因此河北沿海区域应该以整体的姿态进行资源的战略整合，突出优势，提高竞争力，形成发展合力，缓解资源与人才外流对当地经济发展造成的冲击。经济发展从不是一劳永逸、一蹴而就，而是随着环境的变化动态地发展着，因此河北沿海区域经济的 PDCA 循环模型也应该贯穿于河北沿海经济发展并随之动态发展、变化，防止固化甚至形成“内卷化”效应，“即一种制度模式发展到一种确定形态后，便停滞不前或难以转化为更高级模式，进而导致该制度功效退化乃至丧失”①。

## 第六节　“弹钢琴”思维

### 一、“弹钢琴”的方法与河北沿海地区经济发展

沿海经济是指沿海地区以广阔海岸线、港口码头、开放区域为依托，整合各种外部资源的一种开放式或外向型经济形态。河北沿海地区经济发展上升为国家战略，标志着河北沿海经济的发展进入一个新阶段，但是明显落后于江苏、浙江、山东等沿海经济地区，并且差距不断拉大，同时在承接京津产业扩散和京津新型产业壮大中，也没有发挥地缘和发展机遇的优势。长期以来，河北省一直把内陆的发展作为经济重点，没有意识到拥有世界级的港口，可以拥有经济和社会发展的广阔空间。因此，深入分析河北沿海地区经济发展状况，提出可行、科学的现实发展路径，对于加快河北沿海区域经济发展具有重大的战略意义。

“弹钢琴”方法是常见的行政思维方法，即围绕中心问题进行统筹兼顾、系统安排、协调配套地解决问题。河北沿海地区包括秦皇岛、唐山、沧州三个地区，交通设施完善、工业基础雄厚、历史底蕴深厚，但是区域内部经济发展不平衡，区域统筹协调发展任务繁重，将“弹钢琴”的方法运用到河北沿海地区经济发展中，可以帮助我们抓住经济发展的主要矛盾，统筹兼顾，以广阔海岸线、港口码头、开放区域为依托，整合各种外部资源，促进秦唐沧三市的协调发展。

应该将“弹钢琴”的方法运用到河北沿海地区经济发展中，以期能够指导区域经济发展，为该地区经济发展提供新的思路。河北沿海地区发展

① 孙雪聪：《基于 PDCA 管理模式的廉政风险防控机制探究》，载《领导科学》，2014（2）。

要不断完善港口功能、产业规划、港城关系、人力资源，缩小与京津的差距，要用“弹钢琴”的行政方法，统筹兼顾、协调配合，只有这样才能把河北沿海地区这架“大钢琴”弹好。

## 二、河北沿海地区经济发展现状分析

河北沿海地区地处环渤海中心地带，包括秦皇岛、唐山、沧州三个地区。这三地是河北经济发展最快的地区。河北沿海地区 2011 年主要经济指标如表 7—6 所示。

**表 7—6　　河北沿海地区 2011 年主要经济指标**

| 指标名称 | 秦皇岛 | 唐山 | 沧州 | 三市总量 | 占河北省比例（%） |
| --- | --- | --- | --- | --- | --- |
| 土地面积（平方千米） | 7 812.0 | 13 472.0 | 14 053.0 | 35 337.0 | 18.7 |
| 生产总值（亿元） | 1 070.1 | 5 443.0 | 2 585.0 | 9 098.1 | 24.6 |
| 固定资产投资（亿元） | 615.0 | 2 545.0 | 1 598.0 | 4 758.0 | 29.0 |
| 直接利用外资（亿元） | 6.0 | 10.8 | 2.9 | 19.7 | 42.1 |
| 进出口总额（亿元） | 43.5 | 108.6 | 21.5 | 173.6 | 32.4 |
| 人均 GDP（元） | 35 489.0 | 71 626.0 | 35 383.0 | — | — |

资料来源：《2012 年河北经济年鉴》。

从表 7—6 中可以看出，沿海三市土地面积占全省的 18.7%，生产总值、固定资产投资、直接利用外资和进出口总额分别占全省的 24.6%、29.0%、42.1%和 32.4%。此外，三地人均 GDP 均高于全省平均水平，唐山最高，秦皇岛次之，沧州最后。由此可见，河北沿海地区的经济在全省地位突出，是河北省经济发展的一个增长极。

与全国发达地区相比较，河北沿海地区经济发展不容乐观，除唐山之外，其他两个市经济综合实力都比较弱，区域内部经济发展不平衡。① 尤其是沿海港口功能没有得到应有的发挥，统筹发展严重不足，沿海的区位优势和区域经济功能没有在推动河北省经济中发挥更大更好的作用。总体看，河北沿海地区无论是内部统筹规划，还是与外部协调互动，都存在一定问题。

## 三、应用“弹钢琴”方法思考河北沿海地区经济发展对策

### 1. 中心：突出港口建设地位，加快港口升级和临港产业壮大

突出港口建设地位，加大各方投资力度，实施政策倾斜，注重港口如

① 参见王海乾、苗运涛：《加快河北省沿海地区发展规划研究》，载《城市规划》，2011 (9)。

电力、供水、通信、交通和码头等基础设施建设。鼓励多元的融资渠道，通过加大政府投资力度、吸引大型港口集团落户、鼓励民间资本注入等方式建设港口及配套设施。物流服务是各个港口的核心产业，也是港口生存的基础，因此，打造快捷、安全、高效的一流物流服务体系是港口运输的目标。临港产业和港口相互依赖、互相支撑，港口是临港产业的原始依托，临港产业是港口壮大发展的有力支持和后备力量。根据港口的特点和优势，精选一批带动能力强的中坚项目，辐射和延伸产业链，提高港口区域的核心竞争力，创立地区品牌。统筹协调港口资源，将港口、项目和临港产业的发展相结合，发展产业集群，打造龙头企业，推动产业间的互动、整体发展，从而提升产业的发展规模和层次。可以借鉴东部沿海发达地区经验，建设一批临港重化工业。同时应及时关注全球大型企业的发展战略和投资意向，积极寻找有意向的世界级合作伙伴，吸引其投资。在现阶段，尤其要注意发达国家的产业转移，寻找发展机遇。

2. 协同：坚持港城互动，实现港口、产业、城市协同发展

强大的城市是沿海经济发展的坚强后盾。美国、日本和一些欧洲国家的沿海经济发展，基本都采取依托港口、建设中心城市、构建沿海城市带、推动地区及其腹地发展的模式。因此，推动沿海中心的发展，构筑适合本城市的布局结构，增强城市竞争力和综合实力，为港口及临港产业提供基础设施、资本和智力支持等是十分必要的。秦唐沧三市首先应尽快提升城市化水平，壮大城市的总体规模，尽快培育曹妃甸新区和渤海新区，实现秦皇岛城市向西向北发展，加强城市各项经济要素的集聚功能①；其次，要完善秦唐沧三市的体系结构和合理布局城市、临港产业的发展空间，整合区域的经济、文化、科技和旅游等资源，突出城市优势，提高城市知名度，发展城市品牌；最后，秦唐沧三市目前阶段应该仍然坚持以经济建设为中心，优化产业结构，转变传统的发展模式，积极引进人才，扶持高新产业和第三产业的发展，建设新型城市。坚持港口、产业、城市一体协同发展，实现以港口为依托、以产业集群和重点项目为载体、以城市为中坚力量的发展格局，提升企业和城市的整体水平。

3. 统筹：实现区域合作共进，制定沿海经济带的统筹规划

应该淡化行政意识，打破区域经济板块分割，着眼于整个区域的经济活动和沿海的海洋资源，制定整个沿海的经济发展战略。充分考虑秦唐沧三市的优势和经济基础条件，积极发展品牌产业和新兴产业，在实现优势

① 参见孙世芳、闫永路：《坚持四个统筹　加快河北沿海经济隆起带建设》，载《领导之友》，2011 (1)。

互补的同时形成产业集群，发挥规模优势。

在港口治理方面，尽量避免区域内部的重复建设和恶性竞争，整合四大港区的现有资源，形成布局合理、分工明确、各有特色的港群态势。例如，将曹妃甸建设成以运输原材料为主的世界级综合服务港口；完善秦皇岛港和黄骅港集装箱、杂货、农产品、液体化工原料运输功能，逐步形成环渤海地区以原材料运输为特色的综合性港口体系。①

在政策方面，秦唐沧三市积极沟通协调，明确区域一体化的意义，达成三市行政协作、资源共享、产业协同发展、利益均沾的合作意愿；在一体化的过程中，成立专门机构，统筹区域资源配置，实现资源的合理开发和利用，以提升区域竞争力。

4. 一体化：借力京津地区优势，并与腹地实现一体化发展

河北沿海经济地区和京津都市圈有着天然的区位和政治文化条件，随着经济的发展，两个地带的联系也不断深化，在客观上为河北沿海经济的发展提供了不可复制的优越条件。加上对接京津冀都市圈发展规划的获批，势必会促进与京津地区的合作，缔造一个京津冀地区新的经济共同体，为河北及其沿海地区带来新的发展动力和发展机遇。对此，河北应该充分利用京津地区的资金、技术和人才，提高区域竞争力，有选择地承接京津地区的产业转移；港口及其临港产业积极扩张京津地区的市场份额，结合天津港口综合枢纽的技术和规模优势，实现合作，促进京津冀和环渤海圈的整体发展。② 沿海与腹地之间是相互联系、相互发展的关系，加强港口的建设，提升港口运输能力和市场组织能力，扶持沿海经济的发展，有利于增强其对腹地的经济辐射能力；腹地可以为沿海地区提供市场、资金、科技和人才，推动沿海地区发展。因此，面对周边省份拓展腹地的竞争，河北省必须建设联系港口与内陆的综合交通运输大通道，建立沿海和腹地的互动通道，实现海陆的一体化发展。

5. 关键：人才是推动河北沿海地区发展的关键

大力引进北京、天津以及海内外高层次人才和创新科研团队，加快培养急需的高技能人才。鼓励人才以柔性流动方式从事教学科研、项目合作、技术服务和投资创业。建设秦皇岛、唐山和沧州留学人员和京津人才创新创业园。完善人才服务体系，对高端人才实行一站式服务。围绕产业优化

---

① 参见赵瑞芬、乔洁：《河北省沿海区域经济发展评价与对策》，载《环渤海经济瞭望》，2012 (7)。

② 参见雷光宇：《河北沿海经济带外向型经济发展条件及升级路径探讨》，载《华中师范大学学报（人文社会科学版）》，2013 (6)。

升级，以企业为主体，实行产学研相结合，协作开展核心技术攻关，突破关键技术，开发高端产品。鼓励有条件的企业创建国家工程实验室、工程（技术）研究中心、产学研合作基地。加快科技企业孵化器建设，鼓励发展创业投资。创造条件吸引一批知名的研究单位设立分支机构。加大自主创新政策实施力度，完善创新和创业政策体系。

综上所述，河北沿海地区经济发展既有机遇，也有挑战。因此，只有在认真分析实际发展条件的基础上整合资源、扬长避短，运用“弹钢琴”工作方法，全面调动各种经济发展因素，抓住港口建设这个主要矛盾，协调临港产业、中心城市和周边地区的发展，统筹规划，才能实现经济和社会的全面发展。

# 第八章 河北沿海地区服务业一体化发展对策分析

## 第一节 秦皇岛服务业发展现状与对策分析

### 一、秦皇岛公共服务业发展现状与对策分析

1. 发展现状

公共服务业包括政府的公共管理服务、基础教育、公共卫生、医疗以及公益性信息服务等。公共服务业的发展对保障人民生活质量和稳定社会发展起着积极的促进作用。秦皇岛市公共服务业的发展现状具体包括以下几个方面：

（1）政府的公共管理服务。

2013 年，秦皇岛市财政累计用于一般公共服务的预算数为 554.42 万元，用于社会保障和就业的预算数为 8.05 万元，住房保障支出预算数为 30.33 万元，住房改革支出预算数为 30.33 万元。① 此外，2012 年，秦皇岛市财政累计用于一般公共服务的预算数为 508.92 万元，用于社会保障和就业的预算数为 7.59 万元，住房保障支出预算数为 37.03 万元，住房改革支出预算数为 37.03 万元。通过 2013 年以及 2012 年的预算数的比较，可以发现政府在用于一般公共服务的预算数上增长了 45.5 万元，在社会保障和就业方面增长了 0.46 万元，在住房保障方面减少了 6.7 万元。近几年，秦皇岛市政府在公共管理服务上得到了一定程度的发展进步。首先，在保障作为旅游目的地的旅游公共管理服务水平的基础上，不断提高其自身的廉政建设和作风建设水平②；其次，随着电子政务的发展，秦皇岛市政府在

① 参见秦皇岛市统计局：http：//www.qhdtjj.gov.cn。

② 参见喻江平：《旅游目的地旅游公共服务体系建设研究》，秦皇岛，燕山大学，2012。

不断地推进其政务的电子化进程，逐步实现电子政府；再次，随着党的十八大的召开，秦皇岛市政府在不断加强对社会保障以及就业领域的支持，同时对基层公务员进行严格管理，以保障社会的稳定和进步。

（2）基础教育。

基础教育就是人们在成长中为了获取更多学问而在前期要掌握的知识。我国的基础教育包括幼儿教育、小学教育、普通中等教育。截至2013年底，秦皇岛市共有小学444所，在校生182 632人；初级中学134所，在校生81 211人；高级中学31所，在校生47 806人。① 其中义务教育均衡发展；普通高中建设步伐加快，全市高考录取率连续三年大幅提升；学前教育突飞猛进，全市共投入资金1.32亿元用于幼儿园建设，新改扩建公办标准化幼儿园91所，新增民办幼儿园9所，基本满足了幼儿的入园需求。然而，与秦皇岛市内三区相比，四县的基础教育现状并不乐观，具体表现为：教育经费投入不足，缺乏科学的管理监督；办学效益不高，教学硬件设施比较薄弱；缺乏师资和现代化的教学设备，代课教师占有一定比例，教师待遇偏低。

（3）公共卫生。

2013年，秦皇岛市公共卫生工作在平稳中实现了逐步增长，在进一步完善新型农村合作医疗制度的同时，提高了参保率。通过制定秦皇岛市卫生事业发展规划，推进了医疗资源整合。随着卫生体制改革的不断深入，食品安全的不确定因素进一步增多，一些深层次的矛盾和问题亟待解决。在卫生工作方面：一是医疗卫生事业投入仍显不足。由于历史欠账多，横向比较，秦皇岛市医疗卫生事业发展仍滞后于经济社会发展，不能满足人民群众日益增长的医疗卫生需求。二是卫生资源配置不均衡。秦皇岛市卫生资源总量不少，但空间布局、专科分布、服务能力与群众需求不适应。医疗机构主要集中在城市区，而城市区主要集中在海港区，其他地区相对不足。三是基层医疗机构基础薄弱。秦皇岛市14个社区卫生服务中心由政府举办的只有一家，仅占7%，远没有达到“以政府举办为主”的要求。在食品安全方面：一是由于国家食品安全标准滞后，食品安全监管难问题仍然存在。二是部分食品生产经营者法制意识淡薄，社会责任感不强，道德约束力差，缺乏诚实守信的生产经营意识。三是消费者的自我保护意识不强，安全消费和依法维权观念不足。四是区域性产品基础仍然比较薄弱，食品安全隐患依然存在。

① 参见秦皇岛市教育局：http：//www.qhdedu.cn/。

(4) 医疗。

2012 年，秦皇岛市共有 9 个县（区），75 个乡镇，2 268 个行政村，总人口 297.8 万人，其中：城镇人口 140.7 万人，乡村人口 157.1 万人，全市有乡镇卫生院 75 所，社区卫生服务机构 81 所，基层医疗卫生服务人员 3 108人，乡村医生 3 387 人。各县（区）以乡镇卫生院、村卫生室及社区卫生服务机构为依托，通过门诊服务、入户调查、疾病筛查、健康体检等多种形式开展城乡居民健康档案建立工作。截至 2012 年底，全市共建立农村居民电子健康档案 144.61 万份，建档率达 75.61%；城市居民建档 69 万份，建档率达 78%。特别是孕产妇、0～36 个月儿童、65 岁以上老人以及慢性病、重性精神病等重点人群建档率达到了 67%。同时，秦皇岛市全面启动并稳步推进深化医药卫生体制改革工作，农村新型医疗的参合率达到 90.58%。此外，实行了市级新农合定点医疗机构出院即报政策，特殊病种大额门诊补偿范围扩大到 10 种以上。①

(5) 公益性信息服务。

秦皇岛市政府十分重视公益性信息开发和服务，从城市社区到农村乡镇普遍建立了大量的图书馆、博物馆、文化馆等公益性信息机构，为公众提供信息服务。特别是近几年，在科、教、文、卫等公益性信息服务方面有较大的投入，极大地促进了公益性信息服务的发展。此外，秦皇岛市政府推行政务公开，这也在一定程度上发展了公益性信息服务。然而，由于秦皇岛市政府对公益性信息服务的宣传力度不够，许多社会组织、企业和个人参与公益活动的意识不强，社会力量参与信息资源公益性开发和服务缺乏，大量公益性信息资源尚处于闲置状态。而且信息资源公益性开发和服务领域尚缺乏完整的法律法规体系，立法数量有限，层次不高，制约了公益性信息服务的开展。②

2. 对策分析

(1) 政府的公共管理服务方面。

首先，秦皇岛市政府应坚持发展各项社会事业，推进义务教育均衡发展。同时，考虑到目前就业难的情况，秦皇岛市政府应广开渠道，建立多种形式的就业方向，通过多渠道和多形式的就业理念打破秦皇岛就业难的僵局。其次，完善秦皇岛市的社会保障体系，主要应该从以下两个方面入

① 参见王晓东、李国红：《秦皇岛市农村公共产品供给问题研究》，载《中小企业管理与科技(下旬刊)》，2012 (3)。

② 参见陈玉龙、栾杰：《信息资源公益性开发和服务的对策研究》，载《理论与探索》，2008 (3)。

手：一是对社会保障群体进行细分和研究，根据不同地区的经济发展状况制定适应本地区发展的社会保障机制；二是借鉴其他省份的经验，将绩效理念应用于社会保障事业，以便于秦皇岛市政府能够将有限的资源通过合理配置，使其得到充分和恰当的利用。再次，秦皇岛市政府应加大对公共管理服务的资金投入。资金的投入应坚持两个原则：一是因地制宜的原则。因为目前户籍制度以及就业的各种问题都来自城乡二元制的贫富差距，使得农民不能享有与城镇同等的各种公共管理服务，这就要求秦皇岛市政府对于农村以及相对落后的地区加大资金投入力度。二是透明性原则。近几年，国家和各省市政府都对公共管理服务投入大量资金，但真正用到实际用处的资金却很少，原因就在于政府各级公务人员对其投入的资金进行暗箱操作。所以秦皇岛市政府应加强对资金的透明化管理，使其能够最大限度地解决切实问题。最后，秦皇岛市政府应严格落实安全生产责任制和承诺制，加强社会治安综合治理，排查化解矛盾纠纷，建立危机预警机制，树立风险意识，防范危机的发生和危害，建设平安秦皇岛。

（2）基础教育服务方面。

秦皇岛市应加大基础教育经费投入，优化教育资源配置，提高农村的教学环境和办学条件；实行教师轮流任教制度，加强城市、农村教师的交流与支援，在提高农村教育水平的基础上培育更多的农村未来的科技人才①；完善监督管理机制，促进农村基础教育改革，提高办学质量，降低学生流失率；规范评价标准，树立科学教育观，大力实施素质教育，鼓励青少年参加科普活动和社会实践，培养创新意识、创新素质和创新能力。

（3）公共卫生服务方面。

首先，秦皇岛市政府要明确职能定位，对公共卫生事业进行系统分析，从而制定适应秦皇岛市公共卫生事业发展的有效机制。其次，公共卫生事业具有高频次的特点，所以应对其进行严密的保障机制。一是建立多种公共卫生预警机制，树立风险意识和应急储备机制，同时秦皇岛市政府应在社会中进行公共卫生方面的宣传教育，使得公共卫生知识成为一种普及教育。二是组织和处理各种公共卫生突发事件，有序、有效以及快捷地解决突发事件，将危害降至最低。同时吸取经验，以便更好地发展公共卫生事业。再次，加强医疗卫生文化建设，推进公共卫生的可持续发展。最后，推进农村卫生工作，健全完善农村公共卫生服务体系。加强农村卫生机构

① 参见李萍、陈凤美：《我国农村基础教育发展的制约因素和实施对策》，载《大连大学学报》，2011（1）。

基础设施建设，广泛深入开展农村健康教育工作，探索建立新型农村合作医疗制度。

(4) 医疗服务方面。

首先，秦皇岛市政府应将绩效理念应用到医疗服务方面，通过绩效测评，逐步缩小城镇和农村的医疗条件差距。同时鼓励多渠道经营，充分发挥市场作用，形成多层次、全方位的医疗机制。其次，借鉴其他省份医疗技术的有益经验，引进先进的医疗技术、医疗理念和医疗体制，不断推进秦皇岛市医疗水平的发展。再次，鉴于社会中各种医疗事件的不良影响，加强对医疗事故的监督和管理，成立医疗监管小组，对不同类型的医疗事故进行细分研究，以便形成良好的医疗事故应急机制。最后，秦皇岛市政府应将新型农村合作医疗机制进行贯彻落实，使其在农村中得到不断深化和发展，以便保障农村的医疗水平。

(5) 公益性信息服务方面。

秦皇岛市政府要广开筹资渠道，鼓励各种形式经营，丰富全市公益性信息服务；对部分付费的信息服务项目制定合理的价格，其价格机制应遵循"维持公益性信息服务机构的正常运营，公众的合理负担，全社会受益"① 等原则，保证所有公民能够以负担得起的价格享用公益性信息资源，以多种信息服务方式保证每一个公民特别是社会弱势群体都能获得基本的公益性信息服务，缩小"数字鸿沟"；制定科学的总体规划，对秦皇岛市公益性信息服务情况进行摸底调查，在调研的基础上进行总体规划，建立公益性信息服务的标准和制定相应的法律法规，加强对公益性信息服务的规范化和制度化管理；强化政府的先导作用，制定一系列相应的政策，引导和鼓励企业、公众和其他组织开发公益性信息资源，开展公益性信息服务，或按有关规定投资设立公益性信息服务机构；积极鼓励新兴公益性信息服务方式的发展，如信息代理、信息中介、信息外包服务等。

秦皇岛市公共服务业的发展在很大程度上促进了服务业对其他行业的带动作用，也在一定程度上保障了人民的生活质量。同时，公共服务业的各个部分，如政府的公共管理服务、基础教育、公共卫生、医疗以及公益性信息服务等的发展情况是有所不同的，秦皇岛市政府应明确其结构和权重，在一个相对协调的层次上实现公共服务业各个部分的可持续发展，进而带动秦皇岛整个服务业乃至经济的快速发展。

---

① 吴钢华、李广建：《公益性信息资源及其开发利用策略研究》，载《情报杂志》，2007 (1)。

## 二、秦皇岛基础服务业发展现状与对策分析

1. 发展现状

秦皇岛位于河北省东北部，历史悠久，是中国唯一以皇帝名号得名的城市，不仅是全国首批 14 个沿海开放城市之一，也是中国北方重要的对外贸易口岸，同时是国务院批准的全国甲级旅游城市。每年暑期，党和国家领导人都会在秦皇岛北戴河区接见来宾和处理政务，因而使秦皇岛具有极高的政治、经济和文化地位。2010 年 9 月，秦皇岛市入选国家服务业综合改革试点，成为河北省唯一入选此项试点的城市。同年 12 月，秦皇岛市被确定为国家首批旅游综合改革试点城市。国家首批服务业、旅游两项综合改革试点任务相继集中于一座城市，这在河北省是唯一的，在全国也绝无仅有。2011 年荣膺“中国十大最具成长力创新型城市”“中国旅游竞争力百强市”等荣誉称号。

基础服务业是提升服务业发展的关键所在，能够提升服务业发展带动能力。2013 年初步测算全市实现生产总值 1 168.8 亿元，比上年增长 7.0%。其中，第三产业为 549.72 亿元，增长 7.9%。服务业吸纳了一大批下岗失业和企业分流人员，在促进社会稳定方面作出了突出贡献。近年来，随着秦皇岛产业结构调整步伐加快，服务业推动地方经济发展的主导作用不断加强。其中，基础服务业在服务业中的比重越来越大，对秦皇岛市的经济发展水平提高所作的贡献也越来越高，充分发挥基础服务业的功能性作用，为加快发展现代服务业提供有力的技术支撑显得尤其重要。我们认为基础服务业包括通信服务和信息服务等，以电子服务为主。

通信服务指的是通信企业通过固定电话、移动电话、数字电视、互联网等通信设施，为公民提供便利的一种服务方式。2013 年 12 月 22 日，秦皇岛成为首批国家信息消费试点市（县、区）名单中 68 个试点城市之一。① 2012 年末，秦皇岛固定电话拥有量 71.90 万部，下降 2.8%；移动电话拥有量 320.72 万部，增长 14.5%。互联网宽带用户达 49.57 万户，增长 25.4%。GSM、CDMA 网扩容、交换设备增容等通信工程的实施使通信能力进一步增强。

秦皇岛的通信服务紧随时代发展，不断改进技术，广开渠道与政府部门合作，全方位地满足人们的需求，具有交流方式多渠道广泛合作、通信方式数字化的优势。具体来说如下：

① 参见秦皇岛市上榜首批国家信息消费试点城市：http：//www.qhdxw.com/view/279782/。

第一，通信企业和工商部门的合作，解决出现的问题。据相关统计，目前消费群体的迅猛发展引发了通信服务类的投诉大幅增加，秦皇岛市工商局积极打造服务广大消费者的维权平台来及时预防、有效处理消费纠纷，更好地保护消费者的合法权益。2010 年，秦皇岛市工商局 12315 指挥中心与中国移动、中国联通、中国电信三大通信运营商共同构建“消费纠纷快速和解绿色通道”，这是全省首次实行工商部门与通信企业共同解决消费者投诉，提供服务。①

第二，通信服务紧随时代发展，响应社会要求。2008 年秦皇岛和北京、上海、广州、深圳等城市首试 3G 服务。奥运会期间全力打造宽带奥运，在场馆通信方面，采用了先进的数据通信网系统；在酒店通信方面，进行了综合布线，并且将旅游热线等应用提供进来。同时针对不同酒店量身定做综合通信解决方案，注重满足酒店不同的通信需求，打造“奥运金牌”级通信服务。党和国家领导人每年夏季在北戴河办公，中国电信等相关部门提前做好准备，制定各种预案，为党和国家领导人的通信安全保驾护航。

第三，数字电视广覆盖，充分发挥其功能。数字电视作为城市信息化的重要媒介、党和国家政策宣传的重要阵地，在通信服务中有着重要的地位。截至 2012 年末，秦皇岛市拥有县级以上电视台 5 座，电视转播台 5 座，电视人口综合覆盖率高达 94%。此外，秦皇岛电视台利用自身优势积极探索观众喜闻乐见的节目，形成了一些具有良好口碑与较高收视率的名牌栏目，如《秦皇岛新闻》《今日报道》《法制·民生》《百姓关注》等，其中《法制·民生》于 2010 年入选全国十佳电视法制栏目，《今日报道》于 2012 年荣获全国城市台电视民生栏目 20 强，其 2012 年收视率在 10%以上，为黄河以北城市台最高。

第四，借助热线电话为群众提供服务。2012 年初，市政务服务中心在政府社会管理与公共服务职能方面进行创新的基础上进一步整合 8901890 政务服务热线及全市范围内的政府非应急性热线资源，并以市场热线为依托，率先在全省打造了市民综合服务平台，一个号码“12345”便可实现对外“一键通”。该平台秉承“一号受理、网络转办、协调督办、限时办结、反馈回访、全程监督”的宗旨，实现了一般投诉事件在网上即可承办、转办、流转与反馈、监督，整个过程都会有相应的记录并方便群众与相关部

① 参见新华网：秦市打造通信消费纠纷“绿色通道”，http://www.he.xinhuanet.com/zf-wq/2010-09/16/content_20923152.htm。

门监督。①

信息服务指的是用不同的方式向用户提供所需信息的一项活动，它是以网络传输服务、计算机与软件服务以及数字内容服务为代表的一项产业。它包括电子医疗信息服务、电子社区信息服务、电子口岸信息服务、企业信息服务等。信息服务业作为现代服务业乃至整个国民经济中新的增长点，成为拉动国民经济增长、增强经济实力的关键因素。秦皇岛的信息服务是政府支持企业进行信息化建设、企业积极探索，具有信息服务系统高品质的优势。

从网络信息服务上来看，秦皇岛政府网站上公布了《秦皇岛市人民政府政务服务中心政府信息公开指南》，使群众能够快速、有效地获取相关政务信息。而秦皇岛市工业和信息化局对秦皇岛市电子政务外网进行全天候的网络监测，完全可以保障网络的安全。秦皇岛市的工业门户网站在经过改版扩容、提升服务功能后，成为服务秦皇岛市工业经济发展的一个信息交互平台。另外，秦皇岛选择管理规范、基础扎实的街道社区，开展了数字社区建设示范工作。它的模式是以街道办事处为核心，建设社区政务信息管理系统、物业管理信息管理系统、社区民生服务信息管理系统。建设社区基层工作人员信息化工作平台，保障党政信息的沟通传达和社区内人口、就业、安保等方面信息的及时反馈。另外，创新了对社区内居民物业管理和服务形式，方便社区居民获得新闻、资讯及网上购物、网上医疗、网上银行等实时性服务。

从信息基地建设的促进作用上来看，秦皇岛积极推进河北（北戴河）信息产业基地、河北（秦皇岛）软件产业基础平台建设。秦皇岛信息产业基地——硅谷湾北戴河信息产业基地项目已于2010年开工。该项目以北戴河区位优势、环境优势和燕山大学等周边高校人才、技术优势，吸引国内外大中型企业及企业总部入驻。项目建成后，预计可实现年销售收入20亿元、年利税5亿元，预计实现新增就业5 000人。② 秦皇岛开发区也在着力打造软件产业基地，提高信息服务水平。秦皇岛开发区和中国科学院合作建设的秦皇岛（中科院）数据产业研发转化基地，凭借中科院在技术、人才与信息方面的优势并结合秦皇岛自身产业与企业的发展需求，通过建立研究机构分部、孵化科技型企业、共建研发中心等多种方式，实现了中科

---

① 参见秦皇岛新闻网：《秦皇岛市11条部门热线接入市民综合服务平台》，http://www.qhdxw.com/view/279687/。

② 参见翟书娟：《北戴河开发区、北戴河信息产业基地全面开工》，载《河北日报》，2010-03-31。

院高科技项目和人才的集聚。2013 年，秦皇岛（中科院）技术创新成果转化基地首批 7 家企业共获得 22 项软件著作权，同时有 1 项发明专利和 4 项软件著作权申报工作正在进行。

从信息服务产业前景发展来看，秦皇岛依托燕大科技园，形成了具有较大规模的信息产业集群、产业聚集区，生产出了一批信息服务产品，为居民提供了先进的信息服务，提高了人们的生活质量。2013 年，10 名院士被聘为市政府特邀咨询专家，清华大学等 4 所高校将在秦皇岛市设立研究机构，新增市级以上工程技术中心和重点实验室 9 家，高新技术企业达到 80 家，规模以上工业中高新技术产业所占比重达到 25%。① 秦皇岛火柴盒计算机技术开发有限公司于 2011 年 2 月在海外发布 PC“优化大师”，在发布后不久就得到了微软公司视窗 7 产品认证和英特尔公司软件产品认证，由此与这两家 IT 巨头成为合作伙伴。目前，该产品已推广到美国、加拿大和英国等国家和地区。2011 年该公司的销售额达到了 1 000 万元，计划三年内年销售额突破 5 000 万元。

2. 对策分析

近年来，秦皇岛的基础服务业虽然增长较快，取得了很大的进步，但也存在一些问题，如：信息服务、远程服务等现代服务业发展还比较落后；大部分行业为劳动密集型，产业技术层次比较低，而技术层次较高的信息传输、计算机服务和软件产业、综合技术服务业创造的增加值仅占服务业总增加值的 4.2%；公共服务平台还不够完善等。②

针对上述情况，从以下几个方面提出建议：

第一，加大对基础服务业发展政策的支持力度。政府要加大对政策的扶植，出台标准化的服务体系规范，加强信息服务业的相关法规体系建设，推进信息服务产业基地和信息服务体系建设，加快信息服务业与其他产业融合发展，提升秦皇岛信息服务业产业层次和技术水平。信息业公共信息平台建设的资金来源需要秦皇岛市和各县区财政拨付专项资金予以支持。为推动其更好发展，增加其发展活力，严格按照国家相关法律法规，除国家明令禁入的服务业领域，全部向社会资本与外资开放。此外，应加快完成产业聚集区发展规划审批工作。全面落实河北省关于支持产业聚集区发展的优惠政策，细化具体措施，增强对大项目、大企业、大集团的吸引力。积极探索园区（产业聚集区）市场化开发的新路子。充分发挥网络的作用，

① 参见王涛、袁与平、张志刚：《关于秦皇岛建设创新型城市的几点思考》，载《党史博采（理论）》，2013（4）。

② 参见商禹：《现代服务业的创新发展研究》，长春，吉林大学，2011。

促使服务企业向连锁化、联盟化、集成化等方向发展。

第二，完善信息服务业基础设施和信息平台建设。加大基础设施、研发中心等公共服务设施建设力度，提升服务业发展带动能力。良好的市场环境是信息服务业得以健康发展的前提，而这得益于对信息产品知识产权与其所有者合法权益的保障。为实现信息服务业市场的良性发展，应该进一步细化相关政策法规与市场机制的制定，并规范其市场竞争行为、避免恶性竞争。在避免信息服务业行业垄断的同时也应避免行政垄断，以此促进市场的公平竞争。此外，也要大力发展信息服务业。在资金、技术、人才、管理体制等方面采取综合性措施，尽快制定和规范信息服务标准，健全信息服务评估机制，提高各行业的信息化水平。引导和鼓励工程技术研究中心、重点实验室向社会开放，提高企业的技术创新能力和水平。建设专业化的公共科技信息平台，为企业提供科技文献、标准、情报和信息服务。加强医疗卫生、公共安全、环境治理等民生领域的科技公共服务平台的建设，提高民生科技创新与服务能力。

第三，加强三网通信设施共建共享整合。加快计算机、通信、广播电视三网业务融合，进一步加大建设与升级宽带力度，建立电信业务和广电双向协调机制，强化在网络安全方面的管理。把涉及国民经济的重点领域、工程与项目的信息化系统安全性评估作为切入点，推动“两化”进一步融合，启动第二批国家级“两化”融合试验区试点。利用好港口、企业信息等资源，着力强化功能建设，加快探索通信服务新的发展模式。优化和完善电信主干网络、宽带接入网络、移动通信网络，加速构筑高速、宽带、智能化信息传输平台，加强网络维护和管理，提高运行效率。推动各网络间的互联互通，大力发展基础数据、多媒体通信业务，促进互联互通、资源共享，创新业务品种，扩大市场需求，改善公众获取信息资源的环境并降低成本。

## 三、秦皇岛生产与市场服务业发展现状与对策分析

### 1. 发展现状

生产与市场服务业，包括金融、物流、批发、电子商务、农业支撑服务以及中介和咨询服务等。近年来，秦皇岛在生产与市场服务业上作了积极的实践探索，从整体上看，秦皇岛的金融、物流、农业支撑服务、中介和咨询服务等取得了较大的进展。初步核算，2013 年全市实现生产总值 1 168.8 亿元，比上年增长 7.0%。其中，第一产业 171.46 亿元，增长 4.4%；第二产业 447.57 亿元，增长 6.5%；第三产业 549.72 亿元，增长

7.9%。由此可见，生产与服务市场对秦皇岛市经济的拉动作用非常重要，更需要进一步发展。

（1）金融服务。

秦皇岛金融服务业整体特点是总体平稳，但仍需增强其服务种类。金融作为一个为生产和生活服务的产业，既包括银行、证券、保险这些主要的金融服务行业，也包括信托投资、信用合作社、财务公司、融资租赁公司和典当业等行业。“十二五”规划实施以来，秦皇岛金融业对经济发展的支撑作用进一步加强，2013 年 12 月末秦皇岛市金融机构本外币贷款存款达 2 122.60亿元，比年初增长 10.2%，新增量比上年下降 18.4%；金融机构本外币贷款达 1 365.59 亿元，比年初增长 9.4%，新增量比上年下降 18.4%。2011 年 12 月中国金融出版社公开发行了由秦皇岛市金融办组织编纂的河北省第一部地方金融专业年鉴——《秦皇岛金融年鉴 2011》。它是秦皇岛市第一部大型金融类历史资料文献工具书，具有历史性、综合性、资料性的特点。它的出版不仅为秦皇岛的经济建设工作提供了地方金融数据参考，还为服务领导科学决策、服务地方经济社会科学发展提供了权威的信息资料，是了解秦皇岛金融业、宣传秦皇岛金融业的窗口，也是将来研究秦皇岛金融业发展历史的重要史料，在秦皇岛市政治、经济和社会生活中都有着重要位置，发挥着重要作用。① 尽管目前金融业已取得了长足发展，但也存在诸多问题：如四大国有银行唱主角，竞争手段比较趋同，金融产品相对单调，创新活力有待提高。

（2）物流服务。

物流服务业的发展已成为秦皇岛发展的强大助力。它和旅游业成为秦皇岛发展的关键。现在的总体情况是拥有明显的地域优势、发展优势，并且取得了显著的成就，但未全面发挥出其拉动经济发展的功能。秦皇岛海陆空立体交通网络已基本形成，津秦客专、承秦高速、城市西部快速路等重点项目加速推进，北戴河机场已经完成总工程量 90%以上，秦皇岛火车站、北戴河火车站改造已经建设完毕，为物流服务业的发展做了铺垫。秦皇岛拥有较强的物流自然优势，秦皇岛港是世界著名的深水不冻港、国家能源主枢纽港、世界第一大能源输出港，拥有目前全国最大的自动化煤炭装卸码头和设备先进的原油、杂货与集装箱码头。秦皇岛港散杂货物流中心、集装箱物流中心、秦皇岛出口加工区和邮政物流中心正在建设。2013 年秦皇岛港口货物吞吐量达到 2.73 亿吨，比上年增长 0.6%；集装箱吞吐

① 参见长城网：《秦皇岛市编纂的河北省第一部地方金融年鉴发行》，http：//report.hebei.com.cn/system/2012/01/31/011695183.shtml。

量38.78万箱，比上年增长12.8%。全市有各类商品交易市场232个，年成交额76亿元，成交额超亿元的消费品市场有12个。随着这些市场的不断发育，也将带来更大的物流需求。但秦皇岛市物流业目前尚处于初始阶段，面临着仓储、运输和配送，以及企业规模偏小、交通网络不完善等多重威胁。

（3）批发服务。

秦皇岛农产品批发市场、饰品批发市场不断发展，尽管2013年批发零售业完成零售额449.57亿元，比上年增长12.5%，但知名度上仍需努力。海阳路蔬菜批发市场、四季青批发市场等有强大的批发网络，现在拥有比较完善的物流及相关服务配套设施。秦皇岛重点培育了海阳、昌黎等5个年交易额在亿元以上的农产品龙头市场，进一步完善了果品、海产品等专业批发市场，在蔬菜、果品等主产区，建立健全了特色鲜明、品种集中的产地市场，为消费者提供优质的服务。这些举措疏通了农产品运销“绿色通道”，逐步形成了统一、规范、有序的市场环境。

（4）电子商务。

电子商务代表未来贸易方式的发展方向。秦皇岛的电子商务现状呈现两大明显的特点：一是旅游业的电子商务正在欣欣向荣地发展，二是企业的电子商务已形成一定规模，正在积极探索新的服务模式。秦皇岛就旅游立市已达成了高度共识，全方位地发展旅游、全产业融合旅游的格局已形成。现在存在的问题是利用旅游电子商务平台开展旅行社电子商务的总体表现不一。秦皇岛旅游业的电子商务，大多是旅行社来进行操作。王建梅指出，秦皇岛现在的旅行社大多通过网络交流基本信息和商务信息，通过网站首页宣传，应用管理信息系统，开展售前售后服务，通过网络查询、网上预订和支付等形式进行服务。但大多数旅行社还停留在电子商务的初级阶段，只是拥有简单的企业名片而已。[①] 2012年底，秦皇岛成为国家第二批智慧旅游试点城市，是河北省唯一入选的城市。秦皇岛市旅游局信息中心姚鸿志介绍说，目前秦皇岛旅游局正在建设“爱游秦皇岛”网站，该网站建成投入使用后，游客便可以通过智能手机或其他智能终端享受各种“智慧旅游”带来的全新旅游新体验，大大方便了旅游过程中衣食住行各个环节。秦皇岛的金融、房地产、物流、中介服务等服务业也积极推动电子商务，以此促进信息的互动与交流。另外，网络购物、网上教育、网络医疗也在积极地完善。

---

① 参见王建梅：《秦皇岛市旅行社电子商务发展现状分析及对策探讨》，载《中国商贸》，2011（3）。

（5）农业支撑服务。

农业是国家发展之本。2013年，秦皇岛粮食总产量基本稳定，农业产业化经营率以68.5%处全省领先地位。秦皇岛的农业支撑服务，一方面表现为政府积极牵线搭桥促进农产品的销售，促进企业和农户协同发展；另一方面表现为加强对农业技术倾斜，推广先进技术，给予政策支持。秦皇岛市政府积极探索农业促进农村发展的新路子，首先，要求各农业相关部门认真履行职责，强化协调联动，在法律、法规、政策允许的范围内，尽量为农产品销售提供便利条件，合力营造良好的外部环境。各新闻媒体要加强宣传报道，强化舆论监督，使秦皇岛的农产品品牌名声远扬。其次，鼓励各超市在保证质量的前提下，尽量多地销售秦皇岛本地的农产品，并且尽可能地在市农产品领域提供指导帮助，如在供求信息、标准体系、包装设计等方面。最后，农民专业合作社、农产品生产基地要以市场需求为导向，以高科技为支撑，主动与超市建立长期密切合作关系，培育发展适销对路的农产品，不断提升产品质量和档次，突出地方特色，树立优势品牌。2013年举办了第五届“农超对接洽谈会”，该次对接洽谈会共吸引秦皇岛20家大型连锁超市和90余家农民专业合作社及25家农业产业化龙头企业参加，当天，共有43家合作社与11个流通企业签订了79份购销协议，涉及农副产品170多种，合计金额1.21亿元，同比增长35.96%。秦皇岛的企业注意加强对农户的技术指导与相应的技术支撑服务，但也存在对农民的技术指导力度不够，如对病虫害的防治、对自然灾害的预防等问题。

（6）中介和咨询服务。

近年来，秦皇岛出现的中介和咨询服务有房地产代理、广告、法律服务、技术咨询、管理咨询、商务咨询、策划等多个行业。总体来说，已形成了一定的规模，实力比较强大，拥有专业的顾问队伍和服务网络，所提供的服务能够满足人们的需求。秦皇岛市兴龙置家房地产经纪有限公司是秦皇岛中介机构中比较突出的一家公司。该公司以房地产中介为核心，业务范围涉及房屋买卖、房屋租赁、代办产权、广告等。该公司与数十家金融机构建立了长期友好的合作关系，在广大购房者、开发企业和房产中介企业中享有较高的知名度。2008年10月，该公司先进的二手房交易电子商务网站上线。网站搭建了资源丰富、信用度高、交互性强的分类信息平台，致力于为购房者提供全面的新房、二手房信息服务。① 但中介服务在其增

① 参见兴龙置家首页，http：//qy.58.com/55900895/。

加企业交易机会、降低交易成本、提高资源配置效率方面还存在一些欠缺，仍需不断完善。

2. 对策分析

第一，建立完善政府、银行与企业合作的长效机制。

政府推动企业诚信建设，为企业和银行的合作牵线搭桥。另外，继续宣传、树立秦皇岛市银行业金融机构优质服务典范，进一步增强为民服务意识，以提高服务水平为己任，全面推动秦皇岛市行业精神文明建设。政府也要推进担保机构建设，以河北省政府有关融资性担保机构建设为依据，促进资本雄厚的担保机构与银行的合作。同时，积极创造条件，推动高技术含量企业进入证券市场融资，增加对高科技服务业的信贷支持，引导产业投资机构和信用担保机构优先支持现代服务企业关于运用新技术的担保。政府还要鼓励金融服务业加快金融产品创新和服务创新步伐，引进股份制商业银行，组建新的金融机构，扶持地方中小金融机构发展，促进秦皇岛金融服务业的发展。鼓励市外金融机构在秦皇岛新设分支机构，对新设立或新迁入的具有独立法人资格的金融机构，根据注册资本金额给予金额不等的一次性补助。

第二，加快现代物流业发展速度。

协调加快西港区煤炭退出，支持秦港集团按照“物流港”理念规划建设各港区，发展集装箱业务。培育发展更多物流主体，推进秦皇岛临港物流、山海关临港物流、空港物流、出口加工区保税物流等物流园区建设，抓好兴龙仓储物流中心、福凯物流服务园等项目建设。谋划建设内陆无水港，拓展腹地空间。加快发展第三方物流市场，加快大中型企业主辅分离步伐，组建专业物流公司，推动企业内部物流功能剥离，推进统一的现代物流体系建设，打破各区县之间行政分割的局面，实现空运、海运、铁路运输、公路运输、管理运输的有效管理。充分发挥港口的优势，降低运输成本。抓住京津冀区位相邻优势，做好交通对接，形成一个大的网络体系格局，为现代物流业的一体化和现代化奠定基础。

第三，积极发展电子商务。

实施以企业信息化为基础的电子商务工程，建设为全秦皇岛各领域服务的电子商务枢纽。发展金融卡、非金融卡服务产业，推动城市交通一卡通和银税一体化工程。以数字认证中心和电子商务服务网络为基础，推进企业与企业之间通过互联网进行产品、服务及信息的交换及商业机构与消费者通过互联网进行推销、购物的电子商务服务。[1] 加快以金融业为核心，以现代物流业、电子商务和物流为重点的服务业发展，营造良好的生态环境，并带动批发、中介和咨询服务及农业支撑服务等社会服务业发展。大力发展中介服务业的电子信息化，鼓励中介服务机构加强联合，形成一定规模的服务网络，满足企业和社会的多样化需求。

第四，加快现代农业发展。

以观光园、生态园建设为契机，大力发展休闲农业，创建农业服务品牌示范区。加大对农业的支撑服务，大力推进科技创新要素向农村转移、辐射。积极发展农业专业化服务，构建从种子购买、科学施肥、田间管理、技术服务、农机推广、秸秆还田、免耕播种等一条龙服务体系。增加农业科技投入，加快构筑市、区域中心、科技示范村、科技示范户四级农业科技推广体系，推进农业科技进步和创新。鼓励和支持科研单位、大专院校、农民专业合作组织和龙头企业，开展多种形式的农业技术推广服务。[2]

## 四、秦皇岛个人消费服务业发展现状与对策分析

1. 发展现状

（1）教育服务业。

作为个人消费服务业组成部分的教育主要指的是职业技能培训，即非学历教育，是对现有高等教育和职业教育的一种科学补充，是集理论知识和实际操作能力为一体的全方位技术培训。为了响应国家职业资格教育的要求，秦皇岛市政府进一步规范、约束职业培训体系，并全部实行职业资格认证制度，以促进各类人员实现就业。秦皇岛大部分高校将本科学历证书与英语四六级、国家计算机证书挂钩，进一步加强学生职业技能培训的水平。目前，秦皇岛地区职业资格培训教育行业发展得如火如荼，主要有两种方式：教育、劳动部门开办和社会力量开办。后者如燕大通用、金色未来、燕园教育、现代教育等关于英语、计算机、会计证、人力资源师证书以及各种技工证书等各类职业资格证书的相关培训、辅导与报考机构。但在众多职业资格培训机构中，存在很多问题，例如只注重利益，不注重教学质量和社会效益[3]；技能培训和鉴定普遍存在重理论知识、轻实际操

---

① 参见丁荣荣：《电子商务环境下智能化企业管理模式的创新研究》，载《中国商论》，2015（19）。

② 参见商禹：《现代服务业的创新发展研究》，长春，吉林大学，2011。

③ 参见黄音：《秦皇岛市旅游职业教育集团运行机制研究》，秦皇岛，河北科技师范学院，2013。

作的倾向；缺少市场调查的基础，就业培训专业设置与市场用工需求脱节。

（2）医疗保健业。

随着经济的发展和人民生活水平的提高，全国各地对健康和医疗保健越来越重视，对医疗保健服务需求明显加大，秦皇岛也不例外。由于医疗保健不能取得现时的实效，秦皇岛的医疗保健行业还不是十分发达，人们对医疗保健行业的投资还不是很大。居民生活习惯中普遍存在重医疗、轻保健的意识，更多地投资依然集中于生病后去医院或者诊所治疗，而尚未形成强烈的通过保健产品提前预防疾病或者增强免疫力的观念；秦皇岛的医疗保健企业资产和销售规模较小，产品老化，产品及功能雷同，适用人群类似，低水平重复，缺乏技术资金投入和新产品研发投入；少数企业粗制滥造，夸大宣传其保健产品，消费者产生严重的“信任危机”；政府对医疗保健行业的政策扶持较少，法律法规尚不完善。

（3）住宿和餐饮业。

2013年，秦皇岛市住宿和餐饮业市场运行平稳，全年完成零售额59.40亿元，同比增长13.7%。秦皇岛市共有星级饭店57家，客房7 078间，床位1.44万张，客房平均出租率为52.34%。其中五星级饭店3家，四星级饭店13家，三星级饭店33家，二星级饭店9家。然而，秦皇岛市旅游景区附近的住宿和餐饮价格普遍较高，不适合大众化需求①；受旅游淡旺季的影响，临时性开放的餐馆和旅馆比较多，卫生条件较差，管理欠规范；存在当地人故意哄抬物价牟取暴利的不法行为。

（4）旅游服务业。

2013年，秦皇岛旅游市场发展迅速，带动了其他产业的发展。全年接待国内游客共2 565.83万人次，累计比上年同期增长10.9%；接待海外游客298 477人次，累计比上年同期增长4.2%；旅游景点门票收入44 226万元，累计比上年同期增长7.7%；旅游外汇收入18 058万美元，累计比上年同期增长6.6%；旅游总收入256.32亿元，累计比上年同期增长19.6%。② 截至2013年底，全市现有国家A级以上旅游景区32家（34处），其中5A级景区1家，4A级景区15家，3A级景区6家，2A级景区10家。全市共有旅行社182家，出境组团社9家。全市拥有各语种导游人员1 952人，旅游从业人员14万人。然而，秦皇岛市旅游资源季节性差异明显，淡旺季反差极大。绝大多数涉旅企业旅游收入主要靠每年7—8月份，剩余季节有的处于停业状态，有的则高成本低收入运营，造成资源在

① 参见于荀：《论北戴河住宿业经营开发策略》，载《北方经济》，2012（9）。

② 参见秦皇岛市统计局：http：//www.qhdtjj.gov.cn/。

很大程度上闲置甚至浪费。而且，由于秦皇岛旅游业具有较明显的夏旺冬淡的特点，每年暑期都会有大批的临时导游、住宿餐饮服务员经过短期培训上岗，使得旅游服务人员素质参差不齐，造成旅游服务质量下降，游客投诉率上升。

(5) 文化娱乐服务业。

文化娱乐业作为文化产业的重要组成部分，担负着满足人们精神文化和生活需求的重要功能，在精神文明和物质文明建设中发挥着十分重要的作用。秦皇岛文化娱乐业的主体是歌舞娱乐业和网吧业。歌舞娱乐业是 20 世纪 80 年代改革开放以后重新恢复的行业，其形式有歌厅、舞厅、歌舞娱乐厅和综合歌舞娱乐厅及卡拉 OK 厅等。歌舞娱乐业是一个典型的受大众娱乐消费市场兴衰决定和影响的竞争性行业，投资者的进入和退出受市场行情和变化影响较大，但由于投资规模相对较小，市场进出门槛较低，经营的盲目性也较大。目前，秦皇岛的歌舞娱乐业布局不合理，在繁华地段歌舞娱乐场所密度大，缺乏整体的布局和发展规划。目前，秦皇岛的网吧行业投资者急功近利、同业恶性竞争，使得少数经营者违规经营。而且，由于法规不健全、管理不规范，造成经营环境欠佳。网吧处于公安、文化、环保、税务、卫生、城管和街道多部门管理之下，存在“三多”现象，即收费项目多、摊派任务多、以罚代管现象多。另外，由于社会舆论对网吧的一些负面报道，比如常常对网吧实行“有罪推定”，使大众对网吧产生许多误解。

(6) 房地产服务业。

目前秦皇岛市的房地产业主要分为两大类：一类是普通住宅，目标客户以本地人和外来务工人员为主要群体；另一类是旅游地产，大多分布在沿海一线，价格较高，目标客户以外地高消费群体和投资者为主，来自东北、北京、天津和唐山等地的购房者纷纷云集秦皇岛，将之作为其首选居住地和投资地。2013 年，秦皇岛市房地产投资 235.12 亿元，增长 10.2%，增幅同比下降 19.5%。秦皇岛下属的抚宁县、卢龙县、青龙满族自治县与河北省其他地区的县城类似，楼价大多在 2 000～4 000 元/平方米，昌黎县因为依托海洋资源所以价格相对高一些。而南戴河区、北戴河区、山海关区，成交价均在 8 000～12 000 元/平方米。《2013 年 3 月百城价格指数报告》数据显示，3 月份秦皇岛市房价环比上涨 0.55%，涨幅在全国百城之中排行第 62 位。秦皇岛市住房样本平均价格为 7 078 元/平方米，样本价格中位数为 6 800 元/平方米。

(7) 商品零售服务业。

2010 年，秦皇岛形成初具规模的消费品零售市场体系。秦皇岛市有各类商品交易市场232个，年成交额76亿元，成交额超亿元的消费品市场有12个。秦皇岛华联商城股份有限公司经过资产重组，成为秦皇岛市最大的消费品零售企业，年销售总额5亿元，是秦皇岛市唯一上市交易的股份制商业企业。截至2013年底，秦皇岛全市社会消费品零售总额达到508.97亿元，比上年增长13.4%，增速呈现逐季提高态势，但仍比2012年低1.6个百分点。从区域看，城镇市场完成零售额425.61亿元，增长13.6%；农村市场完成零售额83.36亿元，增长12.5%。从行业看，批发零售额449.57亿元，增长12.5%。

2. 对策分析

(1) 教育服务业。

教育服务业是一个持续性产业，在如今市场化高度发展的社会中，职业技能培训的延续以及管理变得至关重要。鉴于职业技能培训的特殊性，秦皇岛市应对其职业技能培训过程进行阶段化管理，注重提高培训质量，强化就业培训的针对性和实用性。培训内容以实用技术为主，理论与实践相结合，建立“厂中校、校中厂”的培训模式，着重进行实操培训，提高学生实际操作能力，使其掌握新的技能；对职业教育的培训机构进行门槛式筛选，加大培训机构市场准入制的严格管理，从源头上提高秦皇岛市职业技能培训的质量水平。

(2) 医疗保健业。

秦皇岛市应建立产、学、研相结合的医疗保健产品技术创新体系，积极研制科技含量较高的医疗保健产品；秦皇岛市政府应通过科普宣传提高人们对医疗保健的认识，实施医疗保健“三进”（进农村、进社区、进家庭）工程；政府部门应在技术、税收、金融政策上对医疗保健产业给予相应的扶持，同时加大对医疗保健事业的资金支持，在鼓励支持其发展的同时对其进行监督管理，加强医疗保健产业的市场监管，完善医疗保健产业发展的法律法规和标准体系。

(3) 住宿和餐饮业。

改善秦皇岛住宿和餐饮业的服务质量首先在于规范旅游市场的价格体系，改变游客对海滨旅游区乱收费的认知，建立专门的质检机构小组对其进行监督。同时通过参与竞争，全面提高餐饮业的服务质量，树立“品牌形象”，最终提高消费者的群体满意度。其次在于提高人员素质，以标准化、规范化以及人性化的标准体系规范服务人员。另外，打造具有秦皇岛市地方特色的住宿餐饮业还需要广辟宣传渠道，加大宣传促销力度。同时通过互联网以及微博、微信等高科技快速传播渠道进行口碑营销，不断提高其知名度，增强对游客的吸引力。

（4）旅游服务业。

秦皇岛市旅游资源丰富，在河北省周边地区是一个著名的特色海滨城市。[①] 但是，从全国范围来看，秦皇岛市的旅游未能形成相应的经济效应以及社会效应，同时旅游产品缺乏特色。为此，秦皇岛应将旅游业与经济产业紧密结合，通过双向互动，带动秦皇岛的两大产业乃至更多产业的发展进步。对于旅游产品，应在以下两个方面作出努力：首先，针对不同地域、不同消费层次、不同年龄段的游客进行区分甄别，并对其进行细分，针对不同消费群体设计相应的旅游特色产品；其次，旅游产品的设计应尽量体现秦皇岛特色，在游客消费的同时，不仅能够带动经济发展，还能让游客在无形中起到宣传秦皇岛旅游特色的目的。

（5）文化娱乐服务业。

首先，秦皇岛应积极鼓励社会资本投资文化产业，大力发展网吧连锁以及相应的娱乐休闲场所，使得当地居民乃至游客能够实现购物、旅游、休闲、娱乐等一体化消费，形成规模乃至特色化经营；其次，借鉴北京、上海、丽江以及其他特色城市的文化娱乐形式，在保留本地特色的基础上形成“雷同化经营”，例如针对秦皇岛居民和不同地区游客的生活习惯，借鉴其他地区的文化娱乐形式经验，在秦皇岛市内建立跟其他地区雷同的各种类型的休闲区，使居民和游客能够享受到全方位的休闲体验和享受[②]；再次，要建立并发挥网吧行业协会的作用，加强行业自律，促使经营者自我教育、自我约束和相互监督。

（6）房地产服务业。

首先，秦皇岛市应鼓励和支持有实力、重信誉的房地产开发企业强强联合和实施跨域开发[③]，重点开发高质量、高品质的房产资源，但同时应在考虑到秦皇岛市居民消费水平的基础上开发适合不同消费群体的房产；其次，严格执行房地产税收政策和差别化住房信贷政策，调整个人转让住房营业税政策；再次，重点扶持旅游房地产业，树立城市品牌。同时继续支持房地产开发企业承担保障性住房、棚户区改造和中低价位、中小套型商品住房项目的贷款需求，增加经济适用房、廉租房供应量。

（7）商品零售服务业。

秦皇岛市的商品零售服务业应积极推行现代流通方式。首先，鉴于社

---

① 参见管艳民：《秦皇岛市旅游业发展战略研究》，秦皇岛，燕山大学，2012。

② 参见李强华、王芳：《秦皇岛地域文化开发的思考》，载《河北科技师范学院学报（社会科学版）》，2012（4）。

③ 参见刘羽翔：《浅析秦皇岛旅游房地产的发展》，载《科技创新与应用》，2012（25）。

会的快速发展，应将“便利”的理念全方位应用于商品零售领域，以满足现代人快节奏的生活方式；其次，加快以电子商务为基础的新型商业模式的应用；再次，从整体上看，应兼顾城市和农村市场，针对其发展潜力制定不同的发展策略和规划，同时挖掘影响不同市场的不确定因素，做好提前预测和保障；最后，秦皇岛商品零售业的发展离不开其他产业的支持以及带动，所以在发展战略上要将商品零售、旅游、文化娱乐、房地产、住宿餐饮等有机结合，带动秦皇岛市商品零售业的规模化经营和发展。

## 第二节　唐山服务业发展现状与对策分析

### 一、唐山公共服务业发展现状与对策分析

1. *发展现状*

(1) 政府公共管理服务业。

近年来，唐山市政府制定了一系列切实有效的应急管理机制，为打造服务型政府和社会和谐发展奠定了坚实的基础。以古冶区为例，唐山市古冶区是依托开滦煤矿建立起来的具有百年采煤历史的老工矿区，现在境内有开滦、唐钢等市属以上企业 22 家。作为资源型老矿区，古冶区强化政府职能转变，积极探索和推进社会管理创新，率先开展了县区级应急管理平台体系建设实验示范工作，将应急处置、科技防范（社会治安）、城乡管理、便民服务（12345 市民热线）和作风效能督察“五网合一”，构建了“智能集成式”应急管理体系，初步形成了区委领导、区政府负责、社会协同、公众参与的社会管理格局，协调、调度、指挥全区各职能部门和开滦、唐钢等驻区大企业协调联动的社会管理体制，打造了 24 小时不下班的服务型政府，为唐山和谐发展奠定了坚实的基础。

2013 年 10 月 1 日起施行的《唐山市城乡规划条例》，旨在加强唐山的城乡规划管理，协调城乡空间布局，改善市民的居住环境，促进城乡经济社会全面协调可持续发展。在财税增收难度持续加大的情况下，市财政安排民生支出 64.5 亿元，占公共财政预算支出的 73.2%。2014 年唐山市将突出民生改善和社会建设，加快提升人民群众的生活质量和幸福指数。唐山市财政安排民生和社会事业资金 73.1 亿元，占公共财政预算支出的 77.1%，重点围绕就业、安居、养老、健康、公共服务、社会保障等方面，实施一批民生项目，切实解决好群众关心关注的热点难点问题。

(2) 基础教育服务业。

唐山市地处环渤海中心地带，拥有各级各类学校（幼儿园）2 142 所，在校生（幼儿）120 万人。近年来，唐山市有 400 多所义务教育学校实施“结对子”，城区 95 所相对薄弱的中小学校由名校兼并，实现了城市义务教育资源的优化。唐山市制定出台了《关于幼儿园标准化建设的实施意见》，对规划设计、园舍建设、活动场地、玩教具配备、后勤保障等方面作出明确规定，确保“建设一所，规范一所，达标一所，使用一所”。

2013 年，为解决农村儿童入园难、入园贵的问题，唐山市将实施学前教育“双百”工程（即利用农村闲置校舍改建幼儿园 100 所，在农村小学增设附属幼儿园 100 所）列为为民办实事工程之一。截至 2012 年 12 月 27 日，共开工 266 所，完工 237 所。学前教育“双百”工程的顺利完成，极大地改善了唐山市农村幼儿园的面貌，提升了办园水平，提高了学前教育的普及程度，使唐山市学前 3 年入园率提高到 91.2%，高出全省 23 个百分点。

2014 年，唐山市加快推进各类教育均衡发展，实施“名校、名师、名校长”工程，抓好新开滦一中等重点项目建设，优化整合高等教育资源，科学布局初中、高中教育，努力打造教育强市。①

(3) 公共卫生服务业。

唐山市卫生系统深入贯彻两会精神，紧紧围绕让群众“少得病、看得上病、看得起病、看得好病”四大目标，深入开展“树名医、建名科、创名院”活动，推行全市医疗机构“一卡通”，提高新农合筹资标准，新工人医院、新妇幼医院正式投入使用。

唐山市注重全面加强卫生院（室）基础设施和标准化建设。2005 年开始，市县两级财政累计投入 1.54 亿元，对没有达到省级标准的 135 所乡镇卫生院进行了改造，改扩建面积达 15 万平方米，增加床位 544 张。到 2007 年唐山市乡镇卫生院全部达到省颁标准。到 2008 年 9 月底，唐山市新建和改造村卫生室 748 个，村卫生室总数达到 5 556 个，占行政村总数的 100%，极大方便了农民群众就医。2013 年，唐山市乡村卫生服务一体化覆盖率达到 100%，新工人医院、新妇幼医院建设进展顺利。唐山市委、市政府出台了《唐山市关于加强乡镇卫生院人才队伍建设的意见》，对引导鼓励医疗卫生专业高等院校毕业生到乡镇卫生院就业提出了优惠政策，对增强乡镇卫生院发展后劲、提升服务水平起到了积极作用。

---

① 参见刘志昌：《基本公共服务均等化：过程与逻辑——基于社会保障的研究》，武汉，华中师范大学，2009。

(4) 医疗保险服务业。

唐山市人大代表、市卫生局局长、市人口计生委主任李建新表示，市卫生系统将深入贯彻两会精神，紧紧围绕让群众“少得病、看得上病、看得起病、看得好病”四大目标，科学推进医疗保障、医疗服务、公共卫生、药品供应、监管体制五大综合改革，为提升人民群众幸福指数作出贡献。

唐山市全面推行新型农村合作医疗制度。① 将高校在校生、城中村人员、外来务工人员及其家属子女纳入城镇居民基本医疗保险参保范围，城镇居民医保参保率达到96%，新型农村合作医疗保险参合率达到96.1%，在全省率先实现了“农民进城医疗报销无障碍”。市卫生局将继续巩固和完善新农合制度，进一步提高新农合筹资标准，由以前每人每年350元提高到400元，继续比全省标准高10元，全省最高。参合率98%以上，力争实现全覆盖。逐步提高报销补偿比率，报销封顶线不低于10万元，继续保持全省领先。探索城乡医疗保障均等化，在有条件的地区进行试点。

(5) 公益性信息服务。

2009年，唐山市城乡一体化服务管理信息系统成功运行。该系统主要运行内容为“一个中心和四个平台”：“一个中心”是唐山市市民公共服务热线12345的受理承办系统；“四个平台”是城乡精细化管理系统、城乡一体化便民服务网站群系统、视频监控系统和视频指挥系统。

该系统自正式启动运行以来，在推进城乡精细化管理，提升政府公共服务能力和管理水平上发挥了较好的作用，系统运行效果显著。② 唐山市市民公共服务热线12345按照分级建设的原则建设了17个分中心，受理能力较过去提高了一倍，同时工作效率大大提高，群众满意率也显著提高。到目前为止，全市5 020个行政村中有97.5%都安装了计算机并联通了网络，覆盖城乡的网络体系，使群众能了解政府动态。

唐山市电子政务管理办公室正在系统地逐步完善，在强化应用的同时，进一步拓展了市民公共服务热线的服务内容和领域，缩短了办理时间，创新了服务方式，强化了办理效果，通过不断加大考核和回访力度，切实提高了办理实效，确保了群众诉求件件有着落、事事有回音。

2. 对策分析

虽然唐山市公共服务建设取得了一定成绩，但是距离广大居民的热切期盼和城乡一体化的要求还有一定距离。因此，需要采取有效措施，改善

---

① 参见梁鸿、赵得余：《中国基本医疗保险制度改革解析》，载《复旦学报》，2007 (1)。

② 参见胡小明：《互联网冲击后的信息内容服务业——信息规则15条》，载《中国信息界》，2003 (3)。

公共服务现状，促进公共服务业发展。

（1）实行公共服务均等化，加快城市的公共服务向农村延伸。

唐山市委八届六次全会提出大力推进城乡等值化战略，强调要以公共服务均等化促进城乡等值。要着眼于让广大农民群众共享改革发展成果，加快城市的公共服务向农村延伸，积极推动农村公共服务上台阶、上水平，促进城乡协调发展。①

当前，推进农村建设面临的突出矛盾主要是农村公共服务需求的全面快速增长与公共服务供给匮乏之间的矛盾，农民难以获得高质量的医疗卫生、义务教育、社会保障等方面的基本公共服务，影响了农村的发展。因此，尽快提升农村基本公共服务水平，积极推进城乡基本公共服务均等化，不仅是统筹城乡发展的内在要求，也是新阶段推进社会主义新农村建设的重点所在。

（2）增加资金投入，改善公共基础设施建设。

在农村，稳定的筹资机制，加强师资培训、提高教学质量，确保教师工资、稳定教师队伍，巩固义务教育对象入学率和加大硬件投入、改善办学条件，这些均是唐山农村义务教育需要迫切解决的问题。而这些领域的改善都需要资金的投入。投入资金，还要在加强教育师资培训、提高教学质量，确保教师工资、稳定教师队伍等方面加大力度。现阶段农民最迫切需要的公共基础设施，包括公共交通设施、农田水利设施、人畜饮水工程、电力基础设施、环保基础设施和文化体育设施等。加大资金投入力度去改善这些基础设施，有利于促进农村经济更好更快发展。

（3）加强农村基本公共服务建设。

加强农村基本公共服务建设，要求各级政府明确自己在提供基本公共服务中的职责，实现财权与事权的匹配。其中，县级政府要明确县、乡政府及各职能部门之间的职责划分，并用好、管好上级政府的财政转移支付资金，提高公共服务效率。而乡镇政府的职责主要是准确把握农民最直接、最现实、最紧迫的基本公共服务需求；保证农村中的弱势群体获得最基本的公共服务；保证所上报的乡镇基本公共服务客观准确且为本地的实际情况。这就对政府提出了更高的要求，要尽力避免不切实际的“形象工程”“政绩工程”，避免有限的公共服务资源的浪费。

（4）建立稳定的财政投入机制。

要调整城乡之间公共服务的内容和财政投入结构，改变以往重城轻乡

① 参见安体富、任强：《公共服务均等化：理论、问题与对策》，载《财贸经济》，2007（8）。

的投入体制，加大对农村基本公共服务的资金支持即加大此部分的财政投入。当前应对农村义务教育的硬件投入和办学条件予以重视使之得到改善；乡镇卫生院的部分项目支出应列入县级财政预算；逐步提高新型农村合作医疗报销比例，完善筹资机制健全、运转高效、保障有力的新型农村合作医疗保障制度，不断提高农民受益水平；建立健全“村民中心”联盟，整合农村服务资源，加大资金投入，切实改善农村生产生活条件，提高农村居民的幸福指数。

（5）创新农村公共服务供给模式。

政府的基本职责包括为公民提供基本公共服务，但不等于说必须由政府独立生产和供给公共产品和公共服务。现阶段，要实现城乡公共服务均等化的目标，要保证农村公共服务的有效供给，仅仅依靠财政力量是难以进行的。因此，在发挥政府主导作用的同时，也要充分发挥市场和社会的作用，在三方力量的共同作用下，更好地提供农村公共服务。允许外资和民间资本进入农村公共服务领域，实现农村公共服务投资主体的多元化，提高农村基本公共服务的供给效率。①

（6）高度重视现代服务业发展。

全面落实鼓励支持政策，在提升商贸流通等传统服务业的同时，大力培育壮大现代物流、金融服务、会展等生产性服务业，积极发展旅游、文化、商务服务等新兴服务业。坚持把现代物流业作为服务业发展的重中之重，抓住唐山市被列为全国区域性物流节点城市的机遇，加快曹妃甸、京唐港、空港城三大物流园区和装备制造、钢铁两大生产服务型物流集聚区建设，推动现代物流业上规模、上水平。唐山市物流业增加值增长40%以上。加快发展旅游业，进一步完善规划、整合资源、塑造品牌，大力发展红色游、工业游、乡村游、海滨海岛游、皇家文化游、体育休闲游和生态湿地游，突出抓好南湖城市中央生态公园、唐山湾“三岛”开发等一批重点旅游项目建设，努力把唐山打造成环京津休闲旅游活力地区，加快建成国家知名旅游城市。

人类发展的本质是人的发展，而一个国家（地区）的基本公共服务供给状况又决定了人的发展，由此可见公共服务以及发展公共服务业的重要性。现阶段，我国基本公共服务的主要内容包括义务教育、公共卫生、基本医疗、基本社会保障、公共就业服务等，这些公共服务是广大城乡居民最关心、最迫切需要的，是建立社会安全网，也是保障全体社会成员基本

① 参见汪晶：《地方公共服务型政府建设策略研究——基于政府与企业关系视角》，成都，电子科技大学，2009。

生存权和发展权必须提供的公共服务。唐山市的公共服务业发展迅速，与以往的公共服务水平相比，提高了很多，但依旧存在问题和矛盾，我们要基于这些问题，建立起稳定的财政投入机制，增加资金投入，改善公共基础设施建设，着力加强农村基本公共服务建设，创新农村公共服务供给模式，并高度重视现代服务业发展，争取早日实现公共服务均等化。

## 二、唐山基础服务业发展现状与对策分析

1. 发展现状

唐山市位于河北省东北部，是京津冀都市区核心城市之一，处于环渤海湾中心地带，地理位置优越，东西广约 130 千米，南北袤约 150 千米，总面积为 13 472 平方千米。唐山辖 2 市、6 区、6 县和 5 个开发（管理）区，进入本世纪以来，唐山经济和社会发展非常快，一直处于河北的前列，三次产业结构合理性增强，已经成为河北第一经济强市，也是全国 GDP 超过 4 000 亿元的少数城市之一。尽管如此，唐山市的服务业发展比较缓慢，其在 GDP 中的比重近 10 年来一直在 30%左右徘徊，没有从根本上改变第二产业比重较大的格局，仍然是二一三的产业格局。（见表 8—1）

**表 8—1　　2012 年唐山市国民生产总值情况表**

| 产业 | 增加值（亿元） | 增长（%） | 比重（%） | 从业人数（万人） |
|---|---|---|---|---|
| 第一产业 | 531.65 | 4.2 | 9.1 | 124.30 |
| 第二产业 | 3 470.96 | 11.8 | 59.2 | 184.50 |
| 第三产业 | 1 859.02 | 9.5 | 31.7 | 140.22 |
| 生产总值 | 5 861.63 | 10.4 | 100.0 | 449.02 |

唐山市服务业各类专业技术人员主要集中在教育、卫生等部门，难以直接培育出高层次的服务品牌产品。唐山市工业历史悠久，基础雄厚，已经形成以钢铁、煤炭、电力、建材、机械、陶瓷、化工等为代表的支柱产业，以及精品钢材、优质建材、基础能源、装备制造和重化工五大产业基地。随着唐山市进入以重化工为主的工业化中期阶段，迫切需要通过大力推进工业化与信息化融合来转变经济发展方式，加快资源型城市转型和科学发展示范区建设。

产业服务化是现代经济发展的总趋势，然而融合服务业的发达程度也成为衡量城市综合竞争力和现代化水平的重要标志。因为不仅从产业结构来说，服务业占的比重越来越大，而且从产业活动部分来说，服务环节在各环节中所占价值也越来越重，其中包括研发、投融资及最后的销售服务

等，都存在很大的价值挖掘空间，所以要通过把握这样的趋势，使有条件的企业向服务业延伸，而没有条件的企业，则适合搞非核心业务外包，这样就能形成发展的大趋势。

服务电子化是现代服务业发展的重要标志。信息化不仅是社会文明发展的必然，也为经济、社会发展提供了重大机会。特别是要用信息技术改造传统产业结构，提升企业竞争能力，促进城市经济快速发展。同时，信息化可以逐步满足公众对服务的需要，让公众享受信息化带来的高效和便利，不断提高人民的生活质量。

唐山市的现代服务业处于政府引导、龙头企业示范的初级阶段，即布局阶段，现阶段主要体现在信息化与工业化两化融合、整合资源方面，而以提供现代服务为主体的行业企业在唐山市并未形成规模效益，唐山市两化融合与数字唐山采取“借力引智”，引进第三方信息服务企业，这也是唐山市在资源整合过程中充分了解自身特点利用自身资源所作的决定。

(1)“借力引智”，积极引进第三方服务企业。

近年来，唐山市特别注重数字服务业的发展，通过实施“借力引智”，结合唐山市传统产业打造“数字钢铁”“数字煤矿”“数字电厂”“数字水泥”“数字动车组”等技术创新平台，力求在传统行业广泛应用先进的数字仿真模型，有效推动企业能耗和效益双创新、双转型，提升产业核心竞争力。

2009年5月，由曹妃甸工业区委托中国科学院院士、南京大学地理与海洋科学学院院长王颖牵头组织研究的“数字曹妃甸”地理信息系统研发完成。“数字曹妃甸”地理信息系统依托工业区十几年来科学论证和研究的大量基础数据成果，利用地理信息系统技术、遥感技术、管理信息系统技术及现代互联网络等先进技术手段，建设软件系统和数字曹妃甸地理信息系统，将曹妃甸已完成的各项专题研究报告、规划报告、政府文件等资料进行整编、归纳，建立信息库。该系统主要功能是把唐山、曹妃甸及周边海域的地形、地貌、海堤以及项目位置、道路交通等基本情况进行数字化动态反映，为科学决策、招商引资提供有效支撑。该系统也是工业区信息化建设的重要组成部分，将在工业区置业大厦全面投入使用。

2010年7月，唐山市硅谷科技园区“数字家庭”示范项目正式启动。该项目致力于建设国家提倡的“三网融合”重点推广工程，开发“广电现代物流业”“广电互联网”“数字家庭”“智能能源网”“物联网”等现代化的科技信息产业链，将电视、电话、电力和电脑“四网合一”。该项目由中联硅谷科技有限公司与唐山市曹妃甸国际生态城合作打造。[①]

（2）基础服务业初见端倪。

唐山市在采取“借力引智”的同时，加强自身科技资源的整合，现代服务业发展潜力明显增强，基础服务业框架体系初步确立。建立了唐山市软件应用与产业化示范园区，通过优质的创业环境和完备的公共基础设施吸引科研中心的入驻以提升自身在基础服务业特别是信息服务业的优势。通过“数字曹妃甸”即曹妃甸的信息化建设来实现曹妃甸自身资源的数字化，为科学决策和招商引资提供服务。[②]

“数字曹妃甸”，是唐山市以建设科学发展示范区为契机，以发展循环经济、建设生态城市和构建和谐社会为支撑，通过安全可靠的网络基础设施、功能齐全的现代港口管理系统、公开透明的电子政务系统、完善统一的物流平台、覆盖面广的工业园区管理服务平台、快捷方便的电子商务平台和便民利民的生态城区的建设，实现曹妃甸电子政务、港口、物流、电子商务、工业园区管理服务和生态城区的数字化，全面提升曹妃甸信息化管理能力和水平，带动相关产业发展，充分发挥其集聚、辐射、资源高效配置等优势，使曹妃甸新区经济社会快速发展，最终实现工业和社会现代化，通过先进的管理理念和信息化技术应用在曹妃甸新区政府管理和产业领域的渗透，最终实现“数字曹妃甸”的总体目标。

2. 对策分析

唐山市的基础服务业处于政府引导布局的初级阶段，在依靠“借力引智”引入第三方服务商基础上发展起来，服务业格局初步建立起来之后，要着力建设自己的基础服务业。依托城镇化与工业化的互动，建造宜居宜业的生态城市，提升自身承载产业的能力，通过提供完善的公共服务、优良的人居环境，完善自己的信息服务业。

（1）探索模式，建立新兴产业。

摸索本市基础服务业发展模式，建立新兴产业培育机制，适时完成从政府引导、项目主导到企业主导的过渡。传统产业升级包括两个方面：一是传统加工制造业的科技含量的提升，即高附加值产品的制造；二是加工企业自身主辅分离，服务环节剥离、外包和转型。随着信息化与工业化融合，工业数字化提升必然也必须成为唐山市企业特别是重点企业、龙头企

① 参见顾建萍：《访河北省唐山市市长陈国鹰——做强“五大支柱”走新型工业化道路》，载《中国电子报》，2010－04－15。

② 参见顾建萍：《唐山市工业和信息化局党组书记局长盛新丰就推进唐山市信息化与工业化融合工作接受〈中国电子报〉记者专访》，载《中国电子报》，2010－04－27。

业实现转型升级的重大工程。大型企业如何实现资源整合，提升其工业数字化水平，是一个重要的理论与实践问题，需要理论界与实践界密切配合进行解决。① 总体看，一方面，要积极引导企业与信息化实施机构的分离，建立或引入第三方服务商，把面向行业的信息化实行整体解决和外包服务，引导企业将信息服务业务外包给专业公司，这样既可以降低企业信息化成本和风险，也可以带动相关软件和信息服务业的发展。另一方面，各服务单位要分工协作建立服务体系。基础服务业分工较细，并向市场提供个性化服务，要求各服务单位有明确的市场定位和自身的竞争优势。而基础服务组织也应按照市场规律运作，坚持有所为有所不为的原则，分析服务市场需求，确定组织性质，分析组织功能，设计组织体系。并在此基础上，通过激励机制、约束机制、竞争机制，充分发挥科技服务资源的优势，建立服务体系。

（2）提高城市的产业承载能力。

建设宜居宜业的现代生态城市，提升城市对产业的承载能力。加快促进唐山市的城镇化进程，将城镇化与工业化进程相结合，互为依托，相互促进。此外，唐山市在加快建设宜居城市和现代化都市的基础之上，还应该积极推动北部山前、南部临海城市的协调发展，进一步提高城市对产业的承载能力。②

（3）推进基础支撑平台建设。

唐山市要在完善服务体系的同时，不断加快基础服务业支撑平台的建设，面向众多中小企业提供企业电子政务、电子商务、特色门户网站、人力资源开发与管理、电子服务、物联网等基础性信息化服务，从而推进现代服务业特别是信息服务业的发展。

（4）重视人才培养。

充分整合相关科研单位和高等院所的专业设置、培养方案和专业人才培养优势，结合唐山产业发展的人才需求，鼓励和支持大学培养应用型对口人才，制定措施推荐高校和科研机构的专家学者到企业挂职，兼任企业的CIO，指导企业的信息化技术研发。要求充分挖掘和利用人才群体的资源。诸如，高等院校、情报机构、科研院所、留学归国人员等高素质群体，充分利用该群体的专业学术资源、信息资源和社会网络资源；并充分吸收其参加实际项目，不断提高基础服务队伍服务水平，促进基础服务业特别

---

① 参见王亮：《科技服务业产业化发展的理论研究与案例分析》，唐山，河北理工大学，2007。

② 参见李玉环：《唐山市服务业发展研究》，载《现代商贸工业》，2010（16）。

是信息服务业的发展。

(5) 创新地方的政府工业管理体系。

地方政府的工业管理体系还需要进一步优化，要本着全面深化改革的创新理念，在监管、诚信体系建设、工业要素配置等多个方面，狠下工夫、加大力度，力求从体制上、思想上、措施上、实施上进行根本性的体系创新，探索出一条信息化时代、知识经济时代的工业管理模式，从而真正提高政府的工业化管理效率和水平。①

## 三、唐山生产与市场服务业发展现状与对策分析

1. 发展现状

生产性服务业，又称生产者服务业，是指为保持工业生产过程的连续性、促进工业技术进步、产业升级和提高生产效率提供保障服务的服务行业，即与制造业直接相关的配套服务业，主要包括：工业物流、金融保险、服务外包、管理咨询、工业设计、科技服务、电子商务等。生产性服务业在经济增长中的作用举足轻重，发达国家约70%的GDP由服务业创造，而生产性服务业在总体服务业规模中的比重也超过了70%。

唐山市是全国重要的能源、原材料工业基地和河北省第一经济大市，其工业体系完整，历史悠久，基础雄厚，已经形成以钢铁、煤炭、电力、建材、机械、陶瓷、化工等为代表的支柱产业，培育了唐钢、三友、冀东水泥、陡电、冀东油田、惠达陶瓷、津西钢铁等一批国内外知名企业，精品钢材、优质建材、基础能源、装备制造和重化工五大产业基地。随着唐山市进入以重化工为主的工业化中期，迫切需要通过大力发展生产性现代服务业来转变经济发展方式，加快资源型城市转型和科学发展示范区建设。大力发展生产性服务业，对于唐山市传统产业的优化升级、产业结构调整，经济的健康、协调、可持续发展，具有十分重要的作用。包括先进加工业和优势重化工业在内的唐山市制造业部门的快速发展和升级，迫切需要生产性服务业为其提供战略支撑。在积极引进和拓展生产性服务业的基础上，实现生产性服务业与制造业的融合互动发展，是唐山市推进工业化和城市化、实现跨越式经济发展的中坚力量。

唐山是一座典型的资源型城市，依煤建市，以钢兴市，重化工业特征明显。但是，高能耗、高污染的发展模式，也给唐山市带来了巨大的生态环境压力。因此，走新型工业化道路、构建现代产业体系、加快经济转型，

① 参见浙江省人民政府关于印发《数字浙江建设规划的纲要》的通知，2003-11-20。

既是一项长期战略任务，又是一项紧迫工作。信息化与工业化融合试验区，有利于唐山市充分发挥信息化的渗透、倍增和创新功能，提升工业企业的技术水平和市场竞争力，加快发展生产性服务业，提高现代服务业比重和水平，加快实现经济发展向创新型、集约型、开放型、融合型的方向转变。

2. 发展举措

作为国家两化融合的首批试点城市，作为典型的资源型重化工业城市，唐山市生产性服务业的发展依托产业布局。唐山积极推进经济转型，构建现代产业体系，加快构筑以高新技术为支撑的精品钢铁、装备制造、化工产业和新能源、环保、生物医药产业两个“三足鼎立”的产业新格局。借鉴日本东京湾的发展经验，提出“四点一带”的规划，通过整合形成功能特色明显、产业互相协调、协作关系密切的产业聚集区。

（1）唐山沿海“四点一带”地区服务功能区布局。

曹妃甸新区产业布局：重点发展现代物流、钢铁、石化、装备制造和海洋化工产业，同时依托区内新型工业化基地建设拉动高新技术产业和高端服务业快速发展。设立曹妃甸新区有利于统一协调深水大港、临港产业园区和滨海新城的规划发展，实现港、区、城的一体良性互动；有利于新型工业化基地拉动高新技术产业和现代服务业快速发展；有利于建立完善的现代化产业体系，打造产业链经济，建立循环经济示范区；有利于协调周边地区的相互关系，科学配置各类资源要素。

乐亭新区产业布局：重点发展港口物流、精品钢铁、煤化工、装备制造、生态旅游等产业，区内设置港口物流产业园、精品钢铁产业园、煤化工产业园、装备制造产业园、生态旅游产业园。设立乐亭新区有利于统筹协调乐亭县、海港开发区、京唐港的规划发展，更好地发挥京唐港的作用，扩大临港产业发展空间。

丰南沿海工业区产业布局：重点发展装备制造和新型建材产业，内设钢铁深加工基地、新型建材基地、综合配套服务区。设立丰南沿海工业园区有利于延伸唐山市先进装备制造产业链，并与曹妃甸重型装备制造业形成互补和配套，打造耗钢产业示范区。同时依托冀东南堡油田的天然气资源和现有产业优势，促进唐山市新型建材产业的提升和转移。

芦汉经济技术开发区产业布局：重点发展高新技术与信息服务外包产业、自行车配件与五金制品产业，内设高端服务业园区、高新技术产业园区、自行车工业园、五金制品工业园、大型工业园区。设立芦汉经济技术开发区，实施芦汉“两区”合并，有利于整合相关资源，借力天津滨海新区、唐山曹妃甸新区两个优势，建设区域经济合作的“桥头堡”。

（2）生产与市场服务业方兴未艾。

1）中国钢铁现代服务业第一品牌——唐山佳源集团。

唐山佳源集团始创于1996年，现已经成为河北最大的钢板材加工、配送、经销企业，年销售钢材近百万吨。目前集团下设：唐山市佳源贸易有限公司、唐山市北方佳源钢材加工配送有限公司、北京恒信佳源贸易有限公司、唐山北方国际钢铁电子交易中心有限责任公司、唐山市钢领房地产开发有限公司。业务领域包括：钢板材贸易、精密下料深加工、北方国际钢铁电子信息交易、北方钢领钢铁市场等。佳源集团是唐山市最具价格竞争实力的钢材现货供应商，是唐山市最大的钢板材现货物流加工中心，也是唐山地区正规化钢铁物流企业的典范。佳源集团在2005年率先通过了ISO9000:2000质量管理体系认证，拥有自营进出口权，享有良好的市场信誉。公司距离曹妃甸港、天津新港和京唐港不到2小时的行程，具有极为便利的交通运输条件。产品远销美洲、亚洲、中东、非洲、欧盟等30多个国家和地区。人才是企业发展的根本，人力资源是支撑企业稳定持续发展的关键。佳源集团非常重视员工职业发展，建立了完善的员工培训、考核和激励综合发展体系。① 近年来，佳源集团已经自己培养产生了20多名专家和特级、高级技师，壮大了技能领域的核心骨干人才力量。

2）唐山丰润·中国动车城。

2009年初，丰润区抓住国家出台装备制造业调整振兴规划和唐车公司快速扩能的机遇，依托350千米动车组项目，以唐车公司为龙头（以生产我国第一台蒸汽机车闻名的中国铁路移动设备制造的先驱者，今天又以394.3千米的时速创造了中国铁路第一速，代表了当今世界高速铁路移动装备的先进水平），以省级装备制造业产业聚集区为平台，打造高速动车、城轨客车、城际列车及相关产业配套、科技研发、人才培训、生活配套服务等综合产业聚集的新型工业化城区。

3）万和国际物流有限公司。

万和国际物流有限公司成立于2010年，注册资金8 000万元，由盛唐国际贸易集团与华夏嘉丰（上海）股权投资管理合伙企业合作组建，是一家集钢铁信息、交易、仓储、加工、物流配送、电子商务于一体的大型现代物流企业。万和国际物流有限公司拥有万和国际资源配置中心业务实体，该中心拥有200万吨全国最大的钢铁仓储物流区及遥遥领先国内同行、年加工能力达300万吨的大型钢铁加工中心，唐山市首个占地200亩的大型

① 参见唐燕巍：《我国钢铁流通销售模式研究——以唐山佳源钢铁贸易公司为例》，北京，对外经济贸易大学，2011。

散货配送中心，以及万和国际培训中心、万和国际大厦、万和国际温泉城、万和国际生态园等物流、商务配套。万和国际资源配置中心投资数千万元自主开发万和国际电子交易中心，现已联合全国各地大型物流园区，通过网络实现钢铁现货买卖公共交易平台，实现以电子商务平台为核心手段，以金融服务平台为基本服务支撑，以钢铁物流业为基础服务产业，整合信息、资源、市场、仓储、加工、配送、交易、结算、设计、研发、会展、会计、审计、物业等服务，形成服务业产业链。目标是成为服务环渤海地区、华北地区、全国乃至全球的钢铁物流业、现代服务业综合体。

4）开滦集团。

2010 年 7 月初，开滦集团发动 28 家煤炭生产、消费企业，以及港口、铁路、航运、金融等单位在大连缔结煤炭供应链战略联盟，成为 2010 年东北亚夏季煤炭交易会的亮点。开滦集团充分发挥紧临曹妃甸港的区位优势，谋划新的产业发展方向，提出从 2011 年起，在发展海洋经济、临港产业、生产服务业方面取得突破。大力发展临港物流，形成一个中心、两个基地、路港航运一体化的大物流格局。一个中心，即在曹妃甸建立覆盖东北亚的煤炭交易中心。两个基地，即建成曹妃甸国家级动力煤储配基地、京唐港炼焦煤储配基地。发展海洋运输，与开滦现有的公路、铁路、码头形成一体化的物流运输体系，增强物流产业持续快速发展能力，引领全省物流产业发展。利用曹妃甸工业区大型工业企业聚集的资源优势，加快培育和发展生产服务业，形成新的产业体系。联合曹妃甸工业区内的企业，开发建设公用工程岛，形成资源—产品—再生资源的多联产节能循环经济链条。

5）现代金融服务业。

a. 信贷扩张规模减小。年末金融机构本外币各项贷款余额 3 589.30 亿元，比年初增加 466.34 亿元。其中，人民币各项贷款余额 3 527.21 亿元，比年初增加 438.72 亿元，新增贷款比上年末增加 64.59 亿元。年末全市金融机构本外币各项存款余额 5 464.03 亿元，比年初增加 689.51 亿元。其中，人民币各项存款余额 5 437.46 亿元，比年初增加 689.60 亿元。城乡居民人民币储蓄存款余额 3 265.88 亿元，比年初增加 424.64 亿元，人均储蓄存款 44 168 元（按年平均人口计算），比上年增长 14.4%。年末全市银行业金融机构 24 家，比上年末增加 3 家，其中，商业银行 19 家，比上年末增加 2 家。

b. 保险事业快速发展。年末保险公司市级机构 42 家。全年保费收入 127.79 亿元，比上年增长 1.0%，其中财产险保费收入 46.49 亿元，增长 11.4%；人身险保费收入 81.31 亿元，下降 4.1%。全年各类保险赔款给付支出 44.05 亿元，增长 16.7%，其中财险赔款给付 24.88 亿元，增长 30.3%；人身险业务赔款给付 19.17 亿元，增长 2.8%。

3. 对策分析

发展生产性服务业，立足本地实际，发挥唐山市既有优势、规避劣势，积极谋划，采取相应措施，推动其健康快速发展。

(1) 打造以钢铁产业为主要服务对象的工业物流业态。

在发展生产性服务业的过程中应以差异化的姿态走出产业同构误区，寻找符合自身特点的发展突破口，形成资源共享、功能配套、相互支撑的生产性服务业发展格局。要充分利用和发挥唐山市钢铁产业发达的巨大优势，大力发展为之配套的工业物流服务，使服务业与钢铁产业完美结合、互动发展，推动唐山市钢铁产业在国内外市场竞争中的主导地位得到更大的提升。

(2) 加快发展专业的第三方物流企业。

支持现有物流企业学习国内外先进的物流技术，加强与国内外知名物流公司的合作，提升服务水平和资源整合能力，发展具有高附加值的第三方专业物流，在引进大型第三方专业物流企业的同时，积极培育第三方物流企业，并支持其做大做强。鼓励国家机关、企事业单位和社会团体将能够由社会提供的服务业务推向市场，引导机关、企事业单位和社会团体的服务业务外置，促进服务供求的市场化。

(3) 全力扶植生产性服务业龙头企业。

本着“扶植企业而不是产业”的原则，大力扶植生产性服务业龙头企业，并使之成为发展生产性服务业的关键力量，通过龙头企业的示范带动，推动整个生产性服务业的健康快速发展。与此同时，积极引导和鼓励国内外知名专业生产性服务业巨头入驻，促进生产性服务企业和唐山市制造业的联动，提升生产性服务业的整体发展水平。

(4) 规划建设大型综合物流园区。

依托唐山市相对完备的海、陆、空立体交通运输网络，充分利用第二产业整体实力强大的比较优势，高水准、高质量地规划建设 2～3 个与制造业协调发展、与国内外市场紧密衔接、管理先进、功能完善的大型综合性物流园区，使其成为工业原材料供应、商品流通分销的重要载体和平台，集金融、信息、物流、研发等多种服务功能于一体，推动唐山市生产性服务业聚集发展，显著提升唐山在环渤海地区乃至全国范围内生产性服务业发展的地位和影响力。①

（5）金融外包。

发挥唐山市毗邻京津的区位优势，大力发展金融外包服务业，承接京津地区总部银行的外包业务，吸引其会计业务、后台业务、客服中心等服务业务转移到唐山，提升唐山高端服务业发展水平。例如，唐山市的银通科贸公司是一家专门为银行业提供网络系统集成服务的企业，在为唐山市各银行等金融机构提供相关科技服务过程中，帮助相关银行降低了管理成本，改善了管理方式。

（6）管理咨询。

积极发展管理咨询服务业，为唐山市企业特别是工业企业提供团队管理、员工培训、市场调查等专业性管理咨询服务，提高企业的管理水平和经济效益。唐山市的唐宋企业管理咨询有限公司、报春钢铁网等管理咨询类企业近年来发展迅速，为唐山市钢铁等相关产业的健康发展提供了智力支持和管理服务。

## 四、唐山个人消费服务业发展现状与对策分析

1. 发展现状

个人消费服务业包括批发零售业、餐饮业、休闲娱乐业和房地产业等。②

近几年，唐山市商务系统认真贯彻执行国家、省、市关于扩大消费、拉动内需的各项政策措施，坚持以科学发展观为指导，着力改善消费环境，加快城乡居民消费升级，使个人消费服务业稳步向前发展。市统计局提供的数字显示，2013 年 1—12 月，全市实现社会消费品零售总额 1 724.6 亿元，同比增长 13.6%，环比一、二、三季度分别提高 0.9 个、0.7 个和 0.5 个百分点。城乡市场同步发展。城镇零售总额 1 405.5 亿元，同比增长 14.4%；乡村零售总额 319.1 亿元，同比增长 10.2%。零售业领跑消费市场。零售业实现零售额 1 289 亿元，占社会消费品零售总额比重的 74.7%，同比增长 14%，超过全市平均水平 0.4 个百分点；批发业实现零售额 242.7 亿元，同比增长 11.7%；住宿业实现零售额 13.7 亿元，同比增长 5.4%；餐饮业实现零售额 179.2 亿元，同比增长 13.9%。热销商品需求旺盛。除通信器材外，食品、饮料、烟酒、服装、鞋帽、针纺织品类、化妆

① 参见纪泽民：《加快发展生产性服务业　促进唐山产业结构优化升级》，载《环渤海经济瞭望》，2011（5）。

② 参见包建丽：《河北省现代服务业发展研究》，天津，河北工业大学，2009（26）。

品类、金银珠宝、日用品、家用电器和音像器材类、汽车类等重点商品增幅实现两位数增长，内需拉动趋强。

2013 年 1—12 月，物价涨幅保持平稳。全市居民消费价格同比上涨 2.0%，与三季度持平，环比一、二季度均下降 0.1 个百分点，低于全国、全省平均水平 0.6 个和 1 个百分点。分类别看，食品价格同比上涨 4.3%，烟酒上涨 1.3%，衣着上涨 4.1%，家庭设备用品及维修服务上涨 1.6%，医疗保健和个人用品上涨 0.4%，交通和通信下降 0.7%，娱乐教育文化用品及服务下降0.7%，居住上涨 1.2%。

(1) 农村的消费潜力正在逐步释放。

随着农民收入的增长，现在的居住及家庭设备用品已远非传统意义上的生存型消费品，而更多的是享用型消费品。因此，农民生活消费已经拓宽到各个领域，生存消费型比重不断下降，发展享用型消费比重大幅上升，消费结构进一步优化。再加上“农产品批发市场标准化”和“家电下乡”等各项惠农政策的实施和产业结构的不断调整，有效拉动了农村市场，使农村消费潜力进一步得到释放。截至 2013 年，乡村消费品零售额 319.1 亿元。唐山市“万村千乡市场工程”9 个试点县（市）、区 17 家承办企业新建改建标准化农家店 3 487 个，覆盖了 70%的乡镇和 59%的行政村，实现销售额 10 亿多元，新增营业面积 17.43 万平方米，带动就业 1.05 万余人。企业共获得国家财政支持 2 161.4 万元，市级财政支持 545.1 万元，合计 2 706.5 万元，有效地激发了承办企业开拓农村市场的热情，推动了唐山市农村市场体系建设可持续发展。“家电下乡”和“以旧换新”工作深入人心，效果显著。以冀东果菜、金玉果菜、姚王庄果菜为代表的农产品产地市场，已成为连接国内外消费市场的纽带；以荷花坑、燕山果菜为代表的销地市场充分发挥了连接产地市场、保障地方城乡居民消费的桥梁作用。

(2) 批发零售业和住宿餐饮业发展势头强劲。

近年来，唐山市零售商业企业朝着“做大”“做强”的方向发展，多品种、多业态、多行业的发展新态势正在逐步形成。截至 2013 年，唐山市居民收入稳定增长，消费环境不断改善，商品品种不断丰富，商品质量不断提高，批发零售贸易企业占据资金、人力资源、管理、信息资源、渠道网络等优势，在消费市场的影响力也在不断加大。据统计，2013 年，唐山市批发零售贸易业实现零售额 1 531.7 亿元，是拉动社会消费品零售总额增长、促进消费规模扩大的生力军。唐山市住宿业实现零售额 13.7 亿元，同比增长 5.4%，增幅居各行业之首。唐山市餐饮业实现零售额 179.2 亿元，同比增长 13.9%。

随着城乡居民消费观念的逐步改变，餐饮、休闲娱乐消费已成为消费的热点，商务活动、婚庆喜宴、朋友聚餐为住宿和餐饮业注入了新的活力。规模化、特色化以及连锁等现代经营方式的出现，增加了餐饮业的影响力，满足了人们的餐饮消费需求，推动了行业的快速增长，成为拉动社会消费品零售额增长的重要因素。

(3) 节假日市场潜力较大。

以春节、国庆节为重点的“黄金周”，以元旦节、端午节、中秋节为代表的各类传统节日以及圣诞节、情人节等西方节日，都掀起了节日消费热潮。2013 年 12 月 23 日，唐山市开展了第三届元旦春节“消费促进月”。“消费促进月”以购物、餐饮、网络消费为重点，以市内大型商贸服务企业为依托，据对唐山市 22 家大中型商超和市场监测，春节和国庆节两个“黄金周”分别实现商品销售 31 468.52 万元和 64 003.35 万元，同比增长 11.91%和 10.98%。

(4) 旅游业开发建设成效显著。

近年来，唐山市休闲旅游发展迅速，有地文、水域、生态等 7 大旅游资源类型，25 个亚类项，73 个基本类项，7 个全国工业旅游示范点，10 个省级乡村旅游示范点，南湖城市中央生态公园、开滦国家矿山公园、唐山湾三岛旅游区发展前景广阔。① 一系列休闲旅游产品日益显现，“岛”乐亭、“水”迁西、“汤”遵化、“夜”迁安的特色和异质休闲旅游产品，将在唐山市范围内构筑起一个相互支撑、吸引力强的休闲旅游产业集群。②

近日，唐山市丰南区唐津运河生态旅游度假景区荣登“2013 年旅游业最美中国榜”，成为我省唯一一家入选这一榜单的旅游风景名胜区单位。唐津运河生态旅游度假景区是丰南区旅游产业的龙头项目，依托全长 25 千米的唐津运河而建，总体发展定位为集文化、观光、休闲度假于一体的现代服务业产业。目前，其中的第一景区即运河唐人街景区已全面向社会开放，曾先后被评为“唐山八景”“河北省十佳景区”，2013 年 10 月又被评为“中国特色商业街”，成为我省第一个“国字号”商业街。

(5) 房地产开发和销售仍保持增长趋势。

2013 年，在宏观经济下行压力加大的大背景下，唐山市将项目建设作为转型升级的载体，围绕项目抓发展，固定资产投资保持了平稳较快的增长。据市统计局发布的信息，全年共完成固定资产投资 3 575.87 亿元，同

① 参见丁新军:《论唐山市文化旅游产业链的培育与优化》，载《唐山学院学报》，2010 (23)。
② 参见孙慧:《唐山市休闲旅游产业链创新研究》，载《中国商贸》，2011 (1)。

比增长 18.5%。其中建设项目投资完成 3 006.72 亿元，同比增长 20.2%；房地产开发投资完成 569.15 亿元，同比增长 10.2%。唐山房地产业无论开发还是销售，都保持了增长的趋势。2014 年是深入贯彻党的十八大精神、开启新征程的起步之年，也是实施“十二五”规划承上启下、攻坚克难的重要一年，应切实做好 2014 年的价格工作，为实现“经济强市、美丽唐山”这一目标作出新贡献。

(6) 交通服务业。

近年来，唐山市公路建设投资每年都超过 80 亿元。2013 年，唐山市全年基础建设投资 85 亿元，比上年增长 4.2%。2013 年，唐山市普通干线公路养护及大中修工程项目 19 项，总里程 244.087 千米。截至目前，已完成工程总量的 85%，中修工程完成工程总量的 60%。自 4 月初大中修工程开工以来，市交通局精心组织，科学施工，规范管理，坚持工期、质量两手抓，力争养护工程质量合格率达到 100%。

唐山市个人消费服务业在发展过程中仍存在一些问题。近几年，由于各项政策的贯彻实施，个人消费服务业取得较快发展。但是在发展过程中，依然存在一些薄弱环节，需要改善和解决。例如：商贸基础设施建设陈旧落后，能够成规模、上档次的还很少，这就亟须扩大和提高现有的商贸基础设施的规模和档次；物流成本还是偏高，商品流通效率较低；具有核心竞争力的企业不多；农村市场的潜力有待进一步开发；再加上唐山目前的土地市场处于“供小于求”的状态，开发商在正常的市场拿地很困难，所以多数开发商都在尽力去争取“平改”“合作”等形式的项目。① 这样就造成了开发成本加大、房价持续上升的现象，需要采取有效措施，抑制房价上涨，保障居民的购房能力。

2. 对策分析

(1) 增加农民收入，提高农民的消费能力，进一步开发农村市场。

农村消费市场非常广阔，个人消费服务业要取得更快更好的发展，就要加大开发农村消费市场的力度。我们知道，收入是决定消费的一个重要因素，所以说，扩大农村消费最根本的还是提高农民收入。目前唐山市的城镇化发展已经进入加速阶段，新农村建设正在火热进行中，工业化发展空间广阔，农民增收进程必将与此紧密联系在一起，收入增长越来越依靠非农业的发展和劳动力的流动转移。因此，要适应农民收入增长格局的变化，加快农业结构调整，加快工业化和城镇化步伐，拓宽农村居民增收渠

① 参见尚慧丽：《服务业发展与产业结构优化关系的分析》，载《商业经济》，2011 (12)。

道。千方百计增加农民收入，从而提高农民消费能力，进一步开发农村消费市场。

（2）加大资金投入，加强基础设施建设，改善消费环境。

在城区，要科学合理地布局商贸流通业基础设施和商业网点，扩大和提升现有商业设施的规模和档次，改造陈旧落后的商业设施、布局与结构。在城区重要的路口、路段，根据服务半径的要求，建设大型或较大型卖场、酒店等商业设施，争取做到档次高、规模大。在农村，继续大力推进“万村千乡工程”“信福工程”建设，以农村新民居建设为契机，大力加强农村基础设施建设，提高农民生活质量，努力改善农村消费环境。通过建设社会主义新农村，大力开展改水、改电、改厕、改厨、环境治理，可改善农村生活条件。同时，无论城区还是农村，都应该整顿市场交易秩序，加强市场法制建设，创造良好的消费环境。①

（3）积极发展现代流通方式。

唐山市紧邻京津地区，随着“两港一场”的建设及投入使用，已经具备发展现代物流业的区位和交通优势，应该利用此优势加快具有国际规模的综合性现代物流园区建设，加大物流基础设施的技术改造投入，搞好现有物流设施的整合和利用，构筑与现代物流业发展相适应的物流基础设施。支持和引导大型连锁企业运用品牌、商品和管理等优势进行跨行业、跨区域联合重组，推动连锁企业实现规模化经营。同时鼓励优势连锁企业进入农村市场，构建新型农村市场流通网络，改善农村消费环境。积极培育物流配送体系、发展现代物流、第三方物流、大型物流配送，降低唐山市商品物流成本，提高商品流通效率，畅通流通渠道，促进商贸流通业进一步发展。

（4）继续发展旅游业。

结合本市旅游资源条件，借助媒体的大力宣传，着力发展海滩度假游、市区观光游、传统文化游、民俗风情游、田园生态游、会展游等特色旅游。随着南湖生态城的建设，以陶博会为基础，积极申办世界休闲博览会、旅交会、园艺博览会等大型会展活动，以此推动旅游关联产业的发展。引进资金和先进管理技术，利用世界文化遗产清东陵等文化古迹及南湖生态城、曹妃甸港，与北京旅游景区形成旅游链条，走联合开发之路。

（5）采取相应措施，规范房地产业。

以深化改革、切实增加住房有效供给、完善土地出让方式、调整住房供应结构为重点，促进房地产市场的健康发展。大力发展商品住宅、经济

① 参见郭丽峰：《加快研发服务业发展的思考》，载《科技进步与对策》，2010（5）。

适用房、廉租房和公共租赁房的城镇住宅供应体系，不断优化结构，增加供给，努力构建“低端有保障、终端有支持、高端有市场”的住房政策体系。进一步规范房地产二级市场，完善各级房屋交易市场功能，实现住宅买卖、交换、抵押、评估一条龙服务。加强房地产物业管理，大力推进房地产开发销售和物业管理的分业经营，扩大房地产发展规模，促进具有自身特色和竞争优势的产业链的形成。

在扩大消费、拉动内需的各项政策措施顺利实施的情况下，唐山市坚持以科学发展观为指导，着力改善消费环境，加快城乡居民消费升级，使个人消费服务业稳步向前发展。但是美中不足，唐山市的个人消费服务业在发展过程中依旧存在问题，我们要着力提高农民的消费能力，加强基础设施建设，积极发展现代流通方式，继续发展旅游业，规范房地产业，多管齐下，只有这样才能实现个人消费服务业的长远发展。

## 第三节　沧州服务业发展现状与对策分析

### 一、沧州公共服务业发展现状与对策分析

1. 公共管理服务业

(1) 公共管理服务业发展现状。

沧州市注重公共服务基础设施建设，截至 2014 年 1 月，沧州市公共管理服务基础设施建设成果如下：沧州市体育馆和沧州市图书馆已经建成，并投入使用，市博物馆和游泳馆也即将开馆；广州路、海丰大道等 9 条道路开始通车；住房方面，2013 年度新增商品住房面积 94.8 万平方米，并且东部城区的供热工程开始投入运行，供热面积新增 61 万平方米；城市绿化方面，“绿色行动”取得显著成效，体育公园、滨河公园等十几个公园及街头游园开始向市民开放，全市共完成植树造林 21.1 万亩，森林覆盖率已达到 24.5%，绿化面积新增 263.4 公顷，城区绿化覆盖率达到 41.5%，同时沧州市区、河间以及黄骅获得了河北省人居环境进步奖；城乡建设方面，沧州市 448 个省级重点村已经完成面貌改造任务。

与此同时，沧州市注重社会的和谐稳定，及时调解社会纠纷，并进一步加强对食品药品的监督和管理；注重审计监察工作，查处违规违纪行为 166 件，对 253 名涉事人员给予严肃处理；全面清理公务用车、超标办公用房，市直机关“三公”经费支出压减 7%左右；注重国防动员和双拥共建活动，已经连续 3 届被评为双拥模范城；注重民族宗教工作，被国务院评为

民族团结进步模范集体；另外，档案、气象、外事侨务、广播电视、妇女儿童等各项事业都取得了新的成绩。

（2）积极推进公共管理服务业进一步发展。

1）完善社会管理体制机制。加强和完善社会矛盾处理机制，及时调节社会纠纷，维护社会稳定；积极维护社会公众合法权益；完善社会危机和突发事件的预警和处理机制，保证人民群众的生命和财产安全；进一步落实“两级政府、三级管理、四级落实”的管理体制，充分发挥两区、街道、社区组织的管理职能。

2）完善水务管理体制机制。努力建设节水型社会，加大水利管理投入，加强防洪管理，全面提高防洪抗洪水平，并抓住南水北调的契机，以兴建引大入港二期工程、付佐水库、青县水库、四大灌区及海水综合利用等大中型水利枢纽、跨流域调水工程、蓄水闸等开源工程为重点，优化水资源配置，提高供水服务能力。

3）完善生态管理体制机制。做好大气污染治理工作，注重环境保护；加强水污染防治工作，积极修复水环境，净化河流水质；加强对工业污染的防范与治理，鼓励使用清洁能源，减少工业污染。

4）完善公共基础设施筹资建设运营机制。积极支持和鼓励企事业单位、第三部门甚至国际资本投资参与公共基础设施建设。对于那些经营性的领域，如公共交通、废弃物处理等，可通过招标的形式将业务外放，交由市场主体处理；对于环卫、园林绿化等非经营性领域，可以通过招标发包方式选择某一企事业单位承包处理。

2. 基础教育服务业

（1）基础教育发展现状。

首先，在中小学义务教育方面，沧州市认真落实九年义务教育管理体制，全面实现城乡免费义务教育；办学状况得到明显改善，农村中小学全部实现集中供暖；创建标准化中小学 50 所，改造农村薄弱学校 47 所，3 万余名进城务工人员子女义务教育得到保障。此外，沧州市第十四中学是河北省省级示范初中。

其次，在中高等教育方面，不断完善教育结构。沧州市第一中学教学设施完备、质量一流，是河北省示范高中；沧州市现有 3 所本科院校和 6 所专科院校，为本市及全省甚至全国输送了大批优秀人才。

最后，在职业教育方面，注重职业教育和培训。沧州市制定了《沧州市关于进一步加强职业技能培训工作的实施方案》，对符合条件的人员实施免费培训。培训重点有以下几方面：农村劳动力转移就业技能培训；企业新吸纳农民工上岗培训、困难企业职工技能培训；对未能继续升学的农村初、高中毕业生开展劳动预备制培训；对登记失业人员、进城求职农村劳动者、登记求职的高校毕业生、复退军人，开展订单式的中短期定向实用技能培训和创业培训。学校在教学上注重理论与实践相结合，突出技能训练，学生在校均能学到一技之长，毕业生综合素质好，受到企业欢迎。同时，学校坚持“校企合作、订单办学”模式，先后与中铁集团等一百多家大中型企业建立合作关系，就业网络稳定，就业率连续六年达到100%，实现了“培训一人，就业一人”的目标。

(2) 积极完善沧州市基础教育发展。

1) 制定科学而完善的教育发展规划。首先要从观念上重视教育，坚持教育优先发展；其次要全面贯彻落实国家教育方针，按照《国家中长期教育改革和发展规划纲要（2010—2020年）》精神，实施教育改革；加快发展学前教育，全力推进义务教育均衡发展，加快普及高中阶段教育，大力发展职业教育，建立完善高等教育学科专业体系和人才培养体系，谋划建设一所综合性大学，为沿海强市建设提供人才支撑和智力支持。

2) 推进非义务教育产业的发展。积极发展各种形式的职业教育、成人教育、现代远程教育，形成开放式教育网络，构建终身教育体系。加快高校基础设施建设，重点建设沧州医学专科学校、沧州工程专科学校、沧州师专等新校区。进一步完善沧州几所中高等学校的合并工作，加快沧州学院筹建步伐。推进高校后勤服务社会化，在规范分离的基础上，组建服务集团，重点建设学生公寓、餐厅等后勤设施，实现企业化和集约化经营。

3) 注重对服务业所需人才的培养。沧州市服务业的发展离不开人才的推动，因此，除了要重视义务教育、中高等教育的发展，还要重视职业教育的发展。重视金融、中介、物流等专门领域人才的培养；对已就业的服务业人才，强化业务培训，提高业务能力。此外还要通过在高职院校设立相关专业来培养相关服务业人才，同时以开放的胸怀吸纳全国各地甚至其他国家和地区的服务业人才。①

3. 社会保障服务业

(1) 社会保障服务业发展状况。

沧州市2013年度城市居民可支配收入为22 885元，农民人均纯收入为8 415元，同比上年分别增长了10%和12%；同时沧州市还加大了对民生建设的支出，2013年度用于民生方面的支出为257亿元，占总支出的75%；

---

① 参见刘成林：《现代服务业发展的理论与系统研究》，天津，天津大学，2007。

“十大民生工程”也在顺利实施中，29 700 套保障性住房投入使用，2.8 万户居民住进了新家；城镇就业人口新增 56 500 人，转移农村劳动力 53 000 人，将失业率牢牢控制在 3.8%以内；2013 年共投入扶贫资金 25.1 亿元，使 8 万人脱离了贫困线。

此外，沧州市的社会保障体系也进一步完善：城乡居民参保率逐步提高，达到 94.6%，企业退休人员养老金待遇人均月增 178 元，城镇居民医疗保险和新农合财政补助标准人均提高到 280 元，城乡低保标准分别提高到 4 464 元和 2 243 元；医疗服务方面，新建改建 28 所乡镇卫生院和 3 987 个集体产权村卫生室，10 家县级改革试点医院全部实行药品零差率销售。

（2）推动沧州市社会保障服务业进一步发展的对策。

1）优化财政支出结构。加快构建公共财政体系，把新增财力更多用于农业、科技以及文化、教育、卫生、社会保障等公共服务领域。

2）进一步完善社会保障体系。完善城镇基本养老、医疗、失业、工伤、生育等保险体系和城乡居民最低生活保障制度，努力构建人员范围广覆盖、保障水平多层次、制度办法可衔接、管理服务现代化的全民社保体系。

3）努力扩大和促进就业。实施更加积极的就业政策，不断完善就业服务体系，鼓励支持自主创业，多渠道开发就业岗位，提高劳动者就业能力，促进城乡劳动者充分就业。

4）加大公共住房租房保障。加大廉租住房和经济适用住房建设力度，着力提高住房保障能力。建立城乡居民收入与经济发展同步增长的机制，不断提高城乡居民收入水平。

5）加强医疗卫生和计划生育工作。健全覆盖沧州市的疾病预防控制、卫生监督和医疗救治网络体系，提高公共卫生服务水平和应对突发公共卫生事件的能力。加强城乡医疗卫生服务体系建设，新增医疗卫生资源重点向农村和城市社区倾斜。巩固和完善新农合制度，积极稳妥地推进公立医院改革，满足城乡群众基本医疗需求。坚持稳定计划生育政策，控制人口数量，提高人口素质。大力开展以传染病防治和生殖健康为重点的计划生育优质服务，改善乡镇计划生育服务设施和服务条件。

4. 公益性信息服务业

（1）公益性信息服务业发展现状。

为了向市民提供更好的服务，沧州市政府依靠网络信息平台，以社区服务信息数据库为基础，采用呼叫中心技术建成了沧州市社区服务信息中心。该中心是沧州市委、市政府为构建和谐社会而做的一项为民服务实事工程，是经民政局审批的民办非企机构。中心共计投资 200 万元，搭建了全国一流的家政服务网络平台，承担了沧州市便民服务和为老服务等社区服务工作，真正做到便民、利民、惠民。中心坐落在解放西路运泽府五楼，首批招聘人员 45 人，办公面积 300 余平方米，内设办公室、呼叫中心、网络指挥中心、老年人救助指挥中心四个科室，为居民提供无偿的信息服务。社区居民可以通过登录网站 http：//www.czs12349.com 和拨打电话服务热线 12349 两种方式实现免费服务。当居民拨打了热线后，平台工作人员会从 300 多个加盟服务机构的数据库中检索相关服务，及时通知服务机构上门为居民服务。当然，居民购买服务和商品得掏钱。目前，12349 全天 24 小时为社区居民提供信息咨询、生活照料、家政服务、医疗保健等 20 个大类 200 多个小项的服务。

（2）公益性信息服务业发展对策。

1）完善公益性信息服务管理的体制机制。政府部门首先应该从政策及资金上对公益性信息服务提供支持；其次要通过相应的法律法规及规章制度的建立和完善来实现公益性信息服务机构的规范化运作和管理。

2）树立以人为本的服务理念。社区便民服务中心要及时了解市民需求，根据市民需求来提供有针对性的信息，这样一方面能够为民众提供及时有用的信息，另一方面也省时省力，节约资源。

3）处理好公益性信息和有偿性信息的关系。要区别公益性信息服务和有偿性信息服务，坚持以公益性信息服务为中心、有偿性信息服务为辅助的工作方针，并积极推进有偿性信息服务向公益性信息服务的转换，最大限度方面民众生活。①

4）强化信息服务机构的队伍建设。信息服务机构能否向民众提供高质量和高水平的服务，很大程度上取决于机构工作人员的业务水平。国际互联网的发展及人们需求的多样性要求工作人员具有更高的业务素质。因此，一方面，要对现有工作人员进行培训，以提高他们的业务能力；另一方面，要提高人员引进的门槛，只有高素质的人才能提供高水平的服务。

5）完善信息服务机构数据库建设。首先，政府部门应支持数据库建设，通过政务公开，为信息服务机构提供有用的服务信息。事实上，政府机构的许多信息资源都能够也应该用于为民众提供服务。其次，信息服务机构自身要通过多种渠道获取服务信息资源，逐步建立一套全面的信息服务数据库，进而实现信息服务机构的健康有序运行。②

---

① 参见潘伟：《浅析公益性信息资源开发》，载《科技风》，2009（19）。

② 参见叶元龄、赖茂生：《关于发展公益性信息服务的思考》，载《商业时代》，2007（29）。

## 二、沧州市现代服务业发展现状与对策分析

1. 发展现状

在现代社会，服务业已经成为经济发展的新动力，成为衡量经济发展水平的重要标志之一。[①] 特别是伴随着信息技术发展而迅速兴起的现代物流和电子商务等现代服务业，对于提高产业竞争力起着关键性和决定性的战略作用。加快现代服务业发展是新时期树立和落实科学发展观，全面建成小康社会的一项重要举措。加快推进现代服务业发展是不断促进产业升级、逐步构建现代化产业体系的大势所趋。沧州市的经济实力也能够推进服务业的发展。[②]

信息化是现代服务业发展的一个基本特征，是推动现代服务业发展建设的重点，已然渗透到社会生产和生活的方方面面。以信息化技术为依托的现代服务是提升电子服务产业现代化和产业效益的重要推动力。其涉及领域包括现代物流、电子商务、服务外包、软件和技术服务等。电子服务的关键便是商业模式、技术和流程的集成创新，具有服务广、渗透性强等特点，是现代服务业发展的重要目标。加快推动电子服务的发展是打破流通壁垒和信息屏障，降低交易成本，全面提升营销效率的有效手段。有利于促进服务业和信息科学技术的紧密结合，进而相互扶持、快速发展。对于按照科学发展观的要求，促进产业结构调整升级和经济增长方式的转变，形成以服务业为主导的经济，具有重要意义。电子服务的快速发展也对现代服务业与产品制造业的融合与发展起到了极大的推动作用，即通过鼓励制造行业运用各种电子服务的方式。通过提高传统服务的科学技术含量，推动电子服务的广泛运用，也有利于公共服务方式朝更加高效便捷的方向发展，能够使公共服务水平得到大幅提升。

现代服务业的发展是社会发展的必然要求。现代服务业具有知识密集性和外部成本低的特点，与此同时对于环境造成的污染少，资源消耗量小。沧州市加快推进当地现代服务业是社会发展的必然要求。首先，现代服务业能够优化沧州市的税源结构，通过现代服务业产生的税收增长应该成为促进其经济增长的新方式。其次，沧州市新型工业化发展与现代服务业发展的互动效果并不明显，有待进一步提高。再次，现代服务业发展是提高

---

① 参见沈占波、王伟：《河北省服务业发展的问题及策略分析》，载《河北大学成人教育学院学报》，2011 (3)。

② 参见郝武波、李勃：《河北省各设区市服务业竞争力的综合评价》，载《中国证券期货》，2013 (7)。

沧州市综合竞争力的重要环节。只有发展信息技术，大力构建完善的服务业体系，才能充分发挥城市的功能。最后，现代服务业的发展能够提供更多的就业机会，有效缓解沧州市的就业压力。

沧州市现代服务业发展的目标：一是整体规模进一步壮大。到 2015 年，全市服务业年均增加值保持 13%以上增长水平，现代服务业规模和水平能够明显提升。二是现代服务业的地位得到提高，功能提升。现在服务业的增加值能够占到沧州市生产总值的 40%左右，从业人员比重占到全市就业人数的 30%以上，与制造业进一步融合，形成完善的生活服务网络，进一步完善健全公共服务体系，提高现代服务业的财税贡献度。三是进一步优化产业结构。进一步提升沧州市的现代服务业的规模和水平，提高传统产业水平，不断提升新兴业态和产业的地位，培养一批具有知名品牌和自主知识产权的优势企业。

虽然对于沧州市而言，现代服务业已经有了一定的发展，但是不得不说发展得并不乐观。首先，现代服务业的产值较低，对于全市生产总值的贡献不大；其次，新的门类发展并不快，虽然中介、物流等服务机构数量不少，但是存在规模不大、质量不高的缺点；再次，招商引资所引进的技术含量较高的高端服务业并不多；最后，当地在认识上还有很多误区，市场化观念和文化产业化观念滞后，不愿意挖掘其潜在生产力。

2. 对策分析

(1) 抓住机遇，谋求快速发展。

沧州市当前正处于加速发展的重要时期，为加快发展现代服务业提供了很多有利条件。从世界范围来看，服务业是当今世界经济发展的主要潮流，尤其是发达国家工业化进程完成之后，服务业已成为加快经济持续发展的先导产业；从我国国内来看，中央把大力发展现代服务业作为我国现代化建设的重大战略要求，作为拉动国内需求的主要动力以及提供和增加就业机会的主攻方向。政府出台了一系列关于加快现代服务业体制改革、打破经营垄断、放宽市场准入条件的优惠政策，将为现代服务业的发展创造更加公平的环境。从沧州市本地来看，沧州市处于环京津地区，随着其港口功能的完善和当地市场准入机制的放宽，民间资本和国外资本加速流入服务业。从沧州市现代服务业发展的条件来说，当地人均年生产总值已经超过了1 000美元，宏观经济正处于转型期，现代服务业逐渐成为推动经济增长的新的重要动力，尤其是城市化和工业化步伐的逐渐加快，为现代服务业的发展提供了更多的上升空间。面对新形势，要抓住机遇，积极应对挑战，努力促进沧州市服务业更快更好地发展。

沧州市现代服务业的发展已经具备了一定的现实条件。首先，已经形成了较为完善的立体交通网络体系。人流、资金流、物流和信息流的运行也变得更加顺畅，对于加快推动现代服务业的发展提供了重要动力。其次，城市化水平和整体消费水平的逐步提升，居民生活水平的提高，对现代服务业产生了大量新的需求。再次，服务类的企业和事业单位的改革取得了阶段性的成果，市场准入机制也在逐步放宽。最后，国际服务业向当地的转移涉及金融、生物信息、软件和管理咨询等多个行业，为现代服务业的发展提供了新机遇。

沧州市对于促进现代服务业的提档升级，构建完善的现代化服务体系，着重发展以下领域：

第一，开展产业升级发展的战略研究。这是落实科学发展观，提升信息技术产业的重要措施，对于产业的结构升级和规模稳定，突破资源和环境的约束以及全面建成小康社会的目标具有重大意义。

第二，加快发展信息服务业。建设完善的信息网络，促进信息的互相联通和资源共享。大力支持软件的开发和应用、远程医疗和教育、网上中介服务等。大力推进电子商务的普及，建立完善的电子商务认证体系。进一步加快电子政务的建设，进而实现政府办公自动化、公共服务电子化、管理决策网络化。

第三，扶植新兴产业和优势产业。通过新技术和新产品的引进，引领元器件产业和 3C 制造业的产业升级，以新兴产业为基础，实现产业结构的升级。同时，通过充分利用现有的产业基础，发展设计业，进而实现产业从“制造”到“创造”的转变。

第四，大力培养现代服务业方面的科技人才。推动科技数据库和电子图书馆的构建；在高校新建信息服务等服务业方面的专业；引进具有专业技术的服务业人才。

(2) 以信息技术为重点，推进电子服务。

信息技术是现代服务业发展的一个重要的衡量指标。为促进信息产业的发展，规范信息产业的建设和管理工作，沧州市政府于 2006 年成立了信息产业局。该局内设信息产业科和网络建设管理科两个科室。信息产业局的主要职责是：贯彻落实国家和省有关信息产业、信息化工作的方针政策和法律法规；研究拟订沧州市信息产业、信息化管理的有关规章办法，并组织实施；组织有关部门研究提出沧州市信息化发展战略、规划；负责沧州市电子信息产业制造业、软件业、计算机信息服务业的管理工作；会同有关部门对网络建设实行质量监督管理；开展对国民经济和社会各领域信息化和信息安全等重大问题的调查研究和相关法规、标准及政策的起草工作；推动国民经济和社会信息化应用进程；向市信息化领导小组提出政策意见，并督促检查、协调推进市信息化领导小组决议的执行；承担市信息化工作领导小组办公室的日常工作。

首先，完善信息化基础设施。为促进信息电子服务业发展建设，根据“统一规划、联合建设、资源共享、推广应用”的原则，把公共通信网络作为发展重点，完善和优化移动通信网络、宽带接入网络和电信主干网络，构建智能化、宽带化和综合化的信息基础设施。加强资源整合，实现移动通信网、有线电视网和电信网的协调发展和互相连通。推进政府、社会组织和企业对于信息资源的开发和利用，重点建设政务信息、公共信息、科技信息、市场信息和基础地理等基础数据库，形成完善的数字化资源体系。①

其次，加快推进完善电子政务建设。通过整合现有的网络资源，加快开发和应用政府内部信息资源，建立以市政府的网络中心为核心枢纽的办公网络，加快建设金融、教育、保险和科技等与国家相对应的部门的电子政务系统建设，建立统一有效的电子政务信息网络化平台。加快市、县、乡三级统一安全的政府门户网站集群和电子政务网络平台建设，推进沧州市政务信息共享。以“智慧沧州”建设为中心，加快信息化和工业化融合，推动产业升级转型，全力打造“智慧型”龙头企业；实施智慧医疗工程，建设全市卫生信息平台和居民电子健康档案；全面实施“一卡通”工程，在城市医疗服务、交通支付、商业服务、公共事业缴费、保险购买、金融服务、网上商城及网上支付等领域进行推广，为市民提供安全便捷的智慧服务。

于2008年成立的沧州市政府电子政务中心负责政府公务内网和外网系统开发和运维工作；负责市政府网站的建设和运维工作；负责沧州市政府网站的业务指导和技术支持；负责政府电子政务平台的合作开发与推广应用；为沧州市政府电子政务安全体系的建设提供技术支持；为推进政府信息公开工作提供技术和平台支持与相关服务。沧州市政府电子政务建设的基本目标是：加强政府的网络化和信息化建设，改进政府管理方式。同时，还要注意网络信息技术对政府网络信息安全的整合和管理提出的新的挑战。

再次，大力发展电子商务。优化互联网业务和电信业务的消费环境，逐步建设沧州市区域内的公共交易平台。加强政府的引导和示范作用，大

① 参见刘成林：《现代服务业发展的理论与系统研究》，天津，天津大学，2007。

力开展 B2B、B2C 等试点工作，同时扩大网上交易规模，使网上购物和交易等能够有较快的发展。推进旅游业、对外贸易、证券业和商品零售业的电子商务形式的发展。目前，沧州市的电子商务交易平台建设已经初具规模，例如有博宇电子商务公司和恒易电子商务有限公司等多家企业，为沧州市的电子商务业发展作出了重大贡献。

最后，充分发挥信息产业与信息化协会的作用。该协会的主要业务范围是：充分发挥在政府、企业和公众间的联络纽带及沟通桥梁作用，重点将加强横向经济联合与协调职能，在产业发展重点课题研究，举办展会、论坛，组织国内外经济技术协作与交流等方面进行服务，为促进企业利用信息技术提升传统产业发展提供服务和技术支持，为引领企业维护行业利益、实行行业自律，帮助企业协调处理国内和国际的经济贸易及知识产权纠纷等。目前沧州市炼油厂和沧州市大化集团等一批大型企业已经实现了网络信息化。包括生产过程的管理信息化，管理应用软件的开发、推广和应用以及企业管理流程信息化等，由局部推进转变为整体推进，由技术驱动转变为业务驱动，极大地促进了企业效益的提高。

随着“十二五”规划的不断推进发展，沧州市已进入快速发展的历史新阶段，沧州市的现代服务业，尤其是电子服务业必将迎来发展的辉煌期。

## 三、沧州生产与市场服务业发展现状与对策分析

1. 发展现状

沧州市加大生产与市场服务业的发展步伐，规模和实力不断增强，服务业对国民经济增长的贡献作用日益显现。当前，对于沧州市生产与市场服务业发展的制约因素仍然存在，甚至已经影响服务业综合竞争力的提升。“九五”时期以来，沧州市服务业生产总值从 1995 年的 74 亿元人民币增长到 2013 年的 1 094.2 亿元人民币，所占比重由 29.5%上升到 36.2%，是拉动经济增长的主要力量。

(1) 内部结构调整加快，市场体系进一步完善。

服务业发展呈现多样化趋势，市场化、社会化程度进一步提高，培育了东光群光物业机关企事业单位后勤服务社会化、吴桥农业 110 服务中心、海兴农民工进城就业服务中心、沧运集团现代物流等一批新型服务业态。从服务业内部结构看，批发零售、餐饮、交通运输等传统服务业服务项目增加，服务质量改善，所占比重有所提高。传统服务业扩规提质，现代服务业加快发展，全年完成增加值 1 094.2 亿元，增长 8.2%。新增限额以上企业 69 家，总数达到 541 家，实现新增零售额 13 亿元。全市拥有亿元以

上大型商品交易市场40个，年交易额458.7亿元。消费市场持续繁荣，完成社会消费品零售总额886.2亿元，增长13.7%，电子商务、网络购物成为消费新热点。

(2) 生产与市场服务业发展重点。

1) 现代化物流业。

大力培育现代化物流市场，创新物流产业形态，在整合现有资源的基础上，合理地规划产业布局，努力建设以现代网络和通信技术为主的网络信息平台、以现代综合立体交通体系为主的交通运输平台、以自动化管理和规模仓储为主的配送储存平台。加快构建“融合京津地区，联通国际和陆域腹地”的现代化物流体系。区域布局方面，要着重建设国际物流园区、物流中心和物流配送中心。

加快综合和完善物流交通运输网络，逐步建立更加适应现代物流产业发展需要的快速、便捷和安全的现代运输网络。公路运输方面，要以沧运集团为核心，通过政策方面的引导和支持，将已有的众多个体营运的车辆整合成大型的运输企业，构成集约化经营，降低运营成本。优化货物运输的车型构成，增加大吨位、大件、集装箱和专业化的运输车辆，大力发展货物运输的厢式化和集装化，努力推动智能化运输体系的构建，使道路畅通。对于铁路运输，要将沧州市的沿线整合成为3个规模较大的货运站场，即市区、肃宁和港口。对于水路运输，加快建设有较大经济带动作用的液体化工、原油和集装箱等专业码头，完善港口和航道建设。

要进一步加快拓展沧州市的速递业务，努力构建新型的产品分销运输系统和商贸连锁配送体系。要充分运用邮政系统，使其覆盖整个沧州市，并且在此基础上链接到全国各地的网络终端。要加强与工商企业和科研机构的联合与协作①，积极建设农业现代化和社会化服务体系。为“三农”提供更好的资金、物品和信息传递等服务。

2) 信息服务业。

根据“统一规划、联合建设、资源共享、推广应用”的原则，把公共通信网络作为发展重点，完善和优化移动通信网络、宽带接入网络和电信主干网络，构建智能化、宽带化和综合化的信息基础设施。加大资源整合的力度，实现移动通信网、有线电视网和电信网的协调发展和互相连通。推进政府、社会组织和企业对于信息资源的开发和利用，重点建设政务信息、公共信息、科技信息、市场信息和基础地理等基础数据库，形成完善

① 参见苏莉娜：《河北省流通产业发展的实证研究》，保定，河北大学，2007。

的数字化资源体系。①

3）批发零售和餐饮业。

以发展黄骅信誉楼、好日子、爱华和富达等连锁经营企业作为突破口，加快推进连锁经营的集约化和规模化。积极促进便利店和超市向专卖店、专业店以及大卖场等多种业态延伸，并且向农村区域扩展。第一，坚持“便民、利民、惠民、为民”的原则，把满足公众的基本生活需求作为经营宗旨，把中等收入者定位为基本顾客，把社区网点作为建设重点，把大众化的食品和生活用品作为主体商品，大力发展连锁便利店和超市。第二，在巩固和完善零售业进行连锁经营的基础上，逐步向餐饮、药品、装饰装修等多领域推进，大力扩展连锁经营的形式和范围。第三，推动连锁经营向具备相应条件的县城发展。通过连锁经营企业经营规模的扩展，进而实现城乡一体化，形成具有区域竞争力和影响力的集团企业。第四，对于涉农部门，要大胆探索新的发展方式和途径，组建蔬菜、粮油以及生猪、牛、羊、鸡、水产品等产品配送中心，进而与连锁经营结合起来，发挥其中枢作用，促进农村和城市资源的双向流动，一方面促进农副产品流入城市的商场、超市和社区，另一方面使城市的工业品、食品和农资产品流向农村。第五，健全和完善商品市场。引导和鼓励不同种类的商品市场不断提高档次、完善各种功能。培育和壮大农产品产地型批发市场，提升和改造农产品的供销系统以及商品的经营网络。

大力提升沧州市的餐饮业现代化水平。发展风味小吃、快餐等面向大众消费者的中小型餐饮业。大力引导和推动餐饮企业向自由连锁和公司企业的转变，进一步提升沧州市餐饮服务的水平。②

4）农业服务业。

首先，大力完善和发展农业产前、产中和产后服务系统。借鉴和推广吴桥的“农业 110”服务中心的经验，在各县、乡、镇逐步建立综合性的农业技术推广中心，为农民提供各种农业技术方面的服务。其次，以沧县红枣、青县和盐山无公害蔬菜、泊头鸭梨等农产品信息和检测中心为依托，建立完善的农产品信息和检测网络，确保公众能够吃到放心的农产品。最后，进一步完善枣网、苜蓿网、皮毛网等各种具有农业特色的网站，全力建设以县为基本单位的农业综合信息网，逐步使网络终端延伸到农户。

2. 对策分析

(1) 深化生产与市场服务业改革，逐步向市场化转型。

① 参见刘成林：《现代服务业发展的理论与系统研究》，天津，天津大学，2007。

② 参见罗峰：《中国服务贸易国际竞争力的理论分析与实证研究》，长沙，湖南大学，2006。

坚持以市场为导向，逐步实现政府主导资源配置转变为由市场主导。调整沧州市国有经济的整体布局，支持和鼓励非公有制经济参与到国有企业资产重组当中。大力培养一批拥有多元投资主体和著名服务品牌的大型服务企业。努力推进生产与市场服务业向网络化、集团化和品牌化经营方向发展，逐步提高生产与市场服务性企业的能力和市场竞争力。在旅游、交通运输、商贸流通、社会服务和公共事业等领域，要积极引进和吸收民间资本和外国企业的投资，争取到2015年，除金融、保险、文化和广播影视的部分领域，国有大型生产与市场服务性企业的国有资本实现相对控股或者不控股，国有资本从中小型生产和市场服务企业当中全部退出。逐步放宽市场准入机制。鼓励和支持非公有制经济在更深层次和更广领域参与生产与市场服务业的发展。凡是法律法规未明确禁止以及凡是政府承诺对外资开放的领域均鼓励民间资本进入。① 大力支持民营经济，逐步形成多种所有制形式公平竞争、共同发展的格局。

(2) 加大对外开放力度，有效促进生产与市场服务业发展。

全面扩大生产与市场服务业对外开放力度，用多种多样的形式和较为灵活的方式引进外资、先进技术和管理经验，提高生产与市场服务业的整体竞争力。支持企业广泛地开展对外劳务合作、设计咨询、工程承包和民间艺术等服务。创新招商引资的方式，针对不同的情况选择更好的招商方式，从而提高针对性和有效性。与此同时，培育精通国际事务的专业化中介机构，为沧州市的吸收引进外资提供有利条件。鼓励沧州市服务性企业与国内外大型连锁企业加强合作，发展批发和零售性企业，吸引其在沧州市设置采购中心、物流中心和分销中心等。发展对外服务贸易，逐渐使服务贸易创汇企业享受与生产贸易创汇企业同等的优惠政策。

(3) 合理引导公众消费，努力扩大对于生产与市场服务业的需求。

引导公众形成新的消费观，采用文明健康的消费方式，积极促进居民对于个人服务的消费由自给型转变为社会型，居民个人服务消费方式由自我储蓄积累型转变为信用支持型。首先，生产与市场服务性企业，要根据居民消费方式的转变调整自身的经营策略，提供更加优质的服务，进而满足全市城乡居民对于服务业的需求。针对消费热点，例如住房、教育、旅游和健身等，积极发展服务业。其次，政府要对不合理收费现象予以整治和清理，提高收费透明度，完善全市的社会保障制度，拉动和促进全市人民对于服务业的消费。再次，加强和完善沧州市的社会信用体系，通过完

① 参见沈占波、王伟：《河北省服务业发展的问题及策略分析》，载《河北大学成人教育学院学报》，2011 (3)。

善抵押担保制度和个人资信评估体系，鼓励发展分期付款和租赁服务等消费方式。最后，要把提高农村对于服务业的消费水平作为一项重点，可以通过加强建设农村的基础设施等方式，拉动农民对于服务业的消费能力和需求。

（4）优化生产与市场服务业发展环境，提高相关部门服务意识。①

积极创造有利条件，逐步解决服务性企业用地、用电、用水和用气价格不合理的问题。实现服务性企业在用地、用电和用水的价格方面与工业性企业执行同一标准。各主管部门要重审生产与市场服务业市场准入的相关规定，要简化相应的审批程序和中间环节，清理滥收费和不合理收费现象。简化服务性企业的手续办理，使其更加简单和便捷，可以推行“一站式”服务或者完善网上审批制度。相关收费要进行公示，接受公众的监督，严厉打击擅自和变相提高收费标准行为，实行群众举报“一次查实下岗”制度。②

（5）吸收各方面资金，加强生产与市场服务业的项目建设。

不仅依靠市场进行资源配置，也要充分发挥政府对于投资的引导作用。通过吸收引进外资、民间资本和银行信贷，外加国债资金的支持，通过各方面的资金流，加大对服务业发展的投资和支持。沧州市要围绕现代物流、商贸流通、环境保护、就业服务、公用事业以及新兴服务业，加强项目建设，建立相应的重点项目库，通过重点项目的发展，拉动全市的服务业发展。

（6）提高生产与市场服务业科技含量，推行标准化服务。

提高生产与市场服务业的科技含量。积极推动计算机和互联网在生产与市场服务业各领域和行业的应用，加强信息技术在服务业中的广泛应用。要依靠科学技术扩大和拓展服务业发展的规模和范围，提高生产与市场服务业的服务质量，增加其经济效益，采用更加有效的管理和经营方式。③人才是服务业发展不可或缺的条件，要大力培养专业性人才。培养精通国际事务规则的金融、保险、信息、中介服务以及现代物流等方面的人才。可以通过在高校和职业学校中适当增加相关专业招生、岗位培训、聘用国内外人才等多种形式，为服务业提供优质人才。与此同时，要加强对于服务业的质量管理，贯彻服务质量的国家和行业相应标准，规范生产与市场服务业的经营行为。鼓励服务性企业采用国际先进标准，开展体系认证活

---

① 参见刘成林：《现代服务业发展的理论与系统研究》，天津，天津大学，2007。

② 参见郝武波、李勃：《河北省各设区市服务业竞争力的综合评价》，载《中国证券期货》，2013（7）。

③ 参见刘成林：《现代服务业发展的理论与系统研究》，天津，天津大学，2007。

动，为进入国际市场创造条件。

## 四、沧州个人消费服务业发展现状与对策分析

1. 商贸服务业

（1）商贸服务业发展现状。

为推进沧州市商贸服务业的发展，河北省商务厅和沧州市商务局制定了要在 2015 年实现全市消费品零售额“超千亿”及年均增长 15%的目标，并为此成立了专门工作小组，针对城乡的不同区域制定了不同的发展规划。一是中心城区抓壮大提升。沧州市城区商贸服务业发展状况本来就比较好，为实现“壮大提升”，沧州市又积极推进沧西物流区和沧东物流区建设，力图打造立足沧州、面向华北的区域物流中心和商贸服务中心，同时积极推进荣盛国际购物广场、沃尔玛购物广场及乐购购物广场共 3 家购物广场的建设，进一步提升了沧州市商贸服务业水平。二是县城、乡镇抓功能拓展。沧州市县城、乡镇的商贸服务业发展目标是实现功能拓展。首先，在城镇，逐步建立连锁经营、物流配送等新兴商业形式以及直营店、便利店和折扣店等新型商店，力图建成几家城镇型的商贸中心；其次，在乡村，以农产品为基础，积极引导农产品批发零售市场的建设，尤其注重对沧县红枣和青县蔬菜等专业农产品市场的建设。三是社区、农村抓网络延伸。沧州市政府积极支持菜市场、美发店、家政公司等社区基本服务机构的建设，积极打造便民生活服务圈；实施“万村千乡”工程，到 2015 年，再新建或改建 500 家农家店，方便人们生活。四是重点区域抓产业聚集。首先，推进肃宁皮毛、盐山管道等物流产业聚集区建设，并借助该区域的物流产业向社会提供配送服务，培育壮大第三方物流企业；其次，通过沧州会展中心这一平台，展示本市服装、五金等优势产业；最后，利用自己环渤海、邻京津的地理优势，积极推动教育培训、经济金融、餐饮住宿等项目的建设。

（2）商贸服务业进一步发展的推进对策。

1）确立以人为本的经营理念。近些年，人们的需求越来越个性化、差异化，传统的商贸经营模式已难以满足人们多样化的需求。因此要树立以人为本的经营理念，将消费者分门别类，针对不同的消费者提供不同的服务，这样才能满足人们的个性化需求。

2）注重商业资源的优化组合。借鉴发达国家和地区的经验，建立综合购物广场，将原来各自分离的餐饮产业、休闲娱乐产业、文化产业等集中到某一综合性的购物中心，集中满足人们多层次、多类别的消费需求。

3）积极发展餐饮、文化、休闲、家政等产业。做好沧州市融资投资工

作，为沧州本地融资投资平台（沧州银行、沧州建设投资公司等）提供政策和资金上的支持；引导小额贷款公司、农村信合等小型金融机构健康有序发展，以开阔的胸怀支持、引导全国各地各类金融机构和中介机构进驻沧州。

4）注重品牌建设，以品牌吸引某一顾客群。针对某一特定消费群体，实施以品牌为依托的陈列经营模式。陈列经营形式在一些发达的城市很普遍。以某品牌为例，该品牌香水很受欢迎，因此便把该品牌的皮包和香水陈列在一起，由于它们是同一品牌，因而能够满足对该品牌感兴趣的顾客群体的需求，这也是“以人为本”的经营理念的体现。

2. 房地产业

（1）房地产业发展现状。

最新统计资料显示，2012 年度沧州市房地产业持续低迷，房地产开发投资增速下降：2012 年 1—11 月沧州市房地产开发共完成投资 139.6 亿元，比上年同期下降 3.9%，其中住宅完成投资 180.1 亿元，比上年同期下降 5.8%。同时，施工面积和本年新开工面积均处于低位：2012 年新开工面积为 411.33 万平方米，同比下降 44.7%；销售面积为 318.62 万平方米，比上年同期下降 30.5%，降幅明显。在房价方面，由于国家政策调整及市民的观望态度，沧州市房价增速开始放缓。目前，位于城市北端的恒大城均价在 5 800 元/平方米左右，西边的天成明月洲均价在 5 500 元/平方米左右，位于市中心的泛海时代均价在 4 600 元/平方米左右，西北角的万泰丽景均价在 4 700 元/平方米左右。①

目前，沧州市房地产市场供应格局可分为西部新城、中心城区、南部和东部四大板块。沧州市城区主要是中端物业的竞争，小高层产品受追捧，高品质的洋房产品因供应有限及价格因素需求得到遏制。各板块客户圈层类似，核心客户主要是考虑工作和居住便捷的各板块内企事业单位职工，重要客户主要是关注区域资源和环境的原板块内居住者或自由企业主，边缘客户主要是考虑孩子教育等问题的郊县客户及养老等边缘需求客群。西部新城板块的三室相对快销，中心城区的两房产品受追捧，偏紧凑型户型在中心城区的销售压力相对较小。从未来竞争来看，中心城区未来供应量少，主要竞争来自整体项目品质较高的西部城区。因此，为强化沧州市房地产市场竞争优势，新上市项目应该适当提高自身定位以及项目品质。②

---

① 参见沧州在线：《沧州楼市遇寒流：销售面积大跌三成》，http：//www.cangzhou.ccoo.cn/news/local/2586243.html。

② 参见陈伟：《综合消费现象、内涵、对策研究》，上海，上海交通大学，2005。

（2）房地产业的发展对策。

沧州市作为环绕北京周边的重要城市，已经纳入了大北京城市圈的范畴，有非常大的规划前景。沧州有多条横纵交通通道，铁路、高速公路、高铁等交通设施齐备，有着连接南北、沟通东西的便利交通；另外，沧州市作为沿海城市，黄骅大港的建成也是沧州发展的有利条件。这些都是沧州市的优势和特点，对未来沧州房产的发展都会起到积极作用。

针对沧州市目前房地产业的现状，要保持房地产业持续健康发展，一是要进一步落实国家对房地产市场的宏观调控政策，坚持“统一规划，合理布局，综合开发，配套建设”的方针，强化城市规划的龙头作用，既要防止房地产开发规模过大，又要保持合理开发规模。二是要进一步改善房地产开发结构，根据不同地区的不同需求进行不同档次和户型的建设，重点开发满足当地居民自住需求的中低价位、中小套型的普通商品房，以保证普通住房供求的基本平衡，做好普通商品房和经济适用房、廉租房的合理布局。三是要加大土地调控力度，促进存量土地的合理利用，降低土地开发成本，进一步盘活存量建设用地和老城区改造用地，提高商品住房的供应能力。

3. 特色产业——文化旅游产业

（1）文化旅游产业发展现状。

1）突出民俗特色，培育优质旅游项目。沧州市有深厚的文化积淀，古老的历史为沧州市留下了诸多文化宝藏：沧州是著名的“武术之乡”，沧州武术是全国非物质文化遗产，沧州也因武术文化而闻名全国；沧州市吴桥县的杂技艺术名扬国内外，沧州吴桥成为著名的“杂技之乡”，吴桥杂技也是全国非物质文化遗产；沧州市千童镇是徐福东渡的招募地，是华夏第一侨乡，“千童文化”资源丰厚，有待挖掘。

沧州市政府通过多种途径支持、引导这些特色文化的发展，并以这些特色文化为基础，培育、开发了多种优质旅游项目：迄今为止，沧州市成功举办14届“中国吴桥国际杂技艺术节”，吸引了国内外大批游客，并以杂技为主题，建立杂技旅游公园，现在旅游业收入是吴桥县经济收入的重要组成部分；同时，沧州市以“沧州武术”为基础，成功举办了8届“沧州武术节”，吸引了海内外大批游客来沧州旅游、习武。①

2）做好配套软硬件建设，大力优化旅游环境。旅游业的良好发展离不开优质的旅游环境。沧州市非常注重旅游环境的优化，最大限度地将资金、

① 参见裴广：《沧州市体育旅游现状调查与开发对策研究》，北京，北京体育大学，2012。

交通等资源用于旅游业的开发。在市辖区内的国道、省道和海防公路以及京福、石黄两条高速公路建设中，市政府在规划、征地等方面给予配合和支持，旅游景区景点的交通状况有了明显改善。同时，沧州市也十分注意配套设施建设，使食、行、住、游、购、娱六要素的综合接待能力有了较大提高。沧州市现有星级饭店 12 家、旅游定点单位 56 家、旅行社 25 家、旅游汽车公司 1 家、旅游服务学校 1 处。在抓硬件建设的同时，还着力抓软件环境的建设，严格规范旅游市场，加强对旅游从业人员的业务培训，努力提高服务质量。对旅游景区景点加强综合治理，为游客树立“文明、整洁、安全、有序”的良好形象。吴桥杂技大世界和白洋淀景区被评为全省“十佳景区”，东光铁佛寺景区被评为全省“三星级文明窗口单位”。

（2）文化旅游产业发展对策。

面对国际国内市场形势，旅游业必须在日趋激烈的竞争中求得新的发展。从目前的整体情况看，沧州市旅游业还存在较大差距和不足：一是部分资源优势没有形成产品优势，潜力没有完全发挥出来；二是资金投入机制还不完善，力度还不大；三是旅游景点少、规模小、产品粗放、布局分散、旅游设施缺乏等问题依然突出。

随着京福、石黄两条高速公路的开通和黄骅大港、朔黄铁路的修建，沧州市旅游业面临良好的发展机遇。沧州市要从全面经济发展的高度出发，树立大旅游的思路，培育大产业，使旅游业发展成为国民经济新的增长点。

1）要为沧州市旅游业的发展制定明确的发展规划。旅游业要想获得发展，必须以正确的发展规划为指导，因此沧州市应该邀请旅游业的相关专家为沧州市旅游业制定一个正确的发展规划。发展规划的制定应以沧州市的特色民俗文化为基础，同时还应了解旅游市场，以市场为导向，积极探索、挖掘沧州市丰厚的文化宝藏，既要有趣味性、观赏性、娱乐性，又要有文化底蕴，使游客在游玩的同时能够了解沧州的历史文化状况；发展规划的制定还必须是长期的、全局性的，避免只顾眼前利益，做到合理布局，力争将沧州市建设成文化旅游强市。

2）进行文化体制改革。文化产业的发展要以良好的体制机制为保障，沧州市应进行文化体制改革，处理好公益性文化产业和经营性文化产业的关系，使二者相互协调，协同发展。将沧州市的杂技、武术资源整合起来，实现最大限度的开发，完善产业链条，提高产业效率和附加值，提高产业的经济效益，从而推进杂技与武术产业有序发展。

3）在资金、政策等方面为沧州市文化旅游业的发展提供支持。首先，政府应重视沧州市旅游业发展规划，将其上升到法规、政策的高度，沧州市旅游业的发展应该在政府的发展规划及财政预算中得到体现。对与沧州市旅游业开发有关的项目，政府应给予政策和资金等方面的优惠和支持，同时在财政预算方面逐步加大对旅游业的投入。其次，鼓励海内外企事业单位、个人来沧州市投资，形成政府、企事业单位、个人等多元化的投资体制，为沧州市文化旅游业的发展筹集更多的资金。①

4）强化沧州市旅游业的宣传，吸引国内外游客。沧州市旅游业发展，从国内看，首先要抢占北京、天津、河北、山西、山东等周边省市的客源，其次要抓全国的客源；从国际看，首先应抢占韩国、日本等东亚国家以及泰国、马来西亚、新加坡等东南亚国家的客源，其次考虑欧美市场的客源。要充分利用网络、电视等越来越发达的互联网信息技术，同时利用报纸、书籍等传统传播媒介来加大对沧州市旅游业的宣传。另外，现阶段在高速公路两旁设立广告牌进行宣传的手段已经屡见不鲜，沧州市也可以通过公路两旁的广告牌来宣传自己，提高自己的知名度。另外，每逢节假日，沧州市还可以推出各种旅游优惠政策，一方面能够吸引游客，一方面也宣传了自己。

5）坚持依法治旅，搞好旅游环境的综合治理。依据《河北省旅游业管理条例》，要加强对旅游业的宏观调控和统一管理，出台一批行业的管理制度，加强旅游安全工作，完善食、住、行、游、购、娱等服务配套设施，大力推进旅游景区景点的净化、绿化、美化工程，彻底消灭脏、乱、差现象。积极开展旅游人才的培训和岗位练兵，全面提高旅游服务质量，建设一支高素质的旅游人才队伍。沧州市要力争加入创建全国优秀旅游城市的行列中去，提高全社会的旅游意识，增强沧州古城的知名度和吸引力。

① 参见刘洋：《河北省滨海旅游发展动力系统研究》，秦皇岛，燕山大学，2009。

# 第九章　河北沿海地区外资引用现状与对策

## 第一节　秦皇岛外资引用现状与对策

### 一、秦皇岛近20年利用外资概况

作为中国首批14个沿海开放城市之一，尤其是本世纪以来，秦皇岛积极发展对外经济贸易，改善投资环境，引进外资以发展本市经济，在一定程度上弥补了其资金和技术的双重缺口，促进了产业结构的调整和革新，强有力地推动了秦皇岛经济社会的快速发展。最新数据显示，2014年1—7月，秦皇岛实际利用外资50 050万美元，同比增长19.0%，其中外商直接投资额为29 420万美元，同比下降30.1%；上半年全市仅新批三资企业一家，合同外资额为28 479万美元，增长2.0倍；合同项目总投资为47 244万美元，增长50.1%。① 图9—1为秦皇岛2001—2013年实际利用外资状况。

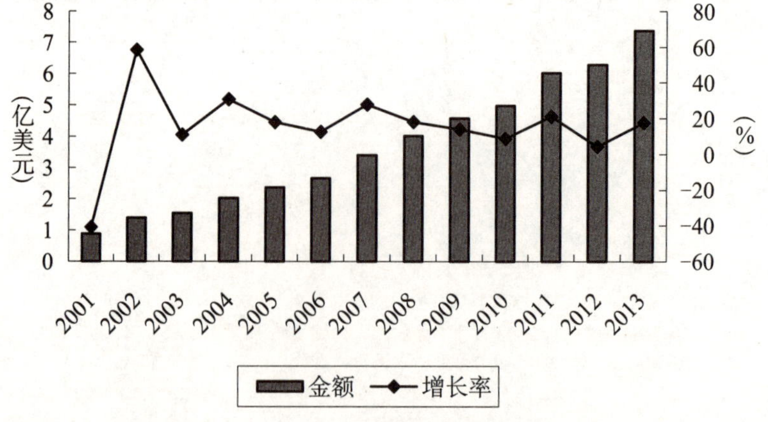


**图9—1　2001—2013年秦皇岛实际利用外资状况**

---

① 参见秦皇岛市统计局：http：//www.qhdtjj.gov.cn/。

根据秦皇岛市政府工作报告以及统计公报，2001 年到 2013 年，秦皇岛市引用外资情况良好，增长略有起伏，呈现较稳定增长的趋势。2013 年实际利用外资 7.38 亿美元，是 2001 年的 8.4 倍，增长了 740%。而从横向上看，唐山作为河北沿海地区外资经济最为发达的地区，2013 年实际利用外资为 13.5 亿美元，同年秦皇岛实际利用外资为 7.38 亿美元，比唐山低 6.12 亿美元，占唐山实际利用外资数的 54.67%。有数据显示，在河北省外商投资地区分布情况表上，秦皇岛排名第四，其中唐山所占比重为 16%，邯郸所占比重为 14%，保定所占比重为 13%，秦皇岛、石家庄、保定所占比重都为 11%，其他城市所占比重为 24%。①

## 二、秦皇岛近 20 年利用外资情况分析

秦皇岛自 1984 年对外开放以来，利用外资的水平一直呈现上升趋势，2013 年秦皇岛实际利用外资额为 73 825 万美元，达到了历史最高点。本节将分别从利用外资的规模、业绩水平、投资环境、外资来源地分布以及外资产业分布这五个方面对秦皇岛近 20 年利用外资的情况进行数据分析和整理。

1. 利用外资的规模

根据秦皇岛市统计局发布的最新经济数据，2014 年 1—8 月秦皇岛对外经济中，新批三资项目数为 3 个，合同总投资额为 65 113 万美元，较上年同期增加了 93.1%，合同外资额为 46 348 万美元，较上年同期增加了 303.2%。对比 2005 年至 2013 年，秦皇岛对外经济中的合同总投资额、合同外资额、实际利用外资额、外商直接投资额，具有很大的波动性，特别是合同总投资额以及合同外资额。其中 2007 年，秦皇岛利用外资的规模不断扩大，全市各县区均超额完成任务，新批外资项目 33 个，同时成功引进富士康科技园、嘉里集团、香格里拉酒店等项目，这些使得其对外经济中的合同总投资额、合同外资额、实际利用外资额、外商直接投资额都达到了目前为止金额以及增长率的最高点。2008 年由于受金融危机的影响，对外经济面临非常严峻的形势，使其两年内都处于经济低迷的局面。总的来说，秦皇岛利用外资规模情况呈现不断变大的趋势，但易受国际形势以及本国经济环境的影响，出现了很大的波动性以及不稳定性。

2005—2013 年秦皇岛利用外资规模情况如表 9—1 所示。

① 参见赵岩红、李小北、龙春霞：《河北省利用外资过程中存在的问题及对策研究》，载《河北农业大学学报（农林教育版）》，2003（4）。

表 9—1 2005—2013 年秦皇岛利用外资规模情况

单位：金额（万美元），增长率（%）

| 年度 | 合同总投资额 | | 合同外资额 | | 实际利用外资额 | | 外商直接投资额 | |
|---|---|---|---|---|---|---|---|---|
| | 金额 | 增长率 | 金额 | 增长率 | 金额 | 增长率 | 金额 | 增长率 |
| 2005 | 86 500 | 37.5 | 57 700 | 44.2 | 23 675 | 17.9 | 23 607 | 17.7 |
| 2006 | 7 722 | —92.0 | 3 868 | —93.3 | 26 634 | 12.5 | 26 629 | 12.8 |
| 2007 | 103 200 | 1240 | 58 800 | 1 420.0 | 34 014 | 27.7 | 34 011 | 27.7 |
| 2008 | 51 600 | —50.0 | 35 800 | —39.2 | 40 100 | 18.0 | 40 100 | 18.0 |
| 2009 | 45 000 | —12.8 | 29 900 | —16.5 | 45 700 | 13.9 | 45 700 | 13.9 |
| 2010 | 69 008 | 53.4 | 21 318 | —28.7 | 49 700 | 8.7 | 49 700 | 8.7 |
| 2011 | 103 581 | 50.1 | 44 767 | 110.0 | 60 195 | 21.1 | 59 900 | 20.5 |
| 2012 | 109 573 | 5.8 | 42 780 | —4.4 | 62 795 | 4.3 | 62 795 | 4.8 |
| 2013 | 75 400 | —31.2 | 56 404 | 31.8 | 73 825 | 17.6 | 73 825 | 17.6 |
| 累计 | 651 584 | 1 200.8 | 351 337 | 1 423.9 | 416 638 | 141.7 | 416 267 | 141.7 |
| 平均 | 72 398 | 133.4 | 39 037 | 158.2 | 46 293 | 15.7 | 46 252 | 15.7 |

2. 利用外资的业绩水平

衡量一个地区利用外资的水平易受当地 GDP 以及固定资产投资等一系列因素的影响，采用业绩指数法可以在一定程度上消除地区国民生产总值对其的影响，更加客观正确地衡量当地利用外资的水平。这种方法涉及两个主要指标，即 GDP 和 FDI（外商直接投资）。本节中，秦皇岛利用外资的业绩指数采用的计算公式是：秦皇岛外商直接投资额占河北省外商直接投资额的比例除以秦皇岛国民生产总值占河北省国民生产总值的比例。根据该计算公式，本节计算了 2001—2013 年秦皇岛利用外资的业绩指数，为了防止因年份波动造成的误差，本节采用累计取平均值的算法。从表 9—2 可以看出，秦皇岛近 20 年利用外资的业绩指数平均值在 2～3 波动，这足以表明该地区利用外资的规模已经超过其国民生产总值规模的预期，引进外资的竞争力比较强，利用外资的水平较高。具体来看，2001—2007 年秦皇岛的业绩指数一直保持基本上升的趋势，2008—2013 年呈现下降趋势且呈现波动性，通过这 13 年的业绩指数表可以看出其上升的幅度逐渐变窄，且呈现出不稳定性，这反映出秦皇岛利用外资的业绩指数虽高但却发挥不出较强的竞争力。

表 9—2　　2001—2013 年秦皇岛利用外资的业绩指数

单位：GDP（亿元），FDI（亿美元）

| 年度 | 河北省 | | 秦皇岛 | | 业绩指数 |
|---|---|---|---|---|---|
| | GDP | FDI | GDP | FDI | |
| 2001 | 5 577.8 | 7.8 | 307.31 | 0.880 6 | 2.049 134 |
| 2002 | 6 076.6 | 8.2 | 335.66 | 1.39 | 3.068 754 |
| 2003 | 7 099 | 11.8 | 387.03 | 1.54 | 2.393 819 |
| 2004 | 8 836.9 | 16.2 | 453.44 | 2.02 | 2.430 057 |
| 2005 | 10 116.6 | 19.1 | 496.79 | 2.360 7 | 2.516 919 |
| 2006 | 11 613.7 | 20.1 | 571.56 | 2.662 9 | 2.691 954 |
| 2007 | 13 863.5 | 24.2 | 683.58 | 3.401 1 | 2.850 28 |
| 2008 | 16 188.6 | 34.2 | 808.95 | 4.01 | 2.346 421 |
| 2009 | 17 026.6 | 36.0 | 877.01 | 4.57 | 2.464 547 |
| 2010 | 20 197.1 | 38.3 | 930.49 | 4.97 | 2.816 663 |
| 2011 | 24 228.2 | 46.8 | 1 064.03 | 5.99 | 2.914 394 |
| 2012 | 26 575 | 58.0 | 1 139.17 | 6.279 5 | 2.525 7 |
| 2013 | 28 301.4 | 64.5 | 1 168.8 | 7.382 5 | 2.771 478 |
| 累计 | 195 701 | 385.2 | 9 223.82 | 47.457 3 | 38.840 12 |
| 平均 | 15 053.9 | 29.63 | 709.52 | 3.65 | 2.987 701 5 |

3. 投资环境分析

衡量一个地区投资环境的指标主要有四大类：经济发展水平、基础设施状况、社会服务环境以及自然资源。具体小类包括经济规模、市场结构、生产供应、技术水平、劳动力情况、能源、交通、通信、自然资源等方面。康庆庆根据投资环境衡量指标，计算出 2008 年秦皇岛在河北省 11 个城市投资环境中位居第五，属于外向型投资环境。其主要表现为投资环境总体不错，有利用外资良好的地理优势和社会环境优势，政府政策支持，对外贸易较开放且竞争力较强，对外联络交流高于其他地区，但经济发展水平指标、基础设施建设指标、人均受教育指标及劳动力指标等较低，投资环境需要进一步改善。此外，陈媛和王国新根据 SPA（集对分析法）分析了中国 29 个典型的沿海旅游城市经济的敏感性及其应对能力，研究表明秦皇岛因为旅游季节性强、产业结构不合理、经济实力以及地方财政自给能力较弱，所以具有较高的经济敏感性以及较低的应对能力。① 这些都表明秦皇岛的投资环境在河北省内或者中国沿海城市中处于比较落后的地位。

4. 外资来源地分布

2014 年 1—8 月，秦皇岛对外经济中利用外资的来源地分布状况如下：亚洲所占比重为 89.81%，位列第一，其中中国香港所占比重为 62.93%，日本所占比重为 1.4%；美国所占比重为 10.19%。② 对比 2010—2013 年秦皇岛外商投资来源地分布情况，可以看出中国香港是主要来源地，其次为美国、日本、澳大利亚、欧盟和韩国。亚洲作为秦皇岛利用外资的主要聚集地，近几年一直保持上升的趋势；同时，来自北美洲的美国以及大洋洲的澳大利亚的投资也在不断增长；2010—2013 年欧盟对秦皇岛的投资比重有所下降。

**表 9—3　　2010—2013 年秦皇岛外商投资来源地分布情况**

单位：万美元

| 年度 | 中国香港 | 日本 | 韩国 | 欧盟 | 美国 | 澳大利亚 |
|---|---|---|---|---|---|---|
| 2010 | 17 456 | — | 336 | 1 011 | 6 933 | — |
| 2011 | 35 204 | — | 60 | 312 | 7 500 | 250 |
| 2012 | 38 461 | 7 582 | 404 | 570 | 6 680 | — |
| 2013 | 41 632 | 7 037 | — | — | 13 491 | 8 648 |
| 累计 | 132 753 | 14 619 | 800 | 1 893 | 34 604 | 8 898 |
| 平均 | 33 188.25 | 7 309.5 | 266.7 | 631 | 8 651 | 4 449 |

5. 外资产业分布

秦皇岛近 20 年利用外资发展本市经济，促进了产业结构的优化和升级，同时带动了相关产业的发展进步。根据《2006 年秦皇岛市国民经济和社会发展统计公报》，秦皇岛对外经济稳步增长，其中外商投资在三大产业中的分布比例是 5∶94∶1，可见第二产业在外资企业中占据很大比重。近几年，秦皇岛外资产业分布集中于第二产业，主要项目包括戴卡工业园、华润集团等，其次是第三产业，包括富士康科技园、香格里拉酒店项目、嘉里集团等，第一产业所占比重相对较小。其中，在第二产业中，侧重于煤炭、精密电子、轮毂、钢铁等以资本或者劳动密集型为主的加工装配；

① 参见陈媛、王国新：《基于 SPA 的中国沿海旅游城市经济系统脆弱性评价》，载《地理与地理信息科学》，2013（5）。

② 参见秦皇岛市统计局：http：//www.qhdtjj.gov.cn/。

第三产业侧重于投资餐饮、房地产以及娱乐等行业；第一产业侧重于以农产品为主的初级加工项目。

### 三、秦皇岛引用外资对策分析

我们从秦皇岛利用外资的规模、业绩水平、投资环境、外资来源地以及产业分布5个方面对其进行系统分析，明确其利用外资的现状，发现其利用外资存在以下几个问题：首先，利用外资的规模较小，由于受当地经济发展水平、市场规模以及配套设施的制约，秦皇岛虽利用外资的业绩指数高但却没有较强的竞争力。其次，缺乏良好的投资软硬环境，同时引资方式多以洽谈会为主，缺乏新兴的投资方式。再次，外资来源地以亚洲为主，过于单一，同时外资产业分布不合理，且主要集中于劳动和资本密集型产业，缺乏技术引进和革新。

秦皇岛利用外资的业绩指数表明其未来利用外资的前景良好，所以，充分利用京津冀一体化这个大背景、大平台，着眼于国内外利用外资发展的新趋势，主要可以从以下几个方面努力：

第一，大力发展秦皇岛市经济，扩大内需，通过加强配套设施的建设，提高其引进外资的竞争力。同时鼓励、扶持和引导外商直接投资的采购，扩大本土产业的集聚效应。

第二，采取积极的政策引导，改善投资的软环境，建立引进外资的新渠道，如BOT融资、跨国并购、发行境外股票等，提高秦皇岛利用外资的水平。

第三，开拓国际市场，将秦皇岛经济技术开发区打造成外资聚集高地，同时优化产业结构，合理引导外商投资的产业方向，以提高和扩大FDI的技术溢出效应，促进高新技术的引进和革新。

## 第二节　唐山外资引用现状与对策

### 一、唐山近20年利用外资现状分析

1. 利用外资规模

国际上有两种利用外资的主要方式，分别是FDI（外商直接投资）和借外债。对于唐山市来说，通过FDI来引进与利用外资是最佳的选择，也是目前最主要的外资利用方式。

根据2001年至2013年唐山市利用外资情况的统计数据，唐山市利用

外资的规模曾在 2001 年、2002 年与 2009 年出现负增长，但是总体呈上升趋势。唐山市批准外资合同项数在 2005 年达到 69 项，为十几年来批准外资合同项数目之最；合同总金额在 2011 年达到 16.24 亿元，为 2001 年至 2013 年最高；合同外资额在 2011 年以 6.97 亿元创十几年来最高。从表 9—4 中可以看出，唐山市十余年间外资利用规模的发展可以概括为由机械扩张到理性回归的稳健外资增长方式。2001 年到 2013 年，唐山市实际利用外资累计 88.17 亿美元，年平均 6.78 亿美元，年平均增长 18.13%，但增幅不平稳，两次出现负增长。根据唐山市《2014 年 1—7 月份全市经济发展简况》最新数据，2014 年 1—7 月份，唐山市直接利用外资金额为 55 663 万美元，同比增长率下降 27.1%。（见表 9—4、表 9—5、图 9—2）

**表 9—4　　2001—2013 年唐山引用投资发展状况**

单位：金额（外资：亿美元，内资：亿元），增长率（%）

| 年度 | 利用外资 | | 利用内资 | |
|---|---|---|---|---|
| | 金额（亿美元） | 增长率（%） | 金额（亿元） | 增长率（%） |
| 2001 | 1.54 | —29.5 | — | |
| 2002 | 1.48 | —3.9 | — | — |
| 2003 | 2.02 | 36.4 | — | — |
| 2004 | 4.13 | 100.0 | 93 | 31.0 |
| 2005 | 5.04 | 21.9 | — | — |
| 2006 | 5.07 | 0.5 | 135 | — |
| 2007 | 6.67 | 31.6 | 157.46 | 16.8 |
| 2008 | 8.63 | 29.4 | 208.1 | 32.16 |
| 2009 | 7.97 | —7.7 | 239.2 | 13.0 |
| 2010 | 8.85 | 11.0 | 266.14 | 11.3 |
| 2011 | 10.97 | 24.0 | 731.5 | 175 |
| 2012 | 12.30 | 12.1 | 766.40 | 15.2 |
| 2013 | 13.5 | 9.9 | — | — |
| 累计 | 88.17 | 235.7 | — | — |
| 平均 | 6.78 | 18.13 | — | — |

表 9—5　　2000—2013 年唐山市批准外资合同与合同外资额

单位：金额（亿元），增长率（%）

| 年份 | 批准外资投资合同（项） | 合同总金额（亿元） | 增长率（%） | 合同外资额（亿元） | 增长率（%） |
|---|---|---|---|---|---|
| 2000 | 48 | 0.96 | — | 0.49 | — |
| 2001 | 53 | 1.71 | 78.12 | 0.51 | 6.4 |
| 2002 | 50 | 3.90 | 128.07 | 1.05 | 46.0 |
| 2003 | 65 | 8.80 | 125.64 | 4.01 | 281.9 |
| 2004 | 61 | 6.40 | −27.30 | 2.72 | −32.1 |
| 2005 | 69 | 13.50 | 110.94 | 5.04 | 84.9 |
| 2006 | 34 | 3.37 | −75.10 | 1.27 | −74.8 |
| 2007 | 38 | 8.20 | 143.32 | 3.40 | 167.72 |
| 2008 | 21 | — | — | 2.99 | −12.06 |
| 2009 | 24 | 15.20 | — | 4.65 | 55.2 |
| 2010 | 29 | 14.60 | −3.95 | 6.84 | 47.0 |
| 2011 | 24 | 16.24 | 11.50 | 6.97 | 2.0 |
| 2012 | 21 | 7.34 | −54.80 | 3.43 | 50.78 |
| 2013 | 16 | 9.22 | 25.70 | 2.65 | −22.9 |

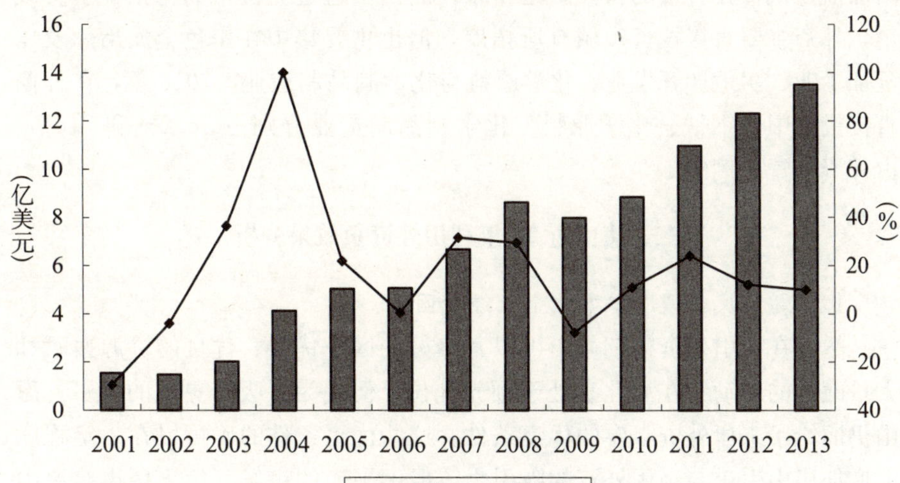


图 9—2　2001—2013 年唐山市实际利用外资状况

2. 吸引外资途径多元

唐山市在吸引外资的形式上作出了多种有益的尝试与创新。早在 2000 年，唐山市就成功举办了第三届中国陶瓷博览会和经济技术合作暨贸易洽谈会，贯彻落实“实现大经贸、以质取胜与市场多元化战略”，成功拓宽与开辟了新的招商引资渠道与国际市场，当年合同利用外资即实现恢复性增长。除了举办各种国际贸易洽谈会、博览会等大型贸易交流活动，唐山市还以对经济结构进行战略性调整为契机，改善外资投资环境、加强对外贸易管理机制的革新管理，加快了相关工业园区的建设进度。与此同时，唐山市也加大了对三资企业的补助力度与税收优惠，通过多种形式鼓励外资直接投资并取得了一定成效。2011 年，法国赛诺菲、美国沃尔玛、香港新世界入驻唐山，这些国际知名企业的入驻也在一定程度为唐山外资的引进起到了宣传与引导作用。2013 年末唐山市实有三资企业 350 家，其中已投产企业 227 家。曹妃甸综合保税区正式通过国家验收，进一步丰富了唐山吸引外资的形式与途径。

3. 外资投资领域集中

自加入 WTO 后，我国逐渐由“出口导向型经济”向“开发型经济”过渡，但是由于市场的不完善与相关政策、法规的缺位，进入中国的外资仅仅把来华投资当做在母国外建立一个产品加工厂，这就严重地影响了中国吸引高端 FDI 的水平与领域。因此，唐山市早期的外资利用领域也存在这样的问题，仅仅局限在第三产业劳动密集型的中小型工业项目，具有低附加值与低科技含量的特点。近年来，唐山市通过完善市场与招商引资政策，外资主要直接投资领域有所拓展，但也主要集中在黑色金属冶炼及压延加工业、房地产开发业、化学原料与化学制品制造业，2013 年，在外商直接投资中，钢铁、化学原料与化学制品制造业分别占 26.2%和 7.6%，占外资投资比例的 1/3。

## 二、唐山近 20 年利用外资负效果分析

1.“超国民待遇”与本地企业经营困境

尽管在吸引外资初期，唐山以其良好的区位优势、优良的资源禀赋和大量廉价的劳动力在河北省处于领先地位，但是为了吸引更多的外资，唐山仍旧给予来唐外资丰厚的优惠条件。这些优惠条件的确可以在一定程度上增加唐山引进与利用外资的吸引力，但不平等的市场环境无疑也给唐山本土的民族企业巨大的生存与经营压力。

同时，“以市场换技术”理论在实践中的日渐破产，使得本地企业在丧失市场占有率的情况下并未获得外资提供的真正的先进生产技术。外资选择投资唐山的实质并不是帮助唐山发展经济，而是实现其在全球化市场中的利益最大化。与进入唐山的外资企业相比，唐山本地的企业无论在技术

上还是管理理念与方式上都与其有较大的差距，仅有的优势就是多年在本土市场开拓的市场占有率。然而，为了获取外资企业仅相对国内来说先进但相对国际或其母国落后的“先进技术”而委曲求全，往往会进一步丧失其在本土及国内市场的经营主动权，结果被外资企业侵蚀、雪藏，最终在市场消失，得不偿失。

2. 外资利用与官员绩效考核标准博弈

唐山在吸引外资初期，由于对外资利用效果的过度迷信与乐观，造成了在相当长时间内更多、更快地引进外资成了衡量官员绩效的重要指标。然而，随着资源、土地、要素成本、生态、环境的约束日益加强，经济发展方式的转变需要引资观念的相应转变，招商引资应该向招商选资转变。遗憾的是，早期并不完备的吸引外资的观念与亟待改进的官员经济绩效考核标准并没有随着市场经济的发展得以完善。更加容易量化考核的 GDP 成为衡量官员经济绩效的主要指标，在此影响下，部分官员在利用外资时，往往仅考虑外资的数量多寡，而较少关注利用外资后的经济发展质量与对本地市场、经济、社会与环境造成的影响。因此，衡量外资利用的利弊实际上是一场数量与质量的博弈，如果唐山现行官员经济绩效考核标准不变，传统的吸引外资的观念不改变，唐山盲目引进外资的结果只能是以本地市场丧失、为外资企业母国做嫁衣为终，无从谈经济发展质量。

3. 外资利用中低环境门槛准入的代价

通过对近 20 年唐山外资利用数据的分析，可见目前外资在唐山的直接投资主要集中在黑色金属冶炼及压延加工业、房地产开发业、化学原料与化学制品制造业，这些行业与领域的主要特点是高能耗、高污染，并具有一定的危险性与环境危害性。近年来，唐山及周边环境持续恶化与其高速发展的重工业有直接关系。城市发展的最终目的不仅是提高人民的收入水平，更是为人民提供良好的生存与生活环境。唐山的外资引入与利用的发展不能以牺牲环境为代价，不能成为外资企业转移污染的场所。而是应该向高端 FDI 努力，提高外资吸引与利用的层次与质量。

## 三、唐山市优化外资利用的决策思考

1. 引导高端 FDI 进入，建立更加开放自主的创新体系

根据费农的产品生命周期理论，产品的生命周期分为新产品阶段、成熟产品阶段和标准化产品阶段。唐山目前外资利用主要为投资国标准化产品阶段的产能转移，因此其科技含量与附加值都已经被创新国压榨殆尽。现阶段，唐山的外资利用战略不应再是“招商引资”，更多的应该是“招商

选资”，减少或逐步放弃对低附加值、低技术含量产品生产的外资投资，吸引具有高精技术与高附加值的高端 FDI。高端 FDI 往往对资金输入地的区位、法律、政策具有更高的诉求，因此唐山应该明确政府引进外资的目标，优化投资环境，同时完善国内市场，制定适宜的政策、法规。

直接引用外资与投资国先进技术的确可以在较短时间内实现生产技术的跨越发展，但高额的技术转让费也挤压了国内企业自主研发团队的科研经费，长久下去无异于饮鸩止渴，使本地企业丧失对新技术开发的积极性与能力。因此，唐山应该加大对本土企业自主创新的鼓励与扶持力度，并引导其对引入技术进行本土化改造与创新，引导本土企业自主创新良性发展。

2. 提高外资利用环境准入门槛，实现循环经济协同发展

资源与环境是唐山市赖以生存与发展的根本，随着唐山市场经济与市场环境的完善，对高端 FDI 的吸引力也逐步加大。在此基础上，唐山应积极引进以资源节约和环境友好型发展模式为代表的先进技术，通过调整外商投资领域的产业导向、环境管制制度的创新及制定可持续发展长期战略和规划等对策与措施以全面实现 FDI 的环境正效应。

首先，唐山应该对从国外输入的具有环境污染风险的产品、原材料、设备与工艺进行环境风险的评估，评估结果作为是否引进此项外资的重要考核指标，针对具有重大环境污染风险的项目坚决放弃引进；然后，对已经引进的各项目严格按照相关环保部门的要求进行检查与验收，对于验收不合格的项目，勒令停改，否则不得投入生产；在生产过程中秉承“减量化、再利用、再循环”的原则，将生产过程中的废物进行回收利用，达到“最佳生产，最适消费，最少废弃”。①

3. 完善官员经济绩效考核标准，理性评价外资利用效果

中国各级政府在经济资源的配置、引领 FDI 企业向高端领域转变中具有主导作用，而要正确发挥这种主导作用，就必须对以往的体制机制进行突破，改变现行的官员业绩考核和晋升选拔机制。② 对官员经济绩效中外资引进与利用的考核应该符合国务院《关于进一步做好利用外资工作的若干意见》，不能片面追求 FDI 数量，更应该考察其引入外资的质量与对本市经济发展的重大影响。

官员经济绩效考核应由传统 GDP 核算与指标体系逐步向包含环境与经

① 参见黄晓娟、翁鸣晓：《沈阳市利用外资情况与经验分析》，载《现代商业》，2007 (17)。

② 参见张二震、戴翔：《提升利用外资质量：理论分析与对策思路》，载《当代经济研究》，2012 (5)。

济发展质量在内的“绿色 GDP”考核标准转变，并且可以借鉴企业 KPI（关键绩效指标）的考核方式对官员进行重点项目考核。① 与此同时，应该全面提高政府治理能力与服务水平，加强对政府工作人员服务意识与市场意识的培养，提高日常工作中的行政效率，努力为外资与本地企业创造更加良好的、安全的治安、工作、生活环境，以引资软实力吸引更多高端 FDI 入驻唐山。②

## 第三节　沧州外资引用现状与对策

### 一、沧州市利用外资统计分析

沧州市隶属于河北省，位于河北东南部，濒临渤海，与天津市接壤，是我国的沿海开放城市、河北沿海地区的重要组成部分，区位优势和经济优势良好。沧州市紧随政策引导，积极开展利用外资工作，取得了不俗的成绩。以 2013 年为例，沧州市全年利用外资金额高达 4.102 3 亿美元，与上年相比，增幅达 15.2%。外资利用在沧州市各个领域都得到了积极开展，但是与秦皇岛、唐山等地相比仍有差距。

1. 沧州市 2001—2013 年利用外资总体分析

纵向来看，2001—2013 年，沧州市利用外资的总体状况比较乐观：2001 年，沧州市利用外资金额为 0.622 2 亿美元，到 2013 年，利用外资金额达到 4.102 3 亿美元，是 2001 年的 6.6 倍。因此，总体而言，沧州市利用外资呈增长的趋势。据统计，2001—2013 年，沧州市利用外资的实际金额累计达 24 亿美元，平均每年利用外资金额为 1.85 亿美元，平均每年利用外资金额增长 16.17%。但不是持续增长，增幅不稳，有波动，其中 2001 年、2004 年和 2006 年处于负增长状态。（见表 9—6、图 9—3）

**表 9—6　2001—2013 年沧州市利用外资状况**

单位：金额（亿美元），增长率（%）

| 年度 | 利用外资 | |
|---|---|---|
| | 金额（亿美元） | 增长率（%） |
| 2001 | 0.622 2 | −28.1 |
| 2002 | 0.836 2 | 34.4 |
| 2003 | 0.840 4 | 0.5 |

① 参见李敬宇、刘科：《对国内外吸引外资特点的研究与分析》，载《华北金融》，2014（7）。

② 参见于增成：《对我国利用外资的几点冷思考》，载《经营管理者》，2014（16）。

续前表

| 年度 | 利用外资 | |
|---|---|---|
| | 金额（亿美元） | 增长率（%） |
| 2004 | 0.833 3 | －0.84 |
| 2005 | 1.442 2 | 73.1 |
| 2006 | 1.36 | －5.6 |
| 2007 | 1.562 6 | 14.8 |
| 2008 | 1.606 7 | 2.8 |
| 2009 | 1.648 4 | 2.6 |
| 2010 | 2.325 7 | 41.1 |
| 2011 | 2.893 4 | 24.4 |
| 2012 | 3.931 8 | 35.9 |
| 2013 | 4.102 3 | 15.2 |
| 累计 | 24.005 2 | 210.26 |
| 平均 | 1.85 | 16.17 |

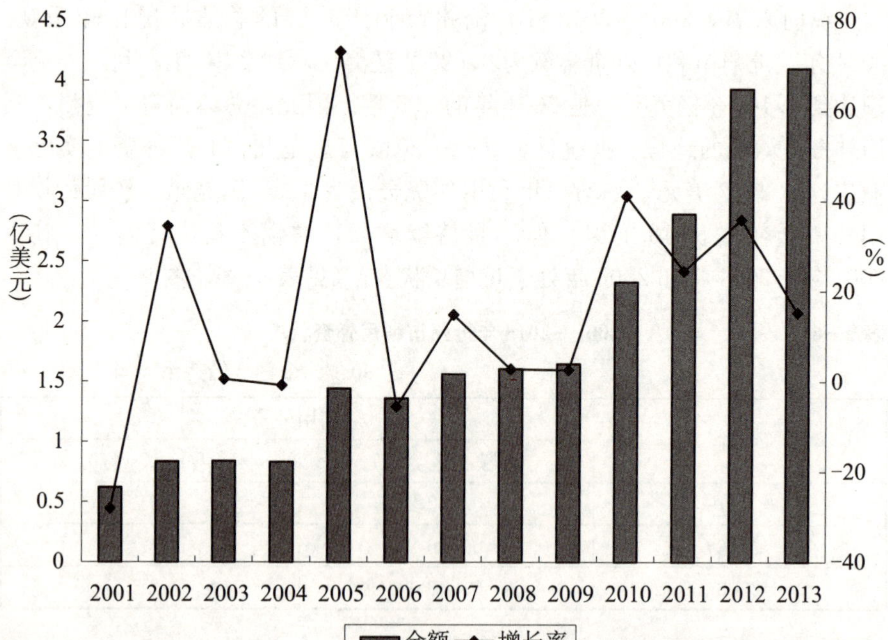


**图 9—3　2001—2013 年沧州市利用外资趋势图**

沧州与秦皇岛、唐山同处于河北沿海地区，这三个地区的发展对整个河北省乃至京津冀的协调发展都能产生影响；由于《河北沿海地区发展规划》的实施，三地迎来了共同的发展机遇。因此，将沧州与秦皇岛、唐山二地进行比较，较为合理。

从横向来看，总体来说，2001—2013 年三地利用外资都呈增长趋势：沧州的平均增长率为 16.17%，秦皇岛为 15.42%，唐山为 18.13%。同时三地都存在增幅波动，都有负增长的情况出现：沧州的负增长出现在 2001 年、2004 年和 2006 年，秦皇岛出现在 2001 年，唐山出现在 2001 年、2002 年和 2009 年。但是，与秦皇岛和唐山相比，沧州市在利用外资方面有明显差距。以 2013 年为例，沧州市利用外资金额为 4.102 3 亿美元，同期的秦皇岛为 7.38 亿美元，比沧州多 3.3 亿美元，唐山更是高达 13.5 亿美元，比沧州多 9.4 亿美元。2001—2013 年，沧州市累计利用外资 24 亿美元，秦皇岛为 47.49 亿美元，唐山为 88.17 亿美元；2001—2013 年，沧州市平均每年利用外资金额为 1.85 亿美元，秦皇岛为 3.65 亿美元，唐山为 6.78 亿美元。由此可以看出，同样处于河北沿海地区的秦、唐、沧三地，唐山市利用外资能力最强，秦皇岛次之，沧州市最弱。在河北沿海地区的竞争中，沧州市处于劣势。（见表 9—7、图 9—4）

**表 9—7　　2001—2013 年秦、唐、沧三地利用外资金额对比表**

单位：金额（亿美元），增长率（%）

| 年度 | 沧州 | | 秦皇岛 | | 唐山 | |
|---|---|---|---|---|---|---|
| | 金额 | 增长率 | 金额 | 增长率 | 金额 | 增长率 |
| 2001 | 0.622 | −28.1 | 0.880 6 | −40.9 | 1.54 | −29.5 |
| 2002 | 0.836 2 | 34.4 | 1.39 | 58.2 | 1.48 | −3.9 |
| 2003 | 0.840 4 | 0.5 | 1.54 | 10.9 | 2.02 | 36.4 |
| 2004 | 0.833 3 | −0.84 | 2.02 | 30.6 | 4.13 | 100.0 |
| 2005 | 1.442 2 | 73.1 | 2.36 | 17.9 | 5.04 | 21.9 |
| 2006 | 1.36 | −5.6 | 2.663 4 | 12.5 | 5.07 | 0.5 |
| 2007 | 1.562 6 | 14.8 | 3.401 4 | 27.7 | 6.67 | 31.6 |
| 2008 | 1.606 7 | 2.8 | 4.01 | 18.0 | 8.63 | 29.4 |
| 2009 | 1.648 4 | 2.6 | 4.57 | 13.9 | 7.97 | −7.7 |
| 2010 | 2.325 7 | 41.1 | 4.97 | 8.7 | 8.85 | 11.0 |
| 2011 | 2.893 4 | 24.4 | 6.02 | 21.1 | 10.97 | 24.0 |

续前表

| | 沧州 | | 秦皇岛 | | 唐山 | |
|---|---|---|---|---|---|---|
| | 金额 | 增长率 | 金额 | 增长率 | 金额 | 增长率 |
| 2012 | 3.931 8 | 35.9 | 6.279 5 | 4.3 | 12.30 | 12.1 |
| 2013 | 4.102 3 | 15.2 | 7.38 | 17.6 | 13.5 | 9.9 |
| 累计 | 24.005 2 | 210.26 | 47.484 9 | 200.5 | 88.17 | 235.7 |
| 平均 | 1.85 | 16.17 | 3.65 | 15.42 | 6.78 | 18.13 |

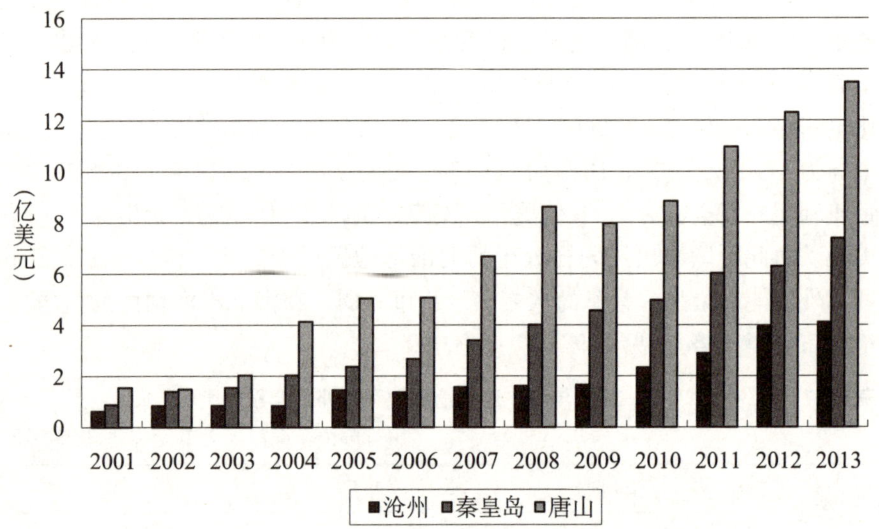


**图 9—4　2001—2013 年秦、唐、沧三地利用外资金额对比图**

2. 沧州市 2001—2013 年利用外资特点分析

2001—2013 年，沧州市利用外资虽然小有波动，但总体呈上升趋势，尤其是 2007—2013 年，处于持续增长的状态，利用外资金额由 2007 年的 1.562 6 亿美元增加到了 2013 年的 4.102 3 亿美元，增加了 2.6 倍。下面从引资规模、投资领域、外资来源等方面对沧州市利用外资的特点进行分析。

（1）引资规模分析。

沧州市引资思路可以概括为：立足沧州自身优势，抓住发展机遇，扩大引资力度。通过多种方式和渠道，沧州市和一些大型企业积极联系，招商足迹遍布世界三十多个国家和地区，举行或参加了多次重要招商活动，在招商引资方面连连取得重大成就。据统计，2013 年度，沧州市共有外资企业 265 家，其中 77 家投资金额达 1 000 万美元，这 77 家企业共提供了 8.35 亿美元的纳税额；有 6 家企业的投资额达到 1 亿美元，提供了 2.06 亿美元的纳税额。① 总体而言，2001—2013 年沧州市引资规模和质量都有很大提升，但由于国内外大环境的影响，在所难免出现波动。（见表 9—8）

**表 9—8　　2013 年沧州市重要招商活动及成果表**

| 时间 | 地点 | 招商活动 |
| --- | --- | --- |
| 2013 年 5 月 18 日 | 廊坊 | 廊坊国际经贸洽谈会 |
| 2013 年 9 月 8 日 | 厦门 | 厦门洽谈会 |
| 2013 年 10 月 16 日 | 西安 | 沧州一西安经济技术合作恳谈会 |
| 2013 年 10 月 26 日 | 沧州 | 冀台经济合作洽谈会 |
| 2013 年 11 月 | 深圳 | 深圳高交会 |
| 2013 年，沧州市共完成招商项目 21 个，引资金额为 27.52 亿美元。 | | |

（2）投资领域分析。

最初，外商在沧州市的投资领域相对集中，主要是第二产业，这也和当时我国的市场环境、沧州市的投资环境以及国家的方针政策有关。经过十几年发展，外商投资领域大大拓展，虽然第二产业仍是重点领域，但第一和第三产业也显示出良好的投资势头。如今，沧州市外资利用领域囊括第一、第二和第三产业的各个行业。其中，第二产业是引用外资的重头产业，在利用外资结构中居于主要位置：沧州市的 265 家外资企业中，有 208 家投资在第二产业，占所有外资企业的 78.49%，投资的领域主要包括化工产业、合成纤维等。此外，外商在沧州的农业领域也投入了越来越多的资金，加快了沧州市农业的发展。另外，外商在第三产业，尤其是商贸服务业方面的投资增幅最明显，全市新增多个服务业外商投资项目。

（3）外资来源分析。

经过十多年发展，沧州市外资来源日益广泛，截至 2014 年 8 月，共有 11 个国家和地区成为沧州市利用外资的来源地，其中，中国香港是最主要的外资来源地，其次是美国，再次是中国台湾、韩国和日本。② 以往，沧州市的外资主要来源于港台、日韩，近些年，越来越多的欧美、东南亚国家开始在沧州进行投资，这对沧州市的招商引资能力和水平的提升有很大的推动作用，也改变了原来单一的、以港台为主的引资渠道，拓宽了外商和外资的来源。（见表 9—9）

---

①② 参见长城网河北频道：《香港城为沧州市最大外资来源地》，http：//heb.hebei.com.cn/system/2014/08/18/013827905.shtml。

表 9—9 沧州市外资来源前五名

| 排名 | 国家或地区 | 企业数量（家） | 投资金额（亿美元） | 所占外资比重（%） |
|---|---|---|---|---|
| 1 | 中国香港 | 101 | 8.86 | 62.24 |
| 2 | 美国 | 18 | 0.95 | 6.65 |
| 3 | 中国台湾 | 20 | 0.88 | 6.18 |
| 4 | 韩国 | 60 | 0.60 | 4.22 |
| 5 | 日本 | 23 | 0.49 | 3.48 |

（4）沧州各县（市、区）利用外资能力分析。

截至 2013 年底，沧州市共 19 个县（市、区），其中有 16 个都完成了当年的引资目标，有的县（市、区）甚至超额完成。到位外资前四个县（市、区）分别是渤海新区、献县、沧州开发区以及任丘市（见图 9—5）。全市协同并进，共同推动沧州利用外资能力的提升。

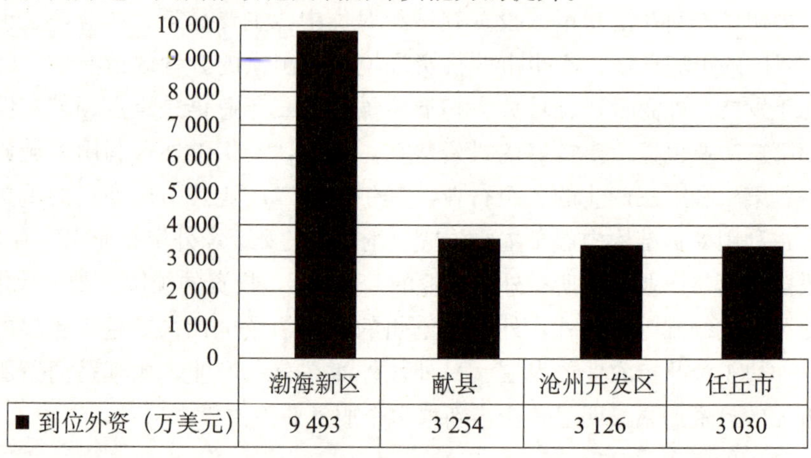


图 9—5 截至 2013 年底沧州市 4 县（市、区）利用外资情况图

3. 京津冀一体化中沧州利用外资发展对策

近 20 年，沧州市在利用外资方面取得了不错的成就，引资规模、引资质量都有了很大提升。但是应该看到，与唐山、秦皇岛以及相邻的北京和天津等地相比，沧州市的利用外资水平较差，在利用外资方面存在一些薄弱环节。对沧州市 2001—2013 年的利用外资情况进行统计分析，首先能看出沧州市近 20 年利用外资的总体状况，其次还能从中分析出沧州市利用外资的特点，再次能在一定程度上反映出该市利用外资的不足之处，为今后的外资政策提供依据。

沧州市利用外资方面还存在一些薄弱环节：

首先，就投资环境来看，沧州市的投资环境与秦皇岛、唐山等地相比，不论是硬环境（主要指基础设施状况）还是软环境（政策、法律环境），都存在差距，因此，外商更倾向于投资唐山、秦皇岛而非沧州；

其次，就外商投资地区来看，沧州市渤海新区和开发区是外商投资最多的区域，而海兴、吴桥等地外商投资甚少，这不利于沧州市各县（区、市）的协调发展；

再次，就外资投资领域来看，虽然投资于第一和第三产业的资金逐渐增多，但目前来看，仍然主要集中于第二产业，投资结构仍需调整。①

今后沧州市在利用外资方面，要从改善自身投资环境、调整投资的产业结构和地域分布结构等方面着手，同时吸取京津地区的有利经验，借助京津冀一体化战略、河北沿海地区发展规划等政策的东风，提升利用外资能力。

① 参见张建勇：《河北省利用外资现状分析与对策研究》，天津，河北工业大学，2008。

# 第三编

# 京津冀协同视域下河北沿海地区发展

# 第十章　京津冀区域经济发展：一体化和协同

## 第一节　京津冀区域经济一体化的发展困境与路径选择

### 一、京津冀区域经济一体化的发展困境

在经济全球化的大背景下，区域经济一体化成为增强区域整体竞争力的一种必然选择。一方面，区域经济一体化在国际层面上进一步深化，区域之间的竞争越来越体现为以核心城市为中心的大都市圈竞争，如英国的伦敦—伯明翰—利物浦大都市圈、美国的波士顿—纽约—华盛顿都市圈以及日本的东海道都市圈等；另一方面，区域经济一体化越来越明显地在一国的区际经济发展中呈现出其客观必然性。[①] 从国内发展来看，长三角、珠三角和京津冀三大都市圈是拉动我国区域经济发展的“三驾马车”，是促进中国经济发展的三大增长极。长江三角洲与京津冀无论从行政区划还是从地理分布上，都有着太多的相似之处。一个是两省一市，一个是两市一省。所不同的是前者以一个直辖市带动了两省经济的共同发展，成为我国区域经济发展的典范，而后者的两个直辖市却未能带动起河北省的经济腾飞，甚至形成了世界上罕见的“环京津贫困带”。因此，把长三角和京津冀两个地区的经济合作状况作一个多方面的对比分析，对加速破解京津冀区域经济一体化的困局，无疑具有重要的理论意义和实践价值。

被称为世界第六大都市圈的长三角在区域经济一体化方面已经建立起一套行之有效的协调与合作机制。合作范围不仅局限在交通、旅游、能源、信息、环境等方面，在人才、教育、信息、市场一体化等领域也都有了长足的进步。相比之下，京津冀经济圈一体化虽有改善但变化不大。据2010年数据测算，长三角的GDP总量和人均GDP分别是京津冀的1.94倍和

---

① 参见孙翠兰：《区域经济一体化与京津冀区域经济合作》，载《环渤海经济瞭望》，2007 (3)。

1.53 倍。[①] 尽管京津冀的多数指标落后于长三角，但京津冀经济圈区位条件独特、人文环境优越、创新资源丰富、经济基础雄厚，也可以说是尚处于蓄势待发、正在崛起的第三极。只要找出发展瓶颈，有效破解并抓住新的战略机遇，就有可能实现后来居上。

我们可以从以下四个维度作一下对比分析。

1. 交通基础设施建设薄弱

构建综合性的网络化基础设施是实现区域经济一体化的前提和基础。以长三角地区为例，目前以上海为中心的一小时圈、两小时圈已基本覆盖了长三角的所有城市。在区域信息资源共享方面，基本形成了两省一市电子政务信息资源共享合作项目的实施方案。此外，该区域正在与长江中上游各省协商，联合开发建设长江黄金水道，为长三角开展新一轮合作与发展创造良好的硬件环境。

与长三角地区相比，京津冀地区高速公路密度低，高铁、港口、机场的整合刚起步，交通设施网络化程度与加快经济整合之间的矛盾突出。轨道交通方面，铁路运力不能满足区域需要，京津及近京津地区的铁路运力布局具有很大差异，京津之间准时准点对开的高速列车将两个城市紧密地联系在一起，但是京保、京唐之间的铁路交通却没有如此便捷。唐山与保定之间的联系均需要绕过京津，高铁建设投资由原计划 7 000 亿元压缩至 4 000 多亿元。高速公路层面，目前京津冀区域内有 35 条高速公路和 280 多条一般国道和省干线相连，但这并没有完全打通京津冀区域所有城市之间的交通瓶颈，如河北的承德、张家口和秦皇岛等城市与省会石家庄的沟通与交流就显得很难。公路交通不完善，势必影响区域间合作与区域经济的可持续发展。在京津冀地区铁路与公路网络均以核心城市为中心向外辐射的情况下，内外交流（东北、内蒙古与黄河、长江流域以及东南沿海的客货交流）必须经过北京枢纽或天津枢纽，大量过境运输的存在严重干扰了北京、天津两大核心城市交通体系的顺畅运作。再者，京津冀地区港口、机场等重大交通设施的重复建设问题，造成了严重的资源浪费现象，如北京首都机场的高利用率使得机场建设一再扩大，而高标准建成的石家庄机场和天津机场却与之形成鲜明对比，航班少，客流小，一个是“吃不了”，而另两个是“吃不饱”或“吃不着”。

2. 区域内部发展不平衡

与长三角地区绿树成林、百花齐放的局面相比，京津冀区域内的中

---

① 参见国家统计局：《中国统计年鉴 2010》，23～25 页，北京，中国统计出版社，2010。

心城市与其外围中小城镇及腹地在发展水平上存在巨大的差异，形成了“大树底下不长草”的现象。相关研究表明，“环京贫困带”24个县，共有国家和省级扶贫工作重点县（区）21个，扶贫工作重点村2 730个，贫困人口180.4万。① 这一贫困带已成为我国东部沿海地区城乡差别最严重的地区之一，基本与西部最贫困的三西地区（定西、陇西、西海固）处于同一发展水平，有些指标甚至比三西地区还要低。贫困带的存在客观上制约着北京、天津两个中心城市的发展，也制约着京津冀一体化发展。

（1）经济发展不平衡。

在经济一体化进程中，北京、天津的综合实力最强，成为区域发展的“飞地”，而河北的经济实力较为薄弱，与两大直辖市形成巨大的落差，区域经济发展不平衡成为京津冀一体化的主要障碍。2013年，北京、天津两市人均生产总值均突破9万元，城镇居民可支配收入均远高于全国平均水平，而河北人均生产总值还未突破3万元大关，城镇居民可支配收入为24 143元，比北京、天津都低很多。从三次产业结构看，北京的产业结构已经实现了“三二一”的结构调整，天津与河北都还没有摆脱“二三一”的产业结构模式。从市场开放度看，京津两市由于享受开放城市、沿海城市、开放区、开发区等优惠政策较早，在引进资金、扩大出口等方面占据了绝对优势，而河北省的对开放步伐虽然也在不断加快，但在利用外资、外贸出口等方面的能力差距较大。相比之下，长三角地区不仅总体经济实力强而且内部区域的经济发展都较为均衡，呈现共同繁荣之势。（见表10—1）

**表10—1　　2013年京津冀内部地区之间以及与长三角经济实力对比**

| 地区 | | 人均GDP（元） | 经济增长率（%） | 城镇人均可支配收入（元） | 三次产业结构比（1：2：3） | 固定资产投资总额（亿元） | 进出口总额（亿美元） | 实际利用外资（亿美元） |
|---|---|---|---|---|---|---|---|---|
| 京津冀 | 北京 | 93 213 | 7.7 | 40 321 | 0.8：22.3：76.9 | 7 032.20 | 4 291 | 85.2 |
| | 天津 | 100 170 | 12.5 | 32 658 | 1.3：50.6：48.1 | 10 121.20 | 1 285.28 | 72.04 |
| | 河北 | 38 838 | 8.2 | 24 143 | 12.3：52.2：35.5 | 23 194.20 | 548.8 | 66.73 |

① 参见亚行支援项目：《消除环京贫困带，促进京津冀区域协调发展》，载《河北省发展战略研究》专题报告，2005。

续前表

| 地区 | | 人均GDP（元） | 经济增长率（%） | 城镇人均可支配收入（元） | 三次产业结构比（1∶2∶3） | 固定资产投资总额（亿元） | 进出口总额（亿美元） | 实际利用外资（亿美元） |
|---|---|---|---|---|---|---|---|---|
| 长三角 | 上海 | 90 076 | 7.7 | 43 851 | 0.6∶37.2∶62.2 | 5 647.79 | 4 413.98 | 167.8 |
| | 江苏 | 74 607 | 9.6 | 35 131 | 6∶50.4∶43.6 | 35 982.5 | 5 508.4 | 332.6 |
| | 浙江 | 68 593 | 8.2 | 37 851 | 4.8∶49.1∶46.1 | 20 194 | 3 358.46 | 279.2 |

资料来源：2013 年各省市统计公报。

（2）资源分布不均衡。

与长三角地区内部两省一市相互合作、优势互补相比，北京对周围地区人才和资源的空吸现象成为京津冀区域经济一体化的又一瓶颈。京津冀在地理位置方面浑然一体，北京与天津是河北省北部中心区域独立出来的两个直辖市。由于直辖市在集聚资源方面能够给创业者和投资者提供更好的平台，经济主体能够谋求更大的利润空间，各方人才资源都集聚到京津，使得本应在京津冀范围内均匀分布的经济格局转变为向京津聚集的不对称发展状态，导致马太效应，使得不具备竞争力的经济个体被排斥到京津周边。因此河北省的产业布局完全不是主动的，而是在以京津发展为主导的情况下逐渐被边缘化的，并形成了一条罕见的“环京津贫困带”。加上长期以来河北在水资源、交通资源、用地资源上全力支持京津，却没有得到相应的补偿，这就加剧了河北经济的落后，使得三地的发展不能齐头并进。

数据显示，河北省人均收入严重偏低，京津冀收入上的巨大差距使得河北无法留住和吸引高层次人才，进而造成了河北地区缺乏活力，加大了在居民消费、社会福利、政府和企业投资、经济发展潜力等方面的差距。而这种差距，又进一步造成环渤海区域内其他省市的资金、人才等向北京、天津聚集，使发展的差距进一步扩大，形成恶性循环，严重地制约着京津冀区域经济一体化进程。

（3）行政壁垒严重，府际关系新机制没有建立。

长江三角洲作为中国经济发展速度最快、经济总量规模最大的首位经济核心区，其经济发展格局是在分工协作的基础上推进整体区域市场协调发展，已经成功实现从“行政板块”向“经济板块”的转化。对局部行政区域而言，资源重新优化配置可能有得有失，然而最终的结果是整体利益与局部利益的共赢。相比之下，京津冀区域带有相对明显的政治属性。长期以来，京津冀内部地区之间由于行政地位的对峙，导致经济“分工—合作—共同发展”的局面无法形成，行政区经济封闭的旧有格局依旧有较强的影响力，加上三地之间缺乏合作的内在动力，行政功能、体制性障碍已成为京津冀一体化进程中所需克服的主要难题。

首先，京津冀区域没有统一的经济发展规划。区域内各方没有从整体角度寻找各自的比较优势，错位发展，而是不顾资源等条件限制，追求“大而全”。核心城市和各卫星城找不准自己的产业定位，严重制约了京津冀经济和社会的快速发展。近年来，京津之间围绕机场、港口等基础设施之争，围绕汽车、重化工等制造业之争，围绕北方产权交易中心等平台选择之争，围绕生态环境、水资源之争，造成了资源、效率的巨大浪费，而且更加影响都市圈内部的协调发展。

其次，缺乏高层次的合作磋商协调机制。尽管京津冀高层领导也进行了双边互访和多边协商，但一直未能就区域内的产业结构调整、基础设施建设等战略性合作问题进行深入磋商并达成共识，未能在寻求有关各方利益结合点及合作切入点上取得重大突破。河北一直寄希望于京津两地的辐射影响，实现京津冀经济一体化。事实证明，这个设想在目前的协调机制下难以有大作为。京津对河北的带动作用并不明显，河北与京津的合作除了在水资源、土地资源等生态屏障上较多以外，产业上的分工与合作并不多。

再次，没有形成以市场机制为主，以政府宏观调控为辅的有效机制。目前京津冀区域国有资本占绝对优势，多数民营企业规模较小。这种客观现实决定了企业活力不足，辐射能力受到严重影响，而且政府对企业的行政干预多，使企业跨地区生产要素流动受到制约，市场配置资源的作用不能得到充分发挥。

3. 城市体系不完善

结构层次性强、中心城市辐射带动的城市体系是都市圈的普遍特征，也是区域资源合理分布于各城市实现功能互补的必要条件。大城市对于区域经济发展的辐射带动作用是巨大的，而且要充分发挥这种作用，必须有“二传手”，方可形成最佳的城市体系。长三角区域经济一体化优势的发挥就有赖于这种科学合理的城市体系，相比之下，不合理的城市梯度和薄弱的中心城市辐射都成为京津冀区域经济一体化发展的障碍。

(1) 城市结构梯度不合理。

根据城市规模分布研究中的“等级规模定则”(Rank-size Rule)①，一

① 参见亚洲开发银行技术援助项目 3970 咨询专家组：《第三只眼睛看河北》，12～16 页，北京，中国财政经济出版社，2005。

个国家或区域的城市应当是一个被赋予等级概念、功能互补、具有整体效益最大化的体系，是一个结构和谐、流通顺畅的金字塔结构体。在我国，城市体系最为完善的当属长三角地区。长三角都市圈的城市分布层次清晰，结构合理。第一层次为特大城市上海，是国际性港口城市和全国性中心城市，是该区域城市的核心和经济文化中心；第二层次包括特大城市南京和杭州，分别为该区两翼（江苏和浙江省）的政治、经济、文化中心；第三层次为苏州、无锡、常州、宁波、扬州等大中城市；第四层次为南通、镇江、湖州、嘉兴等中小城市；第五层次为其他极具活力的小城市和卫星城市。以 2010 年为例，长三角地区 GDP 突破 5 000 亿元的有上海、苏州、杭州、无锡、宁波、南京 6 座城市，而京津冀区域中除北京、天津、唐山、石家庄 GDP 超过 3 000 亿元，其他大多数城市 GDP 总量多为几百亿元。由此可见，京津冀区域内城市结构梯度不合理，大城市处于绝对优势，缺少发挥“二传手”作用的中等城市和小城市，与周边地区相对独立的小城市群在发展上相互脱节、自我封闭，尚未形成完善的网络体系。由此导致的最直接后果是发达地区所出现的产业聚集、形成的产业规模和产业链因为找不到适宜的生存和发展环境，没有能力向周边落后地区推广和扩散。因此，更加加剧城市结构梯度的不合理，形成恶性循环。

(2) 中心城市辐射作用不强。

从经济学意义上讲，都市圈内应有一个经济首位度大的中心城市，它与周边城市区域存在密切的经济联系或分工合作的关系，并且同时具有“极化”和“辐射扩散”两种效应。长三角经济圈的首位城市上海，2010 年地区生产总值达到 16 872.42 亿元，与第二位城市苏州（9 168.91 亿元）相比，首位度高达 1.84。作为长三角的核心城市，上海对周边城市的优质要素资源产生了巨大吸附力，一些企业总部、研发中心，以及优良金融资产和高素质人才纷纷向上海集聚；同时，上海的大发展也对周边城市区域产生了较强的辐射拉动作用，苏锡常和杭嘉湖等城市均有不同程度的受益。

在推进长三角一体化过程中，各城市纷纷遵循错位发展的思路，形成既竞争又合作，共同发展的良好局面。与上海所在的长三角区域的“群芳竞秀”相比，北京在京津冀区域内发展成为“一枝独秀”。长三角为辐射模式，而京津冀属于吸收模式。在两种不同机制下城市体系的发展结果，上海形成了与周边地区共同富裕的格局，而北京的发展对京津周边区域却起了釜底抽薪的作用，与周边区域发展形成了很难逾越的鸿沟。2010 年京津“双核”的 GDP 之和才能与上海“单核”的 GDP 相媲美，且“双核”在产业布局等方面的交叉也减弱了“双核”整体对河北经济的综合拉动力。京津经济总量偏小，城市首位度偏低，致使中心城市难以发挥对整个地区经济的辐射带动作用，中心城市与圈内城市在产业分工方面容易出现矛盾，很难实现共赢。

4. 产业格局不合理

长三角在经济发展水平和职能分工上，已经形成了以上海为龙头、江浙为两翼、区域内联系紧密的职能分工与产业发展格局。在各地产业大举进驻上海的同时，上海也加大了结构调整、产业外移的力度，形成了由各地配合，上海负责规划、设计、招商的商业运作模式，大大提高了区域内整体协调和跨区域合理布局的能力。有意识地错位发展，使产业产生互补效应，在长三角已经显现。如围绕 IT 产业，一条清晰的产业链条已初步形成：上海形成了较高水平的芯片设计、生产、封装、测试产业链，目前国内拥有的 4 条已投产的 8 英寸 0.35 微米以下的芯片生产线，3 条在上海；苏锡常地区则发展成为 IT 产品的生产制造基地，苏州已形成了笔记本电脑、显示屏产业链，无锡形成了“日资高地”，偏重于通信和 PC 相关零部件的生产，宁波则以波导手机为首，建立了手机生产基地。而京津冀区域由于合作观念的缺乏、行政区划的分割，在区域经济发展的过程中，存在主导产业趋同现象。而且长期以来由于国有企业占主导地位，地区经济自成体系，区域发展各自为政，北京、天津与周边地区产业梯度落差较大，京津“双核”竞争有余、互补动力不足，许多产业长期处于低水平竞争的状态，不利于区域经济的协同发展和城市群的可持续发展。

（1）产业同构现象严重。

京津冀的产业同构现象具体表现在两个方面：一方面是北京和天津产业的相似。北京与天津的主导产业都分布在电子通信设备制造业、黑色金属冶炼及交通运输设备制造业、电器机械与器材制造业、石油加工及炼焦业、化学制品业等领域。严重的产业同构，使得京津两中心城市间出现了经济学中的“囚徒困境”现象，严重恶化了双边经济关系，且制约了京津两市、特别是天津市的发展。另一方面是河北省内部各城市产业的相似。据统计，在承德、秦皇岛、唐山、张家口、廊坊、保定、沧州、衡水、邢台、邯郸、石家庄 11 个城市的核心区中，将化工作为支柱产业的选择率高达 72.7%，机械 54.5%、建材 63.6%、冶金 45.5%、电子 36.4%、机电和纺织均为 27.3%。根据产业结构理论，比较不同区域之间的产业结构，可以用 1979 年联合国工业发展组织（UNIDO）国际工业研究中心提出的结构相似系数法来计算产业同构系数，用以衡量产业的同构程度。其表达式如下：

$$S_{ij}=\sum_{k=1}^{n}(X_{ik}X_{jk})/\sqrt{\sum_{k=1}^{n}X_{ik}^{2}\sum_{k=1}^{n}X_{jk}^{2}}$$

其中，$S_{ij}$是 $i$ 区域和 $j$ 区域的结构相似系数，$i$ 和 $j$ 是两个相比较的区域；$X_{ik}$是 $i$ 区域 $k$ 产业占整个产业的比重，$X_{jk}$是 $j$ 区域 $k$ 产业占整个产业的比重。$S_{ij}$的值在 0 和 1 之间变动。如果其值为 0，表示两个相比较地区的产业结构完全不同；如果其值为 1，说明两个地区间产业结构完全相同。也就是说，$S_{ij}$的值越大，说明两个相比较地区间产业同构度愈大；反之，表明同构程度越低。一般在对地区间产业结构相似程度进行评价时，以 0.85 为标准来判断高低。据此，计算得 2000—2007 年京津冀地区产业同构系数，见表 10—2。

**表 10—2　　2000—2007 年京津冀地区产业同构系数**

| 地区 | 2000 年 | 2001 年 | 2002 年 | 2003 年 | 2004 年 | 2005 年 | 2006 年 | 2007 年 |
|---|---|---|---|---|---|---|---|---|
| 京/津 | 0.957 2 | 0.933 6 | 0.972 0 | 0.980 3 | 0.961 0 | 0.959 7 | 0.986 4 | 0.953 3 |
| 京/冀 | 0.434 6 | 0.448 3 | 0.489 2 | 0.511 4 | 0.481 8 | 0.358 9 | 0.405 6 | 0.519 7 |
| 津/冀 | 0.566 1 | 0.578 1 | 0.526 2 | 0.572 0 | 0.532 6 | 0.510 4 | 0.436 6 | 0.622 7 |
| 平均值 | 0.652 6 | 0.653 3 | 0.662 5 | 0.687 9 | 0.658 5 | 0.609 7 | 0.609 5 | 0.712 1 |

资料来源：据 2000 年到 2007 年《中国统计年鉴》和《中国工业统计年鉴》数据整理。

从表中数据可以看出，京津之间产业同构尤其严重，而且京津冀内部区域之间的同构系数多年来更是有增无减。产业结构趋同性不仅使得城市的产业特色难以得到有效体现，而且造成严重的资源浪费：一方面，造成行业内的巨大内耗，限制了企业规模效益的发挥；另一方面，各地区各自为战，破坏了地区间经济合作，不利于区域经济的一体化进程，进而影响整个国民经济的协调发展。

(2) 国有经济在产业中比重过高。

以所有制结构来衡量，京津冀区域作为老工业基地，传统计划体制的惯性影响较大。尽管近些年企业加快调整所有制结构，但国有经济比重仍然偏高。据 2010 年统计，河北省的国有及国有控股企业实现工业增加值占规模以上工业增加值的比重仍为 35.7%，天津市公有制经济实现增加值占全市生产总值的比重达 46%。长三角都市圈较早出现了以集体或民营经济为主体的“苏南模式”和“温州模式”，近些年经过规范的股份制改造，在中国地区经济中继续保持旺盛的活力。非公有制经济进一步发展，实现增加值在地区生产总值中的份额达 63.2%，上海非公有制经济增加值

8 334.55亿元，增长 11.7%，占全市生产总值的比重由上年的 48.4%提高到 49.4%。与长三角相比，京津冀区域中的国有经济比重过高，政府对资源的控制力强，对企业的干预大，经济的市场化程度相对较低。目前，京津冀区域的国有经济改革仍处于攻坚阶段，最活跃的私营和民营经济都还没有足够的力量打破行政区划的空间限制，进行跨行政区域的行业集聚和整合，从而影响了区域经济一体化的发展。

## 二、加快京津冀区域经济一体化进程的思路与对策

区域经济一体化在我国实际上是一个由政府推动的过程，通过政府制定的政策和措施，创造有利于各方合作的环境，引导并促进区域合作。今后，京津冀区域经济一体化发展的基本思路是：以基础设施建设为突破口，在公路、轨道交通、港口、机场建设上实现对接与资源整合；以市场一体化建设为基础，促进区域内资金、技术、人才、信息等资源的自由流动；以完善的城市体系为保障，建立城市等级序列完善、结构梯度合理的联动发展城市群；以产业合作为核心，明确城市的职能定位，通过各城市产业结构的调整和空间重组，加强产业联系，打造产业内部纵向与产业之间横向联系的产业价值链，将京津冀经济圈建成以京津为核心、以周边城市为依托的高度经济一体化都市圈。

### 1. 完善京津冀地区交通基础设施网络化体系

交通是推进京津冀一体化发展的纽带。加快京津冀交通基础设施的建设，可以大大缩小区域内的空间距离，提高经济运行效率和居民生活便利程度，加速区域经济一体化的实现。

首先，要通过京津交通一体化实现京津联动。以首都机场、天津机场为核心，建立航空客货运输系统；加速建立两市间快速客运通道，缩短空间距离；依托京津唐高速公路，建立两市机场间、港口间快速货运通道。

其次，要依托京津两大交通枢纽，实现区域交通运输网从“单中心放射式”向“双中心网络式”转变，重点建设保定至张家口的高速公路，加快西部山区开发；加快建设保定至沧州高速公路，打通中西部地区至黄骅港的出海通道；以《河北省沿海发展规划》“再造一个河北”为指导，加快建设京唐、津秦高铁，京唐高铁建成后，北京到唐山只需不到 1 个小时，有利于打通京津与河北省联系的关键节点；此外，京沈高铁的建设途经承德市，这对带动河北省发展有重要意义；应尽早将京张高铁提上日程，京张高铁沿途至八达岭只需 20 分钟，到京郊延庆只需 30 分钟，至张家口约为 2 个小时，此举将大大缩短两地间的交通时间，促进京津冀两小时经济

圈的形成。

最后，北京作为全国交通枢纽，承载着很大的交通压力。天津和唐山应承担起区域性交通枢纽的重任，重点加快天津空港和海港的建设，使之能真正成为联结海内外、海陆空一体化的交通网络，形成内联华北、东北以及西北腹地的综合交通运输网络，有效地缓解北京的交通压力。

2. 增强京津冀地区的协调规划

长三角地区经济发展是市场主导型的模式，企业参与在先，政府间协商和制度安排在后。而京津冀区域有其特殊的政治背景，“强政府、弱市场”的格局在短期内难以改变，仅凭借市场力量很难实现区域内部的整合和协调。而且北京和天津在吸收河北资源的同时，似乎并不愿意向其周边的河北地区转移污染较少的制造业。北京和天津的“十二五”规划中仍然把发展高端制造业，包括污染少的低端制造业作为经济增长的重要支撑，并没有提出任何与其周边的河北地区进行合作分工的设想。因此，首先应将京津冀区域发展规划上升到国家战略层面，并由国家出面协调加速推进区域合作的进程。一方面，应以“双环”（环渤海、环首都）和《河北省沿海发展规划》为依据，在现有的京津冀区域协调发展高层论坛基础上，尽快成立由国务院、国家发改委牵头，以各行政区行政长官参加的京津冀区域协调发展联席会，专门负责研究、编制经济圈区域发展总体规划，统筹协调区域合作和一体化的战略决策。另一方面，根据影响京津冀区域发展的重大问题或突破点，就跨行政区的重大项目和具体问题的协调与合作举行三方会谈，寻找三方都能够互利互惠的合作切入点。前期重点加强资源、环境、基础设施和社会事业项目的合作协调，把一时难以解决的深层次问题作为远期协调的重点，逐步加以引导控制。其次，可以适度调整行政区划。京津冀地区非国有经济实力尚弱，依照行政边界进行产业布局和发展规划仍是政府的首选，因此，适当进行行政区划调整是一种简洁、快速、有效地进行产业布局的方式。为改变京津冀地区核心城市疏密不均的格局、促进生产要素相对合理的分布和城市之间的协调发展，可以考虑进行行政区划的调整。比如可以考虑将廊坊、张家口、承德划入北京市的范围，为北京科技教育能力的释放和水源保护寻求落脚之地；将唐山、秦皇岛和天津合并，构建统一的沿海产业带。这样不仅可以在现行体制下为唐山、廊坊、张家口、承德、秦皇岛的发展提供稳定的推动力，也会为北京、天津的发展提供可以作为的更大空间，还可以为全国各地的行政区划改革积累经验。更重要的是，可以最大限度地克服行政因素对京津冀一体化的负面影响。

3. 加快完善城市等级体系的步伐

城市体系是区域经济及一体化发展的空间载体。京津冀都市圈应重点培育和发展京津周边次级城市的建设，形成与核心城市相互衔接，空间布局与功能协调发展的城市体系。京、津尤其是北京在城市规模逐渐膨胀的情况下，经济发展处于过度竞争状态，需要通过合理的产业规划转移来缓解。这一地区的经济发展和产业转移应该从京津冀整体城市群的角度出发，协调各方的利益。要使得京津两大城市的发展与环京津区域城市化同步进行，分散大城市职能，合理发展中等城市，加快小城市建设，为京津冀区域的产业转移打下坚实的基础。例如，京津的城市职能可以有序地向唐山、保定等周边城市疏散，这样不仅可以拉动唐山、保定等近京津地区的经济发展，还可以使京津的经济发展压力得到有效缓解。在京津的城市职能向周边地区疏散的过程中，以经济核的中心性影响强度递减规律为基础，在京保之间、津唐之间合理发展不同等级的城市，从而逐渐构建京津周边近京津地区的亚城市体系。亚城市体系中心城市担负着由京津疏散过来的政治、教育、经济等多种职能，以这些亚城市中心再次向外辐射，可以使更大的腹地受到来自京津等大城市的影响。京津冀可以在统一规划的基础上，对于相邻近的重点区域进行城市群功能定位的协商，以产业转移为契机，在京津周围形成功能定位明确、布局错落有致、产业分工协作的中小城市群。这样做不仅有利于城市体系的完善，而且增强了中心城市的辐射带动作用，加速了区域经济一体化的形成。

4. 促进产业格局的优化发展

区域经济的一体化，更应强调形成区域内各城市优势互补、错位发展的产业格局。明确京津冀区域产业发展的总体方向，界定主要城市和区域的产业定位。充分利用京津冀资源丰富多样、经济基础良好、科技实力较强、文化底蕴深厚、陆海空交通发达的优势，发挥市场在资源配置中的基础功能，积极推进制度和技术创新，将京津冀地区建成以重化工业中下游产品为主的先进制造业基地和发达的高新技术产业基地，推动京津冀地区经济的一体化发展和各类产业的协调发展。北京应以支撑国家创新中心建设、加快经济发展方式转变、支撑建设中国特色世界城市为宗旨，在新一代信息技术、新材料等领域形成若干千亿级产业集群，在生物、节能环保、新能源汽车、新能源、航空航天、高端装备制造等领域突破一批关键核心技术，转化一批重大科技创新成果，形成一批百亿级产业集群，打造一批年销售收入过500亿元的大型企业，涌现出一大批“专、特、精、新”的中小企业。天津应加快转变经济发展方式，推动经济走上创新驱动、内生增长的发展轨道。主要发展以电子信息、汽车、化工等为主的先进技术制造业，以港口为主的交通运输业，并充分利用天津沿海区域盐、油、气资源丰富的特点，积极发展以石油化工为主的多种化工工业，大力开拓离岸金融业务。河北省应利用冀东丰富的资源与良好的港口条件，积极发展钢铁、化工、建材等资本密集型重化工业，并大力发展食品、纺织、服装等劳动力密集型产业，应该主动接受，而不是被动消化来自京津地区的产业转移。其次，应发展北京向河北转移可持续发展的制造业。目前北京向河北省的产业转移项目屈指可数，且均为资源消耗型和环境污染严重型，主要是钢铁、冶金、机械制造、食品加工等传统制造业，如首钢炼钢厂、北京焦化厂、第一机床厂铸造车间等。最后，要加快国有经济的调整。当前全国范围内为应对金融危机采取"保增长、扩内需、调结构"的战略，为调整经济布局提供了良好的契机。京津冀地区的经济发展需要根据国家中长期战略，有计划、有步骤地从总量上实现国有经济战线收缩，抓难点、保重点。充分借鉴长三角地区的经验，实现企业股权结构的改善和调整，对于国有经济体制下不适应当前国内外经济发展需要的一部分企业进行改制和转型，以此来调整京津冀地区的产业结构，促进区域经济一体化的形成。

区域经济一体化程度是国家核心竞争力的具体体现。通过京津冀与长三角地区的比较研究，我们得出以下结论：应以基础设施建设为突破口，在公路、轨道交通、港口、机场建设上实现对接与资源整合；在推进区域经济协调发展方面，由国务院、国家发改委牵头对京津冀进行总体规划，并就具体问题寻找三方合作的切入点；以分散大城市职能，合理发展中等城市，加快小城市建设为思路，完善京津冀城市体系，提高中心城市辐射度；依据各城市的产业定位充分发挥各自优势，实现产业格局优化发展。在此基础上，我们给出了具体的对策建议，以期提高我国区域经济一体化程度并促进我国国民经济的持续健康稳定发展。

## 第二节　京津冀发展差距与克服对策

### 一、区域创新系统、内生经济增长理论与京津冀发展差距

随着地方政府在地区利益主体角色中的作用日益凸显，地方经济发展越来越依赖政府推动的资本、技术、劳动力等要素的经济作用。京津冀由空间地理位置相邻、城市功能与规模不同而行政级别相似的省市所组成。因地处不同的行政分割及三地政府所推行的不同发展战略模式、政策、生

产要素配置及竞争策略，一国之内相邻地域空间上产生了显著的发展差距。2014 年 8 月 8 日《人民日报》头版刊发《京津冀协同发展》专栏，内容直指京津冀协同发展中面临的种种问题。如：北京房山区郑家磨村与河北涞水县蘧家磨村仅隔路相望，文化习俗相仿、村民住户相近（京 186 户、冀 183 户），而政策差距之大令人吃惊（每亩地护林补贴，京、冀之比为 3 500∶300，相差近 12 倍；农民养老金，京、冀之比为 350∶55，相差近 7 倍）。如此悬殊的差距给京津冀一体化发展带来了巨大的障碍。

2014 年 2 月中央政府将京津冀协同发展上升为国家战略，这是国家治理体系和治理能力现代化的伟大实践。在这新的区域发展战略时期，如何用政府行为加速缩短京津冀发展差距，发挥好“中国第三经济增长极”的作用，是社会各界关注的焦点。一般而言，地区间协同发展目标、内容、手段、方式、方法和依靠力量不同，其协同效果也大不相同。鉴于此，本研究根据京津冀目前所处的发展环境和具体条件，以区域创新系统理论与内生经济增长理论为依据，从收入水平与产业角度测算京津冀经济发展差距基尼系数与区位熵，并从区域经济协同发展中政府职能角度界定政府行为，验证二者的相关性及其因果关系，从中挖掘出如何缩短京津冀发展差距、加速实现跨越式协同发展的新路径。

区域创新系统是指在一国之内的一定地域空间，将新的区域经济发展要素或这些要素的新组合引入区域经济系统内，创造一种新的更为有效的资源配置方式，实现新的系统功能，从而推动产业结构升级，形成区域竞争优势，促进区域经济跨越式发展。区域创新系统包括企业、高等院校、科研院所、政府及中介机构五大要素。区域创新系统的绩效取决于系统构成要素的运行方式和要素间的相互协同，其构成要素互动的效率与程度又与区域的制度安排、政策法规、基础设施建设的水平和创新文化氛围等环境因素密切相关。

内生经济增长理论认为，经济增长是由经济系统内部的力量所决定的，即人力资本、物质资本积累过程中形成的技术进步、边际收益率递增，是促进经济增长的内生变量。肯尼斯·阿罗（Kenneth Arrow）的边学边干模型、罗伯特·卢卡斯（Robert Lucas）的人力资本积累模型、保罗·罗默（Paul Romer）的知识溢出模型均把长期经济增长归因于经济系统外生的技术进步。实践经验表明，越是经济发达的国家或地区，越是重视高科技，注重技术外部性与知识溢出效应。人力资本存量越大，则收益率越高，越有利于更早进入技术进步快的新兴产业，研发生产更高层次的创新产品。而发展中国家因受自身条件束缚，大多从事技术含量低的传统产业，致使劳动生产率低，经济增长缓慢，人均收入低下，促使劳动力、资本及技术从穷国或地区向富国或地区倒流。

京津冀经济发展差距是中央政府的各种制度安排与地方政府推动的资本、技术、劳动力等要素的经济作用，即经济总量、经济发展速度、经济结构和经济效益等各要素综合作用的结果。其特征表现为微观方面的企业差异、中观方面的产业差异和宏观方面的政策差异。

在国外，针对政府行为与区域协同发展，学者们普遍强调地方政府竞争对经济增长的积极影响。其中，从政府职能的角度界定地方政府竞争的代表人物乔治·斯蒂格勒（George Joseph Stigler）和迈克尔·特里希（Michael Treacy）认为，地方政府竞争本质上是为满足辖区内民众的要求，而进行的公共物品提供方面的竞争。查尔斯·蒂布特（Charles Tiebout）则利用对辖区公共物品提供和地方政府支出的模型假设，提出了地方政府间竞争的"用脚投票"理论。

综合诸多国外文献不难发现，关于政府行为与区域协同发展的研究，大多放在政府行为对地区经济发展的效应上，而普遍忽略了政府行为怎样影响地区间经济发展、应如何缩短发展差距等问题。鉴于此，本研究以区域创新系统理论、内生经济增长理论为依据，测算京津冀收入差距总基尼系数、三大产业基尼系数和区位熵，并从京津冀协同发展中，以政府制度、政府规模、政府经济建设投资能力、地方政府间竞争为政府行为指标，验证其对京津冀发展差距的影响，为加速缩短京津冀发展差距探寻有效途径与可行对策。

## 二、京津冀经济发展差距与政府行为现状

### 1. 京津冀经济发展差距的衡量及分解：区位基尼系数与区位熵

区域经济发展差距是指在一个国家内，一些区域比另一些区域有更快的经济增长速度、更高的经济发展水平和更强的经济增长实力，并以悬殊的经济差距在空间上呈现出发展失衡的格局。发展中国家地方经济发展越来越依赖于地方政府的推动作用。在区域经济发展过程中，地区间发展不平衡是发展中国家普遍存在的一种现象，也是区域间衡量政府绩效的重要标志。由于历史的原因、政策的差异及地方政府绩效的高低等诸多因素，京津冀发展差距呈现出阶梯状的态势。本研究利用 1996 年以来的京津冀空间数据，并用交叉相乘法测算出了京津冀收入差距总基尼系数、三大产业基尼系数与区位熵，目的是从区域空间角度比较京津冀产业发展协调性及平衡性。测算结果为表 10—3 和表 10—4。

**表 10—3　　京津冀区位基尼系数及产业基尼系数**

| 年份 | | G | G1 | G2 | G3 | G1/ G | G2/G | G3/G |
|---|---|---|---|---|---|---|---|---|
| “九五”时期 | 1996 | 0.208 617 | 0.081 861 | 0.098 835 | 0.1679 49 | 0.392 398 | 0.473 762 | 0.805 057 |
| | 1997 | 0.212 971 | 0.077 067 | 0.087 739 | 0.187 121 | 0.361 866 | 0.411 977 | 0.878 623 |
| | 1998 | 0.225 380 | 0.077 309 | 0.102 333 | 0.220 206 | 0.343 016 | 0.454 047 | 0.977 044 |
| | 1999 | 0.238 641 | 0.071 752 | 0.104 299 | 0.231 408 | 0.300 669 | 0.437 053 | 0.969 690 |
| | 2000 | 0.238 669 | 0.072 909 | 0.111 852 | 0.253 458 | 0.305 482 | 0.468 649 | 1.061 964 |
| “十五”时期 | 2001 | 0.252 589 | 0.065 072 | 0.120 952 | 0.272 215 | 0.257 620 | 0.478 849 | 1.077 699 |
| | 2002 | 0.264 011 | 0.066 188 | 0.122 363 | 0.268 284 | 0.250 702 | 0.463 477 | 1.016 184 |
| | 2003 | 0.265 545 | 0.060 921 | 0.134 545 | 0.254 218 | 0.229 419 | 0.506 674 | 0.957 344 |
| | 2004 | 0.258 352 | 0.041 385 | 0.138 295 | 0.209 019 | 0.160 188 | 0.535 296 | 0.809 047 |
| | 2005 | 0.253 424 | 0.041 407 | 0.138 230 | 0.210 373 | 0.163 390 | 0.545 449 | 0.830 122 |
| “十一五”时期 | 2006 | 0.250 503 | 0.031 663 | 0.136 120 | 0.208 210 | 0.126 340 | 0.543 386 | 0.831 167 |
| | 2007 | 0.247 050 | 0.020 067 | 0.127 395 | 0.222 427 | 0.081 226 | 0.515 664 | 0.900 331 |
| | 2008 | 0.233 803 | 0.017 994 | 0.132 990 | 0.209 671 | 0.076 962 | 0.568 812 | 0.896 785 |
| | 2009 | 0.230 465 | 0.015 651 | 0.147 878 | 0.197 616 | 0.067 911 | 0.641 651 | 0.857 466 |
| | 2010 | 0.222 263 | 0.010 787 | 0.148 222 | 0.191 976 | 0.048 533 | 0.666 876 | 0.863 733 |
| “十二五”时期 | 2011 | 0.212 831 | 0.008 401 | 0.138 633 | 0.190 466 | 0.039 473 | 0.651 375 | 0.894 916 |

注：表中 G 表示京津冀区位收入差距总基尼系数，G1、G2、G3 分别表示第一、二、三产业基尼系数。

从表 10—3 中可以看出，区位总基尼系数 G 比任何产业基尼系数都大，且从 1996 年的 0.208 617 上升至 2003 年的 0.265 545，然后逐年下降，直至 2011 年的 0.212 831，整体上呈现倒 U 型。这说明由中央政策而导致的地区间收入差距拉大，虽后来有所缓解，但效果并不明显。其次，从三大产业基尼系数变化趋势看，第一产业基尼系数随着各期经济规划而逐年下降；第二产业基尼系数各时期明显提升；第三产业基尼系数从“九五”时期到“十五”时期上升，而从“十五”时期到“十一五”时期又反而下降，即第三产业基尼系数变化与总基尼系数变化趋同，都呈现先上升后下降的倒 U 型，且第三产业基尼系数远大于第一产业、第二产业基尼系数，说明随着产业结构的优化升级，更加导致三地间发展差距。

区域经济的区位熵，更能清楚地反映各个区域相对于全国平均发展水平的差异，其计算公式为 $Qi = Si/Pi$。式中：$Qi$ 为 $i$ 区域的经济区位熵，$Si$、$Pi$ 分别为该区域 GDP 与人口数占全国的比重。$Qi$ 越大说明 $i$ 区域的经济发展水平越高；反之则说明 $i$ 区域的经济发展水平越低。假设 $\overline{Q}$ 表示各区域经济区位熵的平均值，那么当 $Qi>\overline{Q}$ 时，$i$ 区域为经济繁荣区；当 $1<Qi<\overline{Q}$ 时，该区域为经济发展区；当 $Qi<1$ 时，则该区域为经济落后区。(见表 10—4)

**表 10—4　　京津冀区位熵**

| 年份 | 北京 | 天津 | 河北 | 平均 | 年份 | 北京 | 天津 | 河北 | 平均 |
|---|---|---|---|---|---|---|---|---|---|
| 1996 | 2.48 | 2.06 | 0.93 | 1.82 | 2004 | 3.29 | 2.48 | 1.01 | 2.26 |
| 1997 | 2.65 | 2.10 | 0.96 | 1.90 | 2005 | 3.23 | 2.67 | 1.04 | 2.31 |
| 1998 | 2.87 | 2.16 | 0.97 | 2.00 | 2006 | 3.09 | 2.53 | 1.01 | 2.21 |
| 1999 | 3.03 | 2.22 | 0.97 | 2.07 | 2007 | 2.91 | 2.34 | 0.97 | 2.07 |
| 2000 | 3.00 | 2.20 | 0.98 | 2.06 | 2008 | 2.64 | 2.40 | 0.96 | 2.00 |
| 2001 | 3.16 | 2.26 | 0.97 | 2.13 | 2009 | 2.56 | 2.40 | 0.96 | 1.97 |
| 2002 | 3.27 | 2.30 | 0.96 | 2.18 | 2010 | 2.41 | 2.38 | 0.95 | 1.91 |
| 2003 | 3.29 | 2.44 | 0.98 | 2.24 | 2011 | 2.31 | 2.40 | 0.97 | 1.89 |

从表 10—4 的京津冀区位熵测算结果可知，京津区位熵“九五”时期以来一直都大于 2，说明经济发展强劲，而冀的区位熵在 2004—2006 年刚刚达到 1，以后又一直小于 1，且小于地区平均区位熵水平，说明冀与京津的经济发展相差很大，属于经济发展落后区。因此，如何加速缩短京津冀发展差距、加快实现协同发展是三地政府急于破解的课题。

2. 京津冀的政府行为现状

政府行为是指政府通过自身所拥有的资源和能量实现自己的职能。政府行为主要从两个方面影响区域经济协同发展：在微观层面通过制度安排，影响所有制结构和产权结构；在宏观层面通过再分配行为，促进区域经济协同发展。对此，本研究以国有企业就业人员占全社会从业人员的比重表示市场化程度的政府制度，以政府消费占 GDP 的比重表示政府规模，以财政支出占 GDP 的比重表示政府经济建设投资能力，以财政支出占地区总财政收入的比重表示政府竞争能力，综合归纳“九五”时期以来的京津冀现状，产生表 10—5。

表 10—5　“九五”时期以来京津冀政府行为现状比较表

| 年份 | 国企就业比重 | | | 政府消费比重 | | | 财政支出占 GDP 比重 | | | 政府支出占地区比重 | | |
|---|---|---|---|---|---|---|---|---|---|---|---|---|
| | 京 | 津 | 冀 | 京 | 津 | 冀 | 京 | 津 | 冀 | 京 | 津 | 冀 |
| 1996 | 0.538 | 0.389 | 0.773 | 0.268 | 0.242 | 0.200 | 0.105 | 0.068 | 0.075 | 0.352 | 0.213 | 0.435 |
| 1997 | 0.541 | 0.382 | 0.785 | 0.299 | 0.229 | 0.196 | 0.126 | 0.071 | 0.075 | 0.400 | 0.187 | 0.413 |
| 1998 | 0.495 | 0.361 | 0.765 | 0.304 | 0.245 | 0.222 | 0.118 | 0.074 | 0.080 | 0.390 | 0.192 | 0.419 |
| 1999 | 0.465 | 0.347 | 0.764 | 0.336 | 0.297 | 0.232 | 0.133 | 0.075 | 0.081 | 0.411 | 0.182 | 0.406 |
| 2000 | 0.430 | 0.337 | 0.764 | 0.315 | 0.293 | 0.249 | 0.140 | 0.079 | 0.079 | 0.424 | 0.179 | 0.397 |
| 2001 | 0.392 | 0.314 | 0.760 | 0.349 | 0.296 | 0.262 | 0.151 | 0.085 | 0.081 | 0.427 | 0.179 | 0.393 |
| 2002 | 0.331 | 0.280 | 0.749 | 0.336 | 0.321 | 0.271 | 0.146 | 0.080 | 0.091 | 0.427 | 0.180 | 0.392 |
| 2003 | 0.303 | 0.252 | 0.741 | 0.344 | 0.345 | 0.271 | 0.147 | 0.079 | 0.092 | 0.434 | 0.184 | 0.382 |
| 2004 | 0.234 | 0.239 | 0.728 | 0.358 | 0.347 | 0.306 | 0.149 | 0.079 | 0.092 | 0.436 | 0.182 | 0.382 |
| 2005 | 0.222 | 0.183 | 0.700 | 0.363 | 0.349 | 0.318 | 0.152 | 0.085 | 0.103 | 0.427 | 0.178 | 0.395 |
| 2006 | 0.206 | 0.173 | 0.688 | 0.375 | 0.364 | 0.318 | 0.160 | 0.093 | 0.107 | 0.429 | 0.180 | 0.391 |
| 2007 | 0.201 | 0.156 | 0.681 | 0.405 | 0.364 | 0.332 | 0.168 | 0.103 | 0.112 | 0.431 | 0.176 | 0.393 |
| 2008 | 0.191 | 0.150 | 0.677 | 0.425 | 0.360 | 0.324 | 0.176 | 0.101 | 0.114 | 0.416 | 0.184 | 0.400 |
| 2009 | 0.186 | 0.133 | 0.663 | 0.423 | 0.365 | 0.302 | 0.191 | 0.109 | 0.117 | 0.400 | 0.194 | 0.405 |
| 2010 | 0.183 | 0.124 | 0.645 | 0.406 | 0.362 | 0.312 | 0.193 | 0.116 | 0.118 | 0.393 | 0.199 | 0.408 |
| 2011 | 0.176 | 0.119 | 0.591 | 0.418 | 0.362 | 0.285 | 0.200 | 0.129 | 0.123 | 0.378 | 0.209 | 0.412 |

从表 10—5 中可以看出，京津冀国有企业就业比重，从“九五”时期以来一直呈现下降趋势，京津下降速度快于冀，至 2011 年已不到 20%。而冀至 2011 年仍然接近 60%（59.1%），这说明冀的改革步伐迟缓，市场发育不足，民营经济发展缓慢。政府消费是各级政府对经济进行宏观调控的重要途径与手段，对激活地方经济发展起着重要的促进和推动作用。“九五”时期以来，政府消费占 GDP 比重大小顺序依次是京>津>冀，说明了三地政府各自对地方经济的支撑与扶持程度。财政支出占 GDP 比重是衡量政府经济投资能力的指标，“九五”时期以来，北京的财政支出比重远高于津冀，冀略高于津，这也进一步说明了三地政府各自对地方经济发展的支撑与扶持能力。

## 三、京津冀政府行为对经济发展差距影响检验

改革开放 30 多年来，地方政府在区域经济发展中的积极性越来越高，竞争也越来越激烈。实践证明，适度有效的地方政府竞争能够有力地促进市场化进程、产业结构调整、地方财政收入增加。那么在京津冀协同发展上升为国家战略的今天，三地政府间应如何既要竞争又要协同？既要合作又要共赢？使政府行为更好、更快地为加速缩短京津冀发展差距贡献力量？本研究以上述的京津冀政府行为现状为依据和解释变量，以三大产业基尼系数及区位熵为被解释变量，检验京津冀政府行为对三地经济发展差距的影响。其计量模型为：

$$Gt=\beta_0+\beta_1X_{1it}+\beta_2X_{2it}+\beta_3X_{3it}+\beta_4X_{4it}+\mu_{it}$$

其中 $i$（$i$=1，2，3）表示 3 个省市；$t$（$t$=1996，…，2011）表示年份；$G$ 表示三大产业基尼系数；$X_1$、$X_2$、$X_3$、$X_4$ 分别表示市场化程度、政府规模、政府投资能力、政府竞争能力；$\beta_0$ 表示截距；$\beta_k$ 分别表示政府行为的各解释变量对三大产业基尼系数影响的系数。用 OLS 法估测结果如表 10—6 所示。

**表 10—6　　京津冀政府行为对产业基尼系数影响的估测结果**

| | $G_1$ | | | $G_2$ | | | $G_3$ | | |
|---|---|---|---|---|---|---|---|---|---|
| | 京 | 津 | 冀 | 京 | 津 | 冀 | 京 | 津 | 冀 |
| $\beta_0$ | 0.035<br>(1.11) | −0.019<br>(−0.31) | 0.046<br>(0.37) | 0.200***<br>(4.22) | 0.029<br>(0.38) | 0.367<br>(0.20) | −0.269*<br>(−2.05) | −0.250<br>(−1.18) | 0.306<br>(0.75) |
| $\beta_1$ | 0.110***<br>(5.36) | 0.262***<br>(3.96) | 0.145<br>(1.14) | −0.149***<br>(−4.91) | −0.099<br>(−1.24) | 1.143<br>(0.10) | 0.195**<br>(2.33) | 0.958***<br>(4.23) | 0.508<br>(1.22) |
| $\beta_2$ | −0.247***<br>(−2.98) | 0.096<br>(0.93) | −0.103<br>(−1.29) | −0.235*<br>(−1.90) | 0.333***<br>(2.66) | −1.286<br>(0.22) | −0.077<br>(−0.23) | 0.865**<br>(2.44) | 0.076<br>(0.29) |
| $\beta_3$ | −0.254*<br>(−2.04) | −0.295<br>(−0.74) | −0.84<br>(−1.68) | 0.267<br>(1.44) | −0.770<br>(−1.59) | −1.682<br>(−0.10) | −0.213<br>(−0.42) | 4.585***<br>(3.34) | −0.653<br>(−0.40) |
| $\beta_4$ | 0.264***<br>(5.69) | −0.014<br>(−0.05) | 0.015<br>(0.21) | 0.037<br>(0.53) | 0.528<br>(1.58) | 0.206<br>(−0.13) | 1.229***<br>(6.45) | −2.928***<br>(−3.08) | −0.912***<br>(−3.95) |
| $R^2$ | 0.984 | 0.972 | 0.968 | 0.927 | 0.912 | 0.855 | 0.794 | 0.740 | 0.726 |
| $\bar{R}^2$ | 0.979 | 0.962 | 0.956 | 0.900 | 0.880 | 0.803 | 0.720 | 0.645 | 0.627 |
| $DW$ | 2.377 | 2.450 | 2.303 | 2.205 | 1.753 | 1.557 | 2.257 | 2.411 | 2.066 |
| $F$ | 173.5 | 94.58 | 81.78 | 34.72 | 28.57 | 16.25 | 10.62 | 7.823 | 7.292 |

注：（ ）中的数字表示 $t$ 值，* 表示 10%显著性水平；**表示 5%显著性水平；***表示 1%显著性水平。

从表 10—6 中可以看出，京津冀市场发育程度与 $G_1$、$G_3$ 均呈正相关。其中，京津的影响显著而冀的影响不显著，说明市场发育越落后，第一产业与第三产业基尼系数越大，产生更大发展差距，这符合京津冀当今发展现状，即农村剩余劳动力没有转移的空间。而对 $G_2$ 的影响中，京津的市场发育程度与 $G_2$ 呈负相关，且京影响显著，津影响不显著，而冀的影响呈正相关，但影响不显著。这均说明京津第二产业市场化程度高，有利于第二产业的快速发展，而冀需要加速推进市场化进程，以便促进第二产业的更快发展。

无论从政府消费还是财政投入对三大产业基尼系数的影响效应看，越是落后的地区，越是需要政府的消费与财政的投入。为了更准确地验证政府行为对京津冀发展的影响，在上面的计量模型中把被解释变量替换成区位熵，并依据空间面板数据，考虑到京津冀不同地区不同截面具有相同斜率的确定效应（Fixed Effects），对截面单元异方差性与同期相关性运用修正的 GLS 法进行估测，其结果如表 10—7 所示。

**表 10—7　京津冀政府行为对区位熵影响的估测结果（GLS 法）**

| | | $X_1$ | $X_2$ | $X_3$ | $X_4$ | $X_1$（−1） | $X_2$（−1） |
|---|---|---|---|---|---|---|---|
| 模型 1 | $\beta$ 值 | −1.851*** | 1.644** | −9.637*** | 0.472 | | |
| | $t$ 值 | −3.986 | 2.347 | −5.662 | 0.756 | | |
| Fixed Effects | | $\beta_{0\_b}$=4.181 | | $\beta_{0\_t}$=3.047 | | $\beta_{0\_h}$=2.567 | |
| $R^2$=0.989 3 | | $\bar{R}^2$=0.987 8 | | $DW$=1.615 7 | | $F$=1 268.55 | |
| 模型 2 | $\beta$ 值 | −4.624*** | 0.442 | −10.555*** | 1.433* | 3.539*** | 2.130* |
| | $t$ 值 | −4.515 | 0.442 | −5.235 | 1.922 | 3.306 | 1.738 |
| Fixed Effects | | $\beta_{0\_b}$=3.323 | | $\beta_{0\_t}$=2.455 | | $\beta_{0\_h}$=1.397 | |
| $R^2$=0.959 2 | | $\bar{R}^2$=0.950 2 | | $DW$=1.822 6 | | $F$=169.353 5 | |

注：（　）中的数字表示 $t$ 值，* 表示 10%显著性水平；**表示 5%显著性水平；***表示 1%显著性水平。

从表 10—7 中可以看出，国有企业比重与财政支出比重在模型 1 与模型 2 中，均与区位熵呈负相关且影响显著，说明一个地区市场化程度越低区位熵越小，即经济发展水平越落后。这与前面的验证结果与理论考察相符合，同时表明地区经济建设主体应为企业，企业兴则经济兴。政府消费、政府竞争能力与区位熵在模型 1 与模型 2 中均呈正相关，这进一步说明了京津冀经济发展与政府行为的正效应，即政府消费越多、竞争能力越强，区位熵也越大。

### 四、京津冀发展差距的克服对策分析

1. 逐渐取消京津冀发展中的差别政策

中央政府长期以来对京津冀不同的差别政策，导致了三地间经济发展的巨大差距。京津冀协同发展已上升为国家战略，需要从中央层面对三地政策给予均衡性的调控，甚至向河北倾斜。

2. 京津需要取舍，河北需要努力

实证表明，京津冀三地经济发展差距之大，从协同战略层面需要京津的甘于奉献，但更需要河北的迎头赶上。谋划构筑京津冀三地间经济社会发展的宏伟蓝图，有助于更好、更快地实现协同发展，合作共赢。

3. 以产业结构调整优化为抓手

产业结构升级的快慢，直接影响地方经济的发展速度与质量。京津冀三地政府应从自身定位出发，发挥自身优势，正视自身不足，相互取长补短，共筑京津冀协同发展的产业结构优化带。

4. 加大河北省承接京津产业转移能力的提升

河北市场发育迟缓，经济发展水平低，政府对地区经济发展支撑与扶持的力度不够，应加速深化改革开放步伐，加快提速第二产业结构的优化升级，加速拓展第三产业结构的覆盖范围，尽快提高河北省承接京津产业转移的能力。

5. 京津冀三方要秉承“合作在先，竞争在后”协同发展原则

京津冀发展差距之大，不利于其协同发展步伐，应引起中央层面的高度重视并加以协调，但更需要京津冀政府间密切合作，群策群力，协同发展。市场经济是开放经济，更是合作竞争经济。三地政府应本着“合作在先，竞争在后”之原则，共同加速完成“协同发展”之国家战略。

## 第三节　学习型区域构建与京津冀协同发展分析

### 一、学习型区域构建理论分析

21 世纪是知识经济与区域合作并行的数字网络时代，京津冀协同发展，无论是从现实发展需要，还是从国家长远发展战略来看，均具有十分重要的现实意义及历史意义。但京津冀协同发展，并不是新鲜话题，早在 20 世纪 80 年代初就曾提出，进入新世纪也已提出过 3 次，但最终都以河北的一厢情愿而失败告终。我国 2014 年政府工作报告中指出：“要把创新放

在国家发展全局的核心位置，促进科技与经济社会发展紧密结合，推动我国产业向全球价值链高端跃升”，并将多年呼吁的京津冀协同发展提升为国家战略，凸显了京津冀在全国发展格局中的重要战略地位，这对区域乃至全国的经济社会发展均具有重大的战略意义。京津冀协同发展的战略内涵，是通过政府力量与市场力量的合力，营造京津冀协同发展的“造血”机制、创新能力和增长动力，建立配套适度的政策支持，形成分类管理的政策体系，在三地间形成互补中互惠、合作中共赢。在京津冀协同发展过程中如何充分发挥各自优势与特色、实现互利共赢，关键在于知识的高效溢出效应及彼此间的相互消化吸收。区域协同正是加速实现这一宗旨的有效途径和必由之路。鉴于此，本研究以学习型区域理论与国家创新系统理论为依据，以京津冀创新投入与经济发展相关性为切入点，深入探讨如何更好、更快实现京津冀的协同发展，其中的重要现实意义及历史意义自然不必赘述。

1. 学习型区域理论

学习型区域（Leaning Region）是理查德·佛罗里达（Richard Florida）1995 年在《未来》期刊中首次提出的概念，是指在一定地理区域范围内，区域主体（企业、高等院校、科研院所、政府和中介服务机构等）在学习型文化的氛围下，围绕学习和创新两大核心要素，通过主体之间交互学习促进知识流动，最终达到知识共享，以知识推动创新，提升区域创新能力和竞争实力，适应经济发展，达成共同愿景，迎合经济全球化，促进区域经济跨越式发展的网络式区域创新系统。① 佛罗里达认为，学习型区域越来越成为创新和发展的重要阵地，成为经济发展和社会进步的重要起源。学习型区域理论从知识的流动与产出出发，认为区域主体间的相互学习是主体持续创新发展的根本途径，同时也是促进区域系统创新的润滑剂。②

2. 国家创新系统理论

国家创新系统是英国经济学家克里斯托弗·弗里曼（Christopher Freeman）1987 年在其著作《技术政策与经济绩效：来自日本的经验》中首次提出的概念，是指有利于促进一个国家研究开发、引进、运用、扩散各种新技术的公共部门和私人部门机构所组成的网络，以及与此相关的一系列具体的国家制度。③ OECD 等发达国家创新理论流派都强调政府在国家创

① See Richard Florida：Towards the Learning Region，*Futures*，1995（27）.

② See Roger Normann：Can Regions Learn? Critical Assessment of Regions as Arenas for Regional Development，*AI & SOCIETY*，2005（19）.

③ See Christopher Freeman：*Technology Policy and Economic Performance*：*Lessons from Japan*，Frances Printer Publishers，1987：pp. 216 - 219.

新系统中的作用，认为国家创新系统包括企业、大学研究机构、知识的流动、中介机构和政府等五大要素，且各要素之间相互作用的规模和效率对国家创新系统具有决定性的影响。可见，京津冀如何更好、更快地加速实现协同发展，区域主体间的相互学习与密切合作至关重要。

3. 文献综述

国内关于京津冀的学术研究，最早是1983年的“京津冀水资源问题学术研讨会”。继而1986年在国内最早成立环渤海区域合作市长联席会，是地方政府间的区域性合作组织，虽然包含京津冀，但并不只针对京津冀。本世纪以来，从2004年开始，已提出3次京津冀地区合作发展有关的规划，第一次是2004年11月启动的《京津冀都市圈区域规划》“2+8”模式，主要内容是交通基础设施建设的基本战略与目标，明确了京津冀三地的城市定位与产业发展定位，但未成立一个专门组织推动京津冀一体化发展。第二次是2011年国家“十二五”规划纲要发布时，虽然未提及京津冀都市圈，但提出了“打造首都经济圈”，首都经济圈的范围如何界定争议再起，又没有达成共识，故一直没起到实质性作用。第三次是2014年2月习近平听取京津冀协同发展专题汇报，2015年5月推出《京津冀协同发展规划》，该规划已上升到国家重点发展战略层面。

国内关于京津冀协同发展的文献，涉及的主要理论有产业梯度理论、产业链理论、博弈论、耦合协调理论、复杂网络理论等，研究方法有数据包络分析（DEA）法、GIS空间分析法、网络分析法、偏离－份额分析法、复杂网络方法、探索性空间数据分析法与回归分析法等，研究内容主要集中在京津冀地区的制造业与生产性服务业的协调发展、科技资源的共享、产业转移的综合效应、经济增长的空间极化作用、城市群功能联系与复杂网络演化、交通、生态等方面的协同发展等。其中，典型的有：

徐永利以逆梯度理论为依据，选用代表数量产值比重指标和代表效益的全社会劳动生产率指标对京津冀三次产业梯度差异进行了比较分析，结果发现河北省未来的发展并非完全需要直接承接京津生产转移，也并非完全以农业和资源型工业为方向，应从逆梯度角度，积极参与京津高端产业推移，大力发展服务业、优势主导产业和新兴产业，以实现跨越式发展目标。①

董冠鹏运用空间俱乐部收敛模型和局部空间回归模型对京津冀都市地区经济收敛状况进行了研究，结果发现京津冀都市地区已形成了中心区域和环绕京津的外围区域，整体上存在微弱的经济收敛，即中心地区由于经

① 参见徐永利：《逆梯度理论下京津冀产业协作研究》，载《河北大学学报（哲学社会科学版）》，2013（5）。

济发展水平较高，空间外溢效应较大，接受知识、技术扩散的能力较强，存在经济收敛，并且收敛速度较快，但由于中心地区和外围地区内部存在经济收敛系数结构的不稳定性，因此外围区域不存在经济收敛现象。①

马国霞等利用GIS空间分析技术测算了1993—2007年京津冀都市圈空间极化变化趋势，并从时间和空间两个维度分析了京津冀都市圈空间极化过程，得出了以下结论：京津冀都市圈经济增长极化随时间呈上升趋势；京津冀都市圈经济增长自经济中心向外围的变化趋势并不完全遵循距离衰减规律，离经济增长中心80千米处是京津冀都市圈经济增长的低谷点，从京津冀都市圈立体趋势面分析，北京和天津是京津冀都市圈的两大极核，且空间极化趋势面随时间呈扩大趋势。②

杜传忠等基于系统耦合度模型，分析了我国长三角和京津冀两大经济圈制造业与生产性服务业的耦合协调度对区域制造业竞争力水平的影响，发现虽然两大经济圈各省市之间存在一定的差别，但总体上两大经济圈制造业与生产性服务业耦合协调度均对区域制造业竞争力具有明显提升作用，因此他们认为两大经济圈应进一步促进生产性服务业发展，提高其与制造业之间的耦合协调水平，以提升区域制造业竞争力水平。③

王建利用偏离一份额分析法，对京津冀都市圈工业产业结构的发展现状进行分析，发现京津冀都市圈工业的产业结构基本趋于合理，但总体发展状况不容乐观，整体产业竞争力较差，特别是高新技术产业缺乏竞争力，影响京津冀都市圈工业的快速发展。④

张亚明基于协同创新博弈观的思维逻辑，利用同质创新政府与异质创新政府博弈模型，剖析京津冀协同创新过程中科技资源共享的“囚徒困境”成因，并建立京津冀科技资源共享的“声誉博弈”模型以寻求纳什均衡的突破点，从协同共享理念、协同共享机制以及协同共享环境营造等多个维度提出了促进京津冀科技资源共享的对策建议。⑤

张林认为科技进步是区域发展的内在动力，信息的零时空共享给区域

---

① 参见董冠鹏：《空间依赖、空间异质与京津冀都市地区经济收敛》，载《地理科学》，2010(10)。

② 参见马国霞等：《京津冀都市圈经济增长的空间极化及其模拟研究》，载《经济地理》，2010(2)。

③ 参见杜传忠等：《制造业与生产性服务业耦合协同能提高经济圈竞争力吗?》，载《产业经济研究》，2013(6)。

④ 参见王建：《基于偏离一份额分析法的京津冀都市圈工业结构研究》，载《统计与决策》，2013(20)。

⑤ 参见张亚明：《协同创新博弈观的京津冀科技资源共享模型与策略》，载《中国科技论坛》，2014(20)。

发展带来了机遇和挑战，为了适应这个迅速变化和不确定性的时代，如何运用信息和创造知识成为所有区域发展的关键。①

文魁等在全面探讨承载力的相关理论的基础上，利用京津冀区域承载力相关数据及空间分布图，综合剖析京津冀区域承载力现状，并从"疏解承载压力"和"增强承载能力"的角度，提出了实现京津冀区域人口资源环境、经济社会生态协同发展的有效对策。②

在国外尚未发现关于京津冀协同发展的文献，但关于学习型区域与国家创新系统的文献，主要集中于创新主体的系统性，其内容主要是关于如何在区域内获得更多有竞争力的创新型企业。学习型区域理论包括协同发展动力机制、协同机制、地域分异机制、调控机制，从企业层面、产业层面和区域层面分别研究学习型区域发展机理，探索学习本质与区域经济的发展关系、知识生产与价值实现和区域发展之间的关系，阐释学习型区域发展的内在逻辑，构建完整的学习型区域发展框架。

理查德·佛罗里达利用多元回归分析法验证了创意工作者分布密度与创造力对大都市创新的影响，结果发现创意工作者的密度和大城市的专利活动呈正相关，表明创意工作者分布密度是知识溢出和创新的重要组成部分。他认为学习型区域能够发挥知识和创意的收集者和储存者功能，提供有利于知识、创意和学习流动的基础性环境或基础设施的区域。因此，知识密集型的区域在全球范围内成为越来越重要的经济和技术组织模式，且区域本身正变为知识创造和学习的焦点。③

而罗杰·诺曼（Roger Normann）认为，这种视野是狭隘的，并不是所有的市场化的理论对于社会总是好的，而且不是所有对社会有利的行为都需要市场化，因此提出学习型区域应包括区域可持续发展的概念，并认为社会价值应与经济价值同等重要。④

弗兰斯·伯克玛（Frans Boekema）认为，学习型区域是对经济增长依赖于创新，而创新反过来又依赖于知识的创造、扩散和运用的区域的自然表达，因为扩散和运用通常是指学习，而学习过程是与空间相关联的。⑤

---

① 参见张林：《学习型区域发展理论及其应用研究》，长春，东北师范大学，2005。

② 参见文魁等：《京津冀发展报告：2013 承载力测度与对策》，第 82～86 页，北京，社会科学文献出版社，2013。

③ See Brian Knudsen，Richard Florida，Kevin Stolarick，Gary Gates：*Density and Creativity in U. S. Regions*，Annals of the Association of American Geographers，2008（98）.

④ See Roger Normann：Can Regions Learn? Critical Assessment of Regions as Arenas for Regional Development，*AI & SOCIETY*，2005（19）.

⑤ See Frans Boekema：*Knowledge，Innovation and Economic Growth：the Theory and Practice of Learning Regions*，Edward Elgar Publishing，2000：pp. 112－118.

综上，关于京津冀协同发展的国内大部分研究，主要集中在围绕经济的三大产业协同发展或交通、生态、制造业、服务业等某一层面的协同，而忽略了协同主体的创新内容；或重在微观、中观层面的协同，而忽视了宏观主体创新系统对协同发展的影响。鉴于此，本研究以剖析京津冀技术差距、经济发展差距为切入点，并实证检验各地创新投入对经济发展的影响，为构建京津冀学习型区域创新体系，更好、更快加速实现京津冀跨越式协同发展探寻有效途径及具体对策。

## 二、京津冀技术创新与经济发展差距比较

京津冀是由规模与功能不同而级别相似的省市组成的。各地区间战略定位决定着各地区产业布局和发展模式，地区间发展差距形成一定的梯度，提供协同发展依据。从学习型区域理论和国家创新系统理论角度看，区域间差距就是知识共享能力差而导致区域创新能力和竞争实力不足，不适应经济发展的表现。区域协同发展过程从时空角度看是竞争与协同共同推动的结果。竞争的结果产生极化效应，协同的结果产生扩散效应；从系统动态角度看，竞争使得区域系统失稳导致区域功能、性质发生更新或演替，促使形成新的区域系统空间结构。为了寻求京津冀更好、更快实现跨越式协同发展的突破点，基于上述学习型区域理论、国家创新系统理论，首先有必要对京津冀的研发投入、科技投入、人力资本（教育）投入占GDP的比重（创新投入指标）及GDP增长率、人均GDP（经济发展指标）进行比较。（见表10—8）

**表10—8　　京津冀技术差距比较表**

单位：%

| 年度 | 全国 | | | 北京 | | | 天津 | | | 河北 | | |
|---|---|---|---|---|---|---|---|---|---|---|---|---|
| | 研发投入 | 科技投入 | 教育投入 | 研发投入 | 科技投入 | 教育投入 | 研发投入 | 科技投入 | 教育投入 | 研发投入 | 科技投入 | 教育投入 |
| 2006 | 1.39 | — | 2.94 | 5.33 | — | 3.13 | 2.13 | — | 2.17 | 0.67 | — | 2.07 |
| 2007 | 1.40 | 0.67 | 3.11 | 5.13 | 0.92 | 3.23 | 2.18 | 0.43 | 2.19 | 0.66 | 0.13 | 2.28 |
| 2008 | 1.47 | 0.67 | 3.31 | 4.95 | 1.01 | 3.45 | 2.32 | 0.43 | 2.22 | 0.68 | 0.14 | 2.61 |
| 2009 | 1.70 | 0.81 | 3.59 | 5.50 | 1.04 | 3.57 | 2.37 | 0.45 | 2.40 | 0.78 | 0.15 | 2.72 |
| 2010 | 1.76 | 0.81 | 3.67 | 5.82 | 1.27 | 3.64 | 2.49 | 0.47 | 2.46 | 0.76 | 0.15 | 2.77 |
| 2011 | 1.84 | 0.82 | 3.97 | 5.76 | 1.13 | 3.86 | 2.63 | 0.53 | 3.00 | 0.82 | 0.14 | 2.79 |

续前表

| 年度 | 全国 | | | 北京 | | | 天津 | | | 河北 | | |
|---|---|---|---|---|---|---|---|---|---|---|---|---|
| | 研发投入 | 科技投入 | 教育投入 | 研发投入 | 科技投入 | 教育投入 | 研发投入 | 科技投入 | 教育投入 | 研发投入 | 科技投入 | 教育投入 |
| 2012 | 1.98 | 0.86 | — | 5.95 | 1.12 | — | 2.80 | 0.59 | 3.82 | 0.92 | 0.17 | — |
| 2013 | 2.09 | — | — | 6.08 | 1.36 | — | 2.98 | 0.71 | 4.62 | 1.0 | — | — |
| 2014 | 2.10 | — | — | 6.03 | 1.64 | — | — | — | — | — | — | — |

资料来源：国家和各省市统计公报、年鉴，作者整理。

从表10—8中可以看出，2006—2014年，北京与天津的研发投入，分别是全国平均水平的3.2倍、1.4倍，但河北却比全国平均水平低0.95个百分点；科技投入强度北京是全国平均水平的1.4倍，但天津、河北均比全国平均水平低0.25个、0.62个百分点；教育投入强度北京与全国平均水平接近，但天津、河北均比全国平均水平低0.57个、0.89个百分点。这说明除了北京所有的创新投入指标高于全国平均水平以外，天津、河北各项指标均比全国平均水平低，且京津冀之间呈明显的差距梯度。诸多发达国家和地区的经验证明，研发投入、科技投入、人力资本投入等创新性的投入，能不断地、广泛地、有力地推动一国或一地的技术进步及经济发展。那么京津冀的这些技术差距是否影响三地的经济差距？为此，本研究根据钱纳里的经济发展标准，进一步观察京津冀的经济发展差距，详见表10—9。

**表10—9　　京津冀经济发展差距比较表**

单位：%

| 年度 | 全国 | | | 北京 | | | 天津 | | | 河北 | | |
|---|---|---|---|---|---|---|---|---|---|---|---|---|
| | 工业比重 | 三产比重 | GDP↑ | 工业比重 | 三产比重 | GDP↑ | 工业比重 | 三产比重 | GDP↑ | 工业比重 | 三产比重 | GDP↑ |
| 2006 | 42.21 | 40.94 | 13.3 | 22.44 | 71.91 | 13.0 | 50.68 | 42.63 | 14.7 | 47.84 | 33.97 | 13.4 |
| 2007 | 41.58 | 41.89 | 14.6 | 21.15 | 73.49 | 14.5 | 50.68 | 42.84 | 15.5 | 47.88 | 33.81 | 12.8 |
| 2008 | 41.48 | 41.82 | 10.1 | 19.18 | 75.36 | 9.1 | 50.88 | 42.96 | 16.5 | 49.29 | 32.95 | 10.1 |
| 2009 | 39.67 | 43.43 | 8.3 | 18.95 | 75.53 | 10.2 | 48.15 | 45.27 | 16.5 | 46.32 | 35.21 | 10.0 |
| 2010 | 40.03 | 43.24 | 10.2 | 19.58 | 75.11 | 10.3 | 47.82 | 45.95 | 17.4 | 46.85 | 34.93 | 12.2 |
| 2011 | 39.84 | 43.37 | 8.7 | 18.76 | 76.07 | 8.1 | 48.03 | 46.16 | 16.4 | 48.01 | 34.60 | 11.3 |
| 2012 | 38.44 | 44.65 | 8.1 | 18.43 | 76.46 | 7.7 | 47.49 | 46.99 | 13.8 | 47.08 | 35.31 | 9.6 |
| 2013 | 43.89 | 46.09 | 7.7 | 22.32 | 76.85 | 7.7 | 50.64 | 48.05 | 12.5 | 52.16 | 35.47 | 8.2 |
| 2014 | — | — | — | 21.31 | 77.95 | 7.3 | — | — | — | — | — | — |

资料来源：国家和各省市统计公报、年鉴，作者整理。

从表 10—9 中可以看出，“十一五”期间以来，北京的工业比重一直呈下降趋势，其比重已降至 20%以下；第三产业比重已超过 75%，达到发达国家 70%的水平。天津、河北的工业比重总体也呈下降趋势，第三产业比重呈现上升趋势，但两地工业仍占主导地位，尤其是河北的第三产业比重比全国平均水平低 10.6 个百分点（2013 年）；GDP 增长率北京与全国平均水平接近，而天津、河北则高于全国平均水平。由此可以看出，北京早已进入工业化的后期阶段，而天津、河北则分别处于工业化的中后期和中期阶段。京津冀经济发展呈明显的梯度差距，这也进一步揭示了京津冀应加速实现协同发展的必要性与紧迫性。

## 三、京津冀技术创新与经济发展的实证分析

为了更好、更快地加速实现京津冀跨越式协同发展，本研究利用表 10—8 和表 10—9 的整理数据，借助社会统计软件 SPSS 18.0 测算了京津冀技术差距与经济发展差距的 Pearson 相关系数，并验证其显著性。（见表 10—10）

**表 10—10　京津冀创新投入与经济发展的相关系数**

| | 京研发 | 京科技 | 京教育 | 津研发 | 津科技 | 津教育 | 冀研发 | 冀科技 | 冀教育 |
|---|---|---|---|---|---|---|---|---|---|
| 京工业 | −0.475 | −0.486 | −0.884* | −0.822* | −0.653 | −0.619 | −0.745* | −0.711 | −0.963** |
| 京三产 | 0.514 | 0.525 | 0.906** | 0.857** | 0.751 | 0.661 | 0.773* | 0.737 | 0.968** |
| 京 GDP↑ | −0.547 | −0.539 | −0.859* | −0.858** | −0.683 | −0.692 | −0.779* | −0.646 | −0.838* |
| 津工业 | −0.931** | −0.764 | −0.834* | −0.845** | −0.723 | −0.736 | −0.887** | −0.733 | −0.786 |
| 津三产 | 0.928** | 0.761 | 0.912** | 0.931** | 0.842* | 0.822* | 0.939** | 0.778 | 0.846* |
| 津 GDP↑ | −0.114 | 0.299 | 0.780 | −0.132 | −0.632 | 0.429 | −0.278 | −0.503 | 0.925** |
| 冀工业 | −0.662 | −0.401 | −0.204 | −0.290 | −0.262 | −0.137 | −0.487 | −0.521 | −0.240 |
| 冀三产 | 0.890** | 0.561 | 0.512 | 0.640 | 0.615 | 0.491 | 0.791* | 0.698 | 0.462 |
| 冀 GDP↑ | −0.216 | 0.003 | −0.551 | −0.631 | −0.396 | −0.245 | −0.633 | 0.650 | −0.711 |

注：*表示 0.1 显著水平；**表示 0.05 显著水平；***表示 0.01 显著水平。

从表 10—10 中可以看出，京津冀各项创新投入均与各地第三产业呈正相关，但均与工业呈负相关。其中，北京、河北的研发投入不论对本地还是对相邻地区，第三产业均呈显著的正相关；天津的研发投入对北京、天津的第三产业呈显著正相关，对河北的第三产业只是呈正相关但并不显著。这说明京津冀研发投入在第三产业内相互存在技术溢出效应，但相对而言，

天津对河北的影响力不大。在第二产业内，技术溢出效应却未能充分显现，表明京津冀三地间在工业研发、生产合作、技术交流、优势互补、竞争力提升等诸多方面合作不够、各自为战，很有必要相互合作、实现互利共赢。北京的教育投入，对本市、天津的第三产业呈显著的正相关，对河北的第三产业只是呈正相关但并不显著；天津的教育投入，只对本市的第三产业呈显著的正相关，对北京、河北的第三产业只是呈正相关但并不显著；河北的教育投入，对北京、天津的第三产业均呈显著的正相关，对本地的第三产业只是呈正相关但并不显著。以上充分说明人力资本是往发达地区流入的，即“水往低处流，人往高处走”，河北的人才流失就不言而喻了。京津冀科技投入与各地工业、第三产业并未呈现显著相关性，这主要是国家国防事业等宏观层面的效应所致。

为了使京津冀更好、更快地实现跨越式协同发展，本研究利用 2006—2014 年全国 31 个省市的空间面板数据，借助现代计量经济软件 EViews 6.0，以教育投入、研发投入、科技投入占 GDP 的比重作为技术创新的解释变量，在经济增长率、人均 GDP 中取自然对数后作被解释变量，对上述京津冀技术差距如何影响经济增长进行了回归分析，以进一步验证它们之间的相关性及其影响程度。其空间计量模型为：

$$Y_{it}=\beta_0+\beta_1X_{rd}+\beta_2X_{kj}+\beta_3X_{jy}+\mu_{it}$$

其中：$i$（$i=1$，2，…，31）表示 31 个省市；$t$（$t=2006$，…，2012）表示年份；$Y$ 表示人均 GDP 的自然对数或 GDP 增长率；$X_{jy}$、$X_{rd}$、$X_{kj}$ 分别表示教育、研发、科技投入占 GDP 的比重；$\beta_0$ 表示截距；$\beta_k$ 分别表示各解释变量对经济增长影响的系数。回归分析结果如表 10—11 所示。

**表 10—11 京津冀技术差距对经济增长的影响估测效果**

| 自变量 | 因变量：GDP 增长率 | | | | 因变量：人均 GDP 对数 | | | |
|---|---|---|---|---|---|---|---|---|
| | 模型（1） | 模型（2） | 模型（3） | 模型（4） | 模型 1 | 模型 2 | 模型 3 | 模型 4 |
| | β值 | β值 | β值 | β值 | β值 | β值 | β值 | β值 |
| $X_{jy}$ | −1.393** | −3.816*** | −5.511*** | −3.339*** | 0.250*** | 0.224*** | 0.163*** | 0.092*** |
| $X_{rd}$ | −9.702*** | −29.279*** | −31.628*** | −19.898*** | 0.507*** | −0.265** | 0.430*** | 0.204** |
| $X_{kj}$ | −1.739 | −3.229 | −3.264 | 8.264 | 0.224 | 0.635*** | 0.830*** | 0.603*** |
| $X_{jy}$（−1） | | 0.427 | 0.727 | −3.385*** | | 0.059* | 0.053** | 0.008 |
| $X_{rd}$（−1） | | 27.812*** | 27.623*** | 6.914** | | 0.740*** | 0.281*** | −0.413*** |
| $X_{kj}$（−1） | | 5.069 | −1.118 | 25.151*** | | −0.157 | 0.292*** | 0.385*** |
| $X_{jy}$（−2） | | | 3.491** | −1.179 | | | 0.090*** | 0.076*** |

续前表

| 自变量 | 因变量：GDP 增长率 | | | | 因变量：人均 GDP 对数 | | | |
|---|---|---|---|---|---|---|---|---|
| | 模型（1） | 模型（2） | 模型（3） | 模型（4） | 模型 1 | 模型 2 | 模型 3 | 模型 4 |
| | β值 | β值 | β值 | β值 | β值 | β值 | β值 | β值 |
| $X_{rd}$（−2） | | | 6.438* | 5.023*** | | | 0.507*** | 0.434*** |
| $X_{kj}$（−2） | | | 9.675 | −0.752 | | | 0.098 | −0.066 |
| $X_{jy}$（−3） | | | | −0.300 | | | | 0.020 |
| $X_{rd}$（−3） | | | | −13.933*** | | | | 0.110 |
| $X_{kj}$（−3） | | | | 3.113 | | | | −0.038 |
| | $R^2$=0.636<br>$DW$=2.711<br>$F$=132.85 | $R^2$=0.875<br>$DW$=2.775<br>$F$=164.67 | $R^2$=0.904<br>$DW$=2.451<br>$F$=98.85 | $R^2$=0.993<br>$DW$=2.605<br>$F$=634.03 | $R^2$=0.999<br>$DW$=1.265<br>$F$=181 386 | $R^2$=0.999<br>$DW$=1.574<br>$F$=102 054 | $R^2$=0.999<br>$DW$=1.791<br>$F$=603 202 | $R^2$=0.999<br>$DW$=2.572<br>$F$=681 022 |

注：* 表示 0.1 显著水平；**表示 0.05 显著水平；***表示 0.01 显著水平。

从表 10—11 的左侧京津冀技术差距对 GDP 增长率估测效果模型（1）中可以看出：教育、研发、科技等技术创新投入有一定的滞后效应，因此同期影响均呈负相关，其中教育投入呈 0.05 显著水平；在模型（2）、模型（3）中的滞后 1 年、2 年后，教育、研发、科技投入对经济增长率的影响均呈正相关，其中研发投入滞后 1 年后开始呈现显著水平，而教育投入滞后 2 年后呈 0.01 显著水平；从模型（4）中可以看出，研发投入从同期到滞后 1 年、2 年、3 年均呈显著影响，其投入对经济增长率的影响是从投资后的第 2 年、3 年起才有显著的促进作用。从模型（3）的滞后 2 年中可以看出，教育投入对经济增长率的影响呈显著的促进作用，而科技投入在模型（2）、模型（3）中滞后 1 年、2 年均呈正相关但影响不显著。

从表 10—11 的右侧京津冀技术差距对人均 GDP 的影响估测效果模型 1 中可以看出，教育、研发、科技等技术创新投入均对人均 GDP 的影响呈正相关，其中教育、研发的促进作用是 0.01 显著水平；模型 2、模型 3 中教育、研发投入对人均 GDP 的促进作用均呈现 0.01 显著水平，这符合经济发展规律，即越重视教育、研发，加大对其投入，人均收入就增加越快。但科技投入对人均 GDP 的影响并未呈现显著水平。从表 10—11 中的验证结果不难看出，地区间的经济差距归根结底是技术差距。

## 四、京津冀学习型区域协同体系结构的构建

京津冀学习型区域体系结构是指京津冀区域系统内各构成要素之间在

空间或时间上的有机联系与相互作用的方式或顺序。其构成要素（行为主体）包括：京津冀内各企业、高等院校、科研院所、地方政府和中介服务机构。这些要素既是京津冀学习型区域最基本的成分，又是存在的基础。各要素之间相互作用、互为影响，各自发挥着自己的优势和作用。京津冀学习型区域是一个网络式的区域创新系统。这个系统是在一定的地域空间，各行为主体交互学习、协同创新，共同创造出一种新的更为有效的资源配置方式，实现新的系统功能，以提升区域竞争力、促进区域经济发展、达到共同愿景为目的。在正式的和非正式的相互作用和交流过程中形成相对稳定的网络系统，该系统不仅是新知识、新技术和新生产组织方式等创新资源传递和扩散的途径，更是一种不同于单个创新主体的更高级的创新发源地，是单个主体创新能力集成为区域整体创新能力的最佳组织形式。单个主体创新能力构成了区域创新网络系统，在学习型区域中这些单个主体之间交互学习、相互作用又构成了学习型区域体系结构。① 京津冀学习型区域体系结构模型如图 10—1 所示。

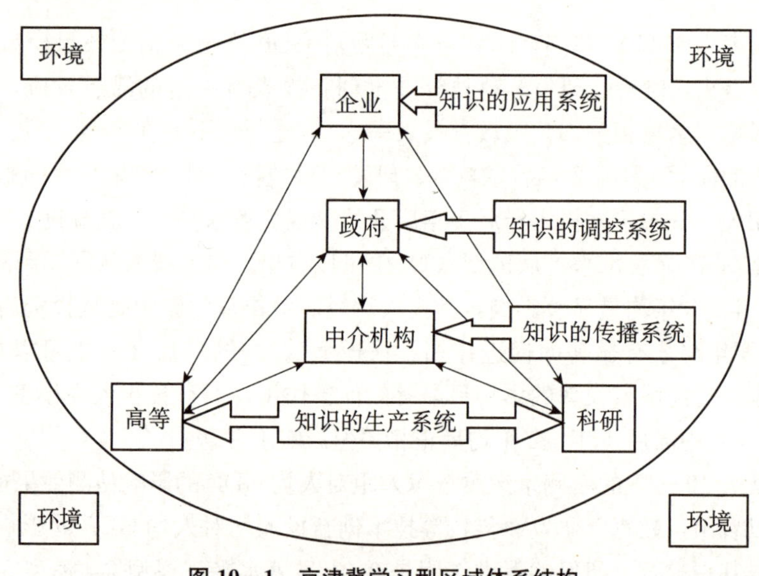


**图 10—1　京津冀学习型区域体系结构**

从图 10—1 中可以看出，京津冀学习型区域体系结构内五大要素之间形成了围绕从知识的生产到应用四大系统，即知识生产系统、知识传播系统、知识调控系统和知识应用系统。按层级顺序：高等院校、科研院所是区域科学研究体系，是新知识和新技术的生产系统，是创新的技术源泉；

① 参见程强等：《学习型区域与政府的地位和作用》，载《华东经济管理》，2011（4）。

中介服务机构在区域创新过程中，是新知识和新技术的传播系统，是沟通企业与其他要素之间新知识和新技术流动的中间环节和创新资源的流动渠道，为新知识和新技术的快速应用起到催化剂作用；政府是建立学习型区域的主要参与者，更是创新活动的推动者和指导者，是知识的调控系统，在体系中主要起区域创新的宏观调控作用；企业是区域技术创新的主体，是新知识和新技术的应用系统，也是推动区域持续发展的动力源泉。如何加速构建京津冀学习型区域协同体系，以更好、更快实现京津冀的跨越式协同发展，很有必要进一步理顺协同区域内协同行为主体及协同内容、目标、手段、程序等。本研究根据孙海燕构建京津冀学习型区域协同发展机制模式①，形成如下京津冀学习型区域协同体系结构，如表 10—12 所示。

**表 10—12　　京津冀学习型区域协同体系结构**

| | 初级阶段 | 中级阶段 | 高级阶段 |
|---|---|---|---|
| 协同行为主体 | 中央政府、地方政府 | 中央政府、地方政府、地方政府协作组织、专设的区域协同机构 | 中央政府、地方政府、地方政府协作组织、专设的区域协同机构、各种非政府协调组织 |
| 协同内容 | 重在区内协同 | 区内协同、开始关注区际协同 | 区内协同、区际协同 |
| 协同目标 | 发展经济为主、着重区内生产力布局 | 产业结构、基础设施、空间结构、资源环境 | 产业结构、基础设施、空间结构、资源环境、各种行政关系协同 |
| 协同手段 | 行政手段 | 行政手段、经济手段、法律手段 | 行政手段、经济手段 |
| 协同程序 | 简化的协同程序 | 逐步完善的协同程序 | 协同组织程序、协同工作程序 |

根据表 10—12 的内容可知，京津冀协同发展尚处于初级阶段，从协同行为主体、协同内容、协同目标、协同手段、协同程序等诸项内容而言，尚有诸多的空间和余地，需要京津冀三方齐心协力，携手并进，同舟共济，加速向中、高级阶段冲刺。在这一过程中，京津的作为至关重要，是力避重蹈河北一厢情愿的关键。前事不忘，后事之师。京津应从以往的教训中

① 参见孙海燕：《区域协调发展机制构建》，载《经济地理》，2007（3）。

猛醒，在区域合作、协同发展的国家战略大背景下，建功立业，互利互惠。

## 五、学习型区域构建中的京津冀协同发展对策分析

基于学习型区域理论与国家创新系统理论，通过综合剖析和回归检验京津冀技术创新投入与经济发展的相关性，本研究得出如下结论及对策：

1. 政府主要建构学习型区域

在区域协同发展过程中，政府是建立和推动学习型区域的主要参与者和组织者，更是创新活动的推动者和指导者，必须科学定位和充分发挥自身的职能与协调作用；高等院校、科研院所是新知识和新技术的生产系统，是创新的技术源泉，是更好、更快实现协同发展的“马前卒”“润滑剂”，应充分发挥自身的优势与特色，显现自身的价值与贡献；中介服务机构在区域创新过程中，是新知识和新技术的传播系统，是沟通企业与其他要素的渠道，为新知识和新技术的快速应用起到催化剂作用，是加速创新推动不可或缺的重要组成部分；企业是区域技术创新的主体，也是推动区域持续发展的动力源泉，在协同发展的合作与竞争中如何做强、做大自己是企业自身生存的永恒主题。

2. 以人才建设为抓手

在京津冀协同发展过程中，北京的优势不言而喻，尤其是人才优势、科技优势。北京应主动、更多、更快地向津冀进行技术输出，津冀更应主动、更多、更快地向北京求援、合作。

3. 依托科技创新

津冀在积极主动争取北京支持的同时，应千方百计创造条件，加速对技术创新的投入，以实现经济的更好、更快发展。

4. 改善产业结构

津冀的产业结构落后，比重过高，尤其是河北的第三产业竟然低于全国平均水平近 10 个百分点，这与环绕首都的地区优势、沿海优势、人力资源优势格格不入，必须尽早、尽快优化升级。

5. 提高创新投入

创新投入对京津冀经济发展，尤其对第三产业的加速发展贡献显著，对技术溢出也有明显的促进作用。但河北的人才流失严重，其教育投入并未显著促进当地经济发展，河北必须高度重视，拿出实策迅速应对。

6. 以合作共赢为价值

京津冀目前在第二产业的科技研发、生产合作、技术交流、优势互补等诸多方面明显不足，而这一领域又恰恰是实现协同发展、互利共赢的重

点所在。强化合作交流、加速互利互惠已成当务之急，刻不容缓。

7. 全面推进协同发展

目前的京津冀协同尚属初级阶段，三地认识尚不一致，三地行动尚不同步。京津冀三方应各自明确自身的优势与不足，积极主动地与对方寻求协同合作。尤其京津两市，应主动放下架子，正视自身发展中的劣势与需求，取长补短，合作共赢。

8. 全面推进区域创新

协同发展是一种合作，区域创新是一种革命。京津冀三方应再一次深刻认识“国家战略”的深刻含义，立足区域、眺望全国，以更高的境界、更深的理解、更好的行动、更快的效果，来加速实现京津冀的协同发展、快速发展、可持续发展。

## 第四节　推动河北沿海地区经济发展的区域政策协调

### 一、区域政策协调与河北沿海发展

1. 区域政策协调的含义及意义

区域政策协调涉及三组递进层次的概念。一是政策，这是核心元素，所谓政策是国家机关、政党及其他特定的政治团体在特定时期为实现一定的社会政治、经济和文化目标所采取的政治行为或规定的行为准则，它是一系列谋略、法令、措施、办法、条例等的总称。① 二是区域政策，所谓区域政策是政策在一定范围内的体现，是根据区域差异而制定的协调区域间关系和区域宏观运行机制的一系列政策的总和。② 三是区域政策协调，所谓区域政策协调是指地方行政机关或其他行为主体，通过相互交流信息等协调机制，对各自利益进行协调整合并达成共识，实现不同区域政策的协调与融合，形成跨区域政策的过程。③ 从这三组概念可以看出，政策是一般性的，区域政策是具有差异性的。正因为区域政策具有差异性，所以如果不加以统筹协调必然在不同区域之间或者在区域的子系统内部发生相互冲突。这就提出了区域政策协调的必要性和凸显了政策协调的重要意义。

区域政策协调是跨区域地方关系整合过程的基础，对促进区域的协作

---

① 参见陈振明：《政策科学：公共政策分析导论》（第 2 版），50 页，北京，中国人民大学出版社，2003。

② 参见郭琼：《区域政策浅析》，载《金田》，2011（8）。

③ 参见胡佳：《跨区域地方政策协调机制研究》，南宁，广西民族大学，2008。

发展起着不可替代的作用，通过区域政策协调可以促进区域内部的生产要素得到合理流动，推动各个区域均衡发展，推动区域内各种资源在各个区域间的合理分配，达到资源的优化配置，提升区域整体的经济发展水平，增强区域整体的竞争力。因此，区域政策是否协调，不仅影响区域经济社会发展效率，而且严重阻碍区域之间的合作发展，区域一体化的形成则成为不可能。对于河北沿海地区的发展来说，《河北沿海地区发展规划》的批复，旨在通过秦皇岛、唐山、沧州区域一体化的形成，实现资源的集约配置，努力打造辐射河北甚至带动环渤海区域经济发展的新的增长极。

实现河北沿海三市区域政策的协调意义深远。可以说，实现区域政策协调是实现秦唐沧区域一体化的基础性条件。从长三角、珠三角等区域发展先行区的发展模式来看，新的区域经济增长极的形成，很难靠一个城市和一股力量的单兵突进，经济的发展既需要创新极点，也需要广阔的腹地支撑，秦唐沧三市只有实现资源共享、优势互补、合作发力，才有望实现经济竞争力的腾飞。河北沿海地区的发展就在于尽快推进秦唐沧的区域经济一体化，一体化的实现首要的便是三市经济社会发展政策的协调，实现三市的政策协调不止是三市提高整体竞争力的保障，也是打造河北沿海新的增长极的基础，尤其是《河北沿海地区发展规划》批复之后，三市获得了更多政策与资源支持，秦唐沧三市政府更应抓住这次机遇，实现区域发展的一体化，共同打造区域经济发展的新格局。

2. 河北沿海三市（秦唐沧）区域发展主要政策的调查与分析

通过对秦唐沧三市在发展定位、主导产业、港口、教育和人力资源等方面的调研，可以发现三市在区域政策发展方面的一致性和存在冲突的地方。

（1）三市区域发展调查分析。

1）发展定位。秦皇岛的定位是全力打造全国现代服务业的先行区、全国生态文明的先行区，建设“宜居宜业宜游、富庶文明和谐”的滨海名城，国家能源输出港和北方地区重要出海口岸，河北省临港工业与加工制造业基地。唐山的定位是环渤海地区新型工业化基地和港口城市，东北亚重要的航运中心、物流中心、世界级新型工业化基地。沧州市的定位明确表达为区域性商贸流通、现代服务业中心，建设成环渤海地区先进的装备制造业基地、现代石化以及精细化工产业基地、生物制药基地、绿色农产品生产及加工供应基地、文化旅游产业基地，努力构建河北沿海及冀中南地区重要的经济基地、研发创新基地、高新技术产业基地。三市定位基本体现了传统产业基础和城市地理自然特色，但三市的定位明显缺乏互补性，不利于区域资源整合和发展合力的形成。

2）主导产业。秦皇岛市已形成了五大支柱产业：建材工业、金属压延工业、化学工业、机电工业、食品饮料工业。唐山市是我国北方重要的工业基地，主导产业主要包括：以开滦集团为首的煤炭产业；以唐钢和首钢为核心的钢铁产业；陶瓷产业对全国有巨大的影响力，号称北方瓷都；以动车制造为核心的装备制造业以及综合化工（煤化工、海盐化工、石油化工）。此外，唐山市的服务产业、电力行业、新型建材也十分具有竞争力。沧州市具有石油及化学工业、装备制造、冶金三大支柱产业，还是河北省重要的化工产业基地，占全省化学工业总产值的四分之一，沧州盐山更是全国最大的管道装备制造基地。三市在支柱产业上具有相同和相近之处，具有较大的资源整合潜力和强强联合的优势。

3）港口定位。唐山港与秦皇岛港都将自身发展定位为国际性综合大港，而沧州黄骅港也定位为区域性综合大港。三市在港口主要定位上都偏重于运输煤炭能源、矿石资源、原油资源以及集装箱。由于缺乏强有力的协调管理体制的保障，河北港口集团对港口的协调力度不够，三大港口存在恶性竞争和各自为政的现状。

4）教育与人力资源。秦唐沧三市具有丰富的教育资源总量，各类大专院校 30 多所，但国内知名院校匮乏，高端人才培养能力严重不足。同时，由于缺乏高水平院校和高端科研平台的支撑，缺乏高水平人才创业发展的平台，人才引进与流失并存，造成了三市人才短缺的局面。人才缺乏已成为三市发展的瓶颈。

（2）三市区域政策一致性分析。

秦唐沧三市在区域发展方面的政策差异性明显，体现了城市发展的各自特色，但从发展政策的梳理来看，也存在一致性的地方。

1）产业政策具有一致性。三市均重视港口建设，不断加大对沿海地区的投入，工业产业布局逐步由城区转移到沿海；重视装备制造业、化学工业，特别是高新技术产业的发展。

2）教育和科技人才政策具有一致性。三市均高度重视教育事业发展，注重依托科技进步对区域经济的推动作用，出台了一系列人才引进和科技发展政策。

3）政策规划具有一致性。《河北沿海地区发展规划》的批复，使得秦唐沧三市纳入了一体化发展的蓝图，国家和河北省将更加注重对三市发展的规划协调和指导，三市的合作和一体化发展具有更多外力的推动。

（3）三市区域政策矛盾冲突分析。

1）城市与港口的矛盾。目前河北省沿海港口、产业和城市之间还存在各自为政和互相争利的局面，严重制约了港口和城市经济的发展。港产城互动协调发展是城市发挥港口带动优势和城市作为港口发展腹地支撑的有效形式。港口产业与城市经济既可以相互促进，也可能相互制约。如果处理不好港口建设和城市经济产业布局的关系，港口不仅形成不了对城市经济的拉动作用，而且会造成对城市资源的消耗和对城市环境的污染，只有协调港城关系，将临港产业发展与城市产业结构布局统一协调起来，才能发挥产业聚集效应，促进城市和港口经济的繁荣发展。以秦皇岛港与秦皇岛市的矛盾为例，秦皇岛港为我国北方著名的天然不冻港，港阔水深、海岸曲折、终年不冻不淤，万吨货轮可自由出入，区位优越。国家通过建设大秦线，把山西的煤炭运输到秦皇岛港，秦皇岛港肩负着我国南方“八省一市”的煤炭供应任务。秦皇岛港具有全国最大的煤炭码头，但是秦皇岛港的集装箱码头建设不足 10 年，货物吞吐量很低，不仅不能拉动秦皇岛的发展，还为秦皇岛这座旅游城市带来了巨大的环境污染问题，严重影响了秦皇岛旅游业的发展以及城市的建设。

2）河北沿海城市之间的矛盾。秦唐沧三市港口主要定位都是运输煤炭、矿石、原油、集装箱，秦唐沧三市港口在争夺货源方面可能产生恶性竞争，不能做到协作分工；水资源不足的矛盾，秦皇岛和唐山都是耗水大市，滦河又是流经秦皇岛与唐山境内的重要河流，引滦入唐在一定程度上缓解了唐山的用水需求，却加重了秦皇岛的缺水问题；三市在主导产业方面，都偏重于机械制造、建材工业以及化学工业，这样必将导致重复建设、资源浪费、产能过剩以及环境污染。

3）河北沿海地区与环渤海两省一市的矛盾。在《河北沿海地区发展规划》批复之前，国家已经批复了《辽宁沿海经济带发展规划》《黄河三角洲高效生态经济区发展规划》《山东半岛蓝色经济区发展规划》。随着《河北沿海地区发展规划》的批复，一定程度上缩小了河北同传统的沿海强省辽宁、山东以及天津市在区域发展政策优势方面的差距，但是河北沿海地区还存在许多不足，过去五年在利用外资、进出口总额以及生产总值增速方面都低于同期的辽宁、山东和天津。此外，河北沿海地区还与环渤海其他地区存在腹地重叠、分工重叠、建设冲突等问题，这些都将限制河北沿海地区的发展。

*3. 秦唐沧三市行政管理与合作发展一体化的 SWOT 分析*

根据上面对秦唐沧三市在区域政策定位和举措方面的调查分析，依据 SWOT 态势分析法对秦唐沧三市行政管理与合作发展一体化的前景进行分析。

（1）优势（Strength）分析。

秦唐沧三市由于行政分割的原因，往往从各自利益出发，表现出公共政策上的差异性和冲突性。如果能够从宏观顶层设计上做好协调工作，三市完全能够通过政策协调的导向作用推进区域一体化的实现。三市能够实现区域一体化协调发展的优势在于：1）经济腹地广阔，地理位置优越，三市处于全国最密集的交通网络，并正在规划秦唐沧三市一小时交通圈，交通便利，利于三市沟通；2）三市产业结构有相似性、互补性，有着良好的合作基础；3）三市行政区划上均属于河北省，便于集中管理，有利于通过行政管理关系的整合来加速经济一体化的形成。

（2）劣势（Weakness）分析。

秦唐沧三市由于空间上和传统经济关系上的先天联系性，具备实现区域一体化的条件，然而由于长期以来的各自为政和区域基础设施的落后，相对于其他发达地区同样存在不足：第一，基础设施建设落后，存在地方保护主义，没有形成内部资源的共享和共同的市场；第二，区域内部产业结构趋同，产业结构不合理，内部竞争明显，没有形成发展合力①；第三，经济腹地重叠，港口发展定位雷同，存在恶性竞争；第四，不注重投资质量，存在高排放、高消耗的粗放型经济增长模式，合作发展成本较高。

（3）机遇（Opportunity）分析。

从内部资源和发展基础来说，秦唐沧地区优势与不足并存；从外部环境来说，秦唐沧区域发展同样机遇与挑战并存。秦唐沧区域一体化的机遇表现在：第一，国家和河北省政策上对三市的支持，优惠土地、税收和金融政策对资金投入的吸引，有利于区域产业结构优化和升级，高附加值产业特别是高新技术产业的发展为三市一体化提供了广阔的合作空间；第二，国内外对这一投资热土的广泛关注，尤其是京津产业转移以及日韩等国家对这一地区的投资，秦唐沧通过区域一体化的推进可以增强对域外产业转移和投资的承载能力。

（4）挑战（Threat）分析。

国家和省政府的政策扶持以及国际和区域产业转移的时机，既给秦唐沧区域的发展带来了机遇，也带来了挑战。表现在以下三个方面。第一，环渤海地区国家战略分布密集，均享有国家政策的大力支持，河北沿海政策优势不突出，河北省和秦唐沧三市如何掌握和利用好国家政策的扶持则取决于地方政府的领导力，领导力的不同，政策效果的差异明显。第二，

① 参见沧州市政府：沧州市主城区经济和社会发展“十二五”规划，http：//www. cangzhou. gov. cn/zwbz/jggg/145148. shtml。

其他先行发展区域的地方保护主义带来的发展壁垒，资源是有限的，河北省沿海地区发展是要在与环渤海甚至全国其他地区的竞争中不断成长，其他地区的政策壁垒将构成河北省发展的重要阻力，如何突破阻力，同样考验着地方政府的领导力。第三，周边发达区域“极化效应”依然明显，人才和资源大量流向京津等发达地区，“极化效应”是指由于增长极本身所拥有的先进产业对生产要素产生强大吸引力，周围地区的生产要素和经济活动将不断向增长极集中，从而使得周围地区的发展受到影响。同处于环渤海地区的北京、天津、辽宁和山东已经形成了经济增长极，而且多处于“极化”发展阶段，河北沿海地区如何吸纳和留住资金、技术和人才，将再次考验河北省和秦唐沧三市地方政府的领导智慧。

4. 推进河北沿海区域协调发展的政策建议

联系上文对河北沿海地区发展区域政策的一致性和矛盾冲突，以及秦唐沧三市行政管理与合作发展一体化前景的 SWOT 分析，重点提出如下推进河北沿海区域协调发展的政策建议。

（1）政策制定协调。

随着市场化程度加深，三市在政策制定方面要注意避免地方保护主义，避免“各自为政”“零和博弈”的地区发展思维和政策，要树立整体观念和共赢思维。为此，三市应在河北省牵头下成立常设性的政策协调机构，通过经常性的协调机制，加强三市的平等磋商和讨论，制定有利于三市共同发展的政策，实现秦唐沧三市一体化。

（2）区域定位协调。

从对三市的政府工作报告和“十二五”发展规划纲要的分析来看，三市在区域定位方面均体现了各自城市的特点，但是却忽视了三市的整体性。在区域定位方面，三市应当根据三市的交集和国家批复的《河北沿海地区发展规划》来重新拟订，在产业结构和功能定位上要实现错位发展和优势互补，要有利于形成发展合力。

（3）推进基础设施建设一体化。

交通线路的空间组合状况决定着城市与产业的空间组织结构。① 三市应利用国家政策支持尽快建设 1 小时都市群交通圈，加强三市的联系，实现交通“同城化”。同时加大财政对电力设施、水利工程的投入，缓解三市用水用电短缺问题，减少三市资源争夺的矛盾。

---

① 参见司林波、孟卫东、丁小凤：《河北沿海区域一体化战略分析与对策研究》，载《当代经济管理》，2012（6）。

（4）主导产业以及港口布局协调。

在产业布局上，三市应该推行差别化战略。三市均具有自己的优势产业，例如秦皇岛的旅游业、唐山的精品钢材及动车制造、沧州的化工与管道装备制造都在全国有着巨大的影响力。三市应当优先发展优势产业，避免产业结构重叠所产生的恶性竞争和资源浪费。在港口方面，充分利用腹地广阔的优势，提高腹地消化能力，合理分工，从整体性角度重新定位港口功能，避免港口定位重叠。

（5）实施科技、教育与人才战略。

首先，加速推进高校、科研院所与企业研发中心的协同创新，建立长效的联合攻关机制，实现共赢；其次，优先扶持区域性重点高校的发展，例如燕山大学，尽快打造高端人才内部培养高地，克服人才供给瓶颈；最后，政府牵头建立和完善高端科研平台，出台优惠政策，吸引区域外高水平人才入驻秦唐沧，提高区域科研创新竞争力。

（6）以法律保障协调。

要保障区域协调，除了三市的积极配合和主动沟通以外，还必须将这种协调机制纳入法制化的轨道。河北省在争取国家层面支持的基础上，应该出台秦唐沧三市一体化管理办法，将三市的行政管理关系、政策制定和运行机制等实际操作性问题通过行政规章的形式确定下来，通过法定形式，明确三市在推进沿海一体化中的权利和义务，在制定区域发展规划和启动重要工程项目时必须进行相互磋商，要以区域的整体利益为发展前提，在三市整体利益综合平衡中找出各自的政策出发点，避免区域内部的恶性竞争、重复建设和资源浪费。

## 二、推进河北沿海发展的一致性政策选择

从世界范围看，全球大约有75%的大城市、70%的人口和工业资本集中在海岸线延伸200千米的区域和范围内，临港产业经济占到世界经济总产值的60%以上。由此可以看出，利用沿海港口的区位优势带动沿海区域城市及城市带的发展，已经成为各沿海区域发展的普遍规律。2011年，国务院批准实施《河北沿海地区发展规划》，河北沿海地区的发展正式上升为国家战略，这标志着河北沿海经济发展进入了新的阶段。面对前所未有的发展机遇，如何打造全新的河北经济发展新引擎，成为河北省当前经济发展所面临的实际问题。只有保持政策的稳定性和连续性，才能保证区域政策的制定阶段和执行阶段都是最优的，才能实现宏观经济政策的动态一致性。① 所以，要推进

① 参见张颢瀚、孟静：《交通条件引导下的长江三角洲城市空间格局演化》，载《江海学刊》，2007（1）。

河北沿海地区区域经济快速发展，必须系统深入其现状。

1. 河北沿海地区经济发展现状

河北沿海地区位于环渤海区域的中心位置，北部与辽宁沿海经济带相连，中部环绕京津冀经济圈，南部与山东蓝色经济带接壤，由秦皇岛、唐山、沧州三个沿海城市组成，占河北省陆地总面积的 18.8%，海岸线长度 487 千米。区域内拥有秦皇岛、唐山和黄骅所组成的现代化港口群，无论是对于河北省还是环渤海区域的经济发展都发挥着重要的作用。2011 年河北省沿海地区经济发展主要指标如表 10—13 所示。

**表 10—13　　2011 年河北省沿海地区经济发展主要指标**

| 指标名称 | 河北省 | 沿海地区总量（占比） | 秦皇岛 | 唐山 | 沧州 |
| --- | --- | --- | --- | --- | --- |
| 土地面积（平方千米） | 187 693 | 35 337（18.7%） | 7 812 | 13 472 | 14 053 |
| 总人口（万人） | 7 240.5 | 1 783.1（24.6%） | 300.6 | 62.7 | 719.8 |
| 生产总值（亿元） | 24 515.8 | 9 097.8（37.1%） | 1 070.1 | 5 443 | 2 585 |
| 规模企业工业附加值（亿元） | 10 509 | 4 210（40.1%） | 333 | 2 836 | 1 041 |
| 固定资产投资总额（亿元） | 16 389.3 | 4 757.5（29%） | 615 | 2 545 | 1 598 |
| 财政收入（亿元） | 3 017.6 | 1 052.7（34.9%） | 168.7 | 555.5 | 328.5 |
| 消费品零售总额（万元） | 8 035.5 | 2 413（30%） | 394 | 1 335 | 684 |
| 直接利用外资总额（亿美元） | 46.8 | 19.7（42.1%） | 6.0 | 10.8 | 2.9 |
| 进出口总额（亿美元） | 536 | 173.6（32.4%） | 43.5 | 108.6 | 21.5 |
| 城镇化率（%） | 45.6 | 47.84 | 48.5 | 52.1 | 43.0 |
| 人均 GDP（元） | 33 969 | 47 499 | 35 489 | 71 626 | 35 383 |

资料来源：《2012 河北经济年鉴》。

从表 10—13 中可以看出，到 2011 年末，河北沿海地区经济生产总值为 9 097.8 亿元，占河北省 GDP 总量的 37.1%；总人口 1 783.1 万，占全省总人口的 24.6%；秦皇岛、唐山的城镇化率高于全省的平均水平，而沧州的城镇化率为 43%，低于全省平均水平 4.84 个百分点。通过对上述经济发展数据的比较分析可以归纳出河北沿海地区经济发展的现状和主要特征，具体体现为：

首先，河北沿海地区的经济地位日益突出。

河北沿海地区经济发展速度不断加快，正逐步成为带动全省经济发展的新引擎。其主要表现在三个层面：一是经济总量所占比重不断提升，从 2005 年至 2011 年间，河北沿海地区经济生产总值年平均增长率为 17.2%，如图 10—2 所示呈不断上升的趋势；二是财政收入不断增加，河北沿海地区总收入由 2005 年的 365 亿元增长至 2011 年的 1 052.7 亿元，年平均增长率为 22.96%；三是人均 GDP 高于省内平均水平。

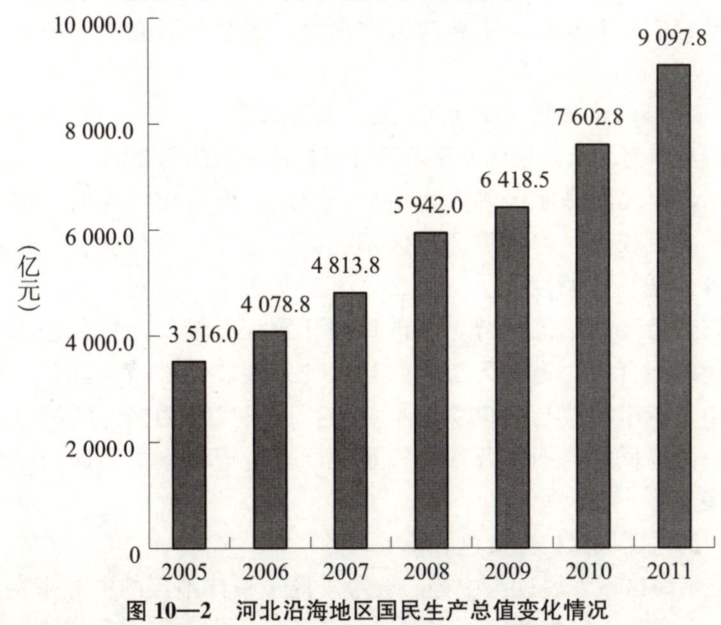


**图 10—2　河北沿海地区国民生产总值变化情况**

其次，临港产业集聚效应明显，港城互动作用增强。

河北沿海地区利用政策和区位优势不断加大招商引资的力度，吸引了包括首钢集团、中石化、中海油等一大批企业入驻，逐步成为新兴产业的集聚地。此外，河北沿海地区的港城互动模式不断推进，港口对沿海城市的辐射带动作用不断增强，包括唐山国际生态城、北戴河新区以及黄骅新城在内的沿海新区建设逐渐展开，港口、临港工业区以及沿海城市协调发展的局面不断形成。

最后，地方管理体制改革不断深入。

政治体制改革是经济体制改革的基础和前提，也是经济体制改革顺利进行的保证。随着河北沿海地区经济水平的不断提高，河北沿海地区的管理体制也逐步完善，秦皇岛的管辖权下放至当地政府，秦皇岛经济技术开发区的资源整合以及曹妃甸新区的成立有效地避免了同质产业之间的无序和盲目竞争，促进了沿海地区经济的快速发展。①

虽然河北沿海地区经济发展水平不断提高，但是还存在许多的问题，

① 参见韩蓓、蒋东生：《房地产调控政策的有效性分析——基于动态一致性》，载《经济与管理研究》，2011 (4)。

主要包括经济发展水平落后于国家沿海地区的平均水平、沿海产业层次较低且布局不合理、经济的外向性程度不高、沿海港口的辐射性不足、沿海人才结构不合理、创新能力不足等一系列问题。那么，如何通过最优化的政策制定和执行，去解决河北沿海地区目前存在的问题就显得非常重要。

2. 河北沿海地区非一致性政策发展的潜在隐患

（1）当前河北沿海地区发展不符合包容性增长的新要求。

其一，河北沿海地区要大力拓宽开放度，但历史因缘使得河北沿海地区开发程度较小。河北沿海地区不能有效地发挥区位优势，对河北省整体包容性增长贡献度不大。其二，坐拥三大港口（黄骅港、秦皇岛港以及曹妃甸港）的临港优势，对港口的开发程度较低，势必造成三大港口吞吐量的不合理，进而无法极大程度地发展临港经济。其三，港城互动过程中，城市定位与港口功能不一致，以秦皇岛为例，滨海生态城市与能源输出港反差的不一致性在一定程度上造成了秦皇岛市的非包容性增长发展趋势。

（2）周边区域保护主义色彩较重。

河北沿海区域发展过程中势必会寻求周边京津地区的资源来发展，但是京津地区存在一定程度的地方保护主义色彩，进而加大了河北沿海区域与京津区域的合作难度系数，从而造成了河北沿海发展进程落后于全国平均水平。同时，京津地区是协调发展良好的城市，即便是有区域合作，多多少少在区域经济发展层面上也是有所保留的合作。由此，从京津地区获得技术、人才、高技术产业以及投资等资源很难实现。①

（3）发展边缘化依然存在。

边缘经济的“极化效应”依然存在，造成河北沿海区域高端层次技术人才等人力资源流失现象较严重。河北沿海作为京津冀都市圈中的边缘区域，其经济贸易活动对京津地区甚至河北省内其他城市的人力资源、资本来源、技术购买以及其他发展因素指标的冲击和引入，从而对河北沿海发展有制约效应。尽管目前河北沿海处于经济发展水平较高的京津区域内，从而造就了河北沿海的区位优势、良好的基础设施以及生态环境的吸引都在为“极化效应”的发生提供可能性。另外，环渤海区域的其他国家战略地区——辽宁沿海“五点一线”经济区、山东半岛蓝色经济区——也对河北沿海地区的资源集聚形成了挑战和压力。

---

① 参见周洪、谷树忠、姚予龙、王礼茂、胡咏君：《中国资源规制对区域经济发展的有效性检验——基于省级面板数据（英文）》，载 *Journal of Resources and Ecology*，2013（2）。

（4）增长动力的缺陷。

河北沿海经济的增长动力来源有二：其一是能源输出贸易，其二是临港经济。但要注意的是，此二者仍然存在缺陷。基于海关总署对降低出口退税意见要求等因素的影响，河北沿海的出口贸易增长较为缓慢，其出口和国内其他输出仍然是以能源输出为大比重的贸易业务。与此同时，河北省内需相对较小，投资欲望增长不快，实际投资略显不足。然而随着国家能源出口环境的越来越严峻化，国家层面上中国正受到发达国家对能源和低成本矿产资源“反倾销政策”的阻碍，而这势必影响河北沿海地区出口贸易的发展。① 关键着眼点在于当前河北沿海地区在未来港口贸易中是否能拥有长期高增长的状态，这是值得商榷的。当高速增长到一定程度和一定阶段，相反的趋势也会发生，问题只是何时到来。因此仅仅依靠能源、矿产资源输出的出口贸易方式拉动河北沿海经济贸易可持续增长是不切实际的，河北沿海发展应当扩大国内其他省份，尤其是省内以及京津地区对此资源的长期需求。

3. 河北沿海区域经济发展有效性的路径选择

从上述分析可知，要想保证河北沿海区域经济发展政策的动态一致性和政策的有效性，达到预期的政策效果，需要对影响政策制定和执行的原因进行深入分析，例如政策制定主体的价值偏好、政策制定的合理合法性以及政策执行主体的个人理性和组织理性等。因此，针对上述影响因素，我们采取措施提高政策效果，主要包括四个方面：

（1）经济发展政策的程序性和灵活性。

政策的连续性和稳定性对于提高政策的效果有重要的作用，河北省政府在制定河北沿海区域经济发展政策时要兼顾程序性和灵活性的双重特点，目的是解决偏好多样性和相机抉择问题。相机抉择虽然可以增加政策的灵活度，但是也容易导致政策执行的动荡。② 因此，为了保证政策制定的程序性同时又最大限度地增加政策的灵活性，政府在制定经济发展政策时要尽量选择已被接受和理解的政策规则，通过制度安排建立政策承诺机制，在预先设定的环境下执行程序性政策，但同时指出一旦环境发生不可控变化将会采取相机抉择执行政策。

（2）不断提升政府公信力。

政府公信力指的是政府的信誉度，政府公信力的提高将有利于引导各

---

① 参见段婕、刘勇：《科技成果转化对我国区域经济增长的有效性评价——基于2003—2008年面板数据的实证分析》，载《科技进步与对策》，2011（12）。

② 参见向晓旭：《时间一致性理论简介及其对我国宏观经济的启示》，载《时代金融》，2011（30）。

区域形成理性预期，从而提高区域经济发展政策的动态一致性。① 要提高政府公信力需要从三个角度展开。首先，政府行政理念的重构。政府行政理念的重构主要包括诚信、责任和法治理念三个方面。理念是行为的先导，没有正确的理念必然导致错误的行为，因此行政理念的重构是政府公信力体系的思想基础。其次，政府行政模式重组。虽然我国已经提出了建立服务型政府，但是由于我国的行政执行的强制性以及“官本位”思想的影响，我国服务型政府的理念未能得到彻底贯彻和实施。重塑政府公信力必须加强服务型政府和责任型政府的建设，以动态的服务和责任理念替代传统的强制管理理念，加快行政模式的重组与改革。最后，完善政府行政制度。行政制度的完善主要包括以推进政策法制化为主的法律制度、以监督政策制定和执行主体为主的监督制度以及以明确政策制定和执行问责主体及问责方式的问责制度。

（3）协调省级政府和地方政府的目标。

非零和博弈是合作博弈的一种类型，双方主体目标并不是完全一致但同时也并不是完全相对，省级政府和地方政府属于非零和博弈的典型代表。省级政府可以通过政策目标量化和政策执行问责两种方式来对地方政府经济发展政策的执行行为进行约束。除此之外，为了进一步提高河北沿海区域经济发展政策的动态一致性，河北省政府还应着力改革省内的财税制度，降低地方政府对省政府的依赖性，同时辅以政治考量等约束性措施，只有这样才能更好地协调省级政府和地方政府之间的利益博弈。②

（4）充分考虑政策客体的反应。

动态一致性的理论研究表明，政策的制定及实施是政策主体与客体之间的动态博弈，忽视博弈参与者任何一方的反应都将导致偏离事前预计的均衡，使政策出现动态不一致的情况。③ 因此，无论是省级政府还是地方政府，在制定和执行经济发展政策时都要充分考虑政策客体的反应，省级政府要充分考虑地方政府的实际财政状况以及政策承载力，地方政府要充分考虑本地区公众和产业的政策认可度和承载力，从而实现河北沿海区域经济发展政策的动态一致性，提高政策的有效性。

---

① 参见刘茜：《基于博弈论的宏观经济政策动态非一致性研究》，载《北京邮电大学学报（社会科学版）》，2012（2）。

② 参见任保平、魏婕：《中国经济增长中数量和质量的不一致性及其理论解释》，载《社会科学研究》，2012（3）。

③ 参见周洪、谷树忠、姚予龙、王礼茂、胡咏君：《中国资源规制对区域经济发展的有效性检验——基于省级面板数据（英文）》，载 *Journal of Resources and Ecology*，2013（2）。

# 第十一章 经济空间分异：经济圈与产业协同发展

## 第一节 经济空间分异与首都经济圈区域经济空间分异

### 一、区域经济空间分异的研究价值

区域经济空间分异是区域经济研究的一个重要领域，研究区域经济空间分异的态势及机制，对区域开发、区域经济空间结构调控和优化乃至区域经济协调发展均具有重要意义。①

加速打造首都经济圈是落实“十二五”规划，全面推进京津冀一体化的战略途径。我们的研究发现，缩小京津与河北之间的差距，是首都经济圈一体化的首要任务。缓解河北省 9 个城市之间的经济分异，同样需要提起重视。首都经济圈的第三产业总体效益不高，外资利用水平有待提高，市场化程度需进一步加深。各地应群策群力，克服困难，积极推进首都经济圈一体化。北京作为区域一体化的核心，应进一步提高对首都经济圈建设重要性、紧迫性的认识。在加强经济中心建设的同时，更好地发挥对周边城市的扩散和带动作用。京津冀应探索建立制度化的议事、决策、执行机制，逐步打破三地间的行政和市场壁垒，从首都经济圈这一更大的视角下谋划全局的发展，逐步推动京津冀基础设施对接，将首都经济圈联通成一个有机整体。在优势互补的基础上实现产业合理布局，做好产业战略转移，不断扩大开放程度，提高引进外资的数量和质量，充分发挥市场在资源配置中的作用，依靠先进的生产技术和管理手段提升经济效益，从而打造互利共赢的新格局，实现经济的包容性增长。

区域经济空间分异是经济发展过程中普遍存在的社会经济现象。国内

① 参见顾朝林：《城市群研究进展与展望》，载《地理研究》，2011（30）。

外都曾经出现或正在形成具有某种结构的分异空间，国外如纽约、巴黎都市圈等，国内如成渝经济区、武汉都市圈等。研究区域经济空间分异对促进地区社会经济的协调发展具有重大意义，特别是对于利益诉求差异较大的首都经济圈，深入剖析其内在分异因素，对促进京津冀一体化发展尤为重要。当前，首都经济圈的综合实力还不够强，河北城市的经济实力与北京、天津相差很大，区域资源优化配置和产业转移升级困难重重，严重阻碍了首都经济圈的融合。

## 二、首都经济圈区域经济空间分异分析

本书综合考虑了社会经济的联系性、地域的紧凑性、行政区划的完整性，把首都经济圈的范围定为北京、天津、石家庄、承德、张家口、秦皇岛、唐山、廊坊、保定、沧州和衡水（简称“2+9”）。

### 1. 模型与方法

区域经济差异集中体现在各地区人均 GDP 的差异上。极差值和极值差率，分别是首都经济圈内各城市人均 GDP 最大值与最小值之间的差值和比值，可以直观反映整个经济区域内经济水平的绝对差异和相对差异。标准差是用首都经济圈内各个城市人均 GDP 计算得到的绝对差异。变异系数以标准差为基础，去除掉原指标水平高低的影响，用来对比不同时空的相对经济变异程度。

泰尔指数（Theil Index）是分析区域经济发展差异的一项重要指标，优点是能够把一个地区的总差异分解为区域间差异和区域内差异。泰尔指数的变化范围在 0～1。数值越小，表明区域差异越小，区域之间发展越均衡；反之，区域差异越大，区域之间发展差距越不均衡。

首都经济圈的 11 个城市中，北京和天津地域相连，经济水平较为接近，划分为京津区域。河北 9 个城市发展程度接近，经济结构相似，划分为河北区域。

以人口为权重的泰尔指数计算公式如下：

$$T=\sum_i \frac{N_i}{N}\log\frac{N_i/N}{Y_i/Y}+\sum_i \frac{N_i}{N}T_i=\text{组间差距}+\text{组内差距} \qquad (\text{公式 }1)$$

$$T_i=\sum_i \frac{N_{ij}}{N_i}\log\frac{N_{ij}/N_i}{Y_{ji}/Y_i} \qquad (\text{公式 }2)$$

其中：$T$ 表示整个首都经济圈的泰尔指数，$i=1$ 表示京津区域，$i=2$ 表示河北区域，$N$ 表示首都经济圈的人口，$N_i$表示 $i$ 区域的人口，$Y$ 表示首都经济圈的 GDP，$Y_i$表示 $i$ 区域的 GDP，$T_i$是未加权的组内泰尔指数，$j$ 表示某一个城市，$i=1$ 时，$j=1$，2 分别表示北京，天津；$i=2$ 时，$j=1$，

2,…，9，分别表示石家庄、承德、张家口、秦皇岛、唐山、廊坊、保定、沧州和衡水，$N_{ij}$ 是第 $i$ 个地区第 $j$ 个城市的人口，$Y_{ij}$ 是第 $i$ 个地区第 $j$ 个城市的 GDP。

2. 首都经济圈经济空间分异测算

我们的数据来源于《河北经济年鉴》《北京统计年鉴》和《天津统计年鉴》，研究时段选择 2002 年到 2012 年。

(1) 人均 GDP 差异。

首都经济圈存在明显的经济分异现象。首先，人均 GDP 的差距很大。2002 年北京、天津和唐山的人均 GDP 分列前三，依次为 30 319 元、21 354 元和 11 635 元。其他城市的人均 GDP 都在 5 400 元到 12 600 元。2011 年天津、北京和唐山的人均 GDP 分列前三，依次为 83 474 元、80 510元和 71 353 元。其他城市的人均 GDP 都在 21 000 元到 40 000 元。其次，各市人均 GDP 增长率差距也很显著。排在前三的是承德、沧州和唐山，分别为 21.54%、18.79%和 18.34%，排在最后三位的是秦皇岛、北京和衡水，分别为 13.23%、11.46%和 10.76%。

为进一步从绝对差异和相对差异两个角度分析首都经济圈的经济分异现象，我们计算出 2002—2011 年首都经济圈各市人均 GDP 的极差值、极值差率、标准差和变异系数，结果如表 11—1 所示。

**表 11—1　　2002—2011 年首都经济圈各市人均 GDP 差异**

| 年份 | 最大值（元） | 最大值城市 | 最小值（元） | 最小值城市 | 极差值 | 极值差率 | 标准差 | 变异系数 |
|---|---|---|---|---|---|---|---|---|
| 2002 | 30 319 | 北京 | 5 467 | 承德 | 24 852 | 5.55 | 7 718 | 0.566 7 |
| 2003 | 34 381 | 北京 | 6 365 | 承德 | 28 016 | 5.40 | 8 903 | 0.567 2 |
| 2004 | 40 418 | 北京 | 8 116 | 承德 | 32 302 | 4.98 | 10 537 | 0.564 5 |
| 2005 | 45 315 | 北京 | 9 698 | 保定 | 35 618 | 4.67 | 12 116 | 0.558 8 |
| 2006 | 50 705 | 北京 | 10 684 | 保定 | 40 020 | 4.75 | 13 485 | 0.549 8 |
| 2007 | 58 752 | 北京 | 12 315 | 保定 | 46 437 | 4.77 | 15 483 | 0.540 6 |
| 2008 | 62 761 | 北京 | 13 968 | 保定 | 48 793 | 4.49 | 17 411 | 0.515 7 |
| 2009 | 65 339 | 北京 | 15 148 | 衡水 | 50 191 | 4.31 | 18 294 | 0.507 7 |
| 2010 | 73 938 | 北京 | 17 991 | 衡水 | 53 948 | 4.00 | 20 474 | 0.496 6 |
| 2011 | 83 474 | 天津 | 21 290 | 衡水 | 62 185 | 3.92 | 23 589 | 0.487 9 |

表 11—1 反映出首都经济圈的人均 GDP 绝对差异，呈快速上涨趋势。极差值从 2002 年的 24 852 元上升到了 2011 年的 62 185 元，增加了37 333 元；标准差从 2002 年的 7 718 元上升到 2011 年的 23 589 元，增加了 15 871 元。

绝对差异扩大的原因，主要是考察期开始时的各市人均 GDP 的基数差距过大。另一方面是个别城市同时存在低人均 GDP 和低增长率的情况。

而相对差异却总体呈下降趋势。极值差率由 2002 年的 5.55 倍下降到 2011 年的 3.92 倍，只有 2006 年和 2007 年较上年略微上升；变异系数从 2002 年的 0.566 7 下降到 2011 年的 0.489 7，只有 2003 年较上年略微上升。由于低人均 GDP 的城市比高人均 GDP 的城市往往有更高的经济增长率，因此相对差异逐渐减小。

（2）泰尔指数差异。

泰尔指数是研究区域整体分异、组间差异和组内差异的良好指标。通过计算贡献率还能够分析组间差异和组内差异对总差异的影响程度。计算得出泰尔指数、组内差异和组间差异以及各自的贡献率，如表 11—2 所示。

**表 11—2　　2002—2011 年首都经济圈泰尔指数表**

| 年份 | 泰尔指数 | 组间差异 | 组内差异 | 组间贡献率 | 组内贡献率 |
|---|---|---|---|---|---|
| 2002 | 0.074 9 | 0.054 0 | 0.020 9 | 0.721 4 | 0.278 6 |
| 2003 | 0.075 4 | 0.054 7 | 0.020 7 | 0.725 5 | 0.274 5 |
| 2004 | 0.075 0 | 0.053 7 | 0.021 3 | 0.716 2 | 0.283 8 |
| 2005 | 0.071 3 | 0.052 9 | 0.018 4 | 0.741 6 | 0.258 4 |
| 2006 | 0.070 6 | 0.051 2 | 0.019 5 | 0.724 4 | 0.295 4 |
| 2007 | 0.070 1 | 0.049 4 | 0.020 7 | 0.704 6 | 0.295 4 |
| 2008 | 0.065 1 | 0.042 5 | 0.022 6 | 0.652 3 | 0.347 7 |
| 2009 | 0.061 7 | 0.040 1 | 0.021 6 | 0.649 5 | 0.350 5 |
| 2010 | 0.058 4 | 0.038 1 | 0.020 3 | 0.652 5 | 0.347 5 |
| 2011 | 0.055 5 | 0.034 7 | 0.020 9 | 0.624 1 | 0.375 9 |

表 11—2 反映出，在考察期内组内差异变化不大，基本保持在 0.02 左右；组间差异下降明显，从 2002 年的 0.054 0 减小为 2011 年的 0.034 7。由于泰尔指数是组间差异与组内差异的和，因此，得益于区域间差异的明显下降，首都经济圈的经济不均衡程度逐渐缓解，但是区域内部的差异并未减轻。从贡献率来看，组间差异占明显的主导地位，表明京津区域和河

北区域之间的差异是首都经济圈经济空间分异的主要矛盾。组内贡献率虽然较小，但是在逐年增大，从2002年的0.278 6上升为2011年的0.375 9。计算过程中通过对京津区域和河北区域各自的未加权的组内泰尔指数对比分析，可以发现北京和天津之间的差异极小，且逐年下降以至几乎为零。河北9个城市的经济差异程度远大于京津的经济差异程度，城市之间的经济差异不但没有下降，反而逐年上升。河北城市之间的差异扩大和京津之间的差异缩小，综合使得区域内差异不能得到改善。

3. 首都经济圈经济空间分异因素

（1）多元线性回归模型。

导致首都经济圈城市间经济差异的因素是多样和复杂的。我们以各市人均GDP为因变量，将该市的5个经济因素作为自变量建立如下的多元线性模型：

$$y=c+a_1x_1+a_2x_2+a_3x_3+a_4x_4+a_5x_5$$

其中：$y$为人均GDP；$x_1$表示经济基础，为上一年的人均GDP；$x_2$代表发展政策，用人均固定投资额来衡量；$x_3$代表市场活跃程度，用人均消费品零售额衡量；$x_4$代表产业结构，11个城市的第三产业比重区分度较大，可用来衡量产业结构差异；$x_5$代表开放程度，用人均直接利用外资额来衡量。

（2）相关性分析。

选取2011年截面数据，利用EViews软件进行回归运算，得到回归结果如表11—3所示。

**表11—3　首都经济圈城市间经济差异回归分析**

| 变量 | 系数 | $t$检验值 | Prob. |
|---|---|---|---|
| $C$ | 2 729.665 | 2.832 275 | 0.366 |
| $x_1$ | 1.183 405 | 38.411 3 | 0.000 0 |
| $x_2$ | 0.069 969 | 1.990 177 | 0.103 2 |
| $x_3$ | 0.032 597 | 0.369 843 | 0.726 6 |
| $x_4$ | −12 758.12 | −4.629 973 | 0.005 7 |
| $x_5$ | −2.142 628 | −1.921 351 | 0.112 7 |

该多元线性回归模型的决定系数（R-sqared）为0.999 801，修正的决定系数（Adjusted R-sqared）为0.999 602，拟合优度很高。F统计量（F-statistic）的值为5 028.846。对应概率（Prob.）为0.000 0，说明回归模

型总体是显著的。$x_1$的显著性水平最高，说明前一年的人均 GDP 能够显著影响下一年该地区的人均 GDP，经济基础对于首都经济圈城市的经济发展是至关重要的，系数大于 1 表明区域经济在增长。$x_4$的显著性水平相当高，说明首都经济圈城市的人均 GDP 和产业结构关系很大。该指标系数为负数，表明虽然北京的人均 GDP 和第三产业比重都很高，但从首都经济圈整体来看，一个城市的第三产业比重越大，则该市人均 GDP 越小。这反映出首都经济圈的第三产业整体效率较低的现状，人均 GDP 的提升主要是靠第二产业拉动。$x_2$比较显著且系数为正，说明经济水平与发展政策联系比较大，固定资产投资对 GDP 增长起着有效的带动作用。$x_5$也较为显著，系数为负数，其含义是利用外资程度越高，人均 GDP 就越小，但这与各地积极吸引外资的现实相矛盾，表明首都经济圈城市利用外资的实际效果不佳，甚至起到了负效应。$x_3$最不显著，表明市场化程度与人均 GDP 关联不大，市场优化配置资源的作用没有发挥到位。

## 第二节　河北沿海地区与京津的经济空间分异分析

### 一、河北沿海地区城市与京津的城市群网络结构

从经济空间分异下研究河北沿海地区与京津的发展战略，就是要以落实国务院《河北沿海地区发展规划》为契机，以京津“双核”为发展轴，以秦、唐、沧为支撑的“双轴”T 型发展新模式，从而发挥河北沿海地区在区位、港口、资源和土地等方面的组合优势，进一步增强河北沿海地区出海大通道的综合功能，加速京津冀同城化和经济一体化发展，促进与辽宁沿海经济带、天津滨海新区、黄河三角洲高效生态经济区等区域的良性互动和协调发展，全面增强环渤海地区综合实力，确保我国沿海地区经济总体战略部署的顺利实施。

分析河北沿海地区与京津的区域经济空间分异，就要准确把握区域间资源禀赋、要素结构、产业结构和功能等方面所存在的客观差异。因此，宏观上要确定该地区经济联系的整体结构，微观上要从一体化视角具体分析区域发展差异。

采用社会网络分析方法①，以城市间经济联系量矩阵为基础，利用 UCNET 软件分析京津与河北沿海地区城市群密度与中心性，从而全面探

① 参见刘军：《社会网络分析导论》，61～68 页，北京，社会科学文献出版社，2004。

寻该区域的城市群结构。其中，经济联系量计算采用王欣等[①②③]的方法：

$$R_{ij}=K_{ij}\times\frac{\sqrt{P_i\times G_i}}{D_{ij}^2}\times\sqrt{P_j\times G_j}$$

$$K_{ij}=\frac{G_i}{G_i+G_j}$$

其中：$R_{ij}$为城市$i$对城市$j$的经济联系，$P_i$和$P_j$为两城市市区非农业人口数，$G_i$和$G_j$为两城市市区的GDP，$D_{ij}$为两城市距离，$K_{ij}$表示城市$i$对城市$j$的贡献率。

城市群密度是各城市之间联系的紧密程度，城市间连线越多，城市群的密度就越大，城市间联系就越强。河北沿海地区城市与京津城市间经济联系呈现出两翼松散、中间紧密的网络结构。就经济联系强度而言，京津之间的经济联系强度最大，唐山、秦皇岛、滦县、迁安、沧州等地经济联系也较为密切，其他地区之间的经济联系则较为松散。

城市群的中心性采用点度中心度来衡量。其中，点出度表示目标城市对周边城市的辐射影响，点入度表示目标城市对外部资源的整合能力。各城市的点度中心度见表11—4。

**表11—4　京津嵌入前后的河北沿海地区点度中心度**

| 城市 | Out* | Out | In* | In |
|---|---|---|---|---|
| 北京 | — | 1440 | — | 567 |
| 天津 | — | 1367 | — | 917 |
| 沧州 | 844 | 924 | 87 | 467 |
| 唐山 | 561 | 773 | 53 | 572 |
| 秦皇岛 | 91 | 95 | 63 | 118 |
| 迁安 | 80 | 82 | 79 | 119 |
| 沧县 | 50 | 50 | 453 | 486 |
| 滦县 | 35 | 35 | 114 | 140 |
| 遵化 | 32 | 34 | 82 | 149 |

① 参见王欣、吴殿廷、王红强：《城市间经济联系的定量计算》，载《城市发展研究》，2006（13）。

② 参见侯赟慧、刘志彪、岳中刚：《长三角区域经济一体化进程的社会网络分析》，载《中国软科学》，2009（12）。

③ 参见李响、严广乐：《长三角城市群网络化结构特征研究及实证分析》，载《华东经济管理》，2012（1）。

续前表

| 城市 | Out* | Out | In* | In |
|---|---|---|---|---|
| 泊头 | 31 | 31 | 88 | 107 |
| 任丘 | 30 | 32 | 32 | 109 |
| 滦南 | 28 | 28 | 104 | 131 |
| 河间 | 24 | 24 | 53 | 86 |
| 乐亭 | 21 | 21 | 61 | 81 |
| 迁西 | 18 | 18 | 50 | 76 |
| 抚宁 | 15 | 15 | 53 | 64 |
| 盐山 | 15 | 15 | 49 | 66 |
| 昌黎 | 14 | 14 | 53 | 66 |
| 玉田 | 12 | 14 | 84 | 162 |
| 黄骅 | 11 | 12 | 53 | 93 |
| 献县 | 10 | 10 | 34 | 53 |
| 南皮 | 10 | 10 | 54 | 65 |
| 孟村 | 8 | 8 | 38 | 47 |
| 东光 | 7 | 7 | 28 | 38 |
| 肃宁 | 5 | 5 | 18 | 31 |
| 青县 | 5 | 5 | 73 | 119 |
| 卢龙 | 4 | 4 | 48 | 57 |
| 吴桥 | 1 | 1 | 8 | 13 |
| 青龙 | 0 | 0 | 15 | 22 |
| 海兴 | 0 | 0 | 9 | 16 |
| 唐海 | 0 | 0 | 26 | 37 |

注：Out*（点出度*）和 In*（点入度*），表示未考虑京津嵌入的点度中心度。

可以看出，一方面，京津“双核”有效发挥了区域经济发展的带动作用，提高了河北沿海地区主要城市的点度。其中，唐山和玉田的点出度分别提升了 37.8%和 16.7%，表明京津两市对河北沿海地区经济发展具有显著的推动作用。同时，沧州、唐山的点入度分别是原来的 4 倍和 10 倍，反映出这两个城市受京津的影响，增强了外部资源的吸收和整合能力。另一方面，北京、天津、唐山、沧州在城市群发展中居于核心地位，是京津冀区域发展重要的辐射扩散节点。京津作为我国北方极具效力的两大直辖市，在知识、技术、产业等方面对河北沿海地区进行有效的溢出，并产生外部经济性。与河北其他城市相比，唐山和沧州拥有巨大的发展潜力，是推动河北沿海地区发展的重要“次核心”。

## 二、河北沿海地区与京津的市场一体化差异

对相邻市场一体化和地区产业专业化进行测算，可以充分掌握经济一体化程度，进而全面分析区域发展所存在的客观差异。设 $P_0$ 是 $a$、$b$ 两地 $t$ 时间某商品的平均价格，$P_{at}$、$P_{bt}$ 为 $t$ 时间 $a$、$b$ 地区该商品的价格，则相邻市场一体化计算方法为：

$$VAR(P)=\sqrt{(P_{at}-P_0)^2+(P_{bt}-P_0)^2}$$

两地价格与平均价格差距 $VAR(P)$ 减小，表明两地区的价格趋于一致，两地之间贸易壁垒降低，区域市场一体化程度增强。为客观地衡量区域市场一体化程度，选取 1993—2010 年的商品零售价格指数作为研究对象。由于使用算数平均法对指数求平均值不合理，因此分别以两地 GDP 与总 GDP 的比值为权重，求加权平均 $P_0$。见图 11—1。

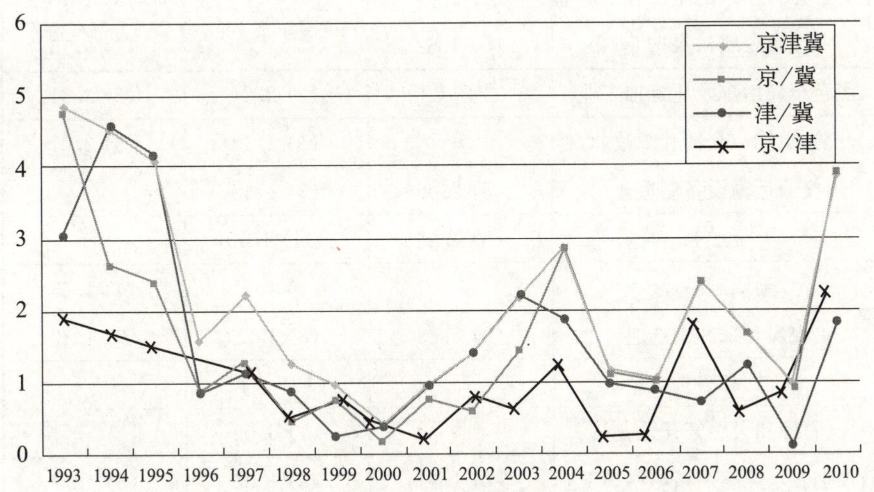


**图 11—1　河北沿海地区与京津的相邻市场一体化**

图 11—1 表明了河北沿海地区与京津相邻地区的市场一体化变化情况，即该地区并未呈现出明显的一体化趋势。但是，京津两地的标准差波动范围为［0，2.5］，远小于京冀与津冀两组的标准差区间［0，5］，故京津两地的市场整合状况优于其他相邻地区市场一体化程度。同时，相对价格标准差均有整体变小的趋势，但整个曲线图在趋势线周围变动幅度较大，因此从价格波动水平来看整体市场整合趋势表现不明显，说明京津冀区域相邻地区的市场一体化进程较为缓慢。

区域产业发展专业化的测算主要采用区位熵的方法。区位熵主要用于分析区域要素的空间分布情况，用以确定某一区域在更高层次区域中的地位和作用，通常用来反映区域某产业部门的专业化程度和区域优势产业。我们测度的区位熵主要是指某地区某工业行业产值占该地区工业总产值的比重和全国该行业产值占全国总产值的比重，计算公式为：

$$LQ_{ij}=\frac{L_{ij}/\sum_{j}L_{ij}}{\sum_{j}L_{ij}/\sum_{i}\sum_{i}L_{ij}}$$

其中：$L_{ij}$ 表示工业行业产值。区位熵小于 1 就表明该行业不具有专业化意义，反之表示该行业有一定的专业化水平。同时，第三产业区位熵以某地区与全国第三产业的总产值为基准进行比值处理，得到的北京、天津、河北三地的分行业区位熵见表 11—5。

**表 11—5　京津冀区位熵大于 1 的产业**

| 行业 | 北京 | 天津 | 河北 |
|---|---|---|---|
| 电力、热力及水的生产和供应业 | (1) 2.67 | | (5) 1.18 |
| 黑色金属矿采选业 | (5) 1.62 | | (1) 6.15 |
| 黑色金属冶炼及压延加工业 | | (2) 2.21 | (2) 3.91 |
| 交通运输、仓储和邮政业 | | (9) 1.13 | (3) 2.01 |
| 交通运输设备制造业 | (3) 2.00 | (3) 1.45 | |
| 金融业 | (8) 1.43 | (11) 1.10 | |
| 金属制品业 | | (4) 1.41 | (4) 1.23 |
| 煤炭开采和洗选业 | (9) 1.33 | (8) 1.21 | (7) 1.12 |
| 批发和零售业 | | (10) 1.13 | |
| 石油和天然气开采业 | | (1) 6.02 | |
| 石油加工、炼焦及核燃料加工业 | (7) 1.44 | (5) 1.35 | (6) 1.17 |
| 食品制造业 | | (7) 1.22 | |
| 通信设备、计算机及其他电子设备制造业 | (2) 2.07 | (6) 1.31 | |
| 医药制造业 | (6) 1.62 | (12) 1.04 | |
| 仪器仪表及文化、办公用机械制造业 | (4) 1.82 | | |
| 专用设备制造业 | (10) 1.19 | | |

表 11—5 中序号代表某一地区产业区位熵的排名。可以看出，在京津

冀三地区具有一定专业化的所有行业中，煤炭开采和洗选业，石油加工、炼焦及核燃料加工业是三地区均存在专业化的行业，虽然专业化水平都呈现从北京到天津到河北递减的状态，但三地区的专业化水平相差不大，无较为明显的比较优势。京津两地在交通运输设备制造业，通信设备、计算机及其他电子设备制造业，医药制造业和金融业 4 个行业存在一定程度的趋同现象，但北京在这些行业中的专业化水平均高于天津，说明北京在这些行业中比较优势较为突出。北京与河北两地在电力、热力的生产和供应业，黑色金属矿采选业虽然都具有专业化水平，但河北省黑色金属矿采选业专业化水平远远高于北京，具有独特的区位优势；北京的电力、热力的生产和供应业这一基础性行业专业化水平较高。天津与河北两地在黑色金属冶炼及延压加工业以及交通运输、仓储和邮政业区位熵水平较高，且河北明显高于天津。北京的仪器仪表及文化、办公用机械制造业和专用设备制造业以及天津的批发和零售业均已形成专业化，另外，天津的石油和天然气开采业是地区行业中区位熵最高的产业，因此，该产业具有独特的高专业化水平。

从区域专业化分工来看，京津冀三地在采选业上的专业化总体水平较高。天津在石油和天然气开采业、河北在黑色金属矿采选业具有独特的区位优势，三地的煤炭开采和洗选业均已形成专业化，说明京津冀地区的采选业具有一定的互补性，区域内部专业化分工较为明显。此外，京津冀各地的优势产业中制造业均占据了大半部分，表明制造业始终是该区域的主导产业，但是制造业的区域分工并不明显，天津与河北的黑色金属冶炼及压延加工业和金属制品业、北京和天津的交通运输设备制造业以及三地的石油加工、炼焦及核燃料加工业的专业化水平相当，存在一定程度的产业同构。就第三产业的发展而言，天津与北京虽然发展较快，但两地的城市定位不同，其第三产业的发展也各有侧重，天津在批发和零售业、交通运输、仓储和邮政业优势比较明显，北京的金融业以及其他服务业较为发达，两个城市的第三产业发展具有一定的互补性，但两地第三产业的区位熵均低于本地第二产业的区位熵，因此第三产业的专业化水平与第二产业相比并不具备明显的优势。河北省第三产业在产业结构上虽显示仍以第二产业为主导，但服务业中的交通运输、仓储和邮政业已具有明显的专业化优势。

# 第三节　经济空间分异下河北沿海地区发展困境与路径选择

## 一、河北沿海地区发展困境

当前，囿于长期以来所形成的区域行政管理体制、经济发展方式、资源要素禀赋和城市基础设施等差异，河北沿海地区与京津在发展过程中呈现出明显的分异现象，进一步的发展仍然面临着错综复杂的形势。

第一，从区域经济联系紧密度来看，京津嵌入的河北沿海地区，城市间的经济联系愈加紧密，中心城市对整个区域经济发展的扩散效应得到了强化，城市群的集聚优势和规模效应得到了进一步提升。但是，北京、天津、唐山和沧州与其他城市之间的联系最多，其余城市间联系相对稀疏。就经济联系强度而言，北京和天津之间的经济联系强度最大，唐山、秦皇岛、滦县、滦南、玉田、迁安、遵化、沧州、沧县等地经济联系也较为密切，其他地区之间的经济联系则较为松散。因此，河北沿海地区的发展，需要在《河北沿海地区发展规划》和《京津冀协调发展规划纲要》指导下，充分利用国家在产业转移、土地审批、金融政策等方面的优惠，提高城市间经济联系强度，大力推进区域经济一体化。

第二，从经济发展的一体化进程来看，河北沿海地区与京津的不均衡现象十分突出。一方面，三地经济水平落差较大。2010 年河北人均 GDP 比全国平均水平低 4.5%，而北京和天津分别是河北的 2.65 倍、2.55 倍。也就是说，京津两地已进入后工业化阶段，河北则处于工业化中后期，河北与京津经济水平差距明显。另一方面，京津的空吸作用显著，主要表现在北京、天津两地的集聚效应大于辐射扩散效应，导致河北省人才、资源等优质要素向京津两地逐渐集聚，造成周边地区发展较为迟缓，区域二元经济特征尤为明显，甚至在北京、天津周边出现了一条罕见的“环京津贫困带”，加剧了河北的落后，阻碍了京津冀区域经济一体化的进程。

第三，从城市群的整体层次来看，京津嵌入的河北沿海地区具有“非典型”的“中心-边缘”结构，亟须消弭核心城市与非核心城市之间的鸿沟。首先，区域经济权力因素集中于北京、天津、唐山和沧州，处于边缘地位城市的资金、技术和劳动力等资源要素不断向核心城市流动，造成优质的生产要素和科技创新资源在四个城市的聚集，使核心区的城市发展优势继续扩大。其次，除核心城市外，其他非核心城市之间的经济联系过于分散和微弱，不利于河北沿海地区的整体发展。例如，京津在区位上“横切”，造成秦皇岛、唐山与沧州在地域上的分隔，客观上削弱了区域间的联系强度。沧州地区的经济发展明显地呈现出两条轨迹：一是以沧州为中心的任丘、河间等地，地处华北腹地，内陆经济特点在短时间内仍然比较明显；二是渤海新区依托黄骅港，推进石油化工、装备制造、电力能源、港口物流四大产业的发展，有着明显的沿海经济特征。这两条经济轨迹交汇能力不足，造成沧州的沿海地区与广阔的内陆联系较弱，不利于地区整体竞争力的提升。

## 二、路径选择：河北沿海地区与京津的T型发展新模式

河北沿海地区发展是我国沿海地带战略资源组合条件最优良的区域之一，促进这一地区的发展不仅是“十二五”期间我国区域发展顶层设计的重要目标，也是加速京津冀一体化、提升环渤海区域竞争力的重要战略途径。因此，要达成全面拓展河北沿海地区城市群功能这一战略目标，必须从以下三大方面着手进行战略模式设计。

第一，协调优化区域发展顶层设计，深化京津冀全方位战略合作，大力提升河北沿海城市群经济联系强度。在河北沿海地区发展过程中，要以区域间利益协调和补偿机制为核心，在国家顶层设计中创新京津冀政府合作共赢的科学发展新机制，进一步发挥京津的辐射带动作用，推进金融、交通、物流等公共服务资源的区域平等共享，降低资源要素的市场交易成本，进一步密切河北沿海地区城市群经济联系强度，从而以《河北沿海地区发展规划》的全面落实为契机，促进京津冀一体化，形成“十二五”环渤海地区良性互动和协调发展新格局。

第二，推行T型发展的新模式，打造我国北方地区“临海驱动”“双轴支撑”的区域发展新格局。京津嵌入的河北沿海地区城市群具有“非典型”的“中心-边缘”结构，在发展过程中，要继续发挥核心城市京、津、唐、沧的引领作用，提升区域社会经济发展的整体层次。同时，在次区域，以秦皇岛、唐山、沧州为主体，全力培育北戴河新区、曹妃甸新区、渤海新区3个新的经济增长极，形成环渤海发展轴，进而依托秦皇岛—曹妃甸新区—天津滨海新区—沧州渤海新区之间的铁路、公路等综合交通设施，使京津发展轴和秦唐沧环渤海发展轴交汇对接，形成临海经济与内陆腹地协同发展的新态势。

第三，以产业结构升级和发展方式转变为主线，通过探索新兴工业化道路，全面建设河北特色滨海经济走廊。秦唐沧作为临海城市，要充分利

用区域内铁矿、油气、焦煤、非金属矿产等资源，深入挖掘秦皇岛港、曹妃甸港和黄骅港对城市发展的支撑和引领能力，全面推进以循环经济、低碳经济为特色的产业链和产业集群在秦唐沧临海工业区和临港经济区的发展，加速承接京津城市功能拓展和产业转移，在河北沿海地区形成以先进制造业、现代服务业和特色农业为主的产业结构，探索新型“港腹互动”港、产、城联动的区域社会经济发展新模式，从而以新兴工业化道路实现重化工业转型升级，加速“在沿海地区再造一个河北”。

## 第四节 经济空间分异下的河北产业转型升级

### 一、经济空间分异与河北产业转型升级

2013年以来，国家环境部每季度公布全国十大污染城市，河北省频频名列其中。2014年一季度也不例外，在全国十大污染城市中河北省竟有七城位列其中。综合剖析其原因，这与河北省传统产业居多、产业结构落后、技术水平低、资源消耗高、污染排放重密切相关。河北是首都的门户，紧紧拥抱中央，其环境质量的好坏不仅影响自身的生活与工作，也直接影响首都的空气质量。采取得力措施，实施高效手段，迅速扭转这一高消耗、高污染现状，加速实现河北产业转型升级迫在眉睫、刻不容缓。产业转型升级从生产要素、经济结构、技术创新角度而言，一方面是产业结构从低层次、低附加值产业向高层次、高附加值产业的转换；另一方面是经济发展方式从依靠投资和资源消耗的粗放型转移向依靠科技进步和提高劳动生产效率的集约型转换。如何实现经济又好又快发展，环境还要友好清洁？本研究以河北省为切入点，综合剖析其经济结构及经济发展方式现状，为又好又快加速实现产业转型升级，探寻和开辟高效可行的新路径。

产业转型升级的理论主要包括推拉理论、劳动力供求理论和内生经济增长理论等。

推拉理论是19世纪英国的雷文斯坦（E. Ravenstien）在《人口迁移之规律》一文中首次提出的。他认为劳动力迁移是由迁入与迁出地的工资差别所引起的。现代推拉理论认为，迁移的推拉因素除了更高的收入以外，还有更好的职业前景、生活条件、社会环境和发展机会。进入20世纪后，巴格内（D. J. Bagne）认为，人口流动的目的是改善生活条件，流入地有利于改善生活条件的因素就成为“拉力”，而流出地不利于改善生活条件的因素就成为“推力”。将巴格内的观点扩展应用在产业转型升级过程中，则劳

动力、技术、资本等生产要素从低产业向高产业迁移也是“推力”和“拉力”的共同作用结果。即迁入产业从业者更高的收入及有利于升级产业结构的技术创新、大规模的资本储备等因素就成为“拉力”，而迁出产业的创办资金、工资和土地资源等不利于产业发展的刚性因素就成为“推力”。从经济学角度而言，产业转型升级过程中伴随的稀缺生产要素的迁移，就由这“推”“拉”两股力量“前拉后推”所实现。

劳动力供求理论认为，产业转型升级与劳动力需求密切相关，一国或一地产业结构、经济发展水平对劳动力供求影响颇大。随着产业转型升级，各产业对劳动力的需求规模与需求结构也不断发生变化，在第二、第三产业中，如果是劳动密集型为主的则就业弹性大，能够创造出更多的就业岗位，对劳动力吸纳效应强；如果是资本密集型或技术密集型为主的则就业弹性小，且资本、技术与劳动力之间在一定范围内可以相互成为替代品，并制约甚至削减对劳动力的需求。

内生经济增长理论认为，人力资本、物质资本积累过程中形成的技术进步、边际收益率递增，是促进经济增长的内生变量。实践证明，越是发达国家越重视高科技，注重技术外部性与知识溢出效应。人力资本存量越大，则收益率越高，越有利于更早进入技术进步快的新兴产业，研发生产更高层次的创新产品。而发展中国家因其自身现状，大多从事技术进步慢的传统产业，生产传统产品，致使劳动生产率低，经济增长缓慢，人均收入低下，促使劳动力、资本及技术从穷国向富国倒流。

关于产业转型升级的国内大部分研究，重在对现存主导产业选择的转型，而忽略了潜在优先发展产业的增长点；重在对现有产业链的关联性而忽略了自身及产业链产生的大数据影响。鉴于此，本研究以产业推拉理论、劳动力供求理论及内生经济增长理论为依据，全面剖析河北省当前的经济结构、经济发展方式，计量分析比较其与全国产业转型升级的方向与速度，为加速推动河北经济又好又快发展，加速提升河北大气环境质量，又好又快地高效实现产业转型升级探寻有效途径与具体对策。

## 二、河北省的经济结构现状

### 1. 河北省经济发展现状

产业转型是指一个国家或地区在一定历史时期内，根据国际和国内经济、科技等发展现状和趋势，通过特定的金融、财政、产业等政策，对现存产业结构的各个方面进行直接或间接调整，也就是一个国家或地区的国民经济主要构成中，产业结构、产业规模、产业组织、产业技术装备等发生显著变动的状态或过程。了解产业结构变动的影响因素可以帮助我们认识产业结构的现状、产业结构变动的趋势和规律以及产业结构变动的内在原因，进而制定相应的产业结构政策来改变产业结构变动的影响因素，以调整产业结构，促进产业结构向合理化、高度化演进。“十二五”时期，河北省经济社会发展的内外部环境发生了很大变化，处于重要战略机遇期。这既有京津冀协同发展上升为国家战略层面的大好背景，也有企业转变自身发展方式的必然需求。只有加快产业结构转型升级才能实现河北经济又好又快发展。从投入产出角度看，产业转型总是沿着一定方向变动，即从低层次、低附加值产业向高层次、高附加值产业转换。同样，在一个行业内，资源存量在产业间的再配置，将资本、劳动力等生产要素从衰退产业向新兴产业转移，形成新的产业增长点，从而淘汰高能耗、高污染的产业，发展低能耗、低污染的产业。产业升级是对传统落后产业进行创新的过程。从宏观与中观角度可以将产业转型升级理解为产业结构、需求结构、就业结构与城乡结构等经济结构组成要素特征的变化过程，因此本书将产业转型升级视为经济结构一体化的演进变化过程。表 11—6 为河北省跨世纪以来经济结构的变化与全国平均水平的比较。

**表 11—6　　河北省与全国经济结构的比较**　　单位：%

| 结构＼区域 | 河北 | | 全国 | |
|---|---|---|---|---|
| | 2000 年 | 2012 年 | 2000 年 | 2012 年 |
| 产业结构 | 16.3∶49.9∶33.8 | 12.0∶52.7∶35.3 | 4.4∶60.8∶34.8 | 5.7∶48.7∶45.6 |
| 需求结构 | 44.4∶44.5∶11.1 | 41.7∶57.4∶0.9 | 65.1∶22.4∶12.5 | 55∶47.1∶−2.1 |
| 就业结构 | 49.6∶26.2∶24.2 | 36.3∶33.3∶30.4 | 50∶22.5∶27.5 | 33.6∶30.3∶36.1 |
| 城市化水平 | 38.4%（2005） | 45.6% | 36.2%（2005） | 51.3% |

资料来源：根据《2013 河北省统计年鉴》与《2013 中国统计年鉴》整理。

从表 11—6 中可以看出，河北省三大产业占 GDP 的比重变化与全国平均水平相比有很大差异。河北省第一产业比重从 2000 年的 16.3%下降到 2012 年的 12.0%，第二、三产业比重从 2000 年的 49.9%、33.8%增加到 2012 年的 52.7%、35.3%，且第二产业比重大于第三产业 17.4 个百分点，2012 年第三产业比重 35.3%与全国平均水平 45.6%相比低了 10.3 个百分点，由此不难看出河北第二产业比重过大，第三产业比重偏低，产业结构落后。

从消费、投资、出口等有效需求结构看，河北省消费率与净出口比重都有所下降，而投资比重从 2000 年的 44.5%增加到 2012 年的 57.4%，这与全国 2000 年的 22.4%到 2012 年的 47.1%相比所占份额过高，这充分说明河北省经济发展主要是依靠投资拉动的粗放型增长，发展方式落后。

从就业结构看，河北省第三产业从业者从 2000 年的 24.2%增加到 2012 年的 30.4%，12 年间增加了 6.2 个百分点，但与 2012 年的全国平均水平 36.1%相比低了 5.7 个百分点，与发达国家的 70%相比低了近 40 个百分点。由此不难看出，河北省第三产业薄弱，规模和范围均不佳，就业能力差，居民收入水平低。

从人口城乡结构看，河北省城市化率从 2005 年的 38.4%提高到 2012 年的 45.6%，7 年间提高了 7.2 个百分点，但低于 2012 年全国平均水平 51.3%的 5.7 个百分点。由此不难看出，河北省城市化进度落后，城市发展缓慢。但城市大气污染却跻身全国前列，这再一次证明了其产业结构的落后及技术水平的低下。产业转型升级迫在眉睫、刻不容缓。

2. 河北省经济发展质量

产业转型升级是指一个行业内，资源存量在产业间的再配置，也就是将资本、劳动力等生产要素从衰退产业向新兴产业转移的过程。城市经济发展质量反映城市高速发展过程中对资源的依赖程度和对环境的影响程度，是评价科学发展观在该地区具体落实情况的指标。因此产业转型升级水平反映城市创造价值的潜能，其效率高低是城市创造价值的投入产出效率的表现。一个城市的产业主要包括工业和服务业，产业结构转型升级的速度快慢，是衡量一国或一地经济保持高增长、高效率、高收益、充满活力和居于领先地位的重要标志。

单位 GDP 耗能大小反映对资源的依赖程度，工业污染投资、“三同时”环保投资、环境治理投资反映一地经济发展成本，研发投入、教育投入占 GDP 比重反映技术创新能力。表 11—7 为河北省同全国经济发展质量与技术创新水平的比较。

**表 11—7　　河北省同全国经济发展质量与技术创新水平的比较**

单位：%

| 区域<br>内容 | 河北 | | 全国 | |
|---|---|---|---|---|
| | 2003 年 | 2012 年 | 2003 年 | 2012 年 |
| 单位 GDP 耗能 | 1.96 | 1.3 | 0.7 | 1.4 |
| 工业污染投资 | 0.14% | 0.09% | 0.16% | 0.10% |
| “三同时”环保投资 | 0.09% | 0.35% | 0.25% | 0.52% |

续前表

| 区域<br>内容 | 河北 | | 全国 | |
|---|---|---|---|---|
| | 2003 年 | 2012 年 | 2003 年 | 2012 年 |
| 环境治理投资 | 1.07% | 1.87% | 1.39% | 1.59% |
| 科技投入 | 0.52% | 0.92% | 0.90% | 1.98% |
| 教育投入 | 1.94% | 2.79% | 2.58% | 3.93% |

资料来源：根据《河北省统计年鉴》(2013) 与《中国统计年鉴》(2013) 整理。

从表 11—7 中可以看出，2003 年河北省单位 GDP 能耗为 1.96，高于全国 0.7 的平均水平，但至 2012 年下降到 1.3，低于全国 1.4 的平均水平；河北省的工业污染投资、“三同时”环保投资从 2003 年到 2012 年均比全国同期平均投资偏低，这就是河北省环境污染严重的根源所在，即传统的高能耗产业居多、高污染排放严重，理应对其治理的投入也更大，但却低于全国的平均水平。与产业技术创新有关的科技投入、教育投入自 2003 年至 2012 年一直都落后于全国平均水平。高能耗、高污染、低投入、少投入，就是河北目前经济运行的现实。

## 三、河北省产业转型方向及升级速度的测定

产业转型升级是经济发展的必然，也是社会发展的必需。一般而言，新兴产业常常代表市场上产生的新需求，代表产业结构转换的新方向，也代表现代科学技术产业化新水平。判断一国或一地经济是否起飞的重要标志，就是技术的创新和应用程度。新兴产业的特点是发展速度快，增长率高，并对整个产业结构的变动起到关键的调整作用。新兴产业之所以能够打破原来相对平衡的产业结构，是因为它创造并满足了新的社会需求。因此，产业转型升级的捷径是发展新兴产业、开辟新的产业发展空间、寻求新的经济增长点。

### 1. 河北省产业转型升级方向

产业转型升级测定最简单的方法是研究劳动要素的转移和三大产业的附加值转移的变化，这一转移过程伴随着生产效率的提高。内生经济增长理论用劳动力在各产业间的转移来描述转型升级，学术界用产业结构超前系数来测定产业转型方向，即某一产业结构增长相对于整个经济系统增长趋势的超前程度。计算公式为：

$$E_i = a_i + (a_i - 1) / R_i$$

其中，$E_i$表示第 $i$ 部门结构超前系数，$a_i$表示第 $i$ 部门报告期所占份额与基期所占份额之比，$R_i$表示同期经济系统平均增长率。若 $E_i$大于 1，意

味着第 $i$ 产业超前发展，所占份额将呈现上升趋势；反之，若 $E_i$ 小于 1，则意味着第 $i$ 产业发展相对滞后，所占份额将呈现下降趋势。本研究根据上述公式，并运用三大产业附加值转移的变化，计算出了 2001—2011 年河北省及全国三大产业平均的超前系数，测算结果见表 11—8。

**表 11—8　　2001—2011 年河北省及全国三大产业超前发展系数比较**

| 范围 | $E_i$=2001—2005 超前系数 | | | $E_i$=2006—2011 超前系数 | | | $E_i$=2001—2011 超前系数 | | |
|---|---|---|---|---|---|---|---|---|---|
| | 一产 | 二产 | 三产 | 一产 | 二产 | 三产 | 一产 | 二产 | 三产 |
| 河北省 | 0.830 | 1.084 | 0.962 | 0.923 | 1.005 | 1.020 | 0.691 | 1.104 | 1.002 |
| 全国 | 0.829 | 1.053 | 1.001 | 0.896 | 0.970 | 1.064 | 0.674 | 1.034 | 1.078 |

从表 11—8 中不难看出，2001—2005 年河北省与全国各大产业结构超前系数均为正值。在“十五”期间，河北省与全国第一产业的平均超前系数各为 0.830、0.829，基本接近，但第二产业的超前系数河北省 1.084 大于全国平均的 1.053，第三产业的超前系数河北的 0.962 小于全国平均的 1.001。这说明“十五”期间河北省在制造业领先于全国平均水平，但服务业发展却滞后于全国平均水平。到“十一五”时期，河北省第一、第二产业超前系数各为 0.923、1.005，大于全国平均水平 0.896、0.970，说明河北省在“十一五”期间工农业发展超前，但是以高能耗、高污染为代价的，这与现在的大气污染严重密切相关；第三产业超前系数 1.020 小于全国平均的 1.064，这说明河北的产业结构落后，发展方式落后，与提高国民收入、增加就业机会密切相关的现代服务业薄弱。从 2001—2011 年第二、第三产业超前系数变化中不难发现，河北与全国的第二、第三产业超前系数均大于 1，说明河北及全国的第二、第三产业均发展超前，但河北的第二产业超前系数 1.104 大于全国的 1.034，而第三产业的超前系数 1.002 却小于全国 1.078 的平均水平。这就是河北目前的产业结构现状。

*2. 河北省产业转型升级速度*

无论是推拉理论、劳动力供求理论还是内生经济增长理论，其核心都是劳动要素的转移，即劳动力从第一产业转移到第二产业再转移到第三产业。学术界用劳动力在各个产业间的转移来测定产业转型升级速度。本书用 Lilien 指数模型来测算河北省及全国三大产业转型升级速度。其公式为：

$$\Psi_{jt} = \left| \ \left[\sum_{i=1}^{n}\frac{EMP_{ijt}}{TEMP_{ijt}}\right] (\Delta\log EMP_{ijt} - \Delta\log TEMP_{ijt})^2\right]^{\frac{1}{2}} \right|$$

其中，i 表示三大产业，$j$ 表示各省（市），$EMP$ 表示各个产业就业人数，$TEMP$ 是总就业人数。Lilien 指数值越大，代表 $t$ 时间内劳动力在各个产业内再分配速度越快。河北及全国产业转型升级速度比较如表 11—9 所示。

**表 11—9 河北及全国产业转型升级速度比较（Lilien 指数 2001—2012 年）**

| 范围 | $\Psi_1=$ 2001—2005 年指数 | $\Psi_2=$ 2006—2010 年指数 | $\Psi_3=$ 2001—2011 年指数 |
|---|---|---|---|
| 河北省 | 0.023 3 | 0.025 6 | 0.024 5 |
| 全国 | 0.031 6 | 0.039 5 | 0.035 5 |

从表 11—9 中可以看出，2001—2010 年的“十五”“十一五”时期，河北省的 Lilien 指数分别为 0.023 3、0.025 6，均低于全国平均水平0.031 6、0.039 5，说明河北省劳动力在各产业内再分配的速度比全国平均水平缓慢，在三大产业中，第二产业所占的比重过大，且大多是以资本密集型为主的产业，主要依靠投资的经济发展方式，吸纳就业的能力薄弱；第三产业所占的比重偏低，尚未形成相当的规模经济、范围经济，贡献度和影响力不够，这与前面的相关研究结论相吻合。从 2001—2011 年的 Lilien 指数变化看，河北的水平低于全国的平均水平，说明河北省产业结构升级的速度缓慢，前进步伐迟缓。

## 四、结论与对策分析

产业结构转型升级，就是通过政府的有关产业政策调整影响产业结构变化的供给结构和需求结构，以更好更快地实现资源的优化高效配置，以此加速推进产业结构的合理化与高度化发展。通过上述对河北省经济结构、经济发展方式、经济发展质量、产业转型方向、产业转型速度的现状剖析，并同全国平均水平的比较，得出如下研究结论与发展对策。

第一，产业结构落后，必须力求政府引导、企业主动。

河北省产业结构不合理，与京津相比较，可以说是落后，反映现代经济发展水平的第三产业低于全国平均水平。由此导致的是经济增长缓慢，就业能力差，收入水平低。要想迅速改变这种现状，必须从政府做起，下大决心解放思想，更新观念，深入贯彻落实国家现行产业政策，引导企业创新发展、超前发展，以加速推进产业结构的优化升级，全力提升和拓展第三产业的规模和范围。

第二，经济发展方式落后，必须激活企业能动力。

河北省经济发展方式落后，反映全省经济发展实力的第二产业，大多是高投入、高消耗、高污染的传统产业项目。由此导致的结果是资源消耗大、环境污染重、融资压力大、创新能力弱。要想迅速改变这种现状，必须调动和激活企业的能动力量，千方百计创造条件，从重投入、粗放型经济发展方式向重创新、集约型经济发展方式转移，并进一步开辟和拓展国内市场与海外市场。

第三，城市化率较低，必须大力推进第三产业发展。

河北省城市化率低，表明第一产业仍然占有过大比重，经济发展滞后，发展质量不高。由此导致的是居民生活水平低，生活质量差，综合素质低。要想迅速改变这种现状，必须加速提升城市化发展步伐，加快城市基础设施建设，进一步拓展和扩大第三产业的规模和范围。同时还要加速提升农民工的综合素质，使他们更好更快地适应和融入城市现代化建设。

第四，环境污染严重，必须实现全面法治、标本兼治。

河北省大气污染严重，治理任务紧迫。目前河北的主导产业是第二产业，而其大多又是耗能高、污染重的传统项目。但对其的治理投入却低于全国的平均水平。由此不难看出，自 2013 年以来，环保部每季度公布的全国十大污染城市中，河北城市频频入列的原因所在。要想迅速改变这种现状，必须千方百计创造条件加速实现产业的转型升级，既要从高消耗、粗放型向低消耗、集约型加速转变，又要从产业重组、进一步优化结构上狠下工夫。同时还需要进一步加大对环境整治的投入力度，并更加强化全民的环境保护意识和职能部门的执法监察力度，用经济、行政、法制的综合性措施和强劲的执行力度对环境治理实现标本兼治。

2014 年一季度，环保部颁布的全国十大污染城市，河北省竟有 7 城，这不能不说是震惊、忠告。河北是北京的门户、首都的屏障，理应成为首都的大氧吧、后花园，可如今却被雾霾重重包围、自身难保，这与现代化建设和实现科学发展、可持续发展是格格不入的。采取得力高效措施，加速实现产业的转型升级，迅速扭转这一被动局面，已成当务之急，刻不容缓，务必限时整治，务求实效。

“经济要发展，环境须友好。”这已成为人类文明的共识。党的“十八大”以来，党和政府明显地加大了对环境污染的整治力度，出台并完善了一系列的法制规章。河北必须深刻猛醒，破釜沉舟、背水一战。当前，京津冀协同发展上升为国家战略，这对河北而言是一个千载难逢的机会。必须抢抓机遇、力求协同，全力争取中央的支持与京津的配合，充分利用首都新功能的定位，努力实现与京津科研机构的通力合作，为尽早快速实现产业的转型升级、冲出雾霾的重重包围冲锋、再冲锋。

第五，研发比重低，必须加大教育与科技投入。

河北省科技投入少，教育投入差，由此导致的是产业结构落后，发展方式落后，企业创新能力不足，转型升级缓慢。要想迅速改变这种现状，必须再一次解放思想，更新观念，创新发展。河北的出路在创新，河北的发展更在于创新。这一点，不仅要体现在产业的转型升级上，也要体现在全省的国民意识上，必须形成全省上下的一致共识和同心协力，并付诸现实行动，只有这样才能加速实现河北省科学发展、可持续发展。

## 第五节　经济空间分异与河北承接京津产业转移能力

### 一、经济空间分异、京津冀协同与河北省产业承接

随着京津冀一体化战略的提出，京津冀的协同发展日益受到关注。京津冀协同发展，必然涉及产业转移问题。与京津相邻的河北，因得天独厚的位置优势、丰厚的资源储备，并与京津地区有密切的经济联系，成为京津产业转移的必然选择。对河北来说，这也是一个不错的发展机遇，若能抓住这次产业转移机会，对提高河北省的经济发展水平有很大促进作用。但现实情况是，由于自身短板以及诸多外部阻碍，河北省承接京津产业转移的能力并不高。对提升河北省承接京津产业转移能力进行研究，很有必要。

产业转移的主体既包括产业移出方，也包括产业承接方。承接产业转移能力，主要是考核产业承接方在面对产业转移时，所表现出的吸引、选择、支撑和发展产业的能力。在区域经济发展中，承接产业转移能力是衡量一个国家或一个地区在面对某种或某些产业移入和发展中所具有的比较优势和竞争优势。承接产业转移能力的高低，更是衡量一个国家或地区能否利用地区间、国家间的产业转移所带来的机遇实现自身产业结构优化升级的关键。

产业转移成功与否，取决于主体双方的要素匹配程度。这些要素主要包括成本要素、市场潜力要素、投资政策环境要素、产业配套能力要素、技术研发水平要素、经济效益要素等。河北省在承接京津产业转移过程中，当然应坚持要素匹配原则，但就目前而言，首先还要搞清楚河北省承接京津产业转移的能力情况。承接产业转移能力主要包括吸引力、选择力、支撑力和发展力四个方面，可用图 11—2 表示。

根据河北省现实社会经济发展情况测算，与东部发展地区省市相比，河北省承接产业转移的能力总体较低，尤其是在承接京津一些高科技产业和高发展潜能产业的转移过程中，与京津周边其他省市相比，不具有明显优势。

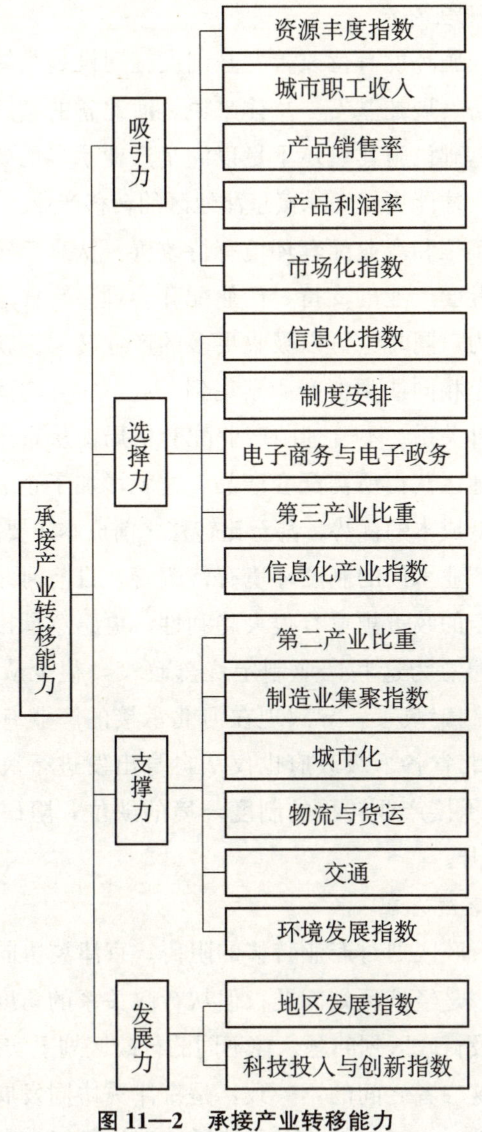


**图 11—2　承接产业转移能力**

## 二、目前河北省产业转移承接能力低下的原因分析

河北省产业转移承接能力低下，首先是因为自身存在短板，如：基础设施建设薄弱、产业配套性不足、政策法规不健全等，对外吸引力不足；同时也与传统行政区划的阻碍、京津地区的“空吸”效应等有关。具体表现在以下几个方面：

1. 自身短板现实存在

首先，基础设施环境有待改善。基础设施建设是维持一个地区正常经济活动、促进经济发展的基石。总体来说，河北省的基础设施建设已趋于完善，但现有的基础设施建设还不足以满足产业承接的要求，只有继续改善基础设施状况，才能更好地承接京津地区的转移产业。

其次，产业集聚和产业配套环境有待改善。从京津转移过来的产业的发展离不开相关配套产业的支持。产业配套合理，转移过来的产业就能获得长足发展的动力，同时也可以吸收更多的产业转移。就目前河北的产业承接看，更多的是相同或类似产业聚集到一起，相互之间是竞争关系，而非分工协作的互补关系。不合理的产业配套格局使从京津地区转移过来的企业仍需从京津地区获得所需配套产品，这就增加了企业生产成本，抵消了河北生产要素低成本的优势，甚至比转移之前成本还要高。

再次，相关产业承接的制度环境有待改善。目前河北各地政府在承接产业转移方面制定的政策规章有很大趋利性，更愿意承接那些能带来大量收入的产业，更愿意为这些产业制定优惠政策，很少从产业集聚和产业配套的角度出发制定政策，导致现在河北承接的产业有很大趋同性和竞争性。同时，河北省各下级政府也仅从自身出发进行决策，未考虑全省整体产业格局。承接产业转移的制度环境的缺位，阻碍了河北省产业转移承接能力的提升。

2. 外部障碍客观存在

首先，现有行政区划对产业转移的阻碍。京津冀协同发展强调京津冀区域经济一体化，是经济区划问题；但从行政关系的角度讲，三者是相互独立的，这又涉及行政区划问题。在不同的行政区划上实现经济协同发展，难度可想而知。这二者之间的不一致，是京津冀协同发展的最大阻碍。相互独立的行政关系、相互分割的财税体系使三地都以自身利益为先，难以形成统一的区域产业规划体系。即便是产业转移，京津地区也未必会把那些高收益、低成本和少污染的产业转移到河北。

其次，京津“空吸”现象对产业转移的不利影响。与河北相比，北京、天津不论在经济发展水平还是基础设施方面，都比河北先进许多，对人才或资源的吸引力远大于河北。因此京津地区聚集了过多的人力物力资源，而河北却出现了人力资源短缺现象，“大树底下不长草”就是这个道理。这种情况的出现，又进一步拉大了河北与京津的差距，形成恶性循环。

## 三、提升河北省承接京津产业转移能力的思考与建议

1. 正确定位自己，立足自身优势，转变承接理念，积极进行产业承接

京津冀协同发展，河北省是短板，但河北也有自己的优势，如地理位置优越、资源丰富等。具体到京津冀产业协同发展，河北省第三产业与京津相比，差距较大；但第一产业是河北的优势产业，同时第二产业在河北的经济发展中起了极大的推动作用，与京津相比，差距不大。河北省在承接京津产业转移过程中，要对自身进行正确定位，发挥自身优势，在第一、第二产业上发挥优势，以吸引京津企业转移；科学制定产业承接计划，转变观念，积极主动地进行产业承接，而非被动接收；此外，还要树立“双向承接”的观念，不仅要承接京津地区的产业转移，还要将自己的优势产业，如服务业、生态农业等转移到京津地区。

2. 以经济投入的增加来吸引人才，提高技术，吸引产业转移

京津冀协同发展难以深入进行，与河北经济水平低、产业基础弱有很大关系。基础设施建设薄弱、技术水平低、对人才的吸引力不足的问题，归根到底是经济问题。唯有加大经济投入，提高工资福利，提高工作待遇，才能改变在与京津人才竞争方面的劣势；唯有增加经济投入，提高生产技术水平，才有能力承接转移过来的产业。

3. 培育产业集聚，扶持配套产业，形成产业链

相关配套产业的存在对转入河北的京津产业的发展的重要性不言而喻。产业配套合理，转接过来的产业就能获得长足发展的动力，同时也可以吸收更多的产业转移。河北承接京津产业转移已走过了一段时间，工业基础有了很大提升，但仍存在配套产业力量薄弱、未形成产业链等问题。因此河北要提升承接京津产业转移的能力，就必须抓住产业链这一重点，为产业集聚创造条件，制定一个科学合理的产业链发展规划。通过产业集聚，强化产业间的分工与协作，减少无谓竞争，根据产业链的需求来发展相关配套产业，有目的、有计划地承接京津产业。

4. 以工业园区为载体，承接京津产业转移

工业园区是承接京津产业转移的有效路径，是京津产业转移的有效载体。截至 2011 年，河北省的 170 多家工业园区已累计承接 1 万多家转移企业，在承接转移企业方面发挥了巨大作用。今后河北省产业园区的发展首先应做到因地制宜，制定合理的工业园区建设计划；其次要完善工业园区基础设施建设，降低工业园区生产成本，以吸引京津产业向这里转移。

具体到工业园区的运营，可按照如下设想进行：首先，工业园区的建设，要有大局观，统筹规划，精心设计；其次，对于工业园区建设中遇到的问题，政府要给予重视，并从资金、政策等方面给予支持，及时化解问题，确保工业园区建设正常进行；再次，工业园区的运营离不开科技和人才的支持，因此工业园区应与附近高校以及科研单位进行合作，充分利用高校和科研单位的人才及技术资源为工业园区服务；最后，工业园区的运营离不开资金的支持，因此不仅要拓宽工业园区融资渠道，而且政府要给予融资方面的优惠政策，以吸引资金。

5. 积极有效地发挥政府和市场的双重作用

产业转移问题是经济问题，市场应该起基础性作用；同时，京津冀产业转移涉及北京、天津、河北三个省（市），也需要政府参与，对其进行引导和扶持。在行政区划改革跟不上经济区域一体化的情况下，必须在尊重现在行政格局基础上，适当作出思想上和体制上的改革，在尊重市场地位的前提下，充分发挥政府作用。此外，建立一个具有京津冀大局观，打破“一亩三分地”思维的、跨区域的、能从整体上对京津冀产业转移作出规划的协商机制和组织管理机构很有必要。

6. 河北省11地市要因地制宜，各有侧重地承接京津产业转移，避免无序竞争，实现错位发展

河北省下辖11地市，根据其地理位置，可分为三大地带：河北沿海地带（包括秦皇岛、唐山、沧州三市）、环京津地带（包括保定、廊坊、张家口、承德四市）和环省会地带（包括石家庄、衡水、邢台、邯郸四市）。这三大地带要因地制宜，发展强势产业，避免无序竞争，实现错位发展，以优质的环境吸引京津产业转移。

（1）河北沿海地带——秦皇岛、唐山、沧州。

这一地带环渤海、绕京津，地理位置优越，有丰富的能源矿藏，还有秦皇岛、唐山和黄骅三大港口，海上交通便利。这三市要立足港口，以港口工业为基础，形成临海型产业发展模式。另外秦、唐、沧三地也有各自的侧重点：唐山要立足唐山港，发展新型工业，着力发展临海型工业；沧州要发展基于黄骅港的化学工业，将沧州打造为港口型城市；秦皇岛在发展港口经济的同时，要依托北戴河、山海关，着力发展旅游业、海洋休闲产业，打造一流休闲旅游城市。

（2）环京津地带——保定、廊坊、张家口、承德。

保定、廊坊与京津距离最近，与京津地区的交通联系较为紧密，在京

津产业转向河北的过程中能够起到缓冲作用，并能共享京津地区的人、财、物资源，适宜发展技术密集型的轻工业。保定和廊坊要立足环京津和交通发达的优势，吸引京津人才和技术，发展技术密集型的轻工业和高新技术产业；张家口和承德担当了京津地区生态屏障的角色，这一地区的生态状况直接影响京津地区的生态状况。这两市要注重生态环境建设，重点发展生态农业，在绿色产业方面发挥自己的优势和吸引力。

（3）环省会地带——石家庄、衡水、邢台、邯郸。

这一地带位于河北的中部和南部，离京津地区最远，受到的辐射作用最小。石家庄是河北的省会，交通网络发达，有良好的商贸服务业和制造业基础，因而这一地区的发展要着重以“冀”为主，以石家庄为核心，围绕石家庄发展商贸服务业、物流业和现代制造业。

*7. 以科学发展观为指导，辩证看待产业转移*

首先，加强对产业转移的研究，理性分析产业转移。

产业转移能给河北带来发展机遇，对优化河北产业结构、促进河北产业体系的分工协作都能产生积极作用；同时还能为河北省创造就业岗位，增加财政收入，推动河北经济发展。但产业转移也有弊端。北京、天津基于自身利益，不太可能把那些高收益、高技术、低污染的优势产业转移到河北，转移过来的企业要么是毫无技术含量的劳动密集型产业或设备组装业，要么是高污染、高能耗的产业。短期来看，这些转移而来的产业起到了促进河北经济发展的作用，但长远来看，这些企业会对河北省的生态环境造成极大破坏，这样一来，得不偿失，转移企业创造的财富要远远低于其造成的生态环境损失。河北省在承接京津产业转移过程中，要对这类企业严格把关，树立长远目光，切莫因小失大。

其次，警惕游移性产业。

游移性产业最大的特点是，哪里的优惠多，该产业就往哪里转移。当前，河北省各地方政府为吸引京津产业转移到当地，出台了多种优惠政策。在这些政策的诱导下，一些京津企业开始向河北转移。在这些转移企业中，不乏游移性企业。它们仅基于该地优惠的政策而转移过来，并未考虑长远，一旦另外一个地方有更优惠的政策，它们就可能转移到另一个地方。游移性产业的存在，会对河北省承接京津产业转移能力的提升产生不利影响，应提高警惕。

# 第六节　京津冀港口和腹地经济发展

## 一、京津冀港口和腹地经济发展现状

港口是沿海地区资源和产业整合、城市经济发展集聚的重要力量，在京津冀经济发展中占据重要节点。近年来，京津冀各个港口发展迅速，港口规模和水平不断提升。其中，2013 年天津市港口货物吞吐量为 5 亿吨，河北省港口群货物吞吐量达到 8 亿吨，但与此同时，随着港口之间功能转化以及服务范围重叠等原因，使得港口与腹地之间出现了很多问题。随着京津冀协同发展在各个领域的深入，只有整合港口资源，才能优化提升腹地经济。

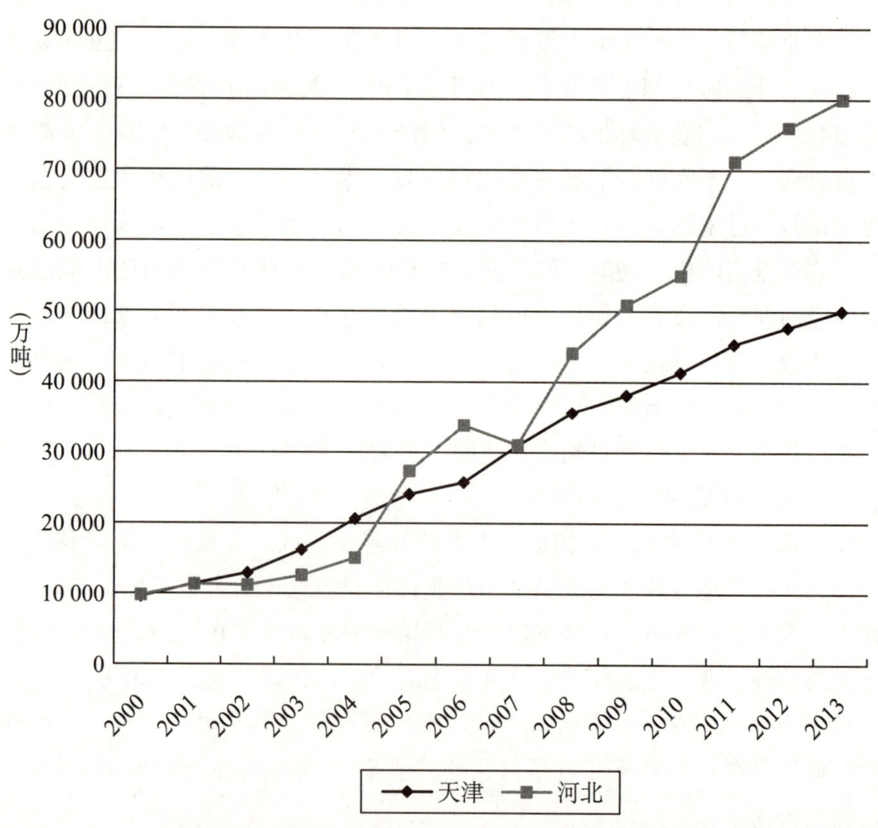


**图 11—3　2000—2013 年京津冀港口货物年吞吐量情况**

港口可以有不同的分类，按照港口所在位置可以分为海岸港、河口港和内河港，海岸港和河口港统称为海港。本节所说的港口是指海港。

京津冀港口也就是指京津冀地区的海港，指处于河北沿海和天津沿海的港口群，主要包括天津市的天津港，河北省的秦皇岛港、唐山港（包括京唐港和曹妃甸港）、沧州黄骅港。北京缺乏直接出海口，而天津和河北拥有优越的港口群资源，这使得天津、河北在京津冀港口资源中占据先天优势。

1. 京津冀港口发展现状

首先，京津冀港口具有重要的区域地位。

2012年，天津市港口全年完成货物吞吐量达47 700万吨，同比增长5.2%，占全国港口货物吞吐量的4.9%；天津市港口全年集装箱吞吐量1 230.30万标箱，同比增长6.2%，占全国集装箱吞吐量的6.9%；河北省港口全年完成货物吞吐量达76 000万吨，同比增长6.9%，占全国港口货物吞吐量的7.8%，河北省港口全年集装箱吞吐量90万标箱，同比增长16.7%，占全国集装箱吞吐量的0.5%。总的来看，2012年京津冀港口货物以及集装箱吞吐量在全国港口中所占比重分别为11.8%和8.3%，在全国中占据重要地位。

其次，津冀港口年吞吐量一直增长较快。

从图11—3可以看出，河北省和天津市港口货物吞吐量呈现逐年递增的趋势，且未来发展态势良好。2000—2005年天津市港口货物吞吐量一直高于河北省，2005年至今河北省港口群呈现较快发展，并且超越天津市港口，成为津冀港口群中货物吞吐量最高的地区。就港口集装箱吞吐量而言，天津港发展势头很好，在津冀港口中位居第一，在环渤海港口群中仅次于青岛港。2012年，天津港集装箱吞吐量为1 230.30万标箱，是2000年的7.2倍。河北省港口群集装箱吞吐量要比天津市港口落后很多，就2012年而言，天津港口集装箱吞吐量是河北省港口群集装箱吞吐量的13.7倍。

再次，津冀各个港口加大了基础设施建设。

2013年河北省各个主要港口的具体情况如下：秦皇岛港货物吞吐量是2.726亿吨，其中煤炭为23 828万吨，石油天然气及制品为879.84万吨，散杂物为2 553万吨，集装箱为38.78万标箱；唐山港货物吞吐量是4.46亿吨，其中煤炭为18 646万吨，矿石为17 231万吨，石油天然气及制品为1 255万吨，钢铁为4 007万吨，集装箱为72.76万标箱；沧州黄骅港货物吞吐量为1.71亿吨，其中煤炭为13 759.1万吨，散杂货为3 253.58万吨，集装箱为23.04万标箱。可从表11—10可见一斑。

表 11—10　　2011 年京津冀港口设施建设情况表

| 类别<br>港口 | 码头岸线（米） | 生产性泊位（个） | 万吨级泊位（个） | 货物吞吐量（万吨） |
|---|---|---|---|---|
| 天津港 | 31 366 | 143 | 98 | 45 338 |
| 秦皇岛港 | 14 750 | 66 | 42 | 28 800 |
| 唐山港 | 13 449 | 53 | 50 | 31 200 |
| 黄骅港 | 5 570 | 25 | 19 | 11 145 |
| 合计 | 65 135 | 287 | 209 | 116 483 |

2. 津冀港口腹地经济发展现状

津冀港口依托京、津、冀三地发展港口物流运输，经济腹地范围广且距离短，涵盖面广，各个港口的临港工业和服务业都发展迅速，形成了相应的规模效应。京津冀港口群的直接经济腹地是北京、天津、河北各市，天津港、秦皇岛港、唐山港、黄骅港都承担着振兴腹地经济的重大任务，各个港口按照市场需求发展腹地经济，在一定程度上促进了腹地经济的发展，同时各个港口与腹地之间存在很强的依存性，腹地经济的发展也使得各个港口总吞吐量逐年上升。天津市和河北省分别成立了天津港股份有限公司、河北港口集团有限公司负责各个区域港口的总体发展规划，在一定程度上整合了区域港口资源，促进了腹地经济的发展。详见表 11—11。

表 11—11　　京津冀港口腹地发展情况表

| 类别<br>港口 | 经济腹地 | 临港工业 | 临港服务业 |
|---|---|---|---|
| 天津港 | 北京、天津、河北、山西、内蒙古、宁夏、甘肃、陕西、青海、新疆等 | 钢铁、矿石、煤炭、粮食、杂货、集装箱、原油及制品、石化产品等 | 仓储、装卸、运输、现代服务业等 |
| 秦皇岛港 | 河北、北京、“三西”地区、宁夏、东北地区、甘肃、新疆、西部等 | 粮油食品、电子信息、金属压延、汽车零部件、玻璃深加工等 | 物流、仓储、装卸、现代服务业等 |
| 唐山港 | 河北、北京、山西、陕西、宁夏、内蒙古等 | 钢铁、石化、煤炭、冶金、能源、建材、电力、纺织等 | 物流、仓储、装卸、现代服务业等 |

续前表

| 类别／港口 | 经济腹地 | 临港工业 | 临港服务业 |
|---|---|---|---|
| 黄骅港 | 冀中南地区、山东北部、陕西、河南北部、甘肃、山西、宁夏西南部等 | 机械、石化、管道装备制造、医药生产、纺织服装、食品加工 | 物流、仓储、装卸、现代服务业等 |

综上所述，京津冀港口和腹地经济发展呈现相互依存、相互促进的发展态势。与此同时出现了很多问题：京津冀港口经济腹地范围重叠、同质化竞争严重；河北省港口群集装箱运输滞后，港口物流技术亟待提高；京津冀港口群缺乏统一规划、职能分工不明确，且设施重复建设严重。鉴于京津冀港口之间也存在巨大的合作潜力，明确京津冀港口与腹地所处阶段、整合京津冀港口资源和优化腹地经济，就成为京津冀区域港口发展的重中之重。

## 二、整合京津冀港口资源、优化提升腹地经济的对策

在提出对策前，要厘清并深刻领会京津冀港口与腹地之间的发展关系。

京津冀港口群从宏观上看是属于同一港口群内竞争，该类型的竞争是港口群间竞争比较激烈的。在同一港口群内部之间经济腹地范围重叠，且功能定位相似，使得各个港口的地理运输距离优势消失。各个港口只能通过提高自身港口服务的质量以及降低服务价格来提升港口物流运输发展。具体来看，港口与腹地间关系可分为四个阶段：发生期、成长期、成熟期、融合期。目前京津冀港口与腹地间处在成长期，正在逐步进入成熟期阶段，该阶段港口的规模不断扩大，对腹地经济起到了一定的推动作用，但是港口还是更多地需要腹地经济的外部推动力来增强自身的能力。天津港作为京津冀港口中发展速度最快的港口，目前已进入成熟期，朝着融合期发展，港口对腹地的拉动作用强大，腹地的经济结构以及相关产业体系开始发生变化，同时港口的影响力范围不断扩大，辐射了更为广阔的国际市场。

就目前而言，京津冀港口群依托京津冀三地经济的外部推动力成长较快，规模和水平不断提升，但同时也出现了上述的很多问题。随着京津冀协同发展上升为国家战略，京津冀经济产业结构、城市功能定位、资源配置必然会发生变化。该阶段京津冀港口应把握时机，进行改革，整合港口资源，发展腹地经济，进一步提升港口对京津冀地区经济发展的拉动作用。

在京津冀协同发展大背景下，发挥天津港区域龙头港的功能，强化河北各个港口的联动互通，在合作中谋求错位发展，实现区域内港口资源整合、物流供应链体系融合发展的互利共赢局面。

依据以上所述，我们提出以下发展对策：

1. 建立跨行政区划上的协调与合作机制

借鉴国内外港口资源整合的有益经验，京津冀港口群可将其资源置于行政管理和企业管理的框架之内进行区域顶层设计下的整合，建立跨行政区划上的协调和合作机制，成立京津冀港口组织（BTHPO），该组织实行垂直领导，负责京津冀港口群的发展、规划、建设、运营等工作。参见图11—4。

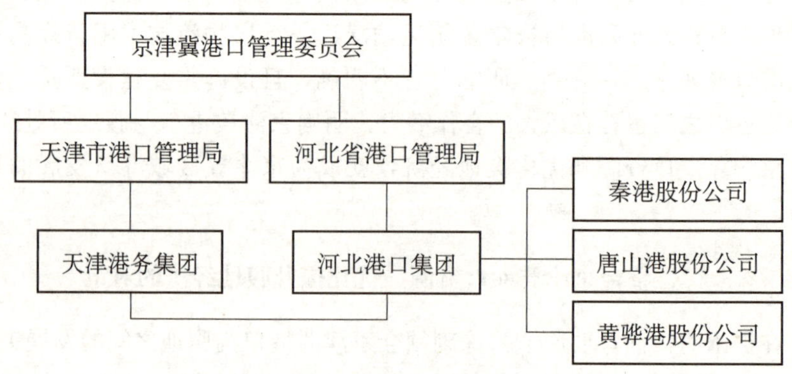


**图 11—4　京津冀港口组织结构图（设想）**

首先，设立京津冀港口管理委员会，负责各省市港口岸线开发管理的前置审批工作，该委员会隶属于京津冀管理委员会，组成人员可由各省市相关部门、港口所在地的相关人员以及国内外港口相关资深专家组成。

其次，设立天津市港口管理局和河北省港口管理局，负责京津冀各省市港口的互动和交流，形成区域经济政策互动链条，对区域港口进行资源协调。

再次，将天津港务集团和河北港口集团作为天津市和河北省港口及产业管理运营的唯一主体，也可在各个省市的港口集团旗下设立子公司，负责各地级市的港口发展运营管理。

此外，成立京津冀港口合作组织，将京津冀港口群中有交叉业务的港口进行整合，以利益共享、补偿机制进行各种层次的合作。这种跨行政区域合作、集中管理、统一规划、分级运营的垂直管理模式可以促使京津冀港口群实现错位发展，避免因腹地重合而造成的过度同质化竞争，实现区域的协调合作和互利共赢。

2. 组建组合港，实施差异化竞争，创立京津冀港口区域分工新机制

京津冀港口群中的四个主要港口可以依据各自产业的梯度差组建区域组合港，以天津港为枢纽港，以秦皇岛港、唐山港、黄骅港为支线港，各个港口实行交叉持股以实现利益共享。

各个港口应明确其具体职能分工，天津港发挥综合型大港优势，坚持以集装箱、散货和外贸为主的现代化物流，建设国际性的竞争力强的贸易大港；唐山港要借助曹妃甸深水港的优势，重点提高大吨位的钢材、石矿及石油等的吞吐能力；秦皇岛港应发展第四代集装箱运输和其他散杂货运输能力，扩大石油、铁矿石、煤炭输出能力，同时进一步优化货物运输结构；黄骅港应定位为以石油化工产品、加工产品、煤炭等运输为主的北方大型物流中心。

提高河北省港口群的物流技术，发展集装箱运输。最终以此职能分工实施差异化竞争，避免设施重复建设，以实现互利共赢，创京津冀港口区域分工新机制。

3. 实现京津冀港口物流网络信息化

京津冀区域港口群中各个港口间的物流信息无法实现共享与协作，港口间协同合作变得阻力重重，同时港口对腹地经济的拉动作用不明显，为此构建现代化的物流网络变得至关重要。京津冀港口群可建设腹地物流和营销节点，构建港口物流网络的战略节点，以此推动各种形式的物流和营销节点建设，通过节点的大规模建设逐渐过渡到货源集聚阶段，促使区域港、目的地港、腹地之间实现有效的物流协作，以此开拓更为广阔的市场，提升各个港口在内陆和海外的竞争力。如图 11—5 所示。

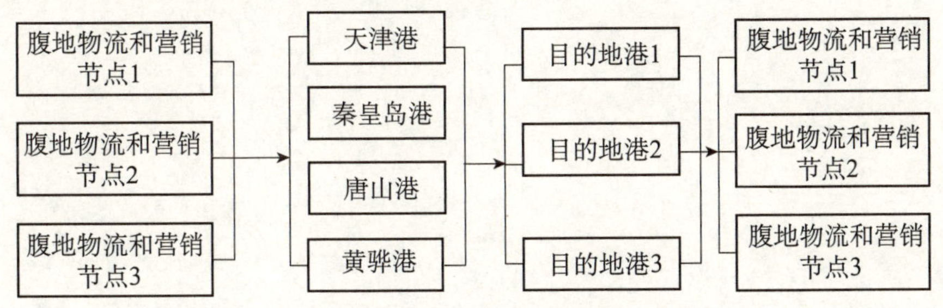


**图 11—5　京津冀港口物流网络构建图（设想）**

京津冀港口中天津港作为龙头港，集装箱运输发展速度较快，可以借鉴海铁联运的运营方式发展集装箱运输，将物流节点与供应链相结合，实现物流网络的全面化。此外，京津冀港口物流的信息服务平台的构建可采用电子数据交换（EDI）、电子订货系统（EOS）、全球定位系统（GPS）、

数据库相关技术、条码技术、资源管理系统（ERP）、有效客户反馈系统（ECR）等电子技术，建立港口、腹地、客户、企业之间有效的信息联动机制，以实现和发挥京津冀区域物流信息港的功能。

4. 以临港产业为抓手，实现与港口、城市的融合发展，与腹地经济的协同发展

京津冀港口群的临港产业多以钢铁、石化、煤炭、仓储、物流、装卸等为主，缺乏优化布局，无法实现集聚优势。

首先，可以利用京津冀港口管理委员会统筹区域临港产业布局，明确各个港口临港产业定位，建立区域临港产业联动机制。

其次，在管理体制上，建立“港口＋产业＋城市”融合发展模式，在产业发展上建立“政府＋公司＋市场”三级开发运营模式，以临港产业为依托，建立企业化的港口物流园区，推动港口良性竞争。

再次，以临港产业的横向企业和上下游企业为载体，实现京津冀港口与腹地之间的有效资源配置，逐渐形成港群体系，以产兴港、以港兴城，最终实现港口、产业、城市的融合发展和协同发展。

最后，针对各个港口物流的专业化分工，建立配套的专业化市场。同时积极利用中介机构，大力发展临港服务业，实现京津冀港口与腹地协同发展。

# 参考文献


[1] 马树来，赵焱．国内相关地区沿海经济开发中央及地方财税支持政策概览 [J]．地方财政研究，2009（12）．

[2] 丁立义．海湾经济发展趋势与政策研究——以辽宁“五点一线”沿海经济带开发开放为例 [J]．辽宁经济管理干部学院（辽宁经济职业技术学院学报），2010（4）．

[3] 赵建东．江苏十项政策深化沿海开发 [N]．中国海洋报，2013-11-25.

[4] 张继良，杨荣，高志霞．我国沿海区域开发政策比较分析 [J]．经济问题探索，2012（12）．

[5] 司林波，孟卫东，乔花云，张文钊．推动河北沿海发展的区域政策协调研究 [J]．科技与管理，2013（2）．

[6] 张继良，宣烨．我国沿海区域开发政策比较分析 [A]．第十一届全国区域经济学学科建设年会暨生态文明与区域经济发展学术研讨会论文集 [C]．中国人民大学等，2012.

[7] 孟卫东，佟林杰，张彦波．河北沿海区域经济发展政策的有效性分析 [J]．保定学院学报，2013（6）．

[8] 刘邦凡，詹国辉．河北沿海区域经济发展的一致性政策选择 [J]. 中国商贸，2013（35）．

[9] 国家改革与发展委员会．河北沿海地区发展规划 [EB/OL]．2011-10-27.

[10] 张亚明，刘邦凡．河北沿海地区发展前景展望 [A]．燕山大学文法学院．学习“十八大”精神与河北沿海地区发展论坛论文集 [C]．燕山大学文法学院，2012（73）．

[11] 于刃刚．实施《河北沿海地区发展规划》应关注的几个问题 [J]. 领导之友，2012（1）．

[12] 李瑛，鲍安，司林波，刘天伟．战略性新兴产业发展对策研究——

基于实施《河北沿海地区发展规划》的视角［J］．中国集体经济，2013（7）．

［13］黄晓芳，雷汉发．国务院批准实施河北沿海地区发展规划［N］．经济日报，2011－11－11.

［14］李增辉，朱剑红．河北沿海地区发展规划获批［N］．人民日报，2011－11－11.

［15］刘邦凡．河北沿海地区发展与京津冀区域经济一体化研究综述［A］．燕山大学文法学院．学习“十八大”精神与河北沿海地区发展论坛论文集［C］．燕山大学文法学院，2012.

［16］刘邦凡．以着力改善两个环境为契机推进河北沿海地区快速发展［A］．燕山大学文法学院．学习“十八大”精神与河北沿海地区发展论坛论文集［C］．燕山大学文法学院，2012.

［17］孙久文，丁鸿君．京津冀区域经济一体化进程研究［J］．经济与管理研究，2012（7）．

［18］刘子利．京津冀城市群经济重心转移趋势与主要因素探析［J］．天津社会科学，2013（2）．

［19］赵萌，沈哲，郑文．基于熵的循环经济发展评价可靠性研究——以“京津冀”经济区为例［J］．生态经济，2013（5）．

［20］刘邦凡，李玲．区域经济一体化下电子治理与京津冀制造业的协同发展［J］．环渤海经济瞭望，2007（1）．

［21］王海涛，徐刚，恽晓方．区域经济一体化视阈下京津冀产业结构分析［J］．东北大学学报（社会科学版），2013（4）．

［22］于明言，王禹童．基于区位优势的京津冀经济合作研究［J］．科技管理研究，2012（14）．

［23］刘邦凡．河北沿海地区发展与京津冀区域经济一体化研究综述［A］．燕山大学文法学院．学习“十八大”精神与河北沿海地区发展论坛论文集［C］．燕山大学文法学院，2012.

［24］张为杰，张景．地区产业转型对经济增长质量的贡献度研究——来自京津冀地区的经验［J］．经济体制改革，2012（2）．

［25］陈振明．政策科学：公共政策分析导论［M］．第2版．北京：中国人民大学出版社，2003.

［26］郭琼．区域政策浅析［J］．金田，2011（8）．

［27］胡佳．硕士学位论文：跨区域地方政策协调机制研究［D］．南宁：广西民族大学，2008.

[28] 秦皇岛市政府．2011 年秦皇岛市政府工作报告［EB/OL］．［2012－12－23］．http：//www.qhd.gov.cn/front/zfthird.action? id＝61855&tid＝126.

[29] 沧州市政府．沧州市主城区经济和社会发展“十二五”规划［EB/OL］．［2012－12－23］．http：//www.cangzhou.gov.cn/zwbz/jggg/czfyewzxgg/145148.shtml.

[30] 司林波，孟卫东，丁小凤．河北沿海区域一体化战略分析与对策研究［J］．当代经济管理，2012（6）．

[31] 张颢瀚，孟静．交通条件引导下的长江三角洲城市空间格局演化［J］．江海学刊，2007（1）．

[32] 韩蓓，蒋东生．房地产调控政策的有效性分析——基于动态一致性［J］．经济与管理研究，2011（4）．

[33] 周洪，谷树忠，姚予龙，王礼茂，胡咏君．中国资源规制对区域经济发展的有效性检验——基于省级面板数据（英文）［J］．*Journal of Resources and Ecology*，2013（2）．

[34] 段婕，刘勇．科技成果转化对我国区域经济增长的有效性评价——基于 2003—2008 年面板数据的实证分析［J］．科技进步与对策，2011（12）．

[35] 向晓旭．时间一致性理论简介及其对我国宏观经济的启示［J］．时代金融，2011（30）．

[36] 刘茜．基于博弈论的宏观经济政策动态非一致性研究［J］．北京邮电大学学报（社会科学版），2012（2）．

[37] 任保平，魏婕．中国经济增长中数量和质量的不一致性及其理论解释［J］．社会科学研究，2012（3）．

[38] 秦皇岛市统计局．2012 年秦皇岛市国民经济和社会发展统计公报［N］．秦皇岛日报，2013－04－13.

[39] 郭猛，宋柏松．秦皇岛：奋力打造河北沿海经济增长极［N］．河北日报，2013－05－17.

[40] 代伟，张新禄，李克国．秦皇岛市经济与环境协调发展度评价［J］．河北师范大学学报（自然科学版），2012（6）．

[41] 孟晓娜．基于 SWOT 分析的秦皇岛市区域经济发展研究［J］．华章，2013（11）．

[42] 赵晓冬，吕爱国等．我国经济技术开发区发展瓶颈与对策研究——以秦皇岛经济技术开发区为例［J］．燕山大学学报（哲学社会科学版），

2013（1）.

[43] 逯野，杨春江，张华．秦皇岛市会展经济分析与发展策略研究 [J]．中国集体经济，2012（22）.

[44] 刘邦凡．发展秦皇岛休闲经济 率先建成中国第一休闲城市 [A]. 燕山大学公共管理学科梯队．东亚公共行政改革国际研讨会论文集 [C]. 燕山大学公共管理学科梯队，2012.

[45] 成长春．江苏沿海开发战略与区域经济均衡发展 [J]．江苏社会科学，2009（6）.

[46] 程爱军，魏丽华．产业聚集与沿海区域经济协调发展的路径分析 [J]．商业时代，2010（6）.

[47] 毛毅．自然资源、人力资本与中国区域经济增长 [J]．经济问题探索，2013（5）.

[48] 胡书金，刘艳．区域经济一体化背景下承接产业转移问题研究——以河北省为例 [J]．人民论坛，2013（11）.

[49] 喻江平．旅游目的地旅游公共服务体系建设研究 [D]．秦皇岛：燕山大学，2012.

[50] 王晓东，李国红．秦皇岛市农村公共产品供给问题研究 [J]．中小企业管理与科技（下旬刊），2012（3）.

[51] 陈玉龙，栾杰．信息资源公益性开发和服务的对策研究 [J]．理论与探索，2008（3）.

[52] 李萍，陈凤美．我国农村基础教育发展的制约因素和实施对策 [J]．大连大学学报，2011（1）.

[53] 吴钢华，李广建．公益性信息资源及其开发利用策略研究 [J]．情报杂志，2007（1）.

[54] 秦皇岛市上榜首批国家信息消费试点城市．http：//www.qhdxw.com/view/279782/.

[55] 燕赵都市报．秦皇岛市工商局打造通信消费纠纷“绿色通道”. http：//heb.hebei.com.cn/xwzx/hbpd/qhd/201009/t20100916_2166739.shtml.

[56] 秦皇岛市 11 条部门热线接入市民综合服务平台．http：//www.qhdxw.com/view/279687/.

[57] 河北省人民政府．北戴河信息产业基地全面开工．http：//www.hebei.gov.cn/article/20100331/1417301.htm.

[58] 王涛，袁与平，张志刚．关于秦皇岛建设创新型城市的几点思考

[J]．党史博采（理论），2013（4）．

[59] 商禹．现代服务业的创新发展研究［D］．长春：吉林大学，2011.

[60] 王建梅．秦皇岛市旅行社电子商务发展现状分析及对策探讨[J]. 中国商贸，2011（3）．

[61] 黄音．秦皇岛市旅游职业教育集团运行机制研究［D］．秦皇岛：河北科技师范学院，2013.

[62] 于荀．论北戴河住宿业经营开发策略［J］．北方经济，2012（9）．

[63] 管艳民．秦皇岛市旅游业发展战略研究［D］．秦皇岛：燕山大学，2012.

[64] 李强华，王芳．秦皇岛地域文化开发的思考［J］．河北科技师范学院学报（社会科学版），2012（4）．

[65] 刘羽翔．浅析秦皇岛旅游房地产的发展［J］．科技创新与应用，2012（25）．

[66] 刘志昌．基本公共服务均等化：过程与逻辑——基于社会保障的研究．华中师范大学，2009.

[67] 梁鸿，赵得余．中国基本医疗保险制度改革解析［J］．复旦学报，2007（1）．

[68] 胡小明．信息内容服务业的机制研究．http：//www.cei.gov.cn/template/economist/doc/xrxrxl/201）402112655.htm.

[69] 安体富，任强．公共服务均等化：理论、问题与对策［J］．财贸经济，2007（8）．

[70] 汪晶．地方公共服务型政府建设策略研究——基于政府与企业关系视角［D］．成都：电子科技大学，2009.

[71] 顾建萍．访河北省唐山市市长陈国鹰——做强“五大支柱”走新型工业化道路［N］．中国电子报，2010－04－15.

[72] 王亮．科技服务业产业化发展的理论研究与案例分析［D］．唐山：河北理工大学，2007.

[73] 李玉环．唐山市服务业发展研究［J］．现代商贸工业，2010（16）．

[74] 唐燕巍．我国钢铁流通销售模式研究——以唐山佳源钢铁贸易公司为例［D］．北京：对外经济贸易大学，2011.

[75] 纪泽民．加快发展生产性服务业促进唐山产业结构优化升级［J］.

环渤海经济瞭望，2011（5）.

［76］包建丽．河北省现代服务业发展研究［D］．天津：河北工业大学，2009.

［77］丁新军等．论唐山市文化旅游产业链的培育与优化［J］．唐山学院学报，2010（1）.

［78］孙慧等．唐山市休闲旅游产业链创新研究［J］．中国商贸，2011（3）.

［79］尚慧丽．服务业发展与产业结构优化关系的分析［J］．对外经贸，2011（12）.

［80］郭丽峰．加快研发服务业发展的思考［J］．科技进步与对策，2010（5）.

［81］刘成林．现代服务业发展的理论与系统研究［D］．天津：天津大学，2007.

［82］潘伟．浅析公益性信息资源开发［J］．科技风，2009（19）.

［83］叶元龄，赖茂生．关于发展公益性信息服务的思考［J］．商业时代，2007（29）.

［84］沈占波，王伟．河北省服务业发展的问题及策略分析［J］．河北大学成人教育学院学报，2011（3）.

［85］郝武波，李勃．河北省各设区市服务业竞争力的综合评价［J］．中国证券期货，2013（7）.

［86］苏莉娜．河北省流通产业发展的实证研究［D］．保定：河北大学，2007.

［87］罗峰．中国服务贸易国际竞争力的理论分析与实证研究［D］．长沙：湖南大学，2006.

［88］代丹丹等．1995年以来广州市产业转型特征研究［J］．经济地理，2012（11）.

［89］陈红霞等．“十二五”产业增长点的选择与评价——以陕西省工业为例［J］．中国科技论坛，2011（6）.

［90］陶晓燕．基于主成分分析的资源型城市产业转型能力评价［J］．资源与产业，2013（2）.

［91］谭晶荣等．产业转型升级水平及劳动生产效率影响因素估测［J］．商业经济与管理，2012（5）.

［92］李宝庆等．产业转型升级与劳动力供求：基于江苏省及其地域差异的分析［J］．学海，2013（5）.

[93] 努碧花．珠三角产业转型：条件、主导机制与实现途径［J］．上海经济研究，2009（9）．

[94] 王述英．新工业化与产业结构跨越式升级［M］．北京：中国财政经济出版社，2005.

[95] Michael Peneder. Industrial Structure and Aggregate Growth［J］. *Structure Change and Economic Dynamics*，2003（14）．

[96] Vellinga，P. and Herb N. Industrial Transformation Project：IT Science Plan［R］. IHDP Report No. 12，Bonn，Germany，1999.

[97] Ratnayake，Ravi. Industry Concentration and Competition：New Zealand Experience［J］. *International Journal of Industrial Organization*，1999，17（7）．

[98] Storper，M. The Transition to Flexible Specialization on Industry［J］. *Cambridge Journal of Economics*，1989（13）．

[99] 冯清利．产业集聚视角下河北承接京津产业转移对策研究［J］．商业时代，2011（31）．

[100] 佚名．河北工业园区承接首都产业转移［J］．硅谷，2010（11）．

[101] 刘艳，胡书金，刘乃刚．河北承接产业转移视角下的工业园区建设研究［J］．中小企业管理与科技（上旬刊），2013（1）．

[102] 李香才．河北加速对接北京产业转移［N］．中国证券报，2014-05-12.

[103] 纪爱玲．河北工业园区承接首都产业转移［N］．中国高新技术产业导报，2010-04-26.

[104] 彭涵．绘制北京产业转移地图　河北寻找共赢点［N］．中国企业报，2014-10-21.

[105] 吴勇．中西部地区承接产业转移能力的影响因素分析［J］．吉林工商学院学报，2012（3）．

[106] 杨凡．重庆承接产业转移能力分析［D］．重庆：重庆工商大学，2010.

[107] 韩晓伟．内蒙古承接发达地区产业转移能力研究［D］．呼和浩特：内蒙古师范大学，2013.

[108] 李蕾，刘荣增．中部六省承接工业产业转移能力分析［J］．商丘师范学院学报，2013（2）．

[109] 王素君，曲毅．京津冀港口群协调发展的港口与腹地关系分析

[J]．经济与管理，2008（5）．

[110] 李虹．津冀港口群物流运输体系建设对策研究 [J]．天津职业院校联合学报，2013（5）．

[111] 杜宏巍．津冀地区港口战略联盟研究 [J]．物流工程与管理，2009（8）．

[112] 李虹．京津冀一体化背景下港口物流发展对策研究 [J]．物流科技，2014（2）．

[113] 贾搏，李小红．京张合作与协调发展的问题与对策 [J]．时代金融，2014（18）．

[114] 吕杨．港口群演化与整合研究综述 [J]．港口科技，2010（7）．

[115] 佚名．环渤海区域港口群协调发展的战略研究 [J]．求知，2010（12）．

[116] 田红岩．河北省临港产业与腹地产业协同发展问题研究 [D]．石家庄：河北师范大学，2012.

# 后　记

经济一体化是一个理论与实践都需要特别关注的主题，不论是在中国这样的发展中国家或地区，还是在欧美那样的发达国家或地区以及一些不发达的国家或地区，甚至于对全人类而言，"经济"不再是一个分割和各自独立的存在。这样的事实，人所共知，但如何推进经济一体化，使得更多国家和人民从中受益，却是一个非常宏大和复杂的课题。可以肯定地说，不存在一个完全解决这个课题的终极答案。不同的人，不同的学者，应该允许他们有不同的回答，这样的回答，很有可能对经济一体化的某个层次、某个部分、某个要素，有一定的启迪含义甚至一点推进作用。这就足够了。本书显然还达不到这样的标准，我们只是想从经济一体化的视域去审视京津冀协同发展的一些问题，我们认为，经济一体化是京津冀协同发展的逻辑起点。

京津冀协同发展是当代中国发展中的重大战略，推进京津冀协同发展不仅利在当代，而且利在千秋。推进京津冀协同发展，一方面，我们要从现实出发、要从当前的京津冀发展情况出发，立足现在、立足当前、立足现实；另一方面，要从世界经济一体化发展的趋势和未来考虑、要从我国经济一体化发展的必然和应然考虑、要从中国经济社会发展的未来着想，放眼世界、考虑中国、着眼未来。基于这样的思路，我们近几年围绕经济一体化和京津冀协同发展这一主题，进行了理论思考，撰写了一些文章，草就了一部书稿，成功申办了国家后期资助项目（项目课题号：15FJY004；项目负责人：彭建交）。本想项目立项后再做进一步研究，无奈我们水平有限及为琐事所累，只好就现有书稿做了再次修改，结题和出版。

本书是集体合作的结果。参加本书写作和修改的人员主要有彭建交、王燕、刘邦凡、张亚明、李雪莲、李明达、李艳英、崔松虎、金福子等。刘邦凡、张亚明指导的一些研究生也参加了该书稿的修订，在此表示谢意。本书的出版，得到了中国人民大学出版社编辑的精心修改和编排，再次深表谢意。

由于水平有限，本书定然还有很多错漏之处，敬请读者批评指正。

**刘邦凡**

**2016 年 10 月 4 日**

**图书在版编目（CIP）数据**

经济一体化与京津冀协同/彭建交等著．—北京：中国人民大学出版社，2017.7
国家社科基金后期资助项目
ISBN 978-7-300-24594-2

Ⅰ.①经… Ⅱ.①彭… Ⅲ.①区域经济一体化—研究—华北地区②区域经济发展—协调发展—研究—华北地区Ⅳ.①F127.2

中国版本图书馆 CIP 数据核字（2017）第 144628 号

国家社科基金后期资助项目
**经济一体化与京津冀协同**
彭建交　王燕　刘邦凡　等著
Jingji Yitihua yu Jingjinji Xietong

| | | | |
|---|---|---|---|
| **出版发行** | 中国人民大学出版社 | | |
| **社　　址** | 北京中关村大街 31 号 | **邮政编码** | 100080 |
| **电　　话** | 010－62511242（总编室） | | 010－62511770（质管部） |
| | 010－82501766（邮购部） | | 010－62514148（门市部） |
| | 010－62515195（发行公司） | | 010－62515275（盗版举报） |
| **网　　址** | http://www.crup.com.cn | | |
| | http://www.ttrnet.com（人大教研网） | | |
| **经　　销** | 新华书店 | | |
| **印　　刷** | 涿州市星河印刷有限公司 | | |
| **规　　格** | 165 mm×238 mm　16 开本 | **版　　次** | 2017 年 7 月第 1 版 |
| **印　　张** | 26.5 插页 2 | **印　　次** | 2017 年 7 月第 1 次印刷 |
| **字　　数** | 446 000 | **定　　价** | 68.00 元 |


**版权所有　侵权必究　　印装差错　负责调换**